U0693991

FINANCE

商业银行业务与经营

SHANGYE YINHANG YEWU YU JINGYING

（第二版）

主　编◎梅光仪

副主编◎王　梅　卢　垚
蓝美静　杨睿博

中国金融出版社

责任编辑：张菊香
责任校对：李俊英
责任印制：丁淮宾

图书在版编目（CIP）数据

商业银行业务与经营/梅光仪主编.—2版.—北京：中国金融出版社，2023.11
金融学专业应用型本科人才培养特色教材
ISBN 978-7-5220-2064-8

Ⅰ.①商… Ⅱ.①梅… Ⅲ.①商业银行—银行业务—高等学校—教材②商业银行—经济管理—高等学校—教材 Ⅳ.①F830.33

中国国家版本馆CIP数据核字（2023）第121075号

商业银行业务与经营（第二版）
SHANGYE YINHANG YEWU YU JINGYING（DI-ER BAN）
出版
发行 中国金融出版社
社址 北京市丰台区益泽路2号
市场开发部 (010)66024766，63805472，63439533（传真）
网上书店 www.cfph.cn
(010)66024766，63372837（传真）
读者服务部 (010)66070833，62568380
邮编 100071
经销 新华书店
印刷 保利达印务有限公司
尺寸 185毫米×260毫米
印张 24.25
字数 515千
版次 2014年8月第1版 2023年11月第2版
印次 2023年11月第1次印刷
定价 69.00元
ISBN 978-7-5220-2064-8
如出现印装错误本社负责调换 联系电话（010）63263947

总序言

在当今经济全球化和结构转型的大潮中，金融的核心地位更加凸显，国际一体化程度不断提高，金融创新不断加快。中国的金融改革开放更是异彩纷呈：对内，消除民营资本进入障碍；对外，拓宽资本跨境流动渠道，证券发行管理模式由核准制向注册制转变，以放开利率、汇率为核心的市场化改革不断推进，诸如产业金融、科技金融、民生金融、网络金融、农村金融等新的金融范畴不断涌现。这使得金融机构的经营领域不断拓宽，企业及个人投融资的选择空间不断扩大，同时，各金融主体面临的风险种类和程度也不断扩大，金融对经济的促进作用及可能带来的冲击同步增大。金融改革创新浪潮对金融教育提出了新的需求，也要求高校培养出能紧紧把握和跟随时代脉动的实用型金融人才。

人才培养的核心在于教学建设，教学建设的核心在于课程建设，课程建设的核心在于教材建设。虽然改革开放以来我国的金融教育随着金融实践的发展也取得了长足进步，但仍然明显落后于现实需求。金融本科教材建设方面存在的突出问题有：缺乏统一、规范的建设框架，开设的课程及教材版本多种多样，教材内容各不一致；内容与金融现实存在脱节，有些从西方教材直接照搬过来，与中国的金融现实不对接，有些内容过时、陈旧。正是基于存在的问题和适应新形势下金融人才培养的需要，我院利用成为教育部金融学本科教育专业标准委员会成员的机会，力图从规范与发展教学内容的角度出发，对金融学本科专业课教材的建设进行一次发展的尝试。

广东金融学院是原隶属于人民银行总行的行属院校，金融学专业是国家教育部的首批特色专业。长期行业办学的经历，促成了学院的人才培养历来重视行业需求，突出强调金融的应用特征，同时也造就了一支较为过硬的教师团队。鉴于国内金融学本科教材的使用现状，本系列教材只涉及金融专业课教材，包括《商业银行业务与经营》《金融风险管理》《国际结算》《个人理财》《公司理财》，都是发挥学院师资优势、涉及具体金融业务的核心专业课程教材。学院组织了一批具有深厚理论功底和丰富教学经验的中青年教师，联合区域内金融业界的高管人员及我院兼职研究生导师，编著了这套专业核心课程教材，希望对金融本科教学建设和应用型金融人才培养发挥一定的推动作用。

感谢为本套金融专业核心教材编著付出艰辛劳动的各位教师及金融业界同仁，感谢中国金融出版社对本套教材出版所给予的大力支持。

广东金融学院副院长

2022 年 1 月于广州

序

商业银行作为现代社会的经济中枢，既是社会经济的信用中心，又是支付中心和金融服务中心，具有强大的信用创造和货币供给调控能力。新冠疫情暴发后，我国银行业的发展面临极为复杂的国际、国内宏观经济环境。世界经济增长迟缓，美西方经济体在巨大通胀压力之下进入加息周期，国际资本市场持续动荡；国内经济发展形势严峻复杂，受疫情影响我国正处于经济复苏期，国内生产总值（GDP）年均增速放缓，房地产行业债务风险显性化，地方政府融资平台积累的风险亟待化解。面对多重超预期因素的冲击，中国经济展现了非凡的韧性。统计数据显示，截至2022年末，全国银行业本外币资产总额达到近380万亿元人民币，同比增速再度回升至10%，超过疫情之前2019年的资产总额增长速度。银行业信贷结构持续优化，普惠小微贷款余额达到23.8万亿元；绿色贷款余额在年底达到22.03万亿元，累计实现净利润2.3万亿元，同比增长5.4%，保持盈利增长趋势。面对极具挑战性的宏观经济环境，我国商业银行经营稳健，信贷支持实体经济力度继续加大，在经济稳增长方面发挥了不可替代的作用。

就目前的金融市场环境而言，商业银行的经营面临着五大挑战：一是银行业净息差持续下滑，传统业务的盈利水平增速放缓；二是以风险防范为重点的监管强度日益提高，趋于规范和完善；三是金融科技公司和平台企业的金融业务给商业银行带来冲击；四是银行支付中介、信用中介的功能在新的竞争环境下逐渐弱化；五是客户消费行为习惯发生巨大改变。传统业务与创新模式相结合，居于金融市场核心地位的商业银行经营战略转型已成定局。在此背景下，新时期我国商业银行必须升级服务体系，落实以人民为中心的必然要求——认真研究商业银行的经营特点，了解商业银行业务流程，熟悉商业银行适用的法律法规，掌握防范和化解商业银行风险的方法和策略，理解商业银行创新与金融监管之间的关系，这是我国银行业及金融业从业者当下不可回避的课题。

未来，我国商业银行将面临空前的挑战和机遇。第一，经济大环境发生复杂变化。利率市场化后经济转型高质量发展，银行业经营的宏观环境有所改变，对商业银行的发展提出了新要求。第二，国内互联网金融的普及和金融科技的高速发展，不断延伸并占领传统商业银行的经营市场份额，银行业发展面临比以往任何时刻都要激烈的市场竞争。第三，国内证券基金等资本市场发展日趋成熟，市场直接融资比例逐渐增大，商业银行传统信贷利差收入的金融业务受到冲击。因此，广东金融学院作为应用型本科院校，顺应时代变化，及时培养市场需求的高素质金融人才，是符合商业银行等金融机构的发展趋势和根本利益的。该校承担“商业银行经营学”课程教学的5位教师在这方面做了积极有益的探索。他们编写的教材《商业银行业务与经营（第二版）》，由两条相互独立又相互关联的主线构成——一是业务经营，二是银行管理。通过这两条主线，该教材展示了商业银行的主营业务和管理特点，将实务与理论相结合，并按照商业银行实务中的“出场”顺序逐步展开。教材中独特的“知识链接”“案例分析”“思考练习”专栏，有助于读者系统地掌握商业银行业务与经营的基础知识，了解相关实务，增强理论联系实践的能力，实现金融应用型人才的培养目标。此外，该教材注重对读者合规经营的风险意识教育，教材中提及了最新的监管法规和条例。

我相信《商业银行业务与经营（第二版）》这本教材，将为培养金融学专业学生和银行从业人员提供有益的帮助，成为业内人士的参考书和工具书之一，从而推动业界对商业银行经营管理的研究、学习与应用，在商业银行发展中发挥应有的作用。

广发银行副行长 林德明

2023年9月22日于广州

第二版前言

这是一个最好的时代，计算机、信息技术等前沿科技的发展，为商业银行的数字化转型升级和线上业务发展等提供了更为广袤的空间，也为商业银行的新业务开发、管理效率提高和成本节约等提供了更多可能。这是一个竞争的时代，随着科技与金融的纵深融合，银行不仅面临同业竞争，还面临蚂蚁金服、微众银行等非传统金融服务机构的竞争，而科技公司如华为、通用信息平台如字节跳动等非金融服务机构布局支付领域，意味着商业银行随时面临各种“门外汉”的竞争。这也是一个充满机遇和挑战的时代，中国碳中和碳达峰目标的提出为绿色金融的发展提供了新契机，共同富裕的阶段目标赋予了银行新的普惠金融使命，数字人民币的推广为人民币国际化等提供了新思路。国内国际经济形势日益复杂，中华民族要实现伟大复兴，作为中国金融体系的主导，商业银行的作用举足轻重且任重道远。新的时代背景对商业银行经营管理教学提出了新要求，应用型金融人才不仅需要夯实其银行理论知识，更需要加强其银行实践能力。

本书正是适应这一要求而进行的一次有益尝试。本书根植于商业银行业务与经营的理论知识，梳理各主营业务的内容和相关实践案例，并从业务条线延伸到更高层次的机构管理中，完成对商业银行经营的系统学习，凸显“应用型”特色。在教材内容上，除了理论知识讲解，本书还增加了知识链接、案例分析、思考练习等内容，帮助学生在系统掌握商业银行业务与经营知识的同时，了解相关实务，以期加强理论联系实践的能力，实现金融应用型人才的培养目标。

本书共十一章，内容可分为三大模块：第一模块为基础奠定，即第一章；第二模块为银行主营业务探讨，即第二章至第六章；第三模块为银行经营管理分析，即第七章至第十一章。通过“基础、主营业务和经营管理”三个模块十一章的学习，力图帮助读者建立起对商业银行业务与经营的系统认知。具体而言，本书第一章为商业银行业务与经营的基础知识，从商业银行在金融体系中的定位出发，到理解商业银行的经营原则、目标及组织形式，从宏观视角思考商业银行所处的监管环境及其过去、当今与未来。第二章至

第六章分别以商业银行的业务为主线，重点厘清商业银行的盈利来源。第七章至第十一章针对商业银行经营管理过程中的资本金管理、资产负债管理、风险管理、绩效管理和战略管理五方面内容进行探讨，深入贯彻商业银行稳健经营的理念。

本教材重在突出理论性、实践性、前沿性和易读性等特点。除了理论基础知识讲解，本书还提供了时效性较强的案例分析和知识链接，使本书内容更易于理解，同时帮助读者紧跟行业前沿动态，实现理论与实践的有效结合。

本教材不仅适用于普通高校、高等职业技术院校、成人高校等相关专业教学，亦可作为商业银行和金融从业人员的在职教育与岗位培训教材。

本教材由广东金融学院金融与投资学院中青年教师团队编写。梅光仪老师任主编，与王梅副教授、卢垚博士、蓝美静博士和杨睿博博士共同编写，并保留和沿用了第一版龙安芳博士和徐镱菲博士编写的部分内容。其中梅光仪提出基本框架、拟定大纲，负责编写第一章、第七章、第八章，王梅负责编写第二章、第三章、第四章和第五章，卢垚负责编写第九章和第十章，杨睿博负责编写第六章，第十一章由梅光仪、王梅、卢垚和杨睿博共同编写。蓝美静对全书做了审阅和修改，并撰写再版前言。

作为“金融学专业应用型本科人才培养特色教材”，本书在编写的过程中得到了广东金融学院的大力支持，副校长王醒男教授给予了高度关注，提出了指导意见，金融与投资学院项后军院长、刘昊虹教授予以积极的鼓励和帮助。2020 级 3 班金融学专业陈盈锐，2019 级金融工程专业黄淑娟、许嘉琳，2019 级金融学专业（CFA 实验班）张棠舒为本书的图表处理和文字校对付出了辛勤的劳动，在此致以诚挚的谢意！

在本教材的编写过程中，我们查阅了关于银行管理的最新法规和政策，参考了大量相关的教材和著作、文献以及各大商业银行官方网站的资料，借鉴了部分商业银行业务培训教材和内部资料，在此对这些作者表示衷心的感谢！

本教材的出版得到了中国金融出版社的大力支持，在此对各位编审人员的辛勤付出表示由衷的感谢！

最后，由于作者知识水平有限，对于书中存在的疏漏和不足之处，恳请各位专家和广大读者提出宝贵意见，以便在未来版本中更新。

作者

2023 年 9 月于广州

目录

第一章

商业银行概述

【本章学习目标】

掌握商业银行的性质和基本概念；熟悉商业银行的经营功能，掌握商业银行的经营原则；了解商业银行的内部组织结构以及商业银行的发展方向。

第一节　商业银行的性质和功能

随着人类社会发展为现代商业社会，金融制度的演变也日臻复杂，成为社会经济生活的中枢环节。由于金融制度的基本职能是为经济运行筹集与分配资金，因此历史悠久、业务范围最为广泛的商业银行便成为其重要的金融组织形式。商业银行是伴随着18世纪的工业革命发展起来的，在继承近代历史上商业银行的基本功能和特征的同时，也在发展变化。

《中华人民共和国商业银行法（修正）》（以下简称《商业银行法》）第二条规定："本法所称的商业银行是指依照本法和《中华人民共和国公司法》设立的吸收公众存款、发放贷款、办理结算等业务的企业法人。"商业银行包括全国性商业银行、城市商业银行、农村商业银行以及根据经济社会发展需要设立的村镇银行等其他类型商业银行。此规定充分揭示了商业银行的三大基本特征，即设立的合法性（必须依法设立）、业务的特殊性（特定的银行业务）和服务的广泛性。

一、商业银行的性质

（一）商业银行是企业

商业银行的法律性质是特许成立的企业法人，现代商业银行的组织形式和机构设置不仅应符合《中华人民共和国公司法》的规定，还要依照《商业银行法》设立。商业银行是企业，与工商企业一样要追求利润的最大化，并拥有业务经营所需的自有资本，依法设立，照章纳税，独立核算，自主经营，自担风险，自负盈亏，以其全部法人财产对外承担责任。

（二）商业银行是金融企业

工商企业的经营对象是具有一定使用价值的商品和劳务，其经营方式是商品的生产与流通。商业银行作为金融企业，是以金融资产和负债为经营对象，经营的是特殊的商品——货币资金；其活动范围是货币信用领域。因此，有别于普通的工商企业，商业银行不仅承担对客户和股东的责任，还承担着一定的社会责任。商业银行是一种与普通工商企业有所区别的特殊企业——金融企业。

（三）商业银行是特殊的金融企业

商业银行具有社会公共产品的属性。商业银行经营的商品是货币，由于货币具有社会一般等价物的特点，商业银行的经营活动也具有了社会活动的性质。同时，商业银行是我国众多金融机构中唯一可以吸收活期存款的金融机构。

此外，商业银行的定位不同于中央银行、政策性银行和其他金融机构。中央银行是向政府和金融机构提供服务的政府机关。政策性银行是以贯彻政府的经济政策为目标，在特定领域开展金融业务而不以盈利为目的的专业性金融机构。而其他金融机构的业务范围则更为狭窄。相比而言，商业银行主要从事发放贷款及接受公众存款的业务，业务范围囊括资产业务、负债业务和中间业务，有“金融百货公司”之称。

综上，商业银行是以追求利润最大化为目标，通过多种金融负债筹集资金，以多种金融资产为经营对象，能利用负债进行信用创造，并向客户提供多功能、综合化服务的金融企业。

二、商业银行的功能

现代商业银行作为国家经济中最重要的金融中介机构，具有以下功能。

（一）信用中介功能

商业银行最基本的职能就是充当信用中介——一方面集中社会上的闲散资金，包括政府部门、企业和居民的闲置资金，使其通过存款和其他形式汇聚于银行；另一方面通过贷款把这些资金提供给需要资金的法人和个人。正因如此，商业银行可以通过庞大的体系来吸收社会上的大量闲置资金，同时，也可以运用多种形式把资金提供给各种资金需求者。

（二）支付结算功能

在商品社会里，企业、个人的商品和劳务的交换与消费是通过货币支付来完成的。商业银行作为办理货币支付结算的机构，促进了商品的交换和流通。商业银行通过为政府、企业、个人开立存款账户，为客户办理货币支付、货币结算和收付货币等技术性手段扩展了市场经济的商品交换和流通。通过这一职能，商业银行成为客户的货币保管者、出纳代理人和支付代理人。通过银行之间的资金结算，商业银行系统实际上成为社会经济活动的支付中心和结算中心。第三方支付如支付宝的崛起，在推动银行业务创新的同时，也对银行业务发展形成了冲击。但无论面临怎样的变化，所有的支付活动最终都需要通过商业银行的结算网络完成。

（三）信用创造功能

信用创造功能是商业银行特有的派生功能。信用创造功能是指商业银行在吸收活期存款的基础上，通过发放贷款而创造出数倍于原始存款数量的信用货币，扩大社会中的货币供应量。此功能直接影响整个社会的资金规模和货币供给，所以各国中央银行在制定货币政策和调节货币供应量时都把商业银行当作调控和引导的重点，给予极大的关注。

（四）信息管理和服务功能

信息管理和服务功能则是现代商业银行新增加的一项重要功能，不仅在银行的各项功能中越来越重要，也是银行在服务业里最大的优势。现代社会是建立在商品经济蓬勃发展的信用经济基础上的，市场化、网络化、信息化是现代社会的基本特征。现代商业银行利用其所处的特殊地位和金融活动的主导权，收集、整理、储存和筛选各类经济信息，凭借其信息全面性的优势，来化解社会经济主体的信息不对称，拓展金融服务的范围，扩大社会服务面。如商业银行可以利用其信息优势和专业服务为客户应对资产或经济方面的损失，帮助客户筹资、收购和开拓市场等。

三、我国商业银行体系和发展阶段

（一）我国商业银行体系

金融机构体系是指金融机构的组成及其相互联系的统一整体。在市场经济条件下，各国金融体系大多数是以中央银行为核心来进行组织管理的，因而形成了以中央银行为核心、商业银行为主体、其他各类银行和非银行金融机构并存的金融机构体系。我国则形成了以中央银行（中国人民银行）为领导，商业银行为主体，政策性银行等银行业金融机构，金融资产管理公司、信托投资公司、财务公司、金融租赁公司、经监管部门批准设立的其他金融机构及外资金融机构并存和分工协作的金融机构体系。

我国的商业银行体系是指由各类型商业银行构成，具有各自地位和作用的统一协作整体。中国银保监会发布的银行业金融机构法人名单数据显示，截至 2022 年 6 月末，我国商业银行体系中金融机构共计有 4 599 家，其中包括 6 家国有大型商业银行①、12 家股份制商业银行②、125 家城市商业银行、3 844 家农村金融机构（含 1 600 家农村商业银行、23 家农村合作银行、572 家农村信用社、1 649 家村镇银行）、41 家外资法人银行、19 家民营银行及其他金融机构。这些商业银行共同形成了我国以 6 家国有大型商业银行为主体，12 家股份制商业银行为辅，城市商业银行、农村金融机构、民营银行和外资银行为补充的商业银行体系。我国银行业金融机构资产份额中，6 家国有大型商业银行的市场份额高达 40%，12 家股份制商业银行的市场份额达 18%，两者合计市场份额占我国银行体系的半壁江山。

---

① 6 家国有大型商业银行分别是工商银行、农业银行、中国银行、建设银行、交通银行和邮政储蓄银行。

② 12 家股份制商业银行分别是中信银行、光大银行、华夏银行、广发银行、平安银行、招商银行、浦发银行、兴业银行、民生银行、恒丰银行、浙商银行和渤海银行。

这一市场结构显示我国商业银行体系是一种垄断竞争的结构，少数的全国性商业银行掌握了约六成的市场份额，中小银行积极参与竞争但市场规模较小（见图1－1）。

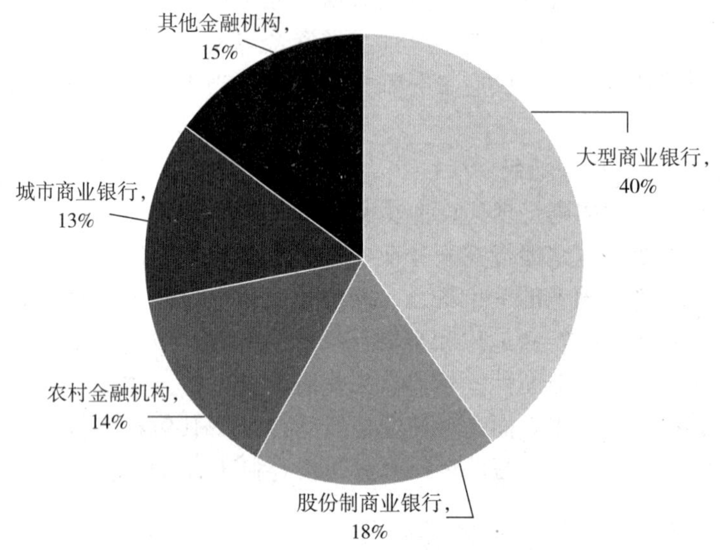

图1－1　2022年6月银行业金融机构资产份额

（二）我国商业银行的发展阶段

追求利润最大化是理性企业的目标，而实现股东增加值最大化或企业价值的最大化则是一流企业追求的最终目标。从世界商业银行经营的演进和未来的发展看，商业银行一般呈现以下五个阶段性演进的特点：第一阶段，追求数量最大化；第二阶段，追求产值最大化；第三阶段，追求利润最大化；第四阶段，追求股东权益最大化；第五阶段，追求股东增加值最大化。

在第一阶段这一早期阶段，商业银行更多关注的是网点等的数量。第二阶段，商业银行在关注数量的同时，逐渐把经营的重点放在了市场份额、存贷款规模等影响企业产值的指标上。随着市场经济的不断发展和世界银行业市场化改革的不断深入，商业银行的经营理念开始发生转变，尤其是上市银行的经营目标转向利润最大化和股东权益最大化，开始注重对股东的回报。发展到第五阶段，商业银行经营管理的所有目标都集中在了实现股东增加值最大化这一核心目标上。

第二节　商业银行的经营原则与目标

商业银行经营管理的基本原则是安全性、流动性和效益性，最终目标就是实现股东增加值的最大化。

一、商业银行的经营机制

商业银行的经营机制是指该组织在一定的内部和外部条件下，围绕其经营目标所

形成的内部结构功能状况、运转方式及运转过程的原理和内在规律。一般来说，调节商业银行经营行为的内在机制可分为两类：动力机制和约束机制。

商业银行作为一个企业，它的经济运行需要动力机制，动力机制的正常运作，有赖于明确的动力目标和健全的利益机制。追求利润最大化是商业银行的动力目标，建立健全的利益机制是商业银行经营的动力基础。因而，我国商业银行的动力机制通常需要在利益分配、激励机制和竞争机制等方面采取措施。

商业银行经营的约束机制是商业银行在经营上接受国家经济、金融政策引导，在遵守有关法律和规章的前提下，提高银行长远利益和社会效益的机制，这既是主动调整自身行为使之适应各种约束条件的机制，也是银行经营机制中的自控能力。银行的行为是否合理，主要由其约束机制所决定。商业银行在经营上的约束机制一般分为两类：一类是银行的内部约束机制，包括经营计划约束机制、预算约束机制和风险约束机制；另一类是外部约束机制，指银行接受政策引导、遵循有关法律接受外部监督的约束机制。

动力机制和约束机制都源于商业银行追求自身利益的动机。前者启动商业银行的扩张行为，后者制约这种行为并使之保持在一定的限度内，以免带来损失。在这两类机制的共同作用下，商业银行形成了合理的经营行为规范。

二、商业银行的经营原则

（一）安全性

安全性是指商业银行的资产、信誉以及其生存和发展的必要条件免遭损失的可靠程度。安全性一般表现在两个方面：一是对银行的债务人，要求其能够按期向银行还本付息；二是对银行的债权人，能够对其按期还本付息。商业银行之所以要坚持安全性目标，是由商业银行经营管理的特殊性决定的。

首先，商业银行自有资本较少，杠杆率较高，经不起较大的损失。商业银行在经营中保持着比一般企业更高的资本杠杆率，由此，其面对的风险要比一般企业大得多。

其次，商业银行具有资产和负债不对称的特点，这使得商业银行在经营活动过程中常常面临比一般企业大得多的风险。一方面，商业银行的资金绝大部分是向社会公众“借”来的，作为公众的债务人，其负债具有高度的流动性；另一方面，商业银行的资产业务又是以贷款为主的，作为公众的债权人，其贷款相对缺乏流动性，这决定了其经营活动的高风险性。

因此，商业银行经营条件的特殊性决定了其尤其需要强调安全性。对于商业银行来讲，自身的资产、负债是有硬性约束的，如果商业银行不能保证安全性目标，就会影响日常业务的正常进行。同时，作为参与货币创造过程非常重要的媒介部门，商业银行一旦失去安全性就会导致整个银行体系混乱，进而破坏整个宏观经济的正常运行。

（二）流动性

流动性是指商业银行能够随时满足客户提现和必要的贷款需求的支付能力及资产与负债的兑现能力。

商业银行是典型的负债经营企业，资金来源的主体部分是客户的存款和借入款，存在一定的不确定性。资金来源的不确定性决定了资金运用即资产必须保持相应的流动性。

同时，资金运用的不确定性也需要资产保持流动性。商业银行发生的贷款和投资会形成一定的占用余额，这个余额在不同的时点上是不同的，贷款和投资形成的资金的收和付，在数量上不一定相等，在时间上也不一定相互对应。这就决定了商业银行在经营管理中必须保持一定的流动性，以应对商业银行业务经营的需要。

（三）效益性

商业银行属于金融企业，因此具有企业的普遍属性，以实现利润最大化为其终极目标。

商业银行通过吸收存款、发行债券等负债业务，把企事业单位和个人的闲置资金集中起来，然后再通过发放贷款等手段，把集中起来的资金加以运用，从资金运用中得到利息收入和其他营业收入。这些收入扣除付给存款人的利息、相应的工资费用等其他有关费用后，就是商业银行的利润。因此，降低成本、扩大盈利资产、提高资产质量等均是实现效益性的具体方式。

三、"三性"原则的辩证统一

（一）"三性"原则之间的统一性

商业银行经营的安全性、流动性和效益性是相互统一、相互联系的。由于商业银行经营的对象是社会一般等价物——货币，它的经营管理就和整个社会的经济活动联系在一起。商业银行的这种经营管理活动的公共性质直接影响商业银行的利益取向。商业银行的经营管理是建立在社会公共利益基础上的，所以商业银行的经营是以安全性为首要原则的，如果没有安全性，流动性和效益性也就不可能实现。流动性是商业银行安全性和效益性之间的平衡杠杆。流动性过高，会使商业银行丧失盈利机会；流动性过低，又可能使商业银行面临信用危机。可以说，合理安排、灵活调度、保持流动性的适度水平是商业银行经营管理中最重要的内容之一。效益性是核心。资金的安全性和流动性是实现效益性的基础；离开了资金的效益性，资金的安全性和流动性就会失去存在价值。

因此，"三性"原则之间存在统一性：安全性是基础，流动性是手段，效益性是目标。

（二）"三性"原则之间的矛盾性

"三性"原则之间却又是相互矛盾的，彼此间存在此消彼长的关系。如果一家商业银行过分注重安全性和流动性，则存在损失效益性的风险；反之，若过度强调效益性，则安全性和流动性会受损。在商业银行的经营中，安全性、流动性和效益性存在对立的一面。

例如，商业银行在金库中存放较多的现金资产以满足流动性管理的要求，此行为

符合安全性原则，却损害了效益性，资金的机会成本很高。因为，盈利性较强的中长期贷款和租赁资产往往流动性较低。可见，资金的安全性、流动性和效益性之间常常表现出一定的矛盾性。

（三）效益性是现代商业银行的最终目标

“三性”原则在短期内是辩证统一的关系，动态地平衡“三性”原则之间的关系能够保证商业银行获得最大的利润。因此，从长期来看，效益性是商业银行经营的最终目标。

在以“商业银行价值最大化”作为现代商业银行经营管理目标的市场经济条件下，推动企业经济行为的根本动力和目的是利润最大化。虽然“利润最大化”本身包含了企业追求长期利润最大化的含义，但就普遍的认识水平而言，要使全员对“利润最大化”形成一个统一的深入的认识是不容易的。商业银行作为一种特殊的企业，可持续发展尤为重要。在市场经济条件下，处于不同发展阶段与经营环境的商业银行，各自的经营目标可能不尽相同，但根本的出发点却是一致的，即谋求银行股东增加值的最大化。由于商业银行经营管理的安全性、流动性和效益性原则之间存在一定的矛盾，商业银行在经营管理中必须统筹协调三者的关系，权衡利弊，不能偏废其一。商业银行一般应在保证安全性和流动性的前提下，实现效益性，进而最终实现股东增加值的最大化。

商业银行股东增加值是指商业银行风险调整后的利润减去股东资本成本后的剩余部分。股东增加值引入了资本成本理念，明确了商业银行存在的根本目的是创造高于资本成本的最大附加值，指明了商业银行经营活动的目标和依据。股东增加值确立了衡量业绩和制定激励机制的共同语言与标准，把企业经营者、员工利益和股东利益完全广泛地统一起来，是公司治理机制的完善和发展。股东增加值既是衡量商业银行资本是否合理运用的核心尺度，也是战略管理机制和运营机制的科学发展，还是推动可持续发展的根本力量。

以股东增加值最大化作为商业银行经营管理的目标，不仅是最合理的，也是最可行的。因为这个目标坚持了银行运作的产权基础，充分考虑和尊重了银行出资者的合理利益，使整个银行的经营管理活动建立在一个可信和现实的基础之上。同时，股东增加值最大化的目标在资本市场比较完善的环境里，也便于衡量和操作，可行性最强。坚持股东增加值最大化，从商业银行日常业务经营的角度来说，就是坚持了银行效益的最大化和银行经营管理活动的最优化，它把财务管理活动与经营管理活动紧密地联系了起来。

从银行内部管理来看，股东增加值最大化目标能够方便和合理地解释商业银行稳健经营、追求利润的管理要求，有利于强化内部管理和业绩考核。实际上，无论是资产收益率（ROA）、资本收益率（ROE），还是风险调整后的资本收益率（RORAC）、经济增加值（EVA）、风险价值（VAR）等各类考核评价指标，其考核的目的都是追求股东增加值的最大化。

坚持股东增加值最大化的目标，还有利于协调商业银行管理层与股东及各类投资者之间的关系。如果银行管理层的经营决策和管理行为都能够强调并贯彻这一目标，商业银行管理层与投资者之间就能够更好地相互理解和信任。

第三节　商业银行的组织结构和组织形式

一、商业银行的公司治理

公司治理（Corporal Governance）又称为企业公司治理结构。1984 年，英国经济学家鲍伯·特里克（Bob Tricker）在《公司治理》一书中完整地提出了公司治理的概念，并全面论述了现代公司治理的重要性。

公司治理有广义和狭义之分。狭义的公司治理是指一组规范公司股东、董事会、监事会以及经理人之间责、权、利关系的制度安排；广义的公司治理还包括公司与其他利益相关者（Stakeholder，如政府、员工、客户、供应商、债权人和社区等）之间的关系，以及有关法律法规规范的总和。完整的公司治理机制有三个层次：有效的公司内部治理机制、有效的公司外部治理市场以及有关公司治理的法律法规。因此，商业银行的组织结构和组织形式属于公司治理的范畴，对商业银行的效率提高有深远的影响。

商业银行作为经营风险的特殊企业，一方面，必然具备一般企业公司治理的特征；另一方面，必然拥有一般企业所不具备的特征。从时间角度来看，商业银行的公司治理包括以下内容：

- 商业银行公司治理结构的起点——股权结构；
- 商业银行公司治理结构的关键——所有者和经营者之间的关系；
- 商业银行公司治理结构的核心——充分发挥董事会、监事会的作用；
- 商业银行公司治理结构的根本——审慎会计原则下的授权管理与集约化经营；
- 商业银行公司治理结构的内在要求——内控制度建设；
- 商业银行公司治理机制建设的重要突破口——建立激励约束机制和资本补充机制。

二、商业银行的外部组织形式

（一）单一银行制和总分行制

商业银行在业务拓展的内部架构设置上可以有两种选择：一是采用单一银行制，二是采用总分行制。

单一银行制又称独家银行制，它的特点是银行业务完全由独立的商业银行经营，不设或限设分支机构。在这种制度下，银行通过一个网点提供所有的金融服务。世界范围内仅有美国仍然存在单一银行制的外部组织形式。

总分行制的特点是法律允许商业银行除了总行之外，在本地区及跨地区设立分支机构。从全球发展趋势看，总分行制已逐步取代单一银行制。我国商业银行采用的是总分行制。

（二）银行控股公司制

银行控股公司制是指由一个集团成立控股公司，再由该公司控制或收购两家以上的银行。在法律上，这些银行就是独立法人，但其发展战略和业务经营政策由同一家控股公司支配。这种组织形式给予商业银行突破金融管制，进行“混业”经营的一种组织形式创新。银行控股公司制使银行可以更便利地从资本市场筹集资金，并通过关联交易进行合理避税，同时规避中央银行针对银行的业务范围管制。面对全球范围内的混业经营趋势和并购浪潮，我国的银行控股公司发展也较为迅速，银行控股公司成为银行业规避分业经营监管的渠道。

银行控股公司制有两种具体形式：一种是银行控股公司，即由一家大银行组织一个控股公司，其他小银行或金融机构隶属于这家大银行（见表1－1序号1—5）；另一种是非银行控股公司，即由主营业务属于非银行的大企业拥有某一银行股份而组织起来的控股形式（见表1－1序号6—10）。

表1－1　　我国主要的银行控股公司一览

序号	控股公司	银行业务	证券和基金业务	保险业务	信托、期货及其他金融业务
1	工商银行	工商银行、属下村镇银行	工商东亚控股、工银瑞信基金、工银投资	工银安盛人寿保险	工银租赁
2	农业银行	中国农业银行、浙江永康农银村镇银行、厦门同安农银村镇银行、湖北汉川农银村镇银行、安塞农银村镇银行、克什克腾农银村镇银行、绩溪农银村镇银行	农银国际控股、农银汇理基金	农银人寿保险	农银金融租赁、农银理财公司、农银金融科技公司、农银财务有限公司
3	中国银行	中国银行、大丰银行、集友银行、中银香港、南洋商业银行	中银国际、中银基金、中银集团投资、中银国际控股	中银保险、中银三星保险	中银保诚信托、中银航空租赁
4	建设银行	中国建设银行、中德住房储蓄银行、建信村镇银行	建信基金、建银国际（控股）、建信金融资产投资有限公司①	建信人寿保险有限公司、建信财产保险有限公司	建信信托、建信金融租赁、建信期货、建信金融资产投资、建信养老金管理有限公司
5	交通银行	交通银行、属下村镇银行	交银国际控股有限公司、交银施罗德基金	中国交银保险、交银人寿保险	交银国际信托、交银金融租赁、交银理财

续表

序号	控股公司	银行业务	证券和基金业务	保险业务	信托、期货及其他金融业务
6	中信集团	中信银行、浙江临安中信村镇银行	中信证券、中信里昂证券、华夏基金、信银（香港）投资、中信国际金融控股	中信保诚人寿	中信信托、中信金融租赁、光大金瓯资产管理、光大金租
7	光大集团	光大银行、光大属下村镇银行	光大证券、光大金控资产管理、光大保德信基金、光大证券资产管理有限公司、光大一带一路绿色基金	光大保险、光大永明人寿保险	光大信托、光大控股、光大理财
8	招商局集团	招商银行、永隆银行	招商证券、招商指标、博时基金、招商基金	招商仁和人寿、招商信诺人寿保险	招商租赁、招商期货
9	华润集团	珠海华润银行	华润元大基金管理有限公司	华润保险经纪有限公司	华润深国投信托有限公司、华润深国投投资有限公司、华润资产管理有限公司、华润渝康资产管理有限公司、华润融资租赁有限公司
10	平安集团	平安银行	平安证券、平安基金	平安人寿保险、平安养老保险、平安财产保险、平安健康保险	陆金所控股、平安壹钱包、平安金服、平安信托、平安资管、平安国际租赁、金融壹账通

①建信金融资产投资有限公司是银监会批准筹建的全国首家市场化债转股实施机构，于 2017 年 7 月 26 日注册成立，是建设银行的全资子公司，注册资本为 120 亿元人民币，是迄今为止建设银行集团注册资本最大的子公司。

三、商业银行的内部组织结构

商业银行的内部组织结构是指商业银行为了有效地发挥商业银行的各项职能，提高经济效益而进行的内部组织的设置方式。由于大多数商业银行都是按其所在国公司

法组织起来的股份公司，因此，其内部组织结构主要分为四个系统，即决策系统、执行系统、监督系统和管理系统。

（一）决策系统

商业银行的决策系统主要由股东大会和董事会以及董事会以下设置的各种委员会构成。

1. 股东大会。股东大会是商业银行的最高权力机构，每年定期召开股东大会和股东例会。在股东大会上，股东有权听取银行的一切业务报告，有权对银行业务经营提出质询，有权对银行的经营方针、管理决策和各种重大议案进行表决，并且选举董事会。

2. 董事会。董事会由股东大会选举产生的董事组成，代表股东执行股东大会的建议和决定。董事会的职责包括：确定经营目标和经营政策；选择银行高级管理人员；设立各种委员会或附属机构；提供监督和咨询以及为银行开拓业务。

3. 各种常设委员会。常设委员会由董事会设立，其职责是贯彻董事会的决议，协调银行各部门之间的关系。常设委员会也是各部门互通信息的中介，定期或不定期地召开会议处理某些问题。具体的常设委员会包括执行委员会、贷款委员会、风险管理委员会、审计委员会等。

（二）执行系统

商业银行的执行系统由行长（总经理）、副行长（副总经理）及各业务、职能部门组成。

1. 行长（总经理）。行长是商业银行的行政主管，是银行内部的行政首脑，其职责是执行董事会的决定，组织银行的各项业务经营活动，负责银行具体业务的经营管理。

2. 副行长（副总经理）及各业务、职能部门。在行长（总经理）的领导下，商业银行一般设置若干个副行长（副总经理）及业务、职能部门。业务部门的职责是经办各项银行业务，直接面向客户提供服务；职能部门的职责是实施内部管理，帮助业务部门开展工作，为业务管理人员提供意见、咨询等。商业银行各业务职能部门的划分见表1－2。

表1－2　　商业银行业务职能部门职责一览

业务分类	业务职能部门职责
经营管理	由审计和内控部、分支行管理部、人事部、会计出纳部、合规部等部门组成。负责制定合规经营条例与风险控制的有关规定；制定会计工作条例，招募和培训员工；对员工的工作状况进行考核；评价分支机构及银行业务部门和职能部门的工作；进行审计、税收和风险管理
资金财务管理	由资产负债部、证券部、投资管理部等部门组成。主要负责筹资和投资、在货币市场和资本市场进行投资组合管理，以及资金管理、成本管理等，并制定财务预算，实行财务控制
资产管理	由公司金融部、信用卡部和贷款审查部等部门组成。提供商业性金融服务，包括商业信贷、商业房地产信贷、信用卡业务等，并负责贷款审查

续表

业务分类	业务职能部门职责
个人金融	由私人银行部、信托部、消费者业务部、住房贷款部等部门组成。根据银行规定的计划和目标，安排组织各种私人银行业务、信托业务和面向消费者的业务；分析消费者行为及市场变动状况，确定市场营销战略；开展广告宣传、促销和公共关系活动；制定银行服务价格；开发产品和服务项目
国际业务	由贸易融资部、外国贷款部和国外代表处等部门组成。主要职责是从事国际银行业务，提供贸易融资，进行外汇买卖

（三）监督系统

商业银行的监督系统由股东大会选举产生的监事会、董事会中的审计委员会以及银行的稽核部门组成。

1. 监事会。监事会的监事由股东大会选举产生，其职责是代表股东大会对全部经营管理活动进行监督和检查。监事会除检查银行业务经营和内部管理之外，还要对董事会制定的经营战略和方针、重大决策、规定、制度等及其被执行情况进行检查，对发现的问题具有督促限期改正之权。

2. 审计委员会。审计委员会负责选聘外部审计机构，提出审计工作标准；对银行业务进行检查；定期听取外部审计人员及部门主管的工作汇报，查找问题，并督促管理层落实改进措施。

3. 稽核部门。稽核部门负责核对银行的日常账务，定期核查银行会计、信贷及其业务是否符合监管部门和银行的相关规定，是否按照董事会制定的战略、制度和程序执行。稽核的目的在于防控操作风险，以确保银行经营安全。稽核部门要定期向董事会汇报，并提出进一步改进的可行性意见和建议。

（四）管理系统

在董事会、总经理（行长）的主持下，商业银行的管理系统由风险管理、财务管理、人事管理和经营管理四个方面构成。管理系统各部门的主要职责包括：（1）制定规章制度；（2）制定业务服务标准和规范；（3）制定工作指引；（4）对业务部门前三项内容的执行和落实情况进行检查与督导。

银行风险管理部负责分行授信项目审查的管理工作，包括授信审查的制度建设、权限内授信项目的审批、需上报总行审批授信项目的复审、对分行审查员审批权限项目的事后核查及其他与授信有关的管理工作。

财务管理部过去被称为计划财务部，是进行全行资产负债管理和财务会计管理的部门。其主要职责是资产负债管理、资本管理、资金管理、流动性与利率风险管理、利率管理。资产负债管理职能，包括全行资产负债总量与结构管理、资本管理、银行账务利率风险、流动性风险管理和利率政策制定。财务会计管理职能，包括全行的财务体系管理、预算管理、财务分析、会计税务管理、报告制作与披露、绩效管理、对支行相关业务进行管理辅导等。

人事管理部门负责全行人力资源发展规划和机构管理：制定人事组织管理规划和规章制度；负责干部任免、考核、调配，领导班子建设，工资福利，保险统筹，人员总量控制，机构发展规划，技术职称评定以及党的组织建设、党员管理等具体工作。

经营管理的业务部门包括资产保全部、信息技术部、渠道与运营管理部、消费者权益保护服务监督管理中心等。其中，渠道与运营管理部的主要职责为根据银行的发展战略，有针对性地进行市场调研，建立完善的渠道信息收集、处理系统；建立统一的渠道体系，包括渠道准入、渠道监督、渠道服务、渠道管理等的制度和工作流程；确立渠道拓展和维护等方案；负责一切接触到银行服务的渠道管理工作，如公众号运营；网点印象、服务和卫生等细节的管理。

四、银行再造

（一）银行再造的内涵

银行再造的理念始于 1993 年迈克尔·哈默（Michael Hammer）出版的《企业再造》（*Reengineering the Corporation*）一书，书中首次系统地对企业再造理论进行了阐述，提出通过重新对公司的流程、组织、文化进行设计从而实现企业绩效质的飞跃。哈默在书中强调，将业务流程作为改造对象和中心，将关心客户的满意度和需求作为目标，对现有业务流程进行再思考和全面的再设计，利用先进的技术和现代化的管理理论，最大限度地实现技术上的功能集成和管理上的智能集成，以打破传统的智能型的组织结构，建立全新的过程性的组织结构，从而实现企业在经营成本、服务、质量和速度上的极大改善。此后，保罗·艾伦（Paul H. Allen）在 1994 年出版的书籍《银行再造：生存与成功范例》（*Reengineering the Bank：A Blueprint for Survival and Success*）中系统地提出银行再造的概念：银行再造帮助银行家评估自己的市场、业务和客户，并且从资产负债表和战略角度提供实现价值最大化的改革方案。可见，银行再造是商业银行在信息化浪潮下寻求银行管理新模式的实践。它要求银行扬弃过去那种按照职能进行分工，然后组合经营的管理方法，借助现代信息技术，重新设计银行的管理模式和业务流程，实现科学的“减肥”，使银行集结核心力量，获得可持续竞争的优势。

因此，银行再造是一个系统工程，围绕影响商业银行效率的因素，从组织结构、业务流程和信息系统等方面进行组合设计，在达到客户、员工双满意的同时，使银行的效率获得大幅提升。

随着商业银行经营环境的不断变化，以及金融科技的不断发展，银行再造在实践中不断发展，再造思想不断深化，再造内容也在不断扩大，因而有必要对银行再造的定义进行扩充和调整。银行再造是指针对银行现实经营中面临的痛点、难点问题，对银行的系统架构、产品体系、风险管控、服务渠道、运营流程、人才建设等进行全方位、全流程的变革，再造一个更安全、更高效的商业银行。这个“再造”是从根本上重新思考银行文化，重新设计银行业务流程，使银行取得优异效益的经营机制变革行为。

（二）银行再造的内容

银行再造的内容是对业务流程、组织结构和信息系统进行再设计，打破常规思维，变革管理体制，整合内部流程，从而实现经营战略的转型。

1. 业务流程再造。商业银行业务流程再造是一项战略性的系统工程，是商业银行再造理论的核心组成部分。业务流程再造是银行出于长期可持续发展的战略需要，对各项业务活动进行重新安排。

（1）业务流程再造的内涵。业务流程再造是对组织中及组织间的工作流程与程序进行的分析和再设计。商业银行本质上是经营资产负债等金融货币业务的企业，因而业务流程再造的概念同样适用于商业银行。银行业务流程再造就是从银行长期发展战略需要出发，以价值增值的再设计为中心，打破传统的职能部门界限，通过组织改进、员工授权、顾客导向及正确运用信息技术，建立合理的业务流程，以达到银行动态适应竞争加剧和环境变化目的的一系列管理活动。银行业务流程再造强调以“流程导向”替代原有的“职能导向”，为银行经营管理提出了一个全新的思路。

（2）业务流程再造的实施方式。商业银行业务流程再造的目的是完成银行的经营目标，进行业务流程再造首先需要从分解银行的经营目标开始，通过分解银行的经营目标，整理出实现这些目标需要的流程，再将流程进行分解，按照环节、连接关系将其分解成基本的业务活动，分析各活动存在的合理性和必要性，找出流程上存在的交叉重复部分和空缺部分，进行有机的合并和添加，构建面向客户的、敏捷的价值增值型业务流程。业务流程再造的实施方式可以分为六种。

第一，整合业务活动，即对复杂的业务流程进行活动归并，使其简单化，从而提高流程运作效率。

第二，拆分业务活动，即将某一专业职能工作分散到相关专业中，取消原有的专业流程活动，从而提高流程效率，如自动柜员机（ATM）、手机银行和网络银行等电子渠道。

第三，删除业务活动，即强调将主要资源集中到创造价值的活动上，而尽量删除不创造价值的辅助活动。

第四，改变业务活动关系。业务活动关系包括活动的次序和活动间的逻辑关系。一般来说，业务活动关系是指活动间的串行和并行关系，传统的银行流程活动多以串行为主。采用计算机和互联网技术，则极大地提高了数据的处理、储存、共享和传输能力，这就要求把一项流程的诸多环节进行最大可能的并行交叉。

第五，改变活动承担者。改变业务活动承担者的内容包括三个方面，即活动者的业务活动范围、业务活动的权利和应用。业务流程再造是一种面向顾客服务的再造，所有思考的出发点是顾客，经过再造后的流程应当依据客户类别在银行内部分工，把不同类别客户所需的流程集成起来，把顾客的利益放到第一位，真正满足顾客的需求。

第六，改变活动完成方式。银行的信息化使活动的完成方式发生很大的变化，而计算机的智能化也将改变银行员工的工作方式。

2. 组织结构再造。业务流程再造离不开对组织结构的再造，组织结构的再造是业务流程再造的保障。通过银行再造，建立有效的银行组织架构和经营机制是保障商业银行稳定健康发展的重要保障。

（1）组织结构的类型。银行的组织结构可以分为内部结构与外部结构。外部结构主要有单一银行制、总分行制、银行控股公司制；银行内部组织结构既可以按照业务或产品种类来划分，也可以按照客户或者地域等来划分。企业内部组织结构有职能型、事业部型、矩阵型和网络型等类型。事业部制是我国商业银行在银行再造实践中的主流模式。

（2）组织结构再造的原则。银行的组织结构再造是银行再造中不可或缺的一个关键环节。通过重新组合组织要素，提高组织的适应性，建立起新的网络型组织。网络型组织是以专业化联合的资产共享的过程控制和以共同的集体目标为基本特征的组织管理方式。这种新的扁平化网络型银行组织的设计标准是：组织柔性化、决策单位分散化、组织边界模糊化、组织结构扁平化、信息资源集成化和目标共同化。

3. 信息系统再造。信息系统是商业银行提高效率的保证和基础，所以在商业银行业务流程和组织结构发生改变后，必须通过信息系统的再造来予以支持。商业银行信息系统是银行再造理念的科技实现，将这种理念通过对信息系统的再造体现出来，是商业银行再造成功的关键所在。

信息系统对于银行的整体运营，相当于人的心脏对于整个人体的作用。核心业务系统是银行信息化建设、改革的关键所在，在银行信息化建设中起着基础性作用，它的建设将为银行提供统一的信息数据平台。核心业务系统在市场化改革面前普遍面临升级换代的需要，并与风险管理、资产负债管理、管理会计等更深层的管理应用结合起来，这已成为一种发展趋势。

在商业银行的信息化组织架构中，涉及很多技术层面，但从整体上划分，信息系统包括三个方面：一是核心层，包括会计集中核算系统、客户信息管理系统、信贷信息管理系统和综合管理系统；二是业务层，在核心层的外面，反映各类业务具体操作的流程，并通过核心层访问会计处理、客户信息服务和信贷管理信息系统；三是服务层，包括营业机构的柜员界面、自助银行界面、电话银行界面、企业银行界面等，它是核心业务系统的服务层面，是银行柜面业务的各种延伸。其中最为主要的信息系统是会计集中核算和信贷信息管理两个系统，经过授权处理，通过数据访问接口，可以实现对总分行业务处理主机的访问和数据下载。

银行信息系统要既能对数据、风险和客户资源进行统一配置，还能塑造出富有个性的核心竞争力，为银行提供一个灵活的产品设计平台，这个平台上的产品可以在各种服务渠道上共享，体现渠道整合和业务统一的思路。

【知识链接1-1】

我国商业银行的组织架构改革

一、商业银行组织架构改革的历史进程

第一阶段，改革开放之初：简单粗放的组织架构。

1979年开始，为了响应改革开放的号召，我国先后恢复了中国农业银行、中国银行、中国建设银行，并将中国工商银行从中国人民银行中分设出来。但在当时的经济体制下，国有银行在经济中发挥的作用非常有限。国有企业的资金需求主要是由财政供应，国有银行主要扮演出纳的角色，国有企业的资金基本由财政拨付，只有少数超额部分需要向银行申请贷款，也就是所谓的“大财政，小银行”。因此，此时的国有银行管理粗放，组织架构设置带有浓厚的行政色彩，只是简单地划分为总行—省行—地方行。

第二阶段，20世纪80年代到90年代初：业务扩张，组织完善。

商业银行在宏观环境引导和外部竞争等因素推动下，开始进入快速扩张期，分支机构数量成倍数增长，组织架构也不断健全，逐步建立了以存贷为主体的组织架构体系。

第三阶段，20世纪90年代末到21世纪初：组织架构改革。

由于银行体制改革和企业体制改革不同步等，国有银行在20世纪90年代初积累了大量的不良资产。中央决定对国有银行进行股份制改革，推动银行上市，并将国有银行的不良资产全部剥离给华融、长城、东方和信达等四大资产管理公司。各大银行开始强化公司治理，引入战略投资者，由原来行长“大权独揽”的格局演变成董事会共同做决策。

这一时期，国内银行秉承以客户为中心，把职责和功能分为前、中、后台：前台负责市场营销、产品推介，也就是所谓的“利润中心”；中台主要是财务管理和风险管理，包括贷款审批、风险评价等；后台主要包含人力资源和IT支撑等。中后台是银行的“成本中心”。通过流程安排，前、中、后台实现紧密配合，同时也相互制约。

第四阶段，2008年国际金融危机爆发至今：业务多元化，架构日益庞大复杂。

首先是海外分支机构的扩张。2008年国际金融危机席卷全球，中国政府启动4万亿元经济刺激计划，国内商业银行资金相对充裕。但此时的国外金融机构却受到巨大的冲击，不少金融机构甚至濒临破产，市场估值一跌再跌。国内商业银行开始纷纷出手购买海外“廉价资产”。与此同时，国内业务也日趋多元化，突出表现在银行对理财、信托、租赁、保险等业务版图的拓展上，我国的银行控股集团应运而生。2007年开始，中国人民银行频频出台银行信贷规模限制，各大商业银行为了减少客户流失，纷纷涉足金融租赁与信托业务。

此外，巴塞尔协议等重大银行业法律法规对银行风险规范方面提出了不少新要求，部分银行为了达到合规要求还专门成立新的部门来负责相关业务，这也越发增加了银行组织架构的复杂性，并导致银行的从业人数逐年攀升。这一系列的新业务和地域扩张均在短短的几年迅速发展起来。不知不觉地，银行的机构部门数量和人数不断地迅速扩大。

二、我国商业银行的事业部制改革

20 多年的金融体制和组织架构改革显著提升了我国商业银行在全球范围内的竞争力水平。但组织架构中仍存在不少弊端：首先，管理层次过多，机构臃肿，导致决策链条过长，造成决策效率低下；其次，银行总行扮演双重角色——不仅继续负责银行内部重大决策，还要肩负整个集团的管理任务，难以应对金融业务的复杂性。面对利率市场化改革的深入、综合金融竞争的加剧、互联网金融变革以及宏观经济增速放缓

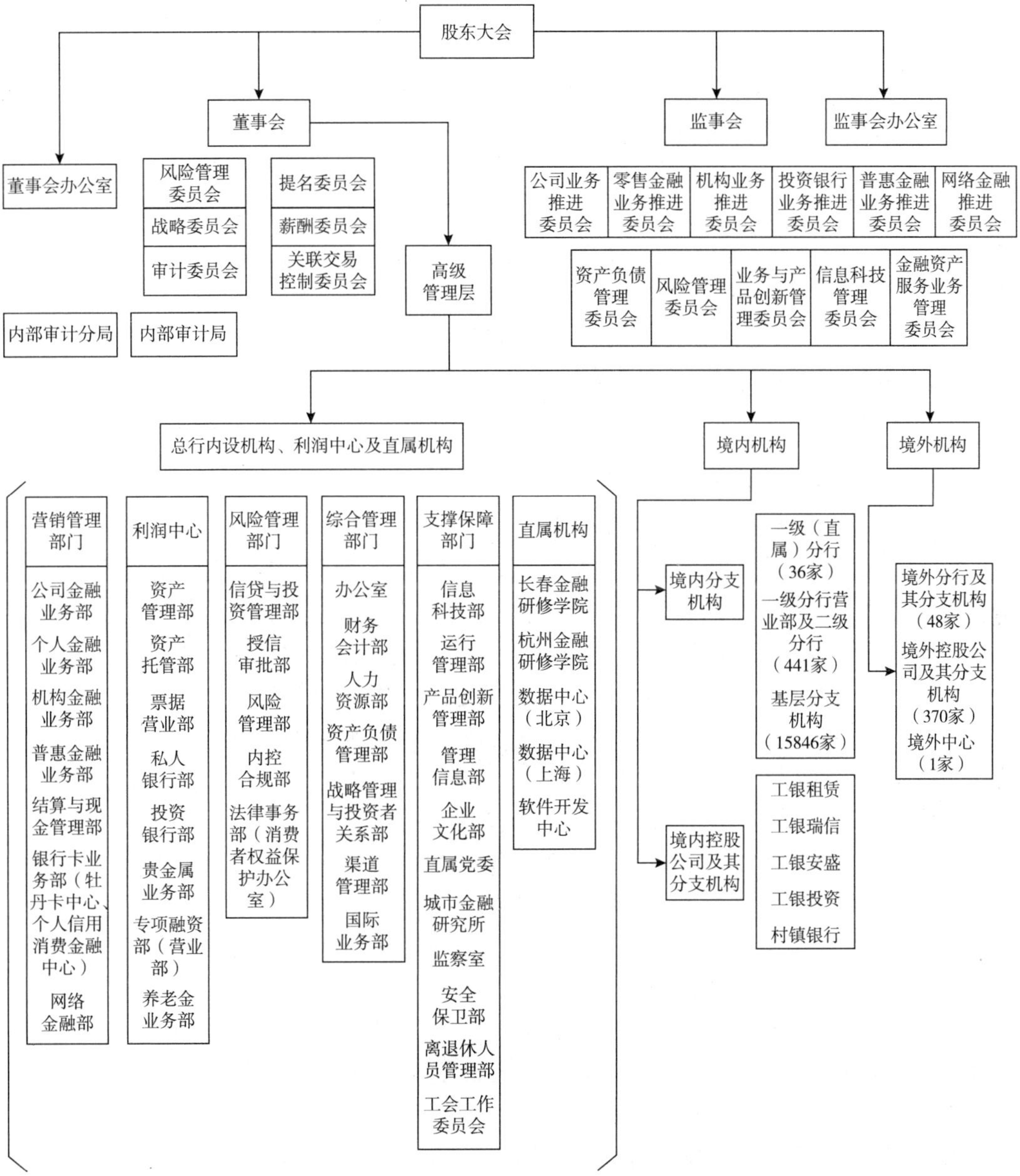

- 股东大会
  - 董事会办公室
  - 董事会
    - 风险管理委员会
    - 战略委员会
    - 审计委员会
    - 提名委员会
    - 薪酬委员会
    - 关联交易控制委员会
    - 内部审计分局
    - 内部审计局
    - 高级管理层
      - 资产负债管理委员会
      - 风险管理委员会
      - 业务与产品创新管理委员会
      - 信息科技管理委员会
      - 金融资产服务业务管理委员会
      - 公司业务推进委员会
      - 零售金融业务推进委员会
      - 机构业务推进委员会
      - 投资银行业务推进委员会
      - 普惠金融业务推进委员会
      - 网络金融推进委员会
      - 总行内设机构、利润中心及直属机构
        - 营销管理部门：公司金融业务部、个人金融业务部、机构金融业务部、普惠金融业务部、结算与现金管理部、银行卡业务部（牡丹卡中心、个人信用消费金融中心）、网络金融部
        - 利润中心：资产管理部、资产托管部、票据营业部、私人银行部、投资银行部、贵金属业务部、专项融资部（营业部）、养老金业务部
        - 风险管理部门：信贷与投资管理部、授信审批部、风险管理部、内控合规部、法律事务部（消费者权益保护办公室）
        - 综合管理部门：办公室、财务会计部、人力资源部、资产负债管理部、战略管理与投资者关系部、渠道管理部、国际业务部
        - 支撑保障部门：信息科技部、运行管理部、产品创新管理部、管理信息部、企业文化部、直属党委、城市金融研究所、监察室、安全保卫部、离退休人员管理部、工会工作委员会
        - 直属机构：长春金融研修学院、杭州金融研修学院、数据中心（北京）、数据中心（上海）、软件开发中心
      - 境内机构
        - 境内分支机构：一级（直属）分行（36家）、一级分行营业部及二级分行（441家）、基层分支机构（15846家）
        - 境内控股公司及其分支机构：工银租赁、工银瑞信、工银安盛、工银投资、村镇银行
      - 境外机构：境外分行及其分支机构（48家）、境外控股公司及其分支机构（370家）、境外中心（1家）
  - 监事会
  - 监事会办公室

图 1－2　工商银行的组织架构

等外部经营环境的变化，我国银行业不得不进入第五个阶段的组织架构改革——事业部制改革。事业部也被称为“利润中心”“业务单元”“战略经营单位”，是一种独立核算、自负盈亏、自担风险的集约型组织架构。事业部制改革的根本用意是解决银行规模过大、市场跨度过大、经营范围过宽等引发的管理问题。从本质上讲，事业部制是把市场竞争机制引入公司内部，按照产品、区域、渠道、客户等划分为若干独立战略经营单位，实行“集中决策、授权经营”的一种组织管理模式，是对职能制管理模式的一次革命。事业部制改革带来的变化在于：一是市场规划和营销能力明显增强；二是较好地发挥了管理上的体制优势；三是培养了一支专业化团队，成就了市场品牌；四是为打造“客户中心型”组织奠定了制度基础，为全面流程再造积累了经验。事业部制是我国商业银行在银行再造实践中的主流模式。图1－2为工商银行事业部制改革后的组织架构。

第四节　商业银行的监管环境

一、商业银行经营环境的变化

商业银行赖以生存的经营环境一直处于不断变化的过程中，对商业银行的经营策略产生巨大的影响，同时也促使银行不断顺应环境的变化而进行改革、创新。

（一）金融危机频发，政府监管变化大

从20世纪90年代的亚洲金融危机到2008年的国际金融危机，过去几十年间，全球经济的融合、宏观经济的波动引致金融危机频发且越来越具有同步性的特征。布雷顿森林体系解体后，汇率和利率的波动对商业银行经营成本和利润产生直接影响，经济的不确定性增大，银行面临的市场风险也随之迅速增大，令商业银行经营者面临巨大的困难。许多国家的商业银行都因为危机的发生背负大量的不良资产，这对各国银行、金融监管当局都有较大的冲击。危机后，公众强烈呼吁加强对金融机构的管理，要求监管部门采取更透明、更高效的监管措施。

历史上，对银行业的监管经历了管制—放松管制—重新加强管制的过程。危机的频发使国际和各国银行业监管者开始重新审视各项监管措施的有效性，力图通过制定新的监管规则以控制风险，避免危机的扩散。由于对银行业务的直接限制已经难以有效控制银行的风险承担，提出更高的资本要求和流动性要求、加强宏观审慎监管并强化市场力量的约束作用成为各国监管当局和国际监管协调者讨论的主要议题。新的监管规则在约束银行风险承担行为的同时，也在改变着银行业未来的经营环境。

（二）同业竞争激烈，客户需求多样化

20世纪80年代以来，随着各国金融监管环境的不断变化以及金融技术的不断发展，金融市场呈现全球化和一体化的局面。其结果是：一方面，商业银行为规避监管，不断发展表外业务，为客户提供更加综合化、多功能的金融服务，扩大银行业务范围，

为增加银行业务收入创造了条件；另一方面，非银行金融机构在货币市场和资本市场筹措资金越来越便利。直接金融的发展削弱了银行原来的垄断地位和市场份额，后果便是“金融脱媒”（Financial Disintermediation）现象的出现：资金的供求绕开商业银行这个媒介，直接输送到资金需求单位，造成资金在商业银行的体外循环。传统的商业银行业务因此而萎缩，利差收入减少，依靠传统业务难以维持生存。同业竞争的加剧，导致传统商业银行有可能成为比尔·盖茨所言的“21 世纪的恐龙”。

同时，金融科技的进步，提高了原有银行客户的金融体验，金融渗透到经济生活的方方面面，迫使商业银行开展更多的业务、拓展更多的渠道去满足客户的各类需求。互联网技术、物联网技术以及大数据的发展，均给银行满足客户需求提供了技术支撑。同时，商业银行经营者已经意识到，仅靠发展和完善传统商业银行业务无法挽回商业银行昔日的优势，商业银行必须实施业务多元化、服务全面化的经营策略，大力开展各项业务，包括投资银行业务、保险业务和信托业务。

（三）金融创新不断，银行风控难度增大

银行业为适应外界环境的变化和追求利润而进行金融创新的动力是无穷的。金融创新使银行业在竞争日益激烈的情况下仍然能获得较高的收益率，保持良好的发展势头。如互联网金融的兴起，拓宽了商业银行经营的渠道，使商业银行不仅可以利用物理网点、电话、ATM 等渠道为客户提供服务，还可以通过手机、电脑等工具，随时随地为客户提供全方位、全天候的服务。新技术带来的模式创新转变为银行节约成本、提高服务质量的便利优势。

但不容忽视的是，金融创新作为新事物，其影响如硬币的两面，具有正反两方面的影响。虽然金融创新为商业银行提供了新的发展机遇，但也使银行涉足未知的领域，有可能面临未知的风险。特别是过度的金融创新有可能造成银行风险的积累，或者使风险在更大的范围内传播。次贷危机的发生，便为例证——为规避资本监管进行的资产证券化的创新是次贷危机产生的罪魁祸首，且使危机扩散到全球。

【知识链接 1－2】

银行创新与监管是对立统一关系

监管机构旨在保障市场安全，维护金融稳定，保护公平竞争，为经济社会发展创造良好的环境和条件，其强调的是提升整个金融系统的效率而不针对单个银行。总的来说，商业银行创新与监管是矛盾的对立统一。对立面体现在监管机构的监管目标与商业银行的利益有时并不完全一致；统一性体现在金融机构能够在健全的环境下经营得益于完善的金融监管框架保驾护航。在促进金融创新方面，监管发挥着重要的，甚至是建设性的作用。举例而言，法律要求人们在道路的同一侧开车，这样能够加快出行速度和保证道路安全，规范的监管能够促进行业的专业化、高效能发展。如经济学家保罗·罗默所言：“政府可以建立既能鼓励创新又能应对创新的规则体系，以提高经济增长率，让所有公民都能从中受益。”监管的目标在于提供制度框架，令市场交易活动能够有效开展，控制金融风险，维持金融稳定。金融监管法规规定信息披露要求和界定不正当交易，以防止欺诈行为。合适的监管能树立公众对金融创新的信心。因此，政府监管是对金融创新的支持力量，而非负担。但由于市场各方参与者的目标并不一致，因此监管部门针对金融创新的政策出台必须谨慎并平衡各种利弊。

但是，善意的监管可能产生副作用——抑制创新。金融交易中参与者众多，把特定利益相关方或市场参与者置于其他利益相关方之上，可以产生积极效果，也会产生消极效果。如针对区块链技术，把系统的密钥交给一组市场参与者，而没有给其他市场参与者。这样的结果是，金融创新所带来的创新规则将破坏人们对创新的信心。此时，监管部门需要考虑的是如何进行监管，以便继续监督、保护金融系统的工作，保护公众的利益。

二、银行监管与监管机构

银行监管是指政府和金融管理当局对商业银行进行的以开业管制、分支机构管制、业务管制、价格管制、资产负债表控制等为主要内容的监控活动及制定的相关政策法规的总和。无论在哪个国家，银行业都是受到最严格监管的行业之一，这与商业银行提供的产品和服务的特殊性密不可分。在很多国家，银行是企业和个人的主要贷款人，在很大程度上决定了经济中的信贷配置，并且是国家宏观经济政策的重要传导渠道。银行提供服务和产品的公共属性和作为主要融资中介的重要地位促使各国政府在多个方面对银行业加强监管。

（一）银行监管的目的

1. 解决信息不对称。在市场交易中，当交易一方比另一方拥有更多的与交易有关的信息并能利用这些信息优势使对方无法作出正确决策时，信息不对称就产生了。信息不对称问题主要发生在交易完成前后两个阶段。交易达成之前的信息不对称会导致逆向选择问题，即信用风险高的借款人往往就是那些最积极、最有可能获得贷款的借款人。因为借款人比银行更清楚他们是否有能力还款。交易达成之后的信息不对称将造成道德风险问题，即获得借款后，借款人可能从事银行不希望他从事的某些风险活动，造成贷款违约风险增大。逆向选择和道德风险都不利于金融市场的运行。要解决这些信息不对称问题，银行对借款人的贷前、贷中和贷后的管理尤为重要。

信息不对称存在于许多商业情形中。在商业银行经营过程中存在三对信息不对称的情形：一是在银行和借款人的关系中，借款人对借款项目拥有更多的信息优势；二是在银行和监管机构的关系中，银行对自己的经营情况拥有更多的信息优势；三是在银行和存款人的关系中，银行同样更具信息优势。事实上，在银行、借款人、监管机构和存款人中，存款人在银行经营情况的信息掌握中处于绝对的劣势地位。如果银行破产或银行犯罪造成资金损失，对许多家庭和个人而言绝对是一场灾难。因为信息不对称，存款人作为银行的债权人却难以获取真实的、可靠的、充分的信息，导致无法正确评价商业银行真实的经营状况。因此，银行监管最基本的目的是保护存款人的利

益，相关监管机构必须汇集和分析必要的信息，由此来评价银行真实的经营状况，保护公众利益，防范金融风险。

2. 保护公众利益。如前所述，监管部门的介入有助于解决信息不对称问题，保护存款人或公众利益。同时，由于商业银行的经营特征不同于普通的工商企业——银行具有极高的资产负债率，因此，银行存款的安全就同银行的资产质量和流动性紧密相关。对于绝大多数存款人而言，他们既没有时间和精力，也没有多余的资金对银行进行彻底的检查和监督，所以存款人与银行进行交易时，绝对处于劣势地位。此外，普罗大众无法对银行的经营决策、资产结构、创新活动等进行正确合理的评估。监管机构的存在正是为了帮助存款人，保护存款人的利益。

监管部门需要制定一系列措施保护公众利益。如要求金融机构向客户充分披露其相关经营信息、产品信息；制定保护公众、存款人、消费者的监管法规，惩治违法的金融机构等。次贷危机发生后，美国监管部门加强了对消费者的保护，通过《多德—弗兰克华尔街改革与消费者保护法》，新成立了一个独立的消费者金融保护局（Consumer Financial Protection Bureau，CFPB），以实现并加强对公众利益的保护。

3. 维护金融稳定。维护金融稳定与防范银行业负外部性密不可分。银行是具有显著“外部效应”的行业，特别是银行破产有可能造成负的外部效应。同时，银行业又是具有较强社会责任的企业，这是商业银行与普通工商企业存在显著差异的地方。现实生活中，商业银行的行为会直接或间接影响其债权人、债务人、支付体系乃至整个金融系统。

外部性有正负之分。正的外部性是指商业银行的行为使他人受益而无法向后者收费的现象。正的外部性可以通过银行信贷审查、审慎的风险管理等行为，促进经济的发展和经济结构的调整。银行的稳健运行，不仅能为其自身带来良好的收益，还能增加社会资本的投入量，为企业提供低成本的资金来源，提高社会资金的配置效率，促进经济增长和发展，发挥积极效应。负的外部性指商业银行放松风险管理、追求不适当的激励机制等，对社会经济造成不良后果，使社会中其他参与主体承担相应的成本。此外，当一家商业银行由于承担过度风险资不抵债时，除了该银行的股东会受到直接影响，承担相应损失外，银行经营不善的消息会产生多米诺骨牌效应，影响到金融业的所有参与者，造成巨大的社会损失。这种负的外部效应将会形成巨大的社会成本，影响整个经济体的正常运行，阻断资金在盈余者和稀缺者之间的有效流动，令经济总量缩减，人民生活水平下降，产生极大的社会危害性。因此，需要对商业银行加强监管，以免产生负的外部效应。

（二）我国银行业监管改革的历程

1992 年以前，中国人民银行作为全国唯一的监管机构，在国务院领导下承担对全国所有银行和非银行金融机构的监管职能。1992 年 10 月，国务院证券委员会（证券委）和中国证监会同时成立，确立了证券委是证券业监管的最高领导机构，而证监会则是证券委的监督管理执行机构。1998 年，保监会成立。2003 年，中国银行业监督管理委员会成立，原由中国人民银行负责的银行、金融资产管理公司、信托投资公司及其他类金融机构的监管职能被分离出来，成为银监会的主要监管职责。由此标志着国内金融监管体制由原来的“大一统”转变为“一行三会”分业监管体制。中国人民银行是负责制定和执行货币政策、维护金融稳定、提供金融服务的宏观调控部门，银监会、保监会和证监会专司各行业的法规制定和行业监管。

随着金融环境的变化，金融控股公司成为现实中混业经营的载体；分业经营、分业监管中的监管重叠、监管真空以及监管套利相继出现时，分业监管便已不再适应当前金融业的发展。2018 年，在我国运行了长达 15 年的“一行三会”金融分业监管模式正式走向终结，取而代之的是国务院金融稳定发展委员会辖下的“一行两会”新架构。

对银行和保险两类金融机构的监管进行合并，是因为其作为金融机构的功能和基于资本监管的原则基本相同。银行业和保险业都属于间接融资，监管起来确有共通之处。银行业与保险业在监管理念、规则、工具等方面具有相似性，对监管资源和监管专业能力的要求相近。从现实情况来看，金融混业经营发展至今，金融机构的业务交叉越来越多，尤其是银行业与保险业的产品功能出现了交叉趋同，而两者从属的监管机构不同，已经造成了一些监管真空和灰色地带的出现。将银监会与保监会合并，也是在一定程度上适应金融业发展的新需求。

此次金融监管体制改革加强了中国人民银行的宏观审慎管理职能，从机构监管转向功能、审慎和行为监管，并加强对金融消费者的保护。国务院金融稳定发展委员会为国务院统筹协调金融稳定和改革发展重大问题的议事协调机构。其主要职责为落实党中央、国务院关于金融工作的决策部署；审议金融业改革发展重大规划；统筹金融改革发展与监管，协调货币政策与金融监管相关事项，统筹协调金融监管重大事项，协调金融政策与相关财政政策、产业政策等；分析研判国际国内金融形势，做好国际金融风险应对，研究系统性金融风险防范处置和维护金融稳定的重大政策；指导地方金融改革发展与监管，对金融管理部门和地方政府进行业务监督和履职问责等。

2023 年 3 月，《国务院机构改革方案》中，再次对金融监管机构进行改革：在银保监会基础上组建国家金融监督管理总局；证监会由国务院直属事业单位调整为国务院直属机构；统筹推进中国人民银行分支机构改革。经此改革，金融监管格局由“一行两会”变为“一行一局一会”（中国人民银行、国家金融监督管理总局、中国证券监督管理委员会），进一步为理顺职能、加强监管与监管效率奠定良好基础，意味着未来我国金融业监管将从分业监管转向功能监管、行为监管的统一监管格局（见图 1－3）。

三、促进金融创新的监管要求

金融创新一直处于发展期，金融技术的创新更是创造了一系列技术发展成果——区块链、移动货币、大数据等，人们憧憬着颠覆性的变革。但金融创新也会带来诸多不确定性。为促进金融创新，金融监管需要适时予以调整。

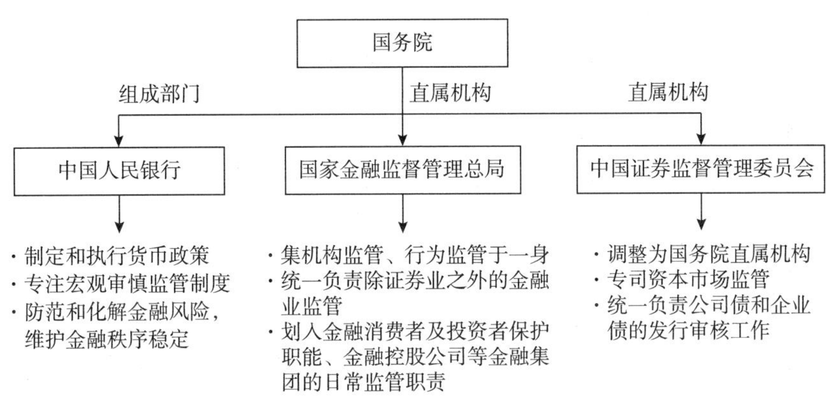

图 1－3　“一行一局一会”的监管结构

（一）加强国际协调的监管合作

在金融市场，资金跨境流动、金融创新层出不穷，需要各国协调加强监管。但创新都普遍有互联网技术这一“自由”技术的加入，监管的管辖权便更具有挑战性。如区块链技术具有分散性、匿名性的特点，其交易确实需要在政府监管的范围内进行。因此，随着金融创新的发展，需要建立一个国际监管框架，各国金融监管部门需要在金融全球化的进程中相互协调。而“促进创新”也被各国监管部门提上议事日程，监管项目的合作不断展开是为例证。

（二）适时调整监管的方式方法

传统的金融监管分为事前约束和事后约束。事前约束包括禁令、登记和许可证管理。禁令是最极端的事前约束方式，适用于风险高、后果严重的情况，但禁令的实施在某种程度上会阻碍金融创新。登记和许可证管理可以遏制违规行为，确保登记系统中的参与者达到监管最低的质量标准或最低的行为标准。事后监管的方式对金融创新的支持力度最大。事后监管允许创新活动继续进行，只有在创新出现不良后果时才根据相关监管法规进行处罚。事后处罚主要看后果，而不是活动本身。如匿名的数字支付不是非法的，支持洗钱集团的匿名数字支付则是违法行为，将受到法律处罚。

监管的方式和方法并非一成不变的。因此，监管部门需根据金融创新发展的状况采取相应的监管措施，而非简单的“一刀切”的监管方式。

【知识链接 1－3】

激励相融的监管理念

激励相容的金融监管，强调的是金融监管不能仅仅从监管的目标出发设置监管措施，而应当参照金融机构的经营目标，将金融机构的内部管理和市场约束纳入监管的范畴，引导这两种力量来支持监管目标的实现。相反，激励不相容的监管，必然迫使金融机构付出巨大的监管服从成本，丧失开拓新市场的盈利机会，而且往往会产生严重的道德风险问题。激励相容的监管，实际上就是在金融监管中更多地引入市场化机制。随着全球市场化趋势的发展，在激励相容的监管理念下，金融监管不再是替代市场，而是强化金融机构微观基础的手段，金融监管并不是要在某些范围内取代市场机制，而只是从特有的角度介入金融运行，促进金融体系的稳定高效运行。激励相容的监管，还应当给金融机构施加一定的外部监管压力，这个监管的压力同时还应当有利于激发金融机构改善经营管理、进行风险控制和金融创新的内在动力。

四、监管模式创新——监管沙盒

虽然我国的金融监管制度在不断地完善，但风险依旧存在。因此，监管部门对商业银行的监管紧跟金融科技发展节奏，监管模式的创新也在持续进行，“监管沙盒”应运而生。

（一）“监管沙盒”的起源与概念

“沙盒”（Sandbox）是一个计算机行业的术语，是指为那些尚未完成开发测试的软件或者后果无法在事前充分预计的未知软件开辟一个测试环境，利用真实数据对这些软件进行充分观察与实验，最终决定这些软件是否具备在生产环境部署的条件。英国政府科学办公室将这个概念引入金融监管领域，提出了“监管沙盒”（Regulatory Sandbox）这个概念。“监管沙盒”是指金融监管部门基于金融科技创新目的，在一定空间与时间范围内授权和许可部分金融机构或企业测试创新性金融产品、金融模式、金融业务，并基于其测试结论作出停止或推广的行为。该监管通过行使规则豁免权的方式，破解创新金融在实践中所面临的不合规的困境，在确保该创新行为不会面临相应的法律后果的同时，对创新金融所蕴含的风险进行纠正。“监管沙盒”是一种折中的策略，它在一定程度上调和了监管与创新主体、安全与效率、制度的滞后性与创新的前瞻性之间的矛盾，是一种巧妙的制度安排。马来西亚、新加坡、澳大利亚、中国台湾、中国香港、瑞士、泰国等地也纷纷建立“监管沙盒”制度。

（二）我国对“监管沙盒”的探索

中国版“监管沙盒”是由北京市地方金融监督管理局提出的，而中国人民银行使用的是“金融科技创新监管工具”这个说法。这种表述上的差异体现了三层含义。一是中国人民银行使用的“金融科技创新监管工具”是一种比“监管沙盒”更广义的概念，意在强调其有意通过金融科技创新监管试点探索构建一整套监管工具箱。通过北京对“监管沙盒”的测试，梳理出一整套合理完备的评估标准、申请流程、准入门槛、运行机制、退出机制，明确监管部门运用豁免权的边界，完善监管与创新主体的沟通机制、监管之间的协调配合机制、消费者保护机制、信息公示机制等体制机制问题，厘清各部门各主体的权责利，在此基础上向全国推广，以期尽快建立起适合我国国情的金融科技创新监管工具。二是我国的沙盒与英国版的沙盒在政策目标上有所不同。英国推行“监管沙盒”的重要目标是在监管紧约束的环境下推动科技创新，试图通过一定的制度安排，在受限范围内，为科技创新创造宽松的监管环境，从而实现其“全球金融科技创新中心”的目标。因此，英国的“监管沙盒”更多的是吸收了大量金融

科技企业，对牌照没有特殊限制。而我国更关心的是如何引导这股强劲的创新力量，规范金融科技的发展方向，促进科技与金融的融合，更好地实现科技赋能，提高消费者的服务体验，提升金融的普惠性，解决小微企业融资难融资贵以及“三农”问题等经济社会问题。因此，中国版的“监管沙盒”要求入盒的必须是持牌机构，这在一定程度上要求金融创新能落地、接地气，能切实提高社会福祉。三是中国人民银行不去强调“监管沙盒”也可能是对“监管沙盒”副作用的担心。“监管沙盒”虽然能够在对创新效果进行测试的同时有效控制风险外溢，但也带来了高成本、低效率和不公平的问题。我国的做法是对所有金融创新企业一视同仁，没有任何企业获取特殊的优惠对待或额外的信息，这样有利于企业间的公平竞争、优胜劣汰。

因此，中国人民银行提出要试点“金融科技创新监管工具”，意在创新出缓解沙盒副作用的一种监管制度。

我国商业银行通过持有牌照，含金量得以提升。商业银行应把握机遇，积极探索与金融科技公司的合作模式和合作领域，推进在优势互补基础上的深度合作，着重推进科技与金融的深度融合，按照“持牌机构＋科技公司”的模式，围绕重点领域和业务痛点加大项目储备，争取尽快推动项目入盒。

（三）“监管沙盒”的意义

“监管沙盒”正是金融危机后人们对调和安全与效率的监管方式的一种探索。金融危机后，面对民众对监管不力的指责和过度创新造成的灾难性后果，全球范围内的监管当局纷纷收紧金融监管政策，但也造成了矫枉过正的结果，金融创新受到遏制。英国金融行为监管局（FCA）为了将英国打造成全球的“金融创新中心”，创设了“监管沙盒”制度，在不对现有监管制度全面放松的前提下，最大限度地鼓励和促进了金融创新，对监管当局、创新主体、消费者而言都是受益的。对监管当局而言，沙盒制度为监管与创新主体创立了沟通平台，通过充分沟通，详细测试，使监管能够对金融创新有更全面更深入的理解，从而能够有针对性地对可能发生风险的金融行为作出约束，提高监管的适应性和前瞻性，同时由于测试处于沙盒之内，如果金融创新存在未预料到的风险，也可以避免风险的传染和外溢。对创新主体而言，在沙盒内进行真实环境下的测试，能够将金融创新的业务逻辑和效果向公众和监管部门展现，取得他们的理解，从而有利于金融创新的快速推广和被市场广泛接受。对消费者而言，“监管沙盒”从一开始就把具备系统和完善的消费者保护预案作为创新项目申请准入的条件，在入盒测试的过程中，受测主体又被要求针对新发现可能侵犯消费者权益的问题进一步完善，因此，经过沙盒测试，消费者的利益得到更妥善的保护。而且，经过沙盒测试的创新项目都是被证明确实对公众利益有益的，从而避免了“虚假创新”对消费者利益的损害。

五、我国银行业应对监管创新的策略

（一）要强调功能监管原则

对尚看不清楚的创新业务，可以通过“监管沙盒”限定风险范围，而对那些看得清楚的创新业务，则需要解决监管不平等的问题，让同等性质的金融业务接受同样的监管。同时，对创新要保持监管警觉，加强预判。“一委一行两会”监管架构的设立体现出我国的金融监管已由机构监管向功能监管转型。

（二）实现多目标的动态调整

理论上，监管的目标简单明确：保护非专业融资人、保护非专业投资人、保护公平竞争的环境、防范系统性金融风险和涉众型社会风险。但在实际工作中，监管部门往往必须在多目标中权衡取舍，动态调整：（1）包容、鼓励和促进创新；（2）辨析创新中的风险，特别是创新可能导致的系统性风险和涉众型社会风险，并以适当措施加以预防；（3）发现、制止和惩戒借创新之名作恶；（4）控制金融行业生态演进的节奏，避免步子太快导致系统性失衡；（5）平衡传统金融机构和科技公司两方的利益。在这些目标之间寻求平衡，似乎是不可能完成的任务。但监管部门在过去的实践中，交出了不俗的成绩单，为金融科技的繁荣营造了相对包容、有序的良性环境。可以说，金融科技在我国商业银行经营中能相互融合，监管部门功不可没。

（三）适应金融创新的监管创新

我国在建设与数字金融适配的新型监管体系方面取得了一定成效。从监管实践中看，监管部门正在监管理念和监管框架上将数字金融与线下模式为主的传统金融区别开来，更多关注其特殊性和新特点，更多地采取适配性强的监管方式。金融科技创新对现有的监管模式和手段有效性，对监管机构的职能、分工合理性都带来了挑战。有必要结合创新带来的变化构建新的监管框架与体系，进一步推进从机构监管向功能监管的转型，完善监管覆盖范围。将所有金融业务都纳入监管，同类业务同一监管，增强监管的统一性。同时也可通过“监管沙盒”试点等方式增加监管与创新机构的互动，保持监管对新技术的敏感度。

金融科技的发展既给监管带来了挑战，同时也为提升监管能力、防范金融风险提供了利器。可以进一步加大监管科技的研发与应用，以技术管技术，以监管科技能力的提升有效应对金融创新的挑战。过去金融监管体系的主要任务是防控风险，随着新风控体系的建立，未来的金融监管体系需要将促发展、促创新作为重要任务，充分利用科技成果，充分运用监管科技，建立实现包容创新和审慎监管动态平衡的新的监管体系。

（四）建设新金融的监管生态

我国监管部门高度肯定金融科技的价值，对其寄予战略性的希望。针对未来金融科技快速发展的金融创新，我国监管部门也充分利用金融技术打造未来新金融生态。

1. 提高金融体系抵御风险能力。人工智能、区块链等技术构建的风控体系有助于应对欺诈、洗钱、恐怖融资等操作风险，依赖大数据做到去抵押的信贷服务有助于克服信用风险，并且能实现信贷逆周期性，助力应对流动性风险、市场风险。

2. 促进全球普惠金融发展。一是服务小微企业和普通消费者等过去未被覆盖的人群，二是促进国内发达和欠发达地区经济发展平衡，三是为全球欠发达国家金融服务提供数字化解决方案，四是提供普惠、便捷的跨境金融服务。

3. 引导绿色可持续的经济增长。联合国环境署在2014年初发起了“可持续金融体系探寻与规划”项目，首次对数字金融如何支持可持续发展提出探讨。2016年，在中国倡导下，G20（二十国集团）首次将绿色金融纳入峰会议题，发展绿色金融上升为全球共识。金融科技手段在绿色金融中的运用可以帮助金融机构降低成本，提升效率、安全性和数据真实性，也可以为金融监管在标准推广、统计、审计与反洗钱等方面提供更加准确高效的服务。

我国银行体系自1978年以来的演进历程充满了创新，留下了激动人心的篇章。特别令全球行业专家们瞩目的，是中国同行对于技术力量的掌握与应用。在重塑中国金融生态的过程中，商业银行、非银行金融机构、互联网金融科技公司和公共部门等利益攸关方通过有效竞争和合作，形成了均衡健康的金融生态，不仅对我国经济发展起到了重要作用，其影响也将辐射到全球。

第五节 我国商业银行的发展

一、我国商业银行的发展历程

20世纪30年代，国民党政权建立了以中央银行、中国银行、交通银行、中国农民银行、中央信托局、邮政储金汇业局和中央合作金库（简称“四行二局一库”）为主体，包括省、市、县银行及官商合办银行在内的金融体系。

1949年2月，中国人民银行迁入北平。中华人民共和国成立前后，对官僚资本银行进行了接管，并分不同情况进行停业清理或改组为专业银行；将官商合办的4家银行改组为公私合营银行；对私营银行则进行整顿和改造；还取消了在华外商银行的一切特权，并禁止外国货币在国内流通。

中华人民共和国成立后，我国在计划经济体制下形成了“大一统”的银行体系，即银行不划分专业系统，各个银行都作为中国人民银行内部的一个组成部分，从而使中国人民银行成为既办理存款、贷款和汇兑业务的商业银行，又担负着国家宏观调控职能的中央银行。“文化大革命”期间，在“左”的思想指导下，银行的独立性日渐消失。1969年9月中国人民银行被并入财政部，成为财政部所属的二级机构，基本上沦为政府的“钱库”和“出纳员”。

从1977年至今，我国商业银行的发展大体上可以分为以下几个阶段。

（一）恢复重建阶段（1977—1986年）

尽管中国人民银行总行在1978年3月恢复了其独立的部级单位地位，但其担负的商业银行与中央银行的双重职能并未改变。从1979年初开始，在改革开放方针的指引下，我国恢复了主管农村金融业务的中国农业银行，从中国人民银行中分设出了主管外贸信贷和外汇业务的中国银行，从财政部中分设出了主管长期投资和贷款业务的中国人民建设银行，1981年底又成立了负责接收国际金融机构贷款及其他资金转贷给国内企业的中国投资银行。1983 年 9 月 17 日，国务院发文明确规定中国人民银行专门行使中央银行的职能，同时决定成立中国工商银行，接办中国人民银行原有的信贷和储蓄等商业银行业务。至此我国基本形成了以中国人民银行为领导，以四大国家专业银行为骨干的银行体系。

1985 年，中国人民银行出台了专业银行业务可以适当交叉和“银行可以选择企业、企业可以选择银行”的政策措施，鼓励四家专业银行之间开展适度竞争，从而打破了银行资金“统收统支”的“供给制”，四家专业银行还开始将其触角伸向农村，为当时正在蓬勃发展的乡镇企业提供贷款。

（二）扩大发展阶段（1987—1996 年）

尽管在改革开放初期我国就已经提出国家专业银行要进行企业化改革，实行商业化经营，但这些专业银行由于既从事政策性信贷业务，又从事商业性信贷业务，既难以办成真正的商业银行，又不利于进行金融宏观调控。1993 年 11 月，中共十四届三中全会提出要“建立政策性银行，实行政策性业务与商业性业务分离”之后，我国在 1994 年内相继成立了专门办理政策性信贷业务的国家开发银行、中国进出口银行及中国农业发展银行，从而为国家专业银行向国有独资商业银行的转变创造了有利条件。

与此同时，在改革开放的推动之下，其他类型的银行也迅速发展。在交通银行于 1986 年 7 月重组成以公有制为主的股份制全国性综合银行之后，中信实业银行、招商银行、深圳发展银行、烟台住房储蓄银行、蚌埠住房储蓄银行、福建兴业银行、广东发展银行、中国光大银行、华夏银行、上海浦东发展银行、海南发展银行和中国民生银行 12 家股份制银行相继成立。

1986 年 1 月，中国邮政在北京和天津等 12 个城市试办邮政储蓄业务。1986 年底通过的《中华人民共和国邮政法》将邮政储蓄业务法定为邮政企业的业务之一，从而使邮政储蓄遍布全国，形成了一个“准银行”系统。1995 年，中国人民银行开始在 16 个城市进行在城市信用社的基础上组建城市合作银行的试点。同年 2 月，中国第一家城市商业银行——深圳城市商业银行成立，到 1996 年底共有 18 家城市合作银行开业。

（三）深化改革阶段（1997—2002 年）

经过近 20 年的改革和发展，到 1996 年底，我国已形成了一个以四大国有商业银行为骨干的庞大的商业银行体系，在支持我国经济和社会发展方面起到了重要的作用。1997 年发生的亚洲金融危机给我国的金融业敲响了警钟，商业银行的风险防范问题受到关注。当时四大国有商业银行存在的主要问题在于：

一是信贷资金的融通仍有较强的计划经济色彩。特别是在对国有企业实行“拨改贷”之后，将原来由财政向国有企业发放补贴转为银行给国有企业贷款，国有企业在财政性明补逐渐减少的同时，从国有银行贷款获得越来越多的暗补。1985 年国有企业获得的全部补贴中，来自金融渠道的只占 24. 2%，1994 年则占到了 43. 6%。由于不少国有企业的盈利能力低，负债比例高，融资高度依赖银行，却又难以按期还本付息，银行产生了大量不良贷款。

二是政府对银行运营的干涉较多。各级政府有时直接干预银行的经营管理，以行政命令的方式要求银行将贷款用于困难企业安排下岗职工以及缴纳欠税，甚至弥补财政赤字。有些省市政府甚至到年底时指令银行贷款给企业用于纳税，以实现时政收入的目标。

三是银行管理层从其利益最大化出发，具有规模偏好和费用偏好。一方面热衷于扩张机构、扩大规模；另一方面则热衷于增加银行自身的费用支出，特别是兴建豪华的办公楼、培训中心等，导致银行利润下降。

四是银行的内部管理薄弱，缺乏有效的风险防范措施。银行业务中借新还旧、借贷收息、随意办理展期、滚动签发承兑汇票等情况较为普遍。在非信贷资产中，存在着账面与实物不符、故意乱用科目、借用科目等问题。在表外业务中，存在着违规办理票据签发和承兑、超额授权授信等现象。而银行内部管理薄弱，审计有效性不足、对有关责任人追究不力等因素，更增大了银行资产的风险。

尽管自 1998 年以来，中国政府不断推进商业银行的改革，加强对商业银行的监管，但是在 2002 年以前我国商业银行的改革主要是在转变经营机制、健全管理制度、变更业务范围、调整营业网点等较浅的层次上，对国有商业银行的监管也比较薄弱。

（四）改革攻坚阶段（2003—2012 年）

2003 年 4 月 28 日，中国银监会正式挂牌成立，2003 年 12 月 27 日，十届全国人大常委会第六次会议通过了《中华人民共和国银行业监督管理法》《全国人大常委会关于修改〈中国人民银行法〉的决定》《全国人大常委会关于修改〈商业银行法〉的决定》，明确规定各自的职能地位。

在该阶段，四大国有商业银行进行股份制改造，整体上市；一些股份制银行及城市商业银行也在积极引进战略投资者，改善公司治理和内部控制；银监会对商业银行的监管也在逐渐加强。

随着未来中国进入经济转型的攻坚阶段，金融改革步入深水区，银行业的利润增长水平回归常态已是不可避免。在此阶段，商业银行也面临诸多挑战，比如全面实现利率市场化、经济增速呈现阶段性、更多竞争主体以及互联网金融快速发展等。

（五）转型融合阶段（2013 年至今）

2014 年，银监会宣布开展民营银行试点工作，互联网银行出现。天津金城银行、深圳前海微众银行、上海华瑞银行、温州民商银行和浙江网商银行是我国首批试点的 5 家民营银行。截至 2023 年 6 月，全国已有 19 家民营银行。其中，微众银行、网商银行和四川新网银行是纯粹的互联网银行，没有线下网点。互联网银行根据自身资源禀赋优势，创新经营模式，推出了一系列特色产品，为我国商业银行的数字化转型作出了有益的探索。

除民营银行外，金融开放也进入了新的阶段。2014 年，国务院修订《中华人民共和国外资银行管理条例》，又进一步放宽了外资银行准入条件和经营人民币业务的限制。银保监会发布的多项通知，进一步拓宽了外资银行在中国境内的业务范围，包括允许外资银行参与中国企业债投资和交易、批准外资银行发行二级资本债、开展国债承销等。

2018年以来，新一轮金融开放的节奏加快。2018年12月，中国银保监会启动《中华人民共和国外资银行管理条例实施细则》修订工作，并于2019年12月正式颁布实施。同时，银行业各项开放措施持续落地，多项市场准入申请已获受理和批准，取消单家中资银行和单家外资银行对中资商业银行的持股比例上限等措施也将逐步落地。

在中华人民共和国成立以来的70多年里，中国银行业顺应中国经济社会发展，根据实体经济和人民群众的需求，不断探索革新，形成了多元化的银行体系。在借鉴国外先进经验的基础上，中国的商业银行探索并成功实践了符合中国特色的银行公司治理模式，众多中资银行股改上市，形成了多元化的股权结构，实践已经证明了中国银行业发展的成功。构建多层次、广覆盖和有差异的银行体系是金融供给侧结构性改革对银行业提出的新要求。为落实这一要求，在多元化银行体系的基础上，未来还有以下几方面的工作值得关注：一是鼓励中小银行机构发展，拓宽民营银行试点范围，提高中小银行的经营管理能力，加大银行业对小微企业、民营企业的金融服务有效供给力度；二是推动新一轮金融开放，逐步放开外资的投资比例限制和市场准入限制，适度提升外资金融机构占比，进一步丰富银行机构体系；三是探索差异化的监管制度，鼓励各类银行实行差异化、特色化发展，改善当前商业银行业务品种整体单一、产品和服务同质的问题，更好地服务实体经济与民生需要。

二、我国商业银行的经营卓有成效

经过一系列的改革发展，我国银行业走上了良性发展的轨道，经营业绩显著提高。

（一）资产规模大幅增长

截至2022年底，中国银行业总资产达379.38万亿元，是2003年（27.7万亿元）的13.7倍，是1978年（1 876.5亿元）的2022倍。2020年境内银行业金融机构的规模为286.25万亿元，是2003年（26.6万亿元）的10.8倍（见图1-4）。

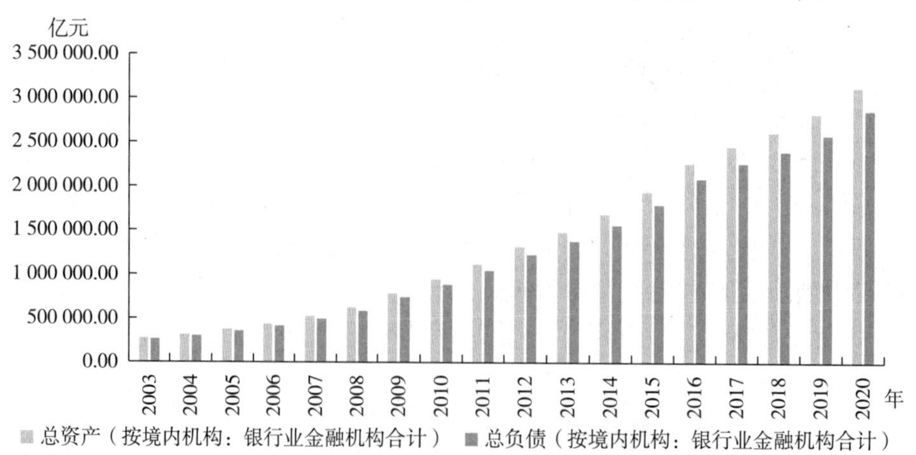

图1-4 我国银行业2003—2020年资产负债总量

（资料来源：Wind）

（二）经营效益显著提高

1978 年，我国商业银行总体亏损额为 16.6 亿元。此后，我国商业银行的净利润实现逐年增长。2015—2019 年，我国商业银行净利润整体呈上升趋势，净利润规模不断扩大，2020 年达 1.94 万亿元。2010—2020 年，平均资本收益率（ROE）为 15.39%，平均资产收益率（ROA）为 1.07%。而银行业刚刚改组上市之初的 2003 年，该两项指标仅为 3%和 0.1%。2020 年《财富》世界 500 强企业排名中，我国四大国有商业银行在与世界同业竞争中，无论是营业收入还是利润额均处于榜首位置（见表 1－3）。

表 1－3　　2020 年《财富》世界 500 强企业银行业排名榜

500 强排名	银行名称	营业收入（百万美元）	利润（百万美元）	国家
24	中国工商银行	177 068.80	45 194.50	中国
30	中国建设银行	158 884.30	38 609.70	中国
35	中国农业银行	147 313.10	30 701.20	中国
43	中国银行	135 091.40	27 126.90	中国
58	美国银行	113 589.00	27 430.00	美国
67	法国农业信贷银行	104 971.80	5 421.70	法国
69	美国富国银行	103 915.00	19 549.00	美国
73	汇丰银行控股公司	98 673.00	7 383.00	英国
93	西班牙国家银行	88 256.80	7 292.00	西班牙
99	法国巴黎银行	85 058.00	9 147.70	法国
162	交通银行	66 564.40	11 186.40	中国
170	英国劳埃德银行集团	64 297.40	3 732.50	英国
189	招商银行	57 252.10	13 442.50	中国
192	法国兴业银行	56 851.60	3 635.30	法国
216	伊塔乌联合银行控股公司	51 728.30	6 874.70	巴西
220	上海浦东发展银行	51 313.40	8 507.10	中国
221	印度国家银行	51 090.90	2 788.20	印度
222	兴业银行	50 945.10	9 534.40	中国
223	加拿大皇家银行	50 863.10	9 678.00	加拿大
239	中国民生银行	48 528.30	7 790.30	中国
240	俄罗斯联邦储蓄银行	48 340.30	13 059.60	俄罗斯
242	法国 BPCE 银行集团	47 910.90	3 391.30	法国
254	西班牙对外银行	46 892.40	3 930.80	西班牙
267	多伦多道明银行	44 501.60	8 781.00	加拿大
268	巴西布拉德斯科银行	44 490.70	5 330.50	巴西
288	巴西银行	42 179.90	4 157.60	巴西
291	德意志银行	41 779.60	－6 032.80	德国

续表

500强排名	银行名称	营业收入（百万美元）	利润（百万美元）	国家
310	意大利联合圣保罗银行	40 359.30	4 680.70	意大利
321	德国中央合作银行	39 143.80	1 894.90	德国
326	巴西联邦储蓄银行	38 407.40	5 339.10	巴西
358	加拿大丰业银行	35 100.50	6 314.00	加拿大
416	澳洲联邦银行	29 966.60	6 127.30	澳大利亚
430	蒙特利尔银行	29 159.80	4 333.30	加拿大
466	美国合众银行	27 325.00	6 914.00	美国
491	西太平洋银行	26 000.90	4 771.90	澳大利亚

资料来源：2020年《财富》官网公布，http://www.fortunechina.com/fortune500/c/2020－08/10/content_372148.htm。

此外，银行业的资产质量也实现了根本性好转。不良贷款率从2003年的17.9%下降至2020年的1.84%；不良贷款余额也较2003年的2万亿元增长了0.7万亿元。与日益增长的银行总资产比较，银行的资产质量得到了显著的改善。与国际银行业相比，中国银行业的资产质量处于较优水平，且总体保持稳定。经过数年的努力，中国银行业基本实现不良资产的“双降”（见图1－5）。

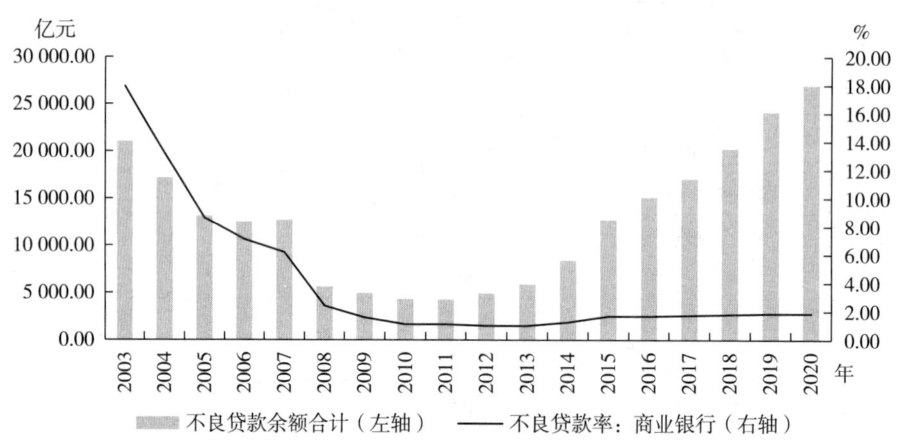

图1－5　2003—2020年我国商业银行不良贷款率与不良贷款余额情况

（资料来源：Wind）

（三）风险管控能力增强

截至2020年，我国商业银行的资本充足率平均水平达13.8%，商业银行的流动性拨备余额达1.46万亿元，均较银行业改革初期的2003年实现大幅增长。商业银行自实施股改上市后，经营管理能力和风控能力也相应提高，图1－5显示我国商业银行自2003年以来，不良贷款率大幅下降。可见，商业银行抵御风险的能力经过历年的改革有了很大的增强。

（四）国际实力显著上升

2011 年，金融稳定委员会（FSB）与巴塞尔委员会（BCBS）首次共同确定了全球系统重要性银行（G-SIBs）名单，并每年进行更新，该名单与制定标准和使用数据在每年的 11 月一并公布。根据 FSB 的定义，系统重要性金融机构是指规模较大、业务复杂、机构关联性较高，一旦陷入困境或无序破产将对更广泛的金融体系和经济活动造成重大破坏的金融机构。按照金融机构的重要程度将其分为 5 个层级，5、4、3、2、1 五个组别分别对应着 3.5%、2.5%、2%、1.5% 和 1% 的额外资本缓冲要求。

从 2020 年全球系统重要性银行名单（见表 1-4）看，中国银行的重要性整体上升，美国银行的重要性整体一直较高，欧洲银行的重要性整体下降。中国银行的重要性上升反映了实力的增强，也意味着更严格的监管要求。

表 1-4　　2011—2020 年 G-SIBs 名单及层级变化情况

银行名称	国家/地区	2011 年	2012 年	2013 年	2014 年	2015 年	2016 年	2017 年	2018 年	2019 年	2020 年
中国银行	中国	√	1	1	1	1	1	2	2	2	2
中国工商银行		—	—	1	1	1	2	2	2	2	2
中国农业银行		—	—	—	1	1	1	1	1	1	1
中国建设银行		—	—	—	—	1	1	2	1	1	2
摩根大通	美国	√	4	4	4	4	4	4	4	4	3
花旗集团		√	4	3	3	3	4	3	3	3	3
美国银行		√	2	2	2	2	3	3	2	2	2
高盛		√	2	2	2	2	2	2	2	2	1
富国银行		√	1	1	1	1	2	2	2	2	1
摩根士丹利		√	2	2	2	2	1	1	1	1	1
纽约梅隆银行		√	2	1	1	1	1	1	1	1	1
道富银行		√	1	1	1	1	1	1	1	1	1
汇丰控股	欧洲	√	4	4	4	4	3	3	3	3	3
德意志银行		√	4	3	3	3	3	3	3	3	3
巴克莱		√	3	3	3	3	2	2	2	2	2
法国巴黎银行		√	3	3	3	3	3	2	2	2	2
法国农业信贷		√	1	2	1	1	1	1	1	1	1
瑞士信贷		√	2	2	2	2	2	1	1	1	1
荷兰国际集团（ING）		√	1	1	1	1	1	1	1	1	1
瑞银集团		√	2	2	1	1	1	1	1	1	1
桑坦德		√	1	1	1	1	1	1	1	1	1
法国兴业银行		√	1	1	1	1	1	1	1	1	1
裕信银行		√	1	1	1	1	1	1	1	1	1
渣打银行		—	1	1	1	1	1	1	1	1	1
法国人民储蓄		√	1	1	1	1	1	—	1	1	1
北欧联合银行		√	1	1	1	1	1	1	—	—	—
苏格兰皇家银行		√	2	2	2	1	1	1	—	—	—
毕尔巴鄂比斯开银行		—	1	1	1	—	—	—	—	—	—

续表

银行名称	国家/地区	2011 年	2012 年	2013 年	2014 年	2015 年	2016 年	2017 年	2018 年	2019 年	2020 年
德克夏银行	德国	✓	—	—	—	—	—	—	—	—	—
劳埃德银行		✓	—	—	—	—	—	—	—	—	—
德国商业银行		✓	—	—	—	—	—	—	—	—	—
三菱金融	日本	✓	2	2	2	2	2	2	2	2	2
瑞穗金融		✓	1	1	1	1	1	1	1	1	1
三井住友金融		✓	1	1	1	1	1	1	1	1	1
加拿大皇家银行	加拿大	—	—	—	—	—	—	1	1	1	1
多伦多道明银行		—	—	—	—	—	—	—	—	1	1
总计（家）		29	28	29	30	30	30	30	29	30	30

注：2011 年尚未对全球系统重要性银行进行重要性等级划分，故以“✓”表示当年上榜的全球系统重要性银行。

资料来源：赵瑞．俯瞰全球系统重要性银行名单变化［EB/OL］．https//new. qq. com/omn/20210121/20210121AOTVTVOO. html.

（五）盈利水平保持稳定

自改革开放以来，我国商业银行的盈利水平处于稳步提高状态。2016 年，我国商业银行的平均 ROE 为 13.38%，平均 ROA 为 0.98%；而同期的 G－SIBs 平均 ROE 仅为 5.5%，平均 ROA 仅为 0.5%。可见，我国商业银行的资产盈利能力较强。即使在 2020 年遭遇疫情的冲击，我国商业银行的平均 ROE 下降为 9.48%，ROA 下降为 0.77%；但 2021 年第一季度 ROE 恢复为 11.28%，ROA 恢复为 0.91%。相较于国外商业银行，我国商业银行体现出较强的抗击风险的能力。这一点也体现在 2020 年我国商业银行稳定的股票价格中，而同期海外商业银行的股价则大幅下跌。

回顾我国商业银行的发展历史，在党中央、国务院的正确领导下，中国银行业发生了翻天覆地的变化，已从成立之初的弱小和不健全状态一举变成世界上比较强大的和初具现代化特征的银行体系，为中国经济持续稳定发展提供了强大的金融支持和动力保障。展望新时代，中国银行业要在历史性的跨越成就的基础上行稳致远，必须在建立健全和完善现代公司治理这一世纪性课题上努力探索，保障银行业高质量发展，不断取得新的进展。

【本章小结】

1.《中华人民共和国商业银行法（修正）》规定：“本法所称的商业银行是指依照本法和《中华人民共和国公司法》设立的吸收公众存款、发放贷款、办理结算等业务的企业法人。”商业银行包括全国性商业银行、城市商业银行、农村商业银行以及根据经济社会发展需要设立的村镇银行等其他类型商业银行。

2. 现代商业银行作为一国经济中最重要的金融中介机构，具有信用中介功能、支付结算功能、创造信用功能、信息管理和服务功能。

3. 商业银行经营管理的基本原则是安全性、流动性和效益性，商业银行经营管理的最终目标就是实现股东增加值的最大化。

4. 在把“商业银行价值最大化”作为现代商业银行经营管理目标的市场经济条件

下，推动企业经济行为的根本动力和目的是利润最大化。

5. 商业银行的业务按其资产负债表的构成，主要分为三类：负债业务、资产业务、中间业务。

6. 银行再造是一个系统工程，围绕影响商业银行效率的因素，从组织结构、业务流程和信息系统等方面进行商业银行的组合设计，在达到客户、员工双满意的同时，使银行的效率获得大幅提升。

7. 银行控股公司制是指由一个集团成立控股公司，再由该公司控制或收购两家以上的银行。银行控股公司制也有两种：一种是非银行控股公司；另一种是银行控股公司。

8. 银行监管的主要目的是：解决信息不对称；保护公众利益；维护金融稳定。

【重要概念】

商业银行　信用中介职能　支付中介职能　银行控股公司制　银行再造

事业部制　信息不对称

【思考练习】

1. 简述商业银行的性质和职能。
2. 简述商业银行的三大经营原则及其相互关系。
3. 简述商业银行的银行再造内容。
4. 简述加强银行监管的目的。
5. 为什么我国要进行“一行一局一会”监管体制的改革？
6. 为什么我国商业银行能够在改革开放后取得如此巨大的成就？
7. 结合互联网金融对传统商业银行的影响，谈谈商业银行的业务发展方向。

第二章

负债业务

【本章学习目标】

掌握负债是商业银行筹措资金、获得资金来源的最主要方式，是商业银行经营活动的起点。熟悉商业银行负债业务的来源和种类，了解商业银行负债的方式和业务创新，熟悉商业银行存款业务的经营管理，了解存款保险制度在中国的发展进程。

第一节 商业银行负债业务概述

一、负债业务的概念和特点

（一）商业银行负债的概念

商业银行负债是银行在经营活动中尚未偿还的经济义务。商业银行负债有广义负债和狭义负债之分。广义负债指除银行自有资本之外的一切资金来源，包括资本期票和长期债务资本等二级资本；狭义负债指银行存款、借入款、结算性资金等一切非资本性的债务。

（二）负债业务资金运动的基本形式

负债业务是银行通过信用手段吸收社会游资，扩大银行资金来源及自有资金管理的业务，主要包括向企事业单位、社会团体和个人吸收定期或活期存款的存款业务，向中央银行、同业及国际金融机构借入款项的借款业务，以及发行金融债券及其他负债业务。负债业务资金运动基本形式如图 2－1 所示。

（三）商业银行负债的特点

1. 其必须是现实的、优先存在的经济义务，过去发生的、已经了结的经济义务或将来可能发生的经济义务都不包括在内。

2. 其数量必须能够用货币来确定，一切不能用货币计量的经济义务都不能称为银行负债。

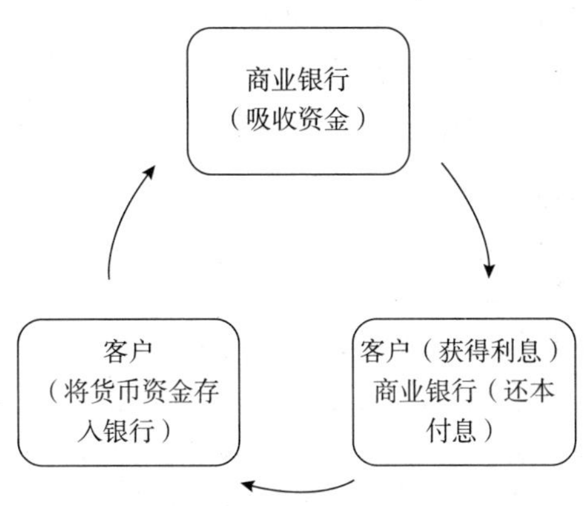

图 2－1　负债业务资金运动基本形式

3. 其只有在偿付以后才能消失，以债抵债只是原有负债的延期，不能构成新的负债。

二、负债业务的构成

负债是商业银行筹措资金、获得资金来源的最主要方式，是商业银行经营活动的起点，其构成如图 2－2 所示。

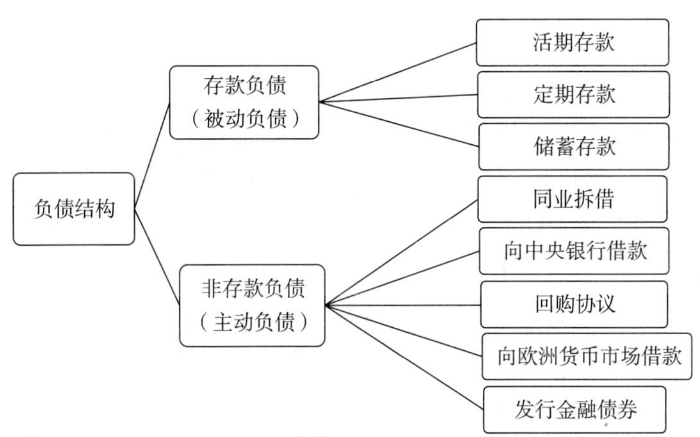

图 2－2　商业银行负债的构成

1. 按照负债的性质，分为存款负债和非存款负债。其中非存款负债包括借入性负债和结算性负债，联行存款、同业存款、借入款项或拆入款项及发行债券等为结算性负债和借入性负债，构成商业银行资金来源的有益补充。

2. 按照负债的意愿，分为主动负债和被动负债。其中向中央银行借款、向同业拆借等为主动负债，居民储蓄和对公存款为被动负债。因此，存款负债称为被动负债，非存款负债称为主动负债。

3. 按照负债的期限长短，分为短期借款和长期借款。通常短期借款指借款期限在 1 年以内的借款，长期借款指借款期限在 1 年以上的借款。

无论怎样划分，存款始终是商业银行的主要负债，也是商业银行的资金来源，非存款负债的比重则随着金融市场的发展而不断上升。在各类负债业务中，存款是最核心的业务。存款、派生存款是商业银行的主要负债，占资金来源的80%以上。

三、负债业务的意义

商业银行作为负债经营的金融机构，是国民经济的中枢。负债业务是商业银行业务的重要组成部分，与商业银行的成本、收益等直接关联。商业银行通过负债的形式获得资金并加以运用，构建盈利资产，其经营目标是利润最大化。

从商业银行负债业务、资产业务、中间业务和国际业务四大业务的关系看，负债业务是基础，它制约着资产业务、中间业务和国际业务的发展。从金融创新历史来看，负债业务创新也往往先于其他业务一步，而其他业务反过来又推动负债业务发展。存款业务的状况决定负债业务的规模，负债业务的创新推动存款业务的发展。

因此，负债业务是商业银行经营的先决条件，是保持商业银行流动性的手段，是各家商业银行竞争的焦点。商业银行的负债构成社会流通中的货币量，是商业银行同社会各界联系的主要渠道。

第二节　存款业务

在商业银行负债业务中，存款业务是最基本、最主要和最传统的业务，存款业务的经营管理直接影响着商业银行的盈利水平和风险状况。存款是商业银行资金的主要来源，存款的种类、结构和成本的变化决定着商业银行贷款、贴现等资产业务利率的高低和经营水平。我国商业银行的存款主要来自居民个人的储蓄存款与企事业单位和机构的对公存款。

表2-1　　我国部分商业银行2021年度存款情况简表　　单位：百万元人民币

银行名称	总存款	总负债	总存款占总负债的比重（%）
工商银行	25 659 484	30 297 602	84.69
建设银行	22 067 148	26 825 552	82.26
农业银行	21 906 047	26 438 526	82.86
中国银行	15 956 260	21 538 552	74.08
交通银行	6 769 618	10 028 063	67.51
招商银行	6 385 154	8 383 340	76.16
中信银行	4 789 969	7 400 258	64.72
兴业银行	4 356 738	7 722 007	56.42
民生银行	3 797 630	6 190 156	61.35
光大银行	3 674 204	5 306 141	69.24
平安银行	2 990 522	4 527 406	66.05
华夏银行	1 927 349	3 375 585	58.00

资料来源：各银行2021年度年报。

一、存款种类

商业银行的存款主要包括对公存款和个人存款。个人存款为银行带来了长期稳定的资金流，而单位（或企业、机构）存款、同业拆放、同业拆入、向中央银行借款和债券融资等对公存款也是银行重要的资金来源渠道，应付款项、或有负债等其他负债在商业银行资金来源中始终保持着相当的数量。随着金融市场的竞争日趋激烈，商业银行相继研发了一些新型的负债业务，包括发行金融债券、大额可转让定期存单、出售或发行商业票据等，这些新业务大大丰富了负债业务的产品种类，日益成为负债业务发展的亮点和新的业务增长点。

（一）按存款的提取方式划分

按照西方教科书的分类习惯，存款可分为活期存款、定期存款和储蓄存款。

1. 活期存款：存款人可以随时提取或支付的存款，又称交易账户或支票账户。其特点是具有很强的存款派生能力；流动性大，存取频繁；具有货币支付手段和流通手段的职能。

2. 定期存款：客户和银行预先约定存款期限的存款，为非交易账户。其特点是存款稳定性好，是商业银行稳定的资金来源；利率高于活期存款利率。西方的定期存款通常以大额定期存单（CD）为主要形式。

3. 储蓄存款：存款人为积蓄货币或取得利息收入而开立的存款账户，为非交易账户。其特点是主体多为个人，不能使用支票，有活期和定期两种类型。

西方经济学通行的储蓄概念认为，储蓄是货币收入中具有存储功能，没有被用于消费的部分。而在我国，储蓄通常是指居民个人将属于其所有的货币（人民币或外币）存入金融机构，不仅可以存储，还具有消费、转账和提现等结算功能。因此，储蓄存款的概念在东西方的商业银行是存在差异的。

（二）按存款的持有人划分

按持有人不同，存款可分为企业存款、财政性存款、同业存款和个人存款。其中，财政性存款又可分为金库存款、基建存款和经费存款三类。

（三）按存款的币种划分

按币种不同，存款可分为本币存款和外币存款。

各银行各网点的外币存款币种存在一定的差异。中国银行的外币存款业务币种相对较多，共有24种外币存款业务，包括美元（USD）、澳元（AUD）、加元（CAD）、港元（HKD）、英镑（GBP）、欧元（EUR）、日元（JPY）、新西兰元（NZD）、新加坡元（SGD）、泰铢（THB）、韩元（KRW）、新台币（TWD）、瑞士法郎（CHF）、瑞典克朗（SEK）、丹麦克朗（DKK）、卢布（RUB）、挪威克朗（NOK）、菲律宾比索（PHP）、澳门元（MOP）、印尼卢比（IDR）、巴西里亚尔（BRL）、阿联酋迪拉姆（AED）、印度卢比（INR）和南非兰特（ZAR）。

（四）按存款的来源和信用性质划分

按来源和性质，存款可分为原始存款和派生存款。

派生存款是指由商业银行发放贷款、办理贴现或投资等业务活动引申而来的存款，是原始存款的派生和扩大。派生存款产生的过程就是商业银行吸收存款、发放贷款，最终使用者又将其存入银行形成新的存款，最终导致银行体系存款总量增加的过程。用公式表示如下：

$$派生存款 = 原始存款 \times (1 - 法定存款准备金率)^n$$

【案例分析 2 –1】

存款的派生过程

A 银行吸收甲客户存款 100 万元，此为原始存款，假设法定存款准备金率为 20%，市场利率为 10%，则派生存款规模为

存款 100 万元，缴存存款准备金为 20 万元（100 万元 ×20%），银行实际可用资金 80 万元用于发放贷款。乙客户收到 80 万元贷款后支付给其他企业，又成为其他企业在其他银行的存款，这样就新增了 80 万元的存款，依此类推。照此循环，实际派生存款为 100 ×（1 –20%）+100 ×（1 –20%）×（1 –20%）+… 的等比数列。当然这只是理想状况，实际派生情况受超额准备金、现金漏损、存贷比等情况的影响。

存款派生过程示例：

存款　100 万元

第一次派生　100 ×（1 –20%）=80（万元）

第二次派生　80 ×（1 –20%）=100 ×（1 –20%）×（1 –20%）=64（万元）

……

第 n 次派生　$100 \times (1 - 20\%)^n$（万元）

二、个人储蓄存款业务

（一）储蓄及储蓄存款

1. 储蓄的概念。在我国，储蓄是指居民将属于其所有的货币（人民币或外币）存入金融机构，金融机构为其开具存折或者存单作为凭证，个人凭存折或存单可以支取存款本金并获得利息，金融机构依照规定支付存款本金和利息的活动。

2. 储蓄存款。金融机构由储蓄获得的存款称为储蓄存款。储蓄存款是金融机构的一项重要资金来源。

在西方，储蓄存款不仅指个人储蓄存款，还有企业储蓄存款、单位储蓄存款和机构储蓄存款。通常，日常的消费、转账和提现等结算业务，均在活期存款账户中完成，若在开户时与银行签约可自动转账，当活期存款账户余额不足时可按协议自动从储蓄账户转入资金到活期账户，即“活期 + 储蓄”模式。如美国的自动转账服务账户（ATS），就是这种可以在储蓄存款账户和支票存款账户之间按照约定自动转换的存款

账户。储蓄存款账户中的存款计息，用于收息；活期存款账户（含支票账户）中的存款不计息，用于支付结算。美国允许盈利的公司开立储蓄账户且计息，但管理比较严格。国外银行以此吸引客户尽量存入储蓄账户，稳定资金来源。

（二）储蓄的政策与原则

1. 储蓄政策。保护和鼓励个人参加储蓄，是我国一贯以来重要的和长期的政策，这一政策主要体现在以下三个方面。

一是承认储蓄存款的占用权。储蓄存款的主权属于存款所有人，任何人不得侵犯。

二是保障储蓄存款的使用权。储户将货币存入金融机构后，只是暂时转让货币的使用权，一旦存款被取回，该存款完全归存款人自由支配，任何单位和个人不得干预。

三是尊重存款的处置权。储蓄存款可以转让、赠送和自由使用。存款人死亡后，其法定继承人有权按照存款人生前遗嘱或法定程序，继承其存款。

2. 储蓄原则。我国的储蓄原则是“存款自愿、取款自由、存款有息、为储户保密”。这是我国储蓄政策的具体体现，也是商业银行办理储蓄业务必须遵守的基本准则，具有银行法规的性质，各金融机构必须遵照执行。

保护存款人利益，是商业银行立法的基本原则之一。落实到银行存款业务管理方面，则体现为商业银行必须对存款或存款人“保付、保全、保密、保险”的原则。

（1）保付是指商业银行对活期存款或到期的定期存款保证支付，而且是“见票即付”或“见单即付”。对未到期的存款，如果存款人要求提前支取，在符合《储蓄管理条例》和有关规章制度的前提下，存款人有权在本人存款余额和期限范围内自由支取，如无正当理由，商业银行必须支付，不得为难和限制。

（2）保全是指商业银行对存款人的存款财产权不受侵犯予以保全。未经存款人许可，任何个人和单位不得要求查询、冻结或扣划存款人的存款。在商业银行破产清偿中，存款人的债权优先于借入款和债权持有人的债权，更优先于优先股和普通股的受偿权。

（3）保密是指商业银行对存款人的户名、账号、存款金额、存款期限、存款种类、支取方式、预留密码以及地址等个人隐私，应予以保密，不得泄露给他人。存款是存款人的合法财产，受《宪法》保护，存款人对其拥有所有权，商业银行只是暂时获得使用权，应负有保密的职责。同时，商业银行为确保存款安全，防止被欺骗、盗窃和冒领，也应做好保密工作。

（4）保险是指由存款金融机构建立一个存款保险机构，各个存款性金融机构（如商业银行）作为投保人向存款保险机构缴纳保险费，当投保机构面临危机或破产时，存款保险机构向其提供流动性援助，或代替破产机构在一定限度内对存款者支付存款。这就是世界上大多数国家采用的显性存款保险制度。我国《存款保险条例》已于2015年5月1日正式施行，标志着我国的存款保险制度已经完成了由事实上的隐性存款保险制度到有法律保障的显性存款保险制度的转变。

（三）储蓄实名制

我国自2000年4月1日起对储蓄业务正式实施“储蓄实名制”，由国务院颁布施行的《个人存款账户实名制规定》标志着我国储蓄实名制的开始。个人存款实名制，是指个人到商业银行办理储蓄存款时，应当出示个人有效身份证件，使用上述身份证件上的姓名，不得使用化名和笔名等。银行等金融机构应按照规定进行核对，并登记身份证件上的姓名和号码。在法律意义上，储蓄实名制使个人资产透明化，对于个人理财和国家杜绝金融领域的灰色交易及确保个人所得税的有效缴纳等都有积极作用。

（四）储蓄业务种类

个人储蓄存款按照币种的不同可分为人民币储蓄和外币储蓄。外币储蓄将在第五章国际业务中介绍。

按储蓄时间不同，储蓄存款又可分为活期、个人支票、定期、定活两便和通知存款。

1. 活期储蓄。活期储蓄存款是一种无固定存期，随时可取、随时可存，也没有存取金额限制的储蓄。存款人可以随时到营业网点进行通存通兑，并得到安全、快捷、准确、方便的服务。

2. 个人支票。个人支票是指由出票人（个人）签发的，委托办理支票存款业务的银行或者其他金融机构在见票时无条件支付确定的金额给收款人或持票人的票据。个人支票分为现金支票和转账支票两种。凡在银行开立个人支票的客户，均可通过签发支票办理结算、消费和提取现金等业务。

3. 定期储蓄。定期储蓄是储户在存款时约定存期，开户时一次存入或在存期内按期分次存入本金，到期时整笔支取本息或分期、分次支取本金或利息的储蓄。按存取方式不同，定期储蓄又可分为整存整取定期储蓄、存本取息定期储蓄和零存整取定期储蓄。

4. 定活两便储蓄。定活两便储蓄是存款时不约定存期，一次存入本金，随时可以支取的业务。定活两便储蓄是利率随存期的长短而变化的储蓄存款。它兼具定期之利、活期之便，不受存取限制，方便客户理财。

5. 通知存款。通知存款是指存入款项时不约定存期，但约定支取存款的通知期限，支取时按约定期限提前通知银行，约定支取存款的日期和金额的一种储蓄方式。通知存款主要的品种有一天通知存款和七天通知存款。个人通知存款最低起存金额为5万元，每次支取后的余额不得少于5万元。

（五）储蓄特殊业务

储蓄特殊业务是相对于一般存款业务来说的，主要指储户在特殊情况下发生的，商业银行必须做特别处理的一些业务。

储蓄特殊业务种类主要有：

（1）凭证挂失（存折、存单、银行卡等）、密码挂失（交易密码、查询密码）和印鉴挂失的处理；

（2）通过银行查询、冻结和扣划储蓄存款的处理；

（3）储蓄存款过户的处理；

（4）长期不动账户（休眠户）的处理。

（六）储蓄通存通兑业务

为了推动储蓄业务的发展，给储户提供更加方便、快捷的服务，全国各大商业银行均开办了储蓄通存通兑业务。

通存通兑是指客户在某一家银行的某一个营业网点（支行、分理处或储蓄所）开户后，可以在其某一个范围内（全国、省或县市）的任何一个营业网点办理储蓄业务，不收取任何手续费。

随着计算机技术和网络技术的进步，不同商业银行之间也可实现通存通兑，即跨行通存通兑业务。跨行通存通兑业务，是指客户通过银行向本人或他人其他银行账户实时办理资金转账、现金存取和信息查询的业务。即实现通存通兑之后，手中持有甲银行存折的市民，完全可以到乙银行办理存取款业务，不必将现金在不同银行间“搬来搬去”。

通存通兑的业务范围一般为活期储蓄（不含个人支票），定期储蓄（不含存本取息、通知存款），银行卡的存款、取款、转账业务，销户、修改密码、口头挂失和书面挂失。

查询、冻结、扣划个人储蓄存款业务，原则上须在原开户行办理。

三、单位存款业务

（一）单位存款业务的概念

单位存款又称对公存款，是指企业、事业、机关、部队和社会团体等单位在金融机构办理的人民币存款，包括定期存款、活期存款、通知存款、协定存款及经中国人民银行批准的其他存款。单位存款按存期不同分为活期存款和定期存款，其中活期存款按取款方式不同又分为支票账户和存折账户。

国家要求国民经济各单位在经济活动中发生的资金收付都要通过其在银行开立的账户进行结算。中国人民银行也要求各单位按其经营规模核定现金备用限额，对超过现金备用限额的现金款项应及时送存银行。因此单位存款具有强制性。

（二）单位存款的种类

1. 单位活期存款。单位活期存款是以现金、转账方式进行的存、取，通过各种支付工具来实现的。

2. 单位定期存款。金融机构对单位定期存款实行管理（大额可转让定期存款除外）。由接收存款的银行给存款单位开出“单位定期存款开户证实书”（以下简称“证实书”），证实书仅对存款单位开户证实，不得作为质押的权利凭证。

3. 单位通知存款。通知存款是存款人在存入款项时不约定存期，支取时，需提前通知银行，约定取款日期和金额后方能支取的存款方式。

通知存款按存款人提前通知的期限长短分为 1 天通知存款和 7 天通知存款。单位通知存款最低起存金额为 50 万元，最低支取金额为 10 万元，每次支取后的余额不得少于 50 万元。

4. 单位协定存款。单位协定存款是指单位客户按照与银行约定的存款额度开立的结算账户，账户中超过存款额度的部分，银行将其转入单位协定账户，并以优惠利率计息的一种单位存款。

单位协定存款最低约定基本存款额度为人民币 10 万元，单位客户可根据实际情况与银行约定具体的基本存款额度。

（三）对公特殊业务处理

1. 对公密码挂失。对公单位账户密码申请挂失时，应由法人或单位负责人亲临银行办理。如委托他人办理，应由法人或单位负责人出具授权委托书。

2. 印鉴的更换与挂失。印鉴是指客户在银行开户时预留在银行的印章，包括单位公章、财务专用章和所有权人的名章。在正常情况下，单位客户更换印鉴、挂失印鉴时，应提供单位营业执照、法定代表人身份证、经办人身份证件、单位授权委托书、单位出具的更换印鉴证明等资料。

3. 司法机关对存款的查询、冻结和扣划。对公单位存在银行的资金属单位所有，受法律保护并由其自行支配使用，任何单位和个人不得擅自查询、冻结和扣划单位存款。司法机关等国家行政机构依法查询、冻结和扣划单位在银行的存款，银行则应予以协助执行（见表 2 -2）。

可查询对公单位存款的机构有县级和县级以上人民法院、人民检察院、公安机关、国家监察机关、税务机关、海关及国家安全机关和军队军级以上保卫部门。

可冻结对公单位存款的机构有县级和县级以上人民法院、人民检察院、公安机关、税务机关、海关及国家安全机关和军队军级以上保卫部门。冻结期限最长为 6 个月，税务机关冻结期限通常为 1 个月。冻结金额既可全部冻结，也可部分冻结。

可扣划对公单位存款的机构有县级和县级以上人民法院、税务机关和海关。

表 2 -2　　有权查询、冻结、扣划单位和个人存款的执法机关一览

单位名称	查询		冻结		扣划	
	单位	个人	单位	个人	单位	个人
人民法院	有权	有权	有权	有权	有权	有权
税务机关	有权	有权	有权	有权	有权	有权
海关	有权	有权	有权	有权	有权	有权
人民检察院	有权	有权	有权	有权	无权	无权
公安机关	有权	有权	有权	有权	无权	无权
国家安全机关	有权	有权	有权	有权	无权	无权
军队保卫部门	有权	有权	有权	有权	无权	无权
监察机关	有权	有权	无权	无权	无权	无权
工商行政管理机关	有权	无权	暂停结算	暂停结算	无权	无权
审计机关	有权	无权	无权	无权	无权	无权
证券监管部门	有权	无权	无权	无权	无权	无权

资料来源：根据《人民币银行结算账户管理办法》整理。

四、账户管理

为了进一步规范人民币银行结算账户的开立和使用，保证支付结算活动的正常进行，维护经济金融秩序的稳定，促进经济金融的改革和发展，中国人民银行自2003年9月1日起在全国实施了《人民币银行结算账户管理办法》。银行结算账户作为集中反映整个社会经济活动资金收付结算的起点与终点，也是一切经济活动资金往来的基础。存款人进行各项经济活动所产生的资金收付结算，包括所有的支付信用工具，主要都是通过银行结算账户之间的资金划转完成的，因此，银行结算账户的管理就显得尤为重要了。中国人民银行通过颁布《人民币银行结算账户管理办法》，可以对银行结算账户反映出的各种信息进行综合分析，并以此建立支付信用系统以及对可疑资金运动的预警机制，准确反映存款人的支付信用状况，及时发现大额可疑交易，促进社会信用程度的提高，维护经济金融秩序的稳定。

（一）账户的概念

银行账户是在会计科目之下，按照单位经济性质或款项性质进行具体分类的名称。一切单位和个人开展经济活动，都必须在银行开立银行结算账户，办理存款、贷款、结算等各项经济业务。因此，银行结算账户就是银行为存款人开立的办理资金收付结算的人民币活期存款账户。

（二）账户的种类

按存款人不同，账户可分为单位银行结算账户和个人银行结算账户。

1. 单位银行结算账户。存款人以单位名称开立的银行结算账户为单位银行结算账户。

2. 个人银行结算账户。存款人凭个人有效身份证件以自然人名义开立的银行结算账户为个人银行结算账户。

（三）单位银行结算账户管理

单位银行结算账户主要有四种：基本存款账户、一般存款账户、专业存款账户和临时存款账户。

1. 基本存款账户的开立。基本存款账户是存款人的主办账户，是存款人因办理日常转账结算和现金收付需要开立的银行结算账户。单位银行结算账户的存款人只能在银行开立一个基本存款账户。

2. 一般存款账户的开立。一般存款账户是存款人因借款或结算需要，在基本存款账户开户银行以外的银行开立的结算账户。一般存款账户只能用于结算，不得提取现金，但可以进行现金缴存业务。

存款人只有在开立了基本存款账户的前提下才能申请开立一般存款账户，并出具基本存款账户的开户许可证。如是因向银行借款需要的，应出具借款合同；如是因其他结算需要的，应出具相关证明。

3. 专用存款账户的开立。专用存款账户是存款人因对其特定用途资金进行专项管理和使用而开立的银行结算账户。存款人申请开立专用存款账户，应向银行出具其开立基本存款账户规定的证明文件、基本存款账户开户许可证和相关证明资料。

4. 临时存款账户的开立。临时存款账户是存款人因临时需要并在规定期限内使用而开立的银行结算账户。临时存款账户的有效期最长不得超过 2 年。存款人申请开立临时存款账户，应向银行出具相关证明文件。

综上所述，基本存款账户是存款人的主办账户，存款人日常经营活动的资金收付及其工资、差旅费和现金的支取，应通过该账户办理。一般存款账户用于办理存款人借款转存、借款归还和其他结算的资金收付，该账户可以办理现金缴存，但不得办理现金支取。专用存款账户用于办理各项专用资金的收付。临时存款账户用于办理临时机构以及存款人临时经营活动发生的资金收付；存款人在使用中需要延长期限的，应在有效期限内向开户银行提出申请，并由开户银行报中国人民银行当地分支机构核准后办理展期。

（四）个人银行结算账户管理

2015 年 12 月发布的《中国人民银行关于改进个人银行账户服务　加强账户管理的通知》规定，银行应建立银行账户分类管理机制，根据开户申请人身份信息核验方式及风险评级，审慎确定银行账户功能、支付渠道和支付限额，并进行分类管理和动态管理。通知中明确要求：

自 2016 年 12 月 1 日起，银行业金融机构（以下简称银行）为个人开立银行结算账户的，同一个人在同一家银行（以法人为单位，下同）只能开立一个Ⅰ类账户，已开立Ⅰ类账户再新开户的，应当开立Ⅱ类账户或Ⅲ类账户；非银行支付机构（以下简称支付机构）为个人开立支付账户的，同一个人在同一家支付机构只能开立一个Ⅲ类账户。

个人银行账户可分为Ⅰ类账户、Ⅱ类账户和Ⅲ类账户（见表 2－3）。

表 2－3　　个人账户分类管理

类型	Ⅰ类账户	Ⅱ类账户	Ⅲ类账户
主要功能	全功能	储蓄存款及投资理财； 限额消费和缴费； 限额向非绑定账户转出资金业务	限额消费和缴费； 限额向非绑定账户转出资金业务
账户余额	无限制	无限制	账户余额≤2 000 元
使用限额	无限额	非绑定账户转账、存取现金、消费缴费： 日累计限额合计：10 000 元 年累计限额合计：200 000 元	非绑定账户转账限额、消费缴费： 日累计限额合计：2 000 元 年累计限额合计：50 000 元
账户形式	借记卡、储蓄存折	电子账户，可配发实体凭证	电子账户
开立方式	有效身份证件，面核后开立	有效身份证件； 无须绑定Ⅰ类账户或信用卡进行身份验证	有效身份证件； 无须绑定Ⅰ类账户或信用卡进行身份验证

资料来源：根据《中国人民银行关于改进个人银行账户服务　加强账户管理的通知》和《中国人民银行关于改进个人银行账户分类管理有关事项的通知》整理。

银行为开户申请人开立个人银行账户时，应核实身份证件的有效性、开户申请人与身份证件的一致性和开户申请人开户意愿；通过有效身份证件无法准确判断开户申请人身份的，银行应要求其出具辅助身份证明材料。银行可采取多种方式对开户申请人身份信息进行交叉验证。申请人持有效身份证件（居民身份证、护照等）可开立个人银行账户或者办理其他个人银行账户业务，原则上应当由开户申请人本人亲自办理；符合条件的，可以由他人代理办理。确需代理开户的，银行须审核代理人和被代理人的有效身份证件、合法的委托书、证明代理关系的公证书，并联系被代理人进行核实。银行可根据自身风险管理水平、存款人身份信息核验方式及风险等级，审慎确定代理开立的个人银行账户功能。

第三节　非存款负债业务

除了存款业务，商业银行还会通过其他的渠道争取各种负债，包括短期借入资金业务和长期债券业务。商业银行的非存款业务主要包括同业拆借、向中央银行借款和向欧洲货币市场借款等。

一、同业拆借

（一）同业拆借

同业拆借是指商业银行及其他金融机构之间的临时借款，是货币市场借款的一部分（见图2－3）。借入资金的银行主要是为了解决自身的临时性资金周转，所以同业拆借期限极短，甚至只有一天或者一夜，借款执行的利率也比较低。

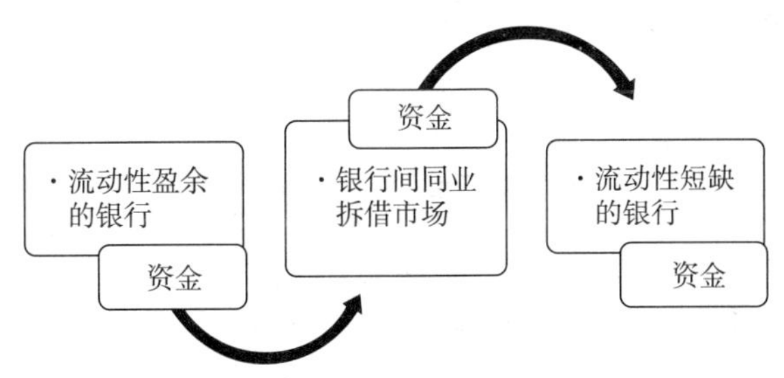

图2－3　同业拆借示意

同业拆借一般通过各商业银行在中央银行的存款账户进行，即通过中央银行资金市场进行。当银行之间进行资金结算轧差时，有些银行出现头寸不足，而另一些银行则出现头寸盈余。为了实现资金的平衡，支持资金的正常周转，头寸不足的银行就需要从头寸盈余的银行临时借入资金；而头寸盈余的银行也愿意将暂时盈余的资金拆借出去，以取得利息收入。由于同行之间建立了很高的信誉度，同业拆借业务原则上不需要抵押，一般不须办理书面手续，往往通过无形的银行间同业拆借市场、电话或传真就能够解决。

我国监管当局规定，拆入的资金只能用于解决调度头寸过程中的临时资金困难，不得用于弥补信贷缺口而长期占用，更不得用于固定资产投资；并对商业银行拆入资金的监管指标“拆入资金比例”做了规定，拆入资金比例不得大于4%。

$$拆入资金比例 = \frac{拆入资金末期余额}{各项存款末期余额} \times 100\% \leqslant 4\%$$

同业拆借一般是短期的，甚至是一天或一夜，因而有时也叫隔日或隔夜放款。但是，同业拆借的每笔交易一般都是大额的，多数在百万元以上，百万元以下的很少。参与同业拆借的成员，都是商业银行及其他金融机构，所以同业拆借具有金融机构之间同业贷款的性质。在同业拆借业务中，除商业银行之外，国外中央银行储备机构、政府债券经纪商、保险公司和国外金融机构等也是主要的参与者。有些小型商业银行由于自身的渠道狭窄，只能通过其代理银行进行剩余资金的拆借，这些代理办理资金拆借的中间机构也构成同业拆借市场的重要参与者。

同业拆借活动通常通过以下三种形式进行：第一，交易双方谈妥拆借金额、利率及期限等拆借的具体条款，直接进行交易；第二，通过中央银行资金经纪人，交易双方进行接触，并向经纪人支付佣金；第三，借出或借入资金的银行都通过电话通知各自的代理银行，由代理银行代其办理。

世界上历史最悠久、影响力最大的同业拆借市场当属英国伦敦银行同业拆借市场，该市场的伦敦银行同业拆放利率（London Inter Bank Offering Rate，LIBOR）具有很强的权威性，成为世界其他大金融中心的基准利率，反映世界资金市场的供求状况，其他类型的贷款利率也大多以此为参照利率。除此之外，新加坡银行同业拆借利率（SIBOR）、香港银行同业拆借利率（HIBOR）、上海银行间同业拆放利率（Shibor）也各占一席之地。我国的资金拆借既有金融机构之间的，也有通过资金市场拆借的。我国规定同业拆借的最长期限不能超过1年。

【知识链接2-1】

全国银行间同业拆借中心

全国银行间同业拆借中心是中国人民银行的直属事业单位，与中国外汇交易中心合署办公，全称为中国外汇交易中心暨全国银行间同业拆借中心（以下简称交易中心），主要职能是：提供银行间外汇交易、人民币同业拆借、债券交易系统并组织市场交易；办理外汇交易的资金清算、交割，提供人民币同业拆借及债券交易的清算提示服务；提供网上票据报价系统；提供外汇市场、债券市场和货币市场的信息服务；开展经中国人民银行批准的其他业务。

- 组织架构。中国人民银行是全国银行间同业拆借市场的主管部门，交易中心负责市场运行并提供电子交易系统。
- 运行方式。实行询价交易方式。凡成员确认的报价，由交易系统自动生成的成交通知单作为交易双方成交确认的有效凭证。
- 报价利率。上海银行间同业拆放利率和贷款市场报价利率。

(1) 上海银行间同业拆放利率(Shanghai Interbank Offered Rate, Shibor)

Shibor以位于上海的全国银行间同业拆借中心为技术平台计算、发布并命名,是由信用等级较高的银行组成报价团自主报出的人民币同业拆出利率计算确定的算术平均利率,是单利、无担保、批发性利率。对社会公布的Shibor品种包括隔夜、1周、2周、1个月、3个月、6个月、9个月和1年。

Shibor报价银行团现由18家商业银行组成。报价银行是公开市场一级交易商或外汇市场做市商,是在中国货币市场上人民币交易相对活跃、信息披露比较充分的银行。中国人民银行成立Shibor工作小组,依据《上海银行间同业拆放利率(Shibor)实施准则》确定和调整报价银行团成员、监督和管理Shibor运行、规范报价行与指定发布人行为。

交易中心受权Shibor的报价计算和信息发布。每个交易日,交易中心根据各报价行的报价,剔除最高、最低各4家报价,对其余报价进行算术平均计算后,得出每一期限品种的Shibor,并于11:00对外发布。

(2) 贷款市场报价利率(Loan Prime Rate, LPR)

LPR由各报价行按公开市场操作利率(主要指中期借贷便利利率)加点形成的方式报价,由全国银行间同业拆借中心计算得出,为银行贷款提供定价参考。LPR包括1年期和5年期以上两个品种。

LPR报价行包括18家银行,每月20日(遇节假日顺延)9时前,各报价行以0.05个百分点为步长,向交易中心提交报价,交易中心按去掉最高和最低报价后算术平均,并向0.05%的整数倍就近取整计算得出LPR,于当日9:30公布,公众可在交易中心和中国人民银行网站查询。

- 交易时间。每周一至周五(北京时间)上午9:00-12:00,下午13:30-16:30(中国国内法定假日不开市)。
- 成员构成。人民币拆借交易的主体是经中国人民银行批准,具有独立法人资格的商业银行及其授权分行、农村信用联社、城市信用社、财务公司和证券公司等有关金融机构以及经中国人民银行认可经营人民币业务的外资金融机构。
- 清算办法。由成交双方根据成交通知单,按规定的日期全额办理资金清算,自担风险。资金清算速度为T+0或T+1。

资料来源:全国银行间同业拆借中心官网,http://www.chinamoney.com.cn/chinese/index.html。

(二) 转抵押

商业银行遇到资金临时性短缺、周转不灵时,也可通过抵押的方式,向其他商业银行取得贷款。抵押品一般分为两大类:一类是商业银行自身的动产或不动产,另一类是商业银行的客户办理抵押贷款时抵押的资产。利用后者的资产进行抵押借款的,称为转抵押。转抵押涉及的关系众多,手续比较复杂,而且受法律的约束比较大,过多地使用这种方式会在同业和客户中留下经营不稳的印象,使银行承担一定的风险。因此,商业银行必须合理并有限制地使用转抵押。

(三) 转贴现

转贴现是指商业银行把客户向其贴现的未到期票据转给票据交易商或其他商业银

行贴现，以抵补其头寸短缺的行为。转贴现与再贴现有着本质区别：转贴现是商业银行之间的贴现，而再贴现一般指商业银行把客户向其贴现的未到期票据再向中央银行贴现的行为。票据贴现流转过程如图2－4所示。

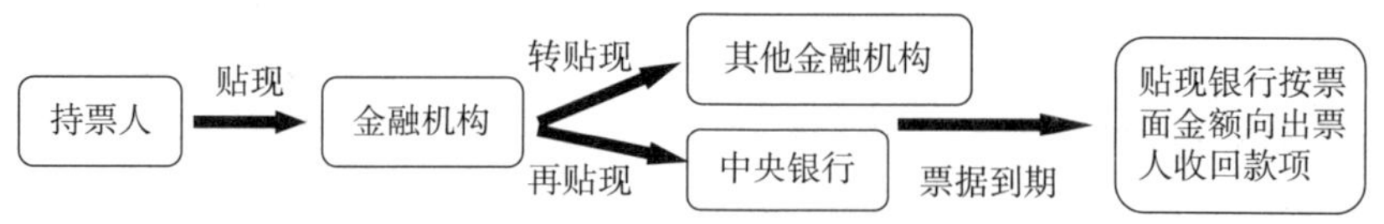

图2－4　票据贴现流转过程

转贴现的期限是从转贴现之日起到汇票到期日为止，按照实际的天数计算。转贴现的利率通常由双方自行协商，也可以参照贴现利率来确定。票款的回收是从申请贴现的银行或机构收取，而不是向票据的承兑人收取。转贴现的利息和实付金额通常可由下式得出：

$$转贴现利息=\frac{转贴现金额\times转贴现天数\times转贴现利率(\%)}{360天}$$

$$实付转贴现金额=转贴现金额-转贴现利息$$

二、向中央银行借款

向中央银行借款是商业银行资金来源的渠道之一，也是商业银行资金流动性的最后来源。中央银行是资金市场的最后融通者和调节者，当商业银行资金不足时，可以通过向中央银行申请再贷款或再贴现，做最后资金的融通。商业银行向“银行的银行”——中央银行借款的目的在于缓解自身资金的暂时性不足，而非谋利。向中央银行借款通常有两种方式：再贴现和再贷款。中央银行也利用这两条途径调节社会货币和信用量，使其制定的货币政策得以贯彻执行。

（一）再贴现

再贴现是商业银行将其在办理票据贴现业务中获得的未到期的票据，转卖给中央银行，同时将债权转移给中央银行而获得资金融通的行为。再贴现是商业银行向中央银行融通资金的一种信用形式，是中央银行通过票据买卖方式进行的一种融资活动。一般而言，再贴现是最终贴现，既是票据退出流通转让的过程，也是再贴现与转贴现之间的一个重要区别。

中央银行的再贴现政策直接关系到社会基础货币的投放与回笼规模，影响银根的松紧程度，因此商业银行在申请再贴现时都必须要经过一系列严格的审查。

通常来讲，商业银行要办理再贴现业务，必须满足如下几个条件：

（1）申请银行必须是在中央银行开立账户的商业银行及其分支机构；

（2）申请银行必须以已经办理贴现但未到期的商业承兑汇票或银行承兑汇票为依据填制再贴现凭证；

（3）再贴现必须由申请机构背书。

在我国，再贴现的规模属于国家的信贷计划，往往通过减少对再贴现申请机构的信用贷款来解决再贴现所需资金。此外，申请机构贴现票据是否合格、资金平衡情况、再贴现资金流向是否符合中央银行对资金的导向、票据背书是否连续等也在审查之列。

中央银行办理再贴现，要审查票据的质量、期限及种类，而且要根据货币政策要求给予适当控制，不断调整再贴现率。再贴现率是中央银行主要的货币政策工具，中央银行通过调高或调低再贴现率，可以达到其收缩或扩张信用的目的。一般来说，如果中央银行调高再贴现率，商业银行融通资金的成本就增加，它们就会减少向中央银行的借款；相反，如果中央银行调低再贴现率，商业银行融通资金的成本就降低，它们就会增加向中央银行的借款。但是，调整再贴现率仅是一种间接手段，只能影响市场利率，能否达到货币政策的预期目标，取决于商业银行等其他金融机构及资金的最终需求者的反应。一般来说，再贴现政策是比较温和的货币政策工具，其影响是缓慢的，效果也不太明显。

在我国，中国人民银行规定的再贴现率比对商业银行的一般贷款利率稍微低一些，期限均为从贴现之日起至汇票到期日止，一般不超过6个月。汇票到期后，中国人民银行从申请机构的存款账户中收取票款，以偿还再贴现款。如申请机构存款账户中余额不足以归还再贴现款项，则转入逾期账户计收罚息，再按照国际惯例向票据承兑人收取票据。

（二）再贷款

再贷款是指商业银行向中央银行直接借款，是商业银行融通资金的重要途径之一。商业银行在资金周转不畅时，可以其持有的合格票据、银行承兑汇票、政府公债等有价证券作为抵押品，开出银行本票向中央银行取得贷款。一般来说，直接借款在数量和期限方面都比再贴现灵活。商业银行在资金不足时，只要通过电话就可以进行借款，将政府债券交给中央银行，与中央银行签订借款协议，便可以取得相应的贷款。

中央银行是商业银行的最后贷款人，其对商业银行提供的信用，只是一种优惠待遇，而非义务。商业银行只能将从中央银行获得的融资用于弥补临时性的准备金不足，而不能把它当成长期资金的来源。商业银行偶然性地向中央银行申请借款一般会得到批准，但经常性地申请借款就会使中央银行对商业银行的信用能力产生怀疑。因此，商业银行向中央银行借款是一把“双刃剑”，切忌因过多向中央银行申请借款而对自身的经营和形象产生负面影响。

三、其他负债

（一）利用回购协议借款

商业银行在客户资金需求旺盛时，可以向中央银行、证券商或其他投资机构出售其所持有的债券，借入款项。借款时，双方签订再回购协议，商业银行保证在协议规定的日期按原定价格或约定价格购回质押的债券，从而获得“即时可用的资金”。我国回购交易的品种是以回购的期限为准，设计的标准化合约有1天、7天、14天……最长的360天，即R001、R007、R014、R021、R1M、R2M、R3M、R6M、R9M、R1Y。

【案例分析 2－2】

回购协议

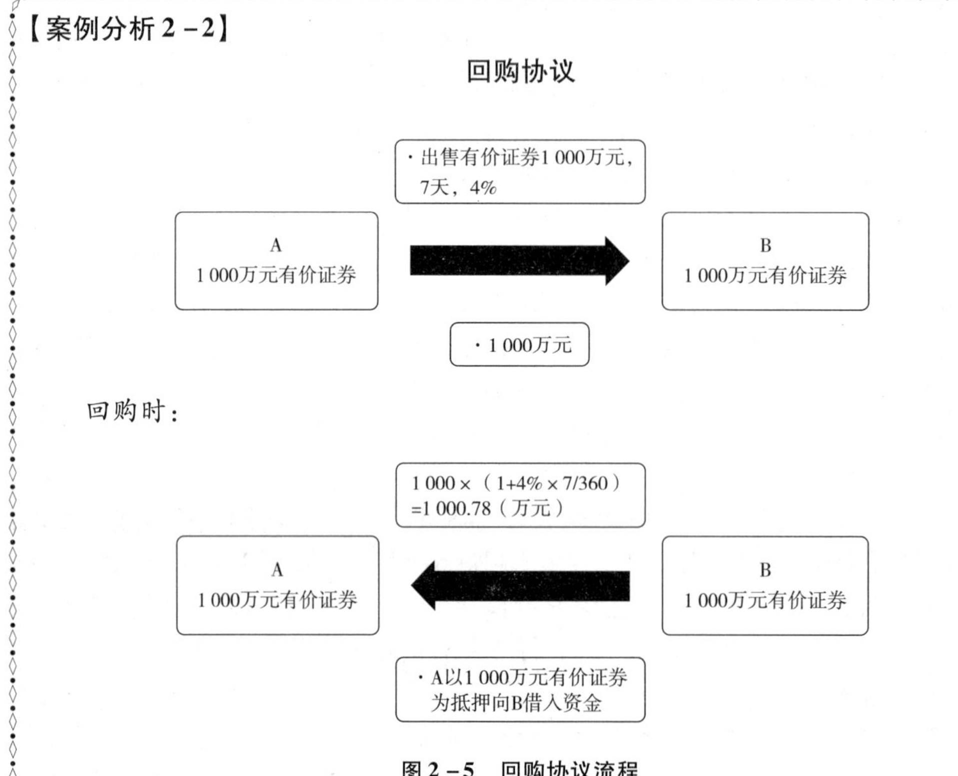

图 2－5　回购协议流程

回购协议交易有两种方式：一是交易双方同意按相同的价格出售与回购金融资产，回购时其金额为本金加双方约定的利息额；二是回购时价格高于原出售价格，其差额就是合同收益额。

一般而言，回购协议的期限只有一个交易日。交易双方签订回购协议后，获得资金的商业银行同意向提供资金的一方出售自己拥有的但不能马上变现的某些证券，但这不意味着资金获得者就不能再拥有那些被出售的证券等资产，并将其兑现的风险转嫁给了资金出售者。协议到期后，交易双方通过提前约定的反向交易使前者再将那些资产购回。由于交易双方都存在一定的风险，交易常在相互高度信任的机构之间进行，且对政府债券外的其他资产的使用有着严格的限制。

（二）发行金融债券

发行金融债券是商业银行筹集长期资本的途径之一，主要有发行资本债券和信用债券两种方式，而这两者通常被合称为“附属债券”。发行金融债券可以不受政府对存款最高利率的限制，也不必缴纳一定比例的准备金，这些对银行来说都是有利的。

资本债券和信用债券是银行向债权人承诺约期付息、定期还本的证券，期限一般为 10～30 年不等，以 20～25 年期的为主，发行额有限制。债券的发行要遵循相关的法律法规，必须经过证券监管部门的批准。存款人对盈利与资产有优先要求权，而资

本债券持有人的要求权仅次于存款人。此外，商业银行也可以将资本债券与信用债券包括在累计盈余中，作为计算对任何一个借款人无担保放款限额的依据。

从商业银行的角度来看，发行长期债券有一系列的好处：一是债券的发行成本低于增发股票，并且不会影响现有股东的权益；二是债券利息属于税前支出，可以计入成本转嫁出去，而股利则属于税后净盈利的分配，不能从税前利润中扣除，故发行长期债券对股东更加有利；三是发行债券得到的资金不必缴纳存款准备金，也不必支付存款保险费；四是在经济景气、资产收益率高时，由于支付的利息是固定的，通过财务杠杆的作用，可增加股东权益。

发行长期债券对商业银行也有不利之处，主要表现在：首先，当经济不景气、银行收益下降时，由于债券利息不能变化，财务杠杆的作用会降低股东权益；其次，附属债券最终还是要偿还或延期的，长期债券最终可能削弱银行未来举债的能力，从而削弱银行在管理上的灵活性。

在全球金融创新的浪潮中，商业银行和银行的控股公司开始发行浮动利率债券，其利率随着国库券的利率浮动，一般每半年调整一次，以使长期债券对投资者能更具吸引力，减少银行对商业票据的依赖，增加自身运作的灵活性。经过多方面的完善，这种浮动利率债券逐渐有能力应对各种不可预测的变化，具有长期保值的性质。

第四节　负债成本管理

一、负债成本构成

负债成本是商业银行成本的主要构成部分，指在组织资金来源中商业银行花费的开支。负债成本包括利息成本和非利息成本两大部分。

（一）利息成本

利息成本是指银行按约定的存款利率，以货币形式付给存款人的成本，利息成本是银行存款成本的重要组成部分。存款利率有固定利率和浮动利率之分。固定利率是在一定的存款期内存款利率按约定利率计息并保持不变，我国的存款一般都按固定利率计息；浮动利率是在一定的存款期内存款利率以市场上的某种利率为基准并在一定范围内浮动计息，西方国家普遍按浮动利率计息。

利息成本的计息方式有两种：一种是按不变利率计息，另一种是按可变利率计息。前者是指按负债发生时规定的利率乘以负债余额计算利息额；后者则是指负债发生时不规定具体的利率，而是确定一个基准，通常以市场不断变化的某种利率为基准（如国库券利率），加减某一具体的数额（如0.5%或1%）为该项负债的利率。

（二）非利息成本

非利息成本包括营业成本、资金成本、可用资金成本和相关成本等。

1. 营业成本。营业成本是指在吸收负债时所发生的除利息之外的所有开支，包括吸收存款过程中的广告宣传费用、人员工资、所需设备和房屋的折旧摊销费用、办公费以及为客户提供服务所发生的费用。这些成本中一部分有具体的受益者，如为存款提供的转账结算、代收代付以及利用网络和通信技术提供的服务所需的开支。而另一部分没有具体的受益者，如广告费、宣传费等。除此之外，商业银行能为客户提供满意的服务，也成为营业成本的重要组成部分，如活期存款支付的利息较少，但花费的服务成本较高；可转让定期存单、短期借入款一般不需要提供服务，只需花费广告费。

2. 资金成本。资金成本是指银行为筹集一定的资金所发生的一切费用，即利息成本与营业成本之和。资金成本反映银行为取得负债而付出的代价。资金成本率是指每吸收一单位的负债所需支付的资金成本。

$$资金成本 = 利息成本 + 营业成本$$

$$资金成本率 = \frac{利息成本 + 营业成本}{吸收的资金} \times 100\%$$

资金成本率是重要的成本分析指标，通过资金成本率的变动，既可以进行纵向比较，说明不同时期商业银行吸收存款工作的效率，也可以进行横向比较，说明不同商业银行融资的能力和效果。

3. 可用资金成本。可用资金成本是银行总的资金来源扣除应缴存的法定存款准备金和必要的储备、结算资金后的余额所耗费的成本，即扣除库存现金、在中央银行的存款、存放在同业的结算资金等后的余额成本。将可用资金成本与可用资金总额相比可得到可用资金成本率。

$$可用资金成本率 = \frac{可用资金成本}{可用资金总额} \times 100\%$$

4. 相关成本。相关成本是指与负债成本相关，但未包括在以上所述的利息成本、营业成本、资金成本和可用资金成本之中的成本支出。相关成本主要有两种类型：风险成本和连锁反应成本。风险成本是指银行存款增加引起银行风险增加而必须付出的代价；连锁反应成本是指银行对新吸收存款增加服务和利息，而引起的对银行原有存款也要相应增加的开支。

二、负债成本分析

负债成本分析是在上述负债成本构成的基础上，计算比较商业银行各类成本的实际数额，分析研究其变动情况和变动原因。负债成本分析的主要方法有三种。

（一）历史加权平均成本法

历史加权平均成本法，主要用于对不同银行各种负债成本的对比分析和对同一银行历年负债成本的变动分析，其计算公式为

$$X = \frac{\sum_{i=1}^{n} x_i f_i}{\sum_{i=1}^{n} f_i}$$

其中，X 为银行全部资金来源的单位加权平均成本，f 为各类存款或资金来源的数量，x 为每种存款的单位成本。每种负债的单位成本包括利息成本和营业成本，计算时可将这两种成本相加后再乘以负债总额，也可分别相乘后加总，即

$$X = \frac{\sum_{i=1}^{n}(x_1 + x_2)f_i}{\sum_{i=1}^{n}f_i} = \frac{\sum_{i=1}^{n}(x_1 f_i + x_2 f_i)}{\sum_{i=1}^{n}f_i} = \frac{\sum_{i=1}^{n}x_1 f_i + \sum_{i=1}^{n}x_2 f_i}{\sum_{i=1}^{n}f_i}$$

历史加权平均成本法适用于评价银行过往的经营状况，也适合同等规模的银行在平均借入成本和资产收益方面的比较。但历史加权平均成本法的主要缺陷是没有考虑未来利息成本的变动。当未来利率上升时，历史平均成本就低于新债务的实际成本，以历史成本为基础的固定成本收益率就不能弥补成本，从而不能实现利润目标；而当未来利率下降时，历史平均成本就高于新债务的实际成本，固定利率的贷款价格就可能由于高估而出现资产规模扩张困难。

一般情况下，银行加权平均成本的变化取决于四个因素：负债利息率、其他成本率、负债结构和可用资金比率。负债利息率和其他成本率是引起可用负债成本上升或下降的因素，可用资金比率是引起可用资金成本上升或下降的因素。但这些因素的变化是否最终影响负债的成本，还要看负债结构，若负债结构发生变化，情况就比较复杂。在利息成本和其他成本率普遍上升时，可能银行负债结构中的利息成本和其他成本较低的负债的比重会上升，从而使银行加权平均成本不变或下降；相反，在利息成本和其他成本率普遍下降时，银行加权平均成本可能会上升。

（二）边际成本法

边际成本是指银行为新增一个单位的资金所增加的经营成本。一般来讲，只有当银行资产的收益率大于其资金的边际成本时，银行才能获得利润。因此，银行把资金的边际成本作为确定贷款价格和选择金融资产的标准。当资金边际成本一定时，银行就只能选择那些边际收益大于或等于边际成本的资产，贷款的价格也必须高于或等于资金边际成本。资金边际成本的计算公式为

$$MC_1 = \frac{\text{新增利息成本} + \text{新增营业成本}}{\text{新增存款额}}$$

若新增资金中有一定比例用于现金准备金，不能成为盈利资产，则新增可用资金的边际成本为

$$MC_2 = \frac{新增利息成本 + 新增营业成本}{新增存款额 - 现金准备金}$$

（三）加权平均边际成本法

加权平均边际成本是根据商业银行各项新增资金计算出的可用资金成本乘以权重（一般选择可用资金比重）所得出的加权数。计算银行资金加权平均边际成本的意义在于，可将这个指标与历史成本相比较，掌握银行的资金成本增加状况并做影响因素分析，为成本管理提供依据。

三、存款负债定价

存款负债定价是指商业银行在吸收存款时，必须确定应支付的市场价格。在市场经济条件下，产品定价是业务竞争中最重要的营销策略之一。存款负债定价也是如此。银行支付比市场价格低的价格，就会失去存款；而支付比市场价格高的价格，就会提高利息成本，降低银行使用存款的预期收益。显然，存款负债价格是影响商业银行利润和营销目标的主要因素。

（一）影响存款负债定价的因素

影响存款负债定价的主要因素有利率、汇率。除此之外，还有手续费、风险程度、法律法规等。

1. 利率。商业银行负债成本主要是利息成本，利息成本对商业银行利润水平起着举足轻重的作用。随着利率市场化的推进，利率的种类多种多样，有长期利率和短期利率、固定利率和浮动利率、实际利率和名义利率之分。直接影响存款负债定价的利率有三个。

（1）法定利率，是指中央银行确定的利率，主要包括再贴现利率和对商业银行的再贷款利率。该利率直接反映了中央银行的货币政策，因而被认为是一国的基准利率，成为商业银行存款负债定价的基础。

（2）同业拆借利率，是指在进行同业拆借时，根据银行间同业拆借市场上货币资金供需状况而形成的一种市场利率。伦敦银行同业拆借利率已成为国际银行间及国际长期资金市场上资金借贷的一种基准利率。

（3）商业银行对客户的利率，是指商业银行对普通客户所使用的利率，分为存款利率和贷款利率。该利率是商业银行进行产品定价时最直接的参考。

2. 汇率。汇率作为货币的对外价值，是银行进行负债定价时必须考虑的因素之一。

3. 其他。其他制约因素主要包括以下几种。

（1）法律法规的约束。银行的经营活动要受相关法律法规的约束，其中存款负债定价行为同样如此。因此，全面了解和把握有关法律，在合法的范围内灵活地调整有关产品价格，增强市场竞争力，是商业银行进行存款负债定价时应该遵循的原则。

（2）服务成本及手续费。职工工资、办公费用、固定资产折旧等费用支出必须合理分摊到各个不同金融产品价格中，使其收入与成本相抵。因此，这部分费用也将影响负存款负债定价。

（3）风险程度。防范风险措施的支出也须纳入成本。风险越大，防范措施支出和弥补风险损失支出就会越大，定价就会越高。此外，金融产品的生命周期、相关产品价格等因素，对存款负债定价也有着不同的影响。

（二）存款负债定价的方法

1. 成本加利润定价法，即将获得该存款的所有成本和期望获得的利润相加而计算出的存款价格。

存款单位价格 = 存款单位经营费用 + 单位管理费用 + 期望的利润

2. 边际成本定价法，即基于每新增一单位存款所需支付的成本，来确定存款最终的价格。

边际成本 = 总成本变动额 = 新利率 × 新利率下的存款额 − 旧利率 × 旧利率下的存款额

3. 关系定价法，即以客户与商业银行的关系为定价基础，主要是按照客户使用银行服务的次数进行存款负债定价。

4. 上层目标定价法，即对存款余额大的客户采取高等级目标定价，对高余额、低活动的存款提供高质量的服务，而对低余额、高活动的存款，则通过更高的价格进行限制。

5. 市场渗透定价法，即基于扩大市场份额的定价方法，在短期内不追求利润弥补成本，而向客户提供高于市场平均水平的高利率和低收费，以吸引尽可能多的客户。

四、负债成本控制

银行资金成本是商业银行对负债的成本控制，主要取决于银行的利息成本、营业成本和风险成本等。商业银行控制负债成本的基本途径有三个：一是控制利率水平，二是控制其他成本支出，三是控制负债结构和负债总量。

（一）控制利率水平

在一个利率完全市场化的金融市场上，各类负债已基本达到了一个均衡的利率水平，各个商业银行以后支付给客户的利息相差无几。因此，商业银行通常采用间接的方法来控制利率水平，例如研究预测未来利率的走向。如果预测未来利率是上升的，那么给存款负债定价时，用固定利率替代浮动利率，以减少利息支出；相反，如果预测未来利率是下降的，那么商业银行可采用浮动利率给存款负债定价，同样达到减少利息支出的目的。

（二）控制其他成本

通常情况下，如果商业银行的负债规模保持在一个相对平稳的状态，那么利息支出是稳定可控的。而其他成本支出如管理费用、薪酬福利占有相当大的比例。因此，控制其他成本的支出显得尤为重要。通过精减人员、加强管理水平、改善决策能力、提高网点人均利润等，有效控制其他成本。

1. 科技投入。随着计算机技术和网络技术的大力发展，各种自动化工具，特别是计算机信息处理和通信技术已渗透到银行业各个方面，除了大大减少银行员工的手工劳动，也产生了不少新业务新产品，从而为大幅度地降低劳动成本和管理费用提供了可能。例如，电子科技银行服务功能（网上银行、手机银行、电话银行、银行卡自助服务系统等）与传统业务进行有效整合，大幅度降低了商业银行的经营成本。事实上，商业银行的发展已经与新科技新技术的运用密不可分，各个商业银行纷纷加大科技投入来降低经营成本。

2. 规模控制。一般来说，大银行的负债成本比小银行低，即商业银行经营存在规模效益。其主要原因有：一是银行规模大，有利于摊薄经营成本；二是公众对规模大的银行比较有信心，要求的风险补偿较低，大型商业银行可以以较低的成本从储户那里吸收存款和从货币市场上融资。不少银行管理者认为，大型银行更容易控制成本，增强竞争力。

但是商业银行的规模并非越大越好，超过一定的规模，商业银行的负债不但不会下降反而会上升。事实上，在客观条件一定时，每个商业银行都存在一个规模适度性和警戒线的问题。从理论上说，每个商业银行可以根据自己的边际成本曲线和实际收益率曲线来决定自己的最佳规模。

（三）控制负债结构和负债总量

“做大做强”是商业银行经营者追求的目标和梦想，而“利益最大化”才是银行家实事求是的做法。如何控制商业银行的负债总量，完善负债结构，考验商业银行的经营理念和管理水平。

1. 资金流转过程。商业银行通过高额负债获得资金后，须将这些资金在内部合理地转移，有效地运作起来，以获得收益，回报股东，偿还储户。资金在商业银行内部流动，甚至是回流和环流（见图 2－6）。

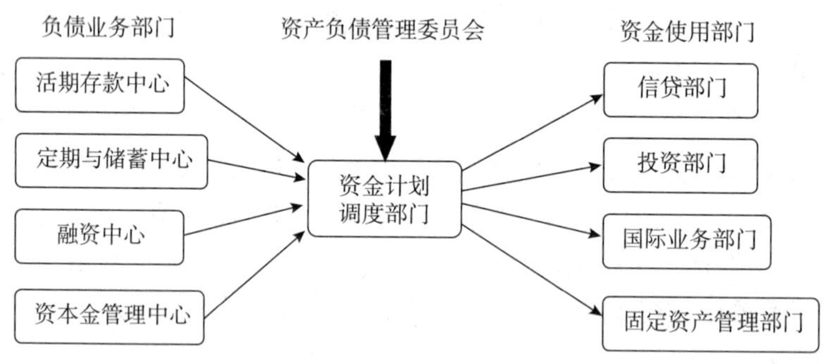

图 2－6　资金内部转移流程

2. 调整负债结构。通常情况下，负债期限越长，利率就越高，成本也就越高；相反，负债期限越短，利率就越低，成本也就越低。但在负债成本结构中，可以把利息成本视为变动成本，营业成本视为固定成本，即在利率不变的情况下，随着存款业务量的增加，单位存款所担负的固定成本会减少。不同的存款种类由于成本构成不同，对负债成本的影响也不一样。因此，商业银行应尽量扩大低息存款的吸收、降低利息成本的相对数，正确处理不同存款的利息成本和营业成本的关系，降低营业成本的支

出，拓展活期存款的发展战略必须以不减弱银行的信贷能力为条件，吸收定期存款的发展战略不以提高自身的比重为目标，而应与银行存款的派生能力相适应，使商业银行负债结构的变化既满足资产运用的需要，又可以让负债的总成本降到最低。

3. 控制负债总量。在实践中，商业银行的负债成本与总量的关系有四种组合模式：

第一，逆向组合模式，即负债总量增长，负债成本反而下降；第二，同向组合模式，即负债总量增长，负债成本随之上升；第三，总量单向变化模式，即负债总量增长，负债成本不变；第四，成本单向变化模式，即负债总量不变，负债成本上升。

不同的负债成本与负债总量的组合，既可能是客观因素造成的，也可能是商业银行自身问题引起的，应具体问题具体分析。

第五节 存款保险制度

商业银行是高负债经营的企业，存款是商业银行的主要负债。商业银行在组织存款业务过程中面临的主要风险有清偿风险、利率风险和操作风险。

存款的清偿风险是指商业银行因没有足够的现金满足客户提取存款的需要，而使商业银行蒙受信誉损失甚至被挤兑倒闭的可能性，是商业银行在经营管理过程中遭遇的一种流动性风险。防范存款清偿风险的方法主要有法定存款准备金制度和存款保险制度。

法定存款准备金是金融机构按照其存款的一定比例向中央银行缴存的存款，这个比例通常是由中央银行决定的，被称为法定存款准备金率。实行法定存款准备金的目的是确保商业银行在遇到突然大量提取银行存款时，能有相当充足的清偿能力。商业银行准备金率的高低影响着银行的信贷规模。法定存款准备金制度规定，商业银行不能将吸收的存款全部放贷出去，必须按一定的比例，或以存款形式存放在中央银行，或以库存现金形式自己保存。

存款保险制度是出于对存款人利益的保护、恢复和确保存款人对商业银行的信心考虑而建立的。经历了20世纪30年代的世界经济大危机，存款保险制度就应运而生了。

一、存款保险制度的概念与种类

（一）存款保险制度的概念

存款保险制度就是各个存款性金融机构作为保险的投保人，按照存款保险法律规定的存款占比或存款数额，向保险公司缴纳存款保险费用，建立专门的存款保险准备金。当投保机构因为经营不善等面临财务困难甚至出现破产清算时，保险公司给予金融机构财务上的救援，帮助其渡过困境或进行债务重组等，或者直接向银行储户提供规定的最高额度内的存款赔偿，从而保护储户存款安全，维持银行正常运转秩序，稳定金融发展。

（二）存款保险制度的分类

国际上通行的理论是把存款保险制度分为显性存款保险制度和隐性存款保险制度两种。

1. 显性存款保险制度是指国家以法律的形式对存款保险的要素、机构设置以及有问题机构的处置等问题作出明确规定。

显性存款保险制度的优势在于：

（1）明确银行倒闭时存款人的赔付额度，稳定存款人的信心；

（2）建立专业化机构，以明确的方式迅速、有效地处置有问题银行，节约处置成本；

（3）事先进行基金积累，以用于赔付存款人和处置银行；

（4）增强银行体系的市场约束，明确银行倒闭时各方责任。

2. 隐性存款保险制度是指国家没有对存款保险作出制度安排，但在银行倒闭时，政府作为最后贷款人会采取某种形式保护存款人的利益，因而形成了公众对存款保护的预期。隐性存款保险制度多见于发展中国家或者国有银行占主导的银行体系中。

2015 年之前，中国尚未建立存款保险制度，但实际上存在隐性存款保险制度，即以国家和政府的信用对存款类金融机构的商业行为进行担保。经过 20 多年的酝酿、评估和实践，2015 年 5 月 1 日《存款保险条例》正式实施，标志着我国开始实施显性的存款保险制度。

二、存款保险制度的特征与作用

（一）存款保险制度的特征

1. 关系的有偿性和互助性。存款保险主体之间的关系，一方面是有偿的，即投保银行只有在按规定缴纳保险费后，才能得到保险人的资金援助，或倒闭时存款人才能得到赔偿；另一方面又是互助的，即存款保险是通过众多的投保银行互助共济实现的，如果只有少数银行投保，则保险基金规模小，难以承担银行破产时对存款人给予赔偿的责任。

2. 时期的有限性。存款保险只对在保险有效期间倒闭银行的存款给予赔偿，而未参加存款保险，或已终止保险关系的银行的存款一般不受保护。

3. 结果的损益性。存款保险是保险机构向存款人提供的一种经济保障，一旦投保银行倒闭，存款人要向保险人索赔，其结果可能与保险公司向该投保银行收取的保险费差距很大。因此，存款保险公司必须通过科学的精算法则，较为准确地计算出合理的保障率，从而保证自己有能力担负存款赔付的责任。

4. 机构的垄断性。无论是官方的、民间的，还是合办的存款保险公司，都不同于商业保险公司，其经营的目的不在于盈利，而在于通过存款保险建立一种保障机制，提高存款人对银行业的信心。因此，存款保险机构一般具有垄断性。

（二）存款保险制度的作用

1. 保护存款人的利益。当各个存款机构按照一定比例缴纳保险费成为投保人后，如果银行出现财务困难甚至破产倒闭而不能支付存款人的存款时，按照存款保险制度规定，投保银行可以从保险机构处获取赔偿或者财务救助，可能进行破产清算或者债

务重组，甚至直接向存款人赔偿部分或者不超过限额的全部存款，从而在银行破产倒闭的情况下，尽量避免储户不必要的存款损失，保护存款人的存款安全，提高存款质量。尽管存款保险制度属于一种事后补救的措施，但是，它在银行破产倒闭的情况下却是我们的金融“防火墙”，发挥着保护存款人利益的重要作用。

2. 维护金融体系的稳定。由于利率完全市场化后银行业间的竞争将进一步加剧，成本随之提高，存贷差减少，银行利润就会被挤压，此时，银行将不可避免地会增加高风险业务。风险业务的增加也增大了银行的破产风险。由于银行与存款人之间信息不对称问题的存在，一旦个别银行出现财务危机或者倒闭，存款人因缺乏专业知识和充足而全面的信息，难以判断持有他们存款的存款机构是否依然稳定健康发展，因此产生恐慌。恐慌具有极强的传染性，很有可能引起银行挤兑，这对于金融业而言是个极大的灾难。然而，当建立存款保险制度后，储户的存款有了制度性的保障，是安全的。即使个别银行出现问题，人们也因为存款会得到有效赔偿而减少跟风行为，降低恐慌发生的可能性，从而避免银行被挤兑，维护金融体系长期、稳健发展。

3. 促进银行适当竞争。中小银行由于资产规模小，竞争能力低，容易出现问题，在没有实施存款保险制度前，人们会因为存款安全得不到保障而导致恐慌和挤兑行为，这不仅不利于金融业的稳定，还会对国民经济造成损失。而且，银行一旦破产倒闭后，储户的存款损失最终还是由中央银行和地方政府进行赔偿，这无疑增加了财政压力。所以，银行的市场准入门槛很高。但若长期发展下去，银行业的市场竞争者逐渐减少，主要资源为规模大、实力雄厚的银行控制，容易形成银行垄断经营的局面。而根据西方经济学的原理，垄断经营不但不利于消费者，而且会导致银行业效率低下。但是实施存款保险制度后，由于有了制度性的保障，中央银行可以放宽银行的市场准入要求，有利于完全竞争市场的形成和利率市场化的开展。同时，存款保险制度让储户有了一定的安全感，这就有利于中小银行获得储户的信赖，帮助中小银行揽得一部分存款，从而促进银行业的公平竞争。

4. 提高金融监管水平。在申请办理存款保险时，承保机构可以对金融机构进行资料的审核，明确其法人公司治理结构，规范其业务范围，查阅其财务相关报表，对符合条件的机构才给予办理存款保险业务。在办理了存款保险业务后，保险机构除了定期查看公司财务报表外，还会要求其完善风险控制系统，控制不良资产的数量，提高资产的质量，对于不符合要求的机构可以提出整改建议或警告，从而不但提高了对银行的监督水平，还完善了以中央银行为首的金融监管体制。

三、存款保险制度的组织形式与保险方式

（一）存款保险制度的组织形式

在已经实行存款保险制度的国家中，存款保险制度主要有三种组织形式。

1. 由政府出面建立，如美国、英国和加拿大。美国是当今世界建立存款保险制度最早、运行机制最为完善的国家，美国的存款保险公司——联邦存款保险公司

（FDIC），成立迄今已经将近百年，成为美国维护银行体系安全与稳定的重要手段。美国法律规定，所有联邦储备体系的成员银行都必须参加联邦存款保险公司的存款保险，非联邦储备体系的州银行以及其他金融机构可自愿参加。

2. 由政府和银行共同建立，如日本、比利时和荷兰。日本采取的是政府和银行共同建立的模式。日本存款保险公司（DICJ）成立于1971年，只承担破产银行的清算和存款保险两大职能。每年年初，日本银行业根据上一年的存款平均余额以及日本存款保险公司的费率，计算出应上缴的保费。日本存款保险制度有两大特点：一是保险费费率高，二是全国采用统一的费率体系。

如果银行出现危机，日本模式有两种处理方式。第一种是偿付法，日本存款保险公司在最高限额内赔付存款给存款人。第二种是购买和接管法，日本存款保险公司找到一家愿意兼并倒闭银行的合作者来对银行进行重组，由它接管倒闭银行的良性存款，并通过向合作者提供资金援助来帮助倒闭银行顺利破产或被兼并。

3. 在政府支持下由银行同业联合建立，如德国。德国模式是在政府支持下由银行同业联合建立的，主要是由合作银行、储蓄银行和商业银行三大银行体系建立的存款保险制度。存款保险制度也有非政府资源存款保险体制和政府强制性存款保险体制组成的，在这种自愿性存款保险制度下，资金来源和管理完全是私人性质的，根据风险程度的不同，实行差别费率，风险程度高的银行需支付更多的费用。

（二）保险方式

已经实行存款保险制度的国家中，存款保险的方式有三种：

（1）强制保险，如英国、日本和加拿大；

（2）自愿保险，如法国和德国；

（3）强制与自愿相结合保险，如美国。

四、存款保险制度的产生与发展

（一）世界各国的存款保险制度

存款保险制度始于20世纪30年代的美国，当时为了挽救在经济危机的冲击下已濒临崩溃的银行体系，美国国会在1933年通过《格拉斯—斯蒂格尔法》，联邦存款保险公司作为一家为银行存款提供保险的政府机构于1934年成立并开始实行存款保险，避免出现问题时发生挤兑，保障银行体系的稳定。运作历史最长、影响最大的是1934年1月1日正式实施的美国联邦存款保险制度。自20世纪50年代以来，随着经济形势和金融制度、金融创新等的不断变化和发展，美国存款保险制度不断完善，尤其是在金融监管检查和金融风险控制与预警方面，联邦存款保险公司（FDIC）做了大量成效显著的探索，取得了很好的效果，存款保险制度成为美国金融体系及金融管理的重要组成部分。自20世纪60年代中期以来，随着金融业日益自由化、国际化，金融风险明显上升，绝大多数西方发达国家相继在本国金融体系中引入存款保险制度，印度、哥伦比亚等部分发展中国家也进行了这方面的有益尝试。

（二）存款保险制度在中国

我国存款保险制度从开始酝酿到颁布实施，用时超过了 20 年。1993 年《国务院关于金融体制改革的决定》中首次提出要“建立存款保险基金，保障社会公众利益”。1995 年，中国人民银行就商业银行存款保险制度建设进行了初步试点和准备工作。1997 年，中国人民银行组织成立了存款保险制度研究课题组，着手研究我国商业银行存款保险制度。2004 年以来，中国银行业改革和重组取得显著成效，中国人民银行会同有关部门开始存款保险方案的论证设计和相关法规起草工作。同年 4 月，中国人民银行金融稳定局存款保险处挂牌，并于年底开始起草《存款保险条例》。2005 年 4 月，中国人民银行对中国存款类金融机构的存款账户结构进行了详细的抽样调查，为存款保险制度设计提供了依据。2006 年，《中华人民共和国国民经济和社会发展第十一个五年规划纲要》明确提出，要规范金融市场退出机制，建立相应的存款保险、投资者保护和保险保障制度。2007 年 1 月，存款保险制度已正式列入中国人民银行当年的工作日程，但后来因为国际金融危机又被暂时搁置。2010 年初，国务院决意加快建立存款保险制度，由中国人民银行牵头制订详细方案。2011 年，《中华人民共和国国民经济和社会发展第十二个五年规划纲要》明确提出要加快存款保险制度的建立，这被视为深化金融体制改革的题中之意。2012 年 7 月，中国人民银行在其发布的《中国金融稳定报告（2012）》中称，我国推出存款保险制度的时机已经基本成熟。2013 年 5 月，中国人民银行发布《中国金融稳定报告（2013）》，其中对长期存在争议的存款保险制度做了最为详尽的评估。2013 年 11 月，《人民日报》发表时任中国人民银行行长周小川文章，表示要加快建立功能完善、权责统一和运作有效的存款保险制度。

我国的《存款保险条例》经 2014 年 10 月 29 日国务院第 67 次常务会议通过，自 2015 年 5 月 1 日起实施。这使存款保险制度的建立和规范有了较为明确的法律依据，标志着以国家为后盾的隐性担保已经落幕，我国正式实施存款保险制度。此外，这也意味着中国银行业步入全面利率市场化时代。《存款保险条例》的核心内容主要体现在以下四个方面。

1. 设立最高偿付限额。我国存款保险制度实行限额偿付，偿付上限可达到人民币 50 万元。也就是说，如某银行发生破产时，在同一家银行的全部账户的存款本息在 50 万元以内的，存款人可以获得全部赔付。如果该存款人在同一家银行存款本息超过 50 万元，其超出部分则要依法从该银行的清算资产中受偿。统计数据显示，这意味着 99.63% 的存款人（包括企业存款）可以受到全额保护。

2. 强制投保。在我国，存款保险具有强制性。换言之，吸收存款的银行业金融机构都要强制参加投保。投保机构包括在中华人民共和国境内设立的商业银行、农村合作银行等吸收存款的银行业金融机构，不包括在中华人民共和国境外设立的分支机构，以及外国银行在中华人民共和国境内设立的分支机构。另外，存款保险的保费不需要存款人缴纳，而是由投保的银行业金融机构缴纳。投保机构需每 6 个月缴纳一次保费。此规定既有效地保障了存款人的合法权益，也促进了银行业之间的公平竞争。

3. 存款保险费率的规定。《存款保险条例》第九条规定，存款保险费率由基准费率和风险差别费率构成。费率标准由存款保险基金管理机构根据经济金融发展状况、存款结构情况以及存款保险基金的累积水平等因素制定和调整，报国务院批准后执行。各投保机构的适用费率，由存款保险基金管理机构根据投保机构的经营管理状况和风险状况等因素确定。

4. 存款保险基金的来源。（1）投保机构缴纳的保费；（2）在投保机构清算中分配的财产；（3）存款保险基金管理机构运用存款保险基金获得的收益；（4）其他合法收入。

【本章小结】

1. 商业银行的负债，是商业银行所承担的一种经济义务，银行必须用自己的资产或提供的劳务去偿付。

2. 商业银行的负债结构主要由存款负债和非存款负债两个方面组成。

3. 银行存款是商业银行负债业务中最重要的业务，也是商业银行信贷资金的主要来源。按照不同的划分方法可以把存款划分为各种不同类型，商业银行通过储蓄、对公等具体业务实现存款。创新存款品种、控制存款成本、开展存款营销是商业银行存款管理的主要内容。

4. 借入负债是商业银行主动通过金融市场或直接向中央银行融通的资金，借入负债在时间上又分为短期借款和中长期借款。

5. 存款保险制度是保护存款人的合法权益、及时防范和化解金融风险、维护金融稳定的重要措施。

【重要概念】

广义负债　狭义负债　通存通兑　同业拆借　再贷款　再贴现　转贴现

【思考练习】

1. 实施储蓄实名制的意义是什么？
2. 储蓄特殊业务包括哪些？
3. 对公业务主要包括哪些？
4. 哪些机构有权查询、冻结、扣划单位和个人存款？
5. 商业银行最主要的资金来源是什么？
6. 存款成本由哪些部分构成？
7. 个人银行Ⅰ类账户、Ⅱ类账户和Ⅲ类账户的主要区别是什么？
8. 某中国居民，居住在中国境内，已年满16周岁，因其本人在外地，可否由其家人持户口簿为其代理开立账户？
9. 试分析我国《存款保险条例》历经20多年才得以实施的真正原因。

第三章

资产业务

【本章学习目标】

了解商业银行的资产业务，掌握贷款业务主要品种、贷款程序、贷款定价及贷款风险管理，熟悉融资性票据业务的风险防范和现金管理制度及反洗钱要求。

第一节　商业银行资产业务概述

商业银行资产业务是将资金提供给社会上有资金需求的法人和自然人使用的业务，既是商业银行的主营业务，也是商业银行利润的主要来源。资产业务资金运动基本形式如图3－1所示。商业银行的资产业务包括贷款业务、票据贴现、投资业务和现金管理。除现金资产外，上述其他业务都可为商业银行带来利息收入，而现金资产在流通的过程中则需要支付成本，现金管理就是降低商业银行现金资产的成本支出，从而达到增加利润的目的。因此，按其产生的收益划分，商业银行资产分为生息资产和非生息资产。

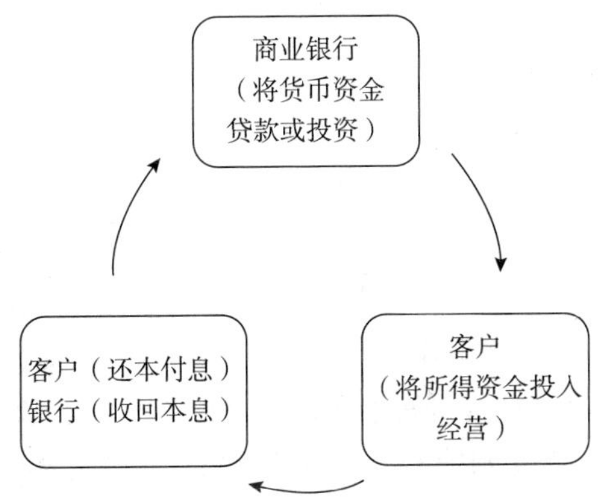

图3－1　资产业务资金运动基本形式

一、生息资产

生息资产是指在经营过程中能够为商业银行带来利息收入的资产，主要包括贷款、贴现、投资等业务形式。商业银行发放的各种贷款形成的资产业务，其主要作用是为商业银行带来利息收入，产生利润。贷款是按一定利率和确定的期限贷出货币资金的信用活动，是商业银行资产业务中最重要的项目，在资产业务中所占比重最大。除了贷款之外，票据贴现、同业拆借（存放同业）、证券投资、金融租赁等资产业务，也均可为商业银行带来一定的融资收益。

二、非生息资产

非生息资产是指在银行经营过程中不直接带来利息收入的占用性资产，主要包括现金及外币存款、各种应收及暂付款项、固定资产及在建工程、递延资产及无形资产，以及不能给银行带来利息收入的不良贷款等。

商业银行为应对存款提取而需要保留的各种形式的支付准备金，其主要作用是保持商业银行的流动性，使其能够持续稳健地运营。支付准备金主要包括库存现金、缴存中央银行的法定存款准备金、存放在同业的存款、托收未达款项和托收中现金以及坏账准备金等。现金类的资产不但不能产生利息，还需要支付必要的成本，如保管、运输等，因此被划为非生息资产。此外，按照贷款五级分类（正常、关注、次级、可疑、损失）的标准，次级以下的贷款，包括可疑、损失类贷款通常划为不良资产，不良资产由于收回利息的可能性较小，也被划为了非生息资产。

本章将对生息资产和非生息资产有重点地加以介绍。

第二节　授信管理

商业银行资产业务的过程是资金从银行账户划出，到客户手中，客户再按期偿还本金和利息到银行账户，环节繁杂、时间长短不一、难以控制因素较多，需要防范的风险主要有信用风险、市场风险、操作风险等。为确保信贷资产有序发放和安全回收，授信管理的理念应运而生。授信管理的目标是制度健全、管理规范、化解风险、安全经营。

一、授信的概念

（一）授信的含义

授信，顾名思义，就是给予信用。

货币银行学对信用的解释是：信用是指借贷行为。该经济行为的特点是以收回为条件的付出，或以归还为义务的取得；而且贷者之所以贷出，是因为有权取得利息，后者之所以可能借入，是因为承担了支付利息的义务。在信用创造学派的眼中，信用就是货币，货币就是信用；信用创造货币；信用形成资本。

简单代入，授信可以理解为银行给予客户借贷的行为。

授信是指商业银行向客户提供的资金，或者对客户在有关经济活动中可能产生的赔偿、支付责任作出的保证，包括贷款、票据融资、贸易融资、同业业务、融资租赁、透支、各项垫款等表内业务，以及票据承兑、开出信用证、保函、备用信用证、信用证保兑、债券发行担保、借款担保、有追索权的资产销售、未使用的不可撤销的贷款承诺等表外业务。客户包含非金融机构客户和金融机构客户。

授信额度是商业银行（或金融机构）根据客户的经营管理水平、资产负债比例、现金流量、财产担保和偿债能力等因素，经审定的在一段时间和一定条件下给予客户信用的风险限额。在确定的授信额度内，商业银行根据当地及客户的实际资金需要、还款能力、信贷政策和银行提供贷款的能力，具体确定每笔贷款的额度和实际贷款总额。

（二）授信的意义

授信不等同于贷款，它是一个风险控制的总概念。做好授信业务的意义是多方面的。

第一，服务当地经济发展。商业银行的授信管理，可以促进当地经济的发展和人民生活的富裕。积极参与当地城市基础设施建设，牵头和参与当地基础建设项目的贷款，与当地的龙头企业集团建立良好的战略合作关系，可以发挥银行的重要作用。

第二，鼓励银行稳健发展。商业银行的授信管理，有利于风险控制，为银行创造最大的利润，为银行扩大经营积累更多的资本，为银行市值的稳定打下坚实的基础。信贷是商业银行资产中占比最大、获利最多的资产，也是风险最高的业务，授信管理可以促进商业银行稳健地、可持续发展。

第三，支持客户业务发展。商业银行的授信管理，可以带动企业客户和个人客户的生产经营，为他们提供资金方面的支持和保障。有了银行的授信，一家家企业从无到有、成长壮大，不仅向社会提供更多的商品和劳务，还扩大了就业机会，促进了社会的经济发展。

二、授信业务

（一）授信内容

授信内容指商业银行从事客户调查、业务受理、分析评价、授信决策与实施、授信后管理与问题授信管理等各项授信业务活动。授信以风险管理为核心，主要从授信业务、授信过程和授信人员等方面开展工作。

授信业务指的是信贷业务，包括公司授信业务、个人贷款业务、贸易融资业务、同业授信业务和供应链融资等。

授信过程指的是开展授信业务的阶段，即授信调查、授信审查、授信审批、授信放款、授信后管理和授信回收六个阶段。

授信人员指的是银行全体人员要有风险意识，全程参与对风险的管理，使无处不在、无时不有的风险得到有效精准的管控。

（二）授信分类

按照时间划分，授信可以分为短期授信、中期授信和长期授信。其中，短期授信为期限在一年以内（含一年）的授信，中期授信为期限在一年以上五年以下（含五年）的授信，长期授信为期限在五年以上的授信。

按照项目划分，授信可以分为单项授信和年度授信。其中，单项授信是给予某一项目的单独授信；年度授信是给予借款人一个年度的综合统一授信，借款人可在该年度的授信额度内，多次循环使用。

【知识链接3－1】

贷款、信贷与授信

在日常生活中，人们常常把贷款、信贷和授信混为一谈。其实，这三个概念是有区别的。

贷款是指商业银行向客户出借资金使用权，并按约定期限和利率回收本息的经营行为。范围是贷款。

信贷是指银行向客户出借资金使用权的表内业务。范围是贷款和贴现。

授信是指银行向客户出借信贷和信誉的表内外业务。范围是表内业务和表外业务。此外，授信是给予客户信用的风险限额，具有风险控制的概念。授信、信贷与贷款的业务范围详见图3－2。

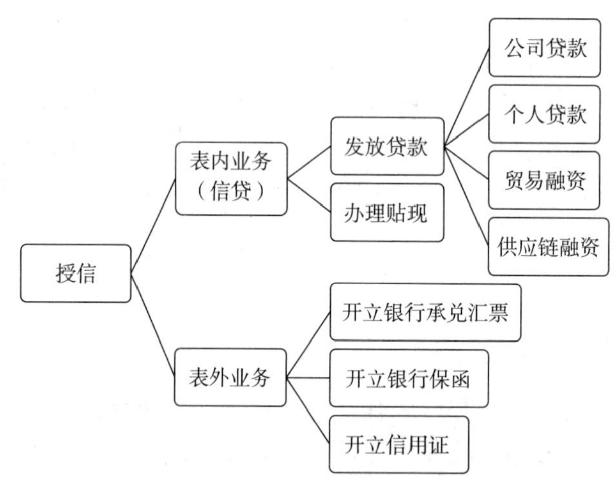

图3－2　授信、信贷与贷款的业务范围

第三节　贷款业务

贷款是商业银行最重要的资产业务，是指商业银行作为贷款人按照一定的贷款原则和政策，以还本付息为条件，将一定数量的货币资金提供给借款人使用的一种借贷

行为。这种借贷行为由贷款的对象、条件、用途、期限、利率和方式等因素构成。

一、贷款政策

贷款政策是指商业银行制定和规范贷款业务、管理和控制风险的各项方针、措施和程序的综合。各商业银行的贷款政策由于其经营品种、方式、规模和所处市场环境的不同而各有差异，但其基本内容主要有以下几个方面。

（一）贷款业务发展战略

贷款政策首先应当明确银行贷款业务的发展战略，包括开展业务应当遵循的原则、开展业务的行业和区域、开展的业务品种及达到的业务开展的规模和速度。我国大多数商业银行都将贷款业务视为其核心业务，因为贷款质量和贷款的盈利水平对实现银行的经营目标具有举足轻重的影响。各个商业银行普遍奉行的贷款业务经营原则是安全性、流动性和盈利性。在明确了商业银行应遵循的经营方针的基础上，确定商业银行贷款发放的范围（包括行业、地域和业务品种）、速度和规模。确定贷款业务开展的范围和规模，既要考虑国家宏观经济政策的要求、当时经济发展的客观需要，又要考虑银行的实际能力，既不能过高估计自己的发展能力，导致业务发展失控，增加贷款风险，也不能低估自己的发展能力，束缚自己的手脚，丧失业务发展的机会。

（二）贷款工作规程及权限划分

贷款工作规程是指贷款业务操作的规范化的程序。贷款程序通常包括三个阶段：第一阶段是贷前的分析阶段，这是贷款科学决策的基础（贷前调查）；第二阶段是银行接受贷款申请以后的评估、审查及贷款发放阶段，这是贷款的决策和具体发放阶段，是整个贷款过程的关键（贷中审查）；第三阶段是贷款发放以后的监督检查、风险监测及贷款本息收回的阶段，这一阶段也是关系到贷款能否及时、足额收回的重要环节（贷后检查）。

为了使贷款管理的各个环节和工作岗位相互制约、共同保证贷款质量，商业银行明确实行“审贷分离”制度，即将上述贷款程序的三个阶段分别交由三个不同的岗位来完成，并相应承担各个环节工作出现问题而带来的风险责任。在实行“审贷分离”制度的情况下，通常将信贷管理人员分为贷款调查评估人员、贷款审查人员和贷款检查人员。贷款调查评估人员负责贷前调查评估，承担调查失误和评估失准的责任；贷款审查人员负责贷款风险额审查，承担审查失误的责任；贷款检查人员负责贷款发放以后的检查和清收，承担检查失误、清收不力的责任。

贷款审批制度的另一项重要内容是贷款的分级审批制度。由于我国商业银行实行的是一级法人体制，商业银行内部的贷款审批实行分级授权制。贷款审批的分级授权是商业银行根据信贷部门有关组织和人员的工作能力、经验、职务、工作业绩以及所负责贷款业务的特点和授信额度，确定每位有权审批贷款的人员或组织的贷款审批品种和最高贷款限额。授权一般由银行董事会或最高决策层同意批准，自董事会到基层行管理层，权限逐级下降。

（三）贷款规模和比率控制

商业银行通常应当为自己确定一个合理的贷款规模，因为这有利于银行制订详细而周密的年度贷款计划。通常银行根据负债资金来源情况及其稳定性，中央银行规定的存款准备金率、资本金状况，银行自身流动性准备比率，银行经营环境和银行经营管理水平等，合理确定贷款规模。这样，既符合银行稳健经营的原则，又能够最大限度地满足客户的贷款需求。

（四）贷款种类及地区

贷款的种类及其构成，形成了商业银行的贷款结构，而贷款结构对商业银行信贷资产的安全性、流动性和盈利性具有十分重要的影响。因此，银行贷款政策必须对银行贷款种类及其结构作出明确的规定。银行在考虑了诸如贷款的风险、保持流动性、银行所要服务的客户类型、银行工作人员的能力等因素后，应在企业贷款、消费贷款、农业贷款等贷款领域中分配贷款总额。

贷款地区是指商业银行控制贷款业务的地域范围，银行贷款地区与银行的规模有关。大银行因其分支机构众多，在贷款政策中一般不对贷款地区作出限制；中小银行则往往将其贷款业务限制在银行所在的城市和地区，或该银行的传统服务地区，银行在这些地区的贷款投放量往往较大，而且与当地的工商界建立了良好的关系。

（五）贷款担保

在贷款政策中，银行应根据有关法律确定贷款的担保政策。贷款担保政策一般应包括以下内容：一是明确担保的方式。根据《中华人民共和国民法典》第二编第四分编担保物权的规定，担保方式有保证、抵押、质押、留置和定金。二是规定抵押品的鉴定、评估方法和程序。三是确定贷款与抵押品价值的比率、贷款与质押品价值的比率。在贷款政策中明确上述担保政策，是为了完善贷款的还款保障，确保贷款的安全性。

（六）贷款定价

在市场经济条件下，贷款的定价是一个复杂的过程，商业银行的贷款政策也应当对其进行明确的规定。银行贷款价格一般包括贷款利率、补偿余额和对某些贷款收取的费用（如承诺费等），因此，贷款定价不仅仅是一个确定贷款利率的过程。在贷款定价过程中，银行必须考虑资金成本、贷款风险程度、贷款的期限、贷款管理费用、存款余额、还款方式、银行与借款人之间的关系、资产收益率目标等多种因素。对于贷款业务量较大的银行来说，贷款价格通常是由审贷委员会或信贷管理部门根据贷款的类别、期限，并结合其他各种需要考虑的因素综合确定。

（七）贷款档案管理

贷款档案是银行贷款管理过程的详细记录，体现银行经营管理水平和信贷人员的素质，可直接反映贷款的质量，甚至可以决定贷款的质量。贷款档案管理是贷款政策的重要内容，银行应建立科学、完整的贷款档案管理制度。一套完整的贷款档案管理制度通常包括以下内容：一是贷款档案的结构，即应包括的文件。一份完整

的贷款档案应包括法律文件、信贷文件和还款记录三个部分。二是贷款档案的保管责任人。信贷档案管理人员应该清楚所管理的档案的完整程度，对缺少内容及原因做书面记录，归入贷款档案。三是明确贷款档案的保管地点。对法律文件要单独保管，应保存在防火、防水、防盗、防霉和防虫蛀的地方。四是明确贷款档案存档、借阅和检查制度。

（八）贷款日常管理和催收制度

贷款发放后，贷款的日常管理对保障贷款的质量尤为重要。信贷员应与借款人保持密切联系，定期或不定期地走访借款人，了解借款人的业务，银行应制定有效的贷款回收和催收制度。在贷款还本付息到期日之前的一定时间内，提前书面通知借款人偿还到期贷款本息。贷款到期后借款人未能按时还本付息时，银行应立即与借款人取得联系，并积极予以催收。如果催收未果，银行应进一步采取措施，通过上门催收、约见借款人或借款企业，努力收回贷款本息。

（九）不良贷款的管理

对不良贷款的管理是商业银行贷款政策的重要内容。贷款发放以后，如在贷后检查中发现不良贷款的预警信号，或在贷款质量评估中被列入次级以下贷款，都应引起充分的重视（按照贷款五级分类的规定，贷款达到“次级”以下均可视为不良贷款）。对于各种不良贷款，贷款政策中应当明确规定处理的程序和基本的处理方式，并根据各类不良贷款的不同性质以及不同的质量等级，将监控、重组、挽救、追偿、诉讼、核销等处理不良贷款和保全银行债权的各个环节、各程序的工作落实到具体的部门，定岗、定人、定责，积极有效地防范、管理贷款风险，最大限度地维护和保全银行的债权。

二、贷款种类

从商业银行经营管理的需要出发，贷款可以按照不同的标准进行分类。

（一）按期限分类

按照贷款期限的长短，商业银行贷款可分为短期贷款、中期贷款和长期贷款。短期贷款是指贷款期限在 1 年以内（含 1 年）的贷款。短期贷款又称为流动资金贷款，主要用于满足企业的流动资金需求，在商业银行整个贷款业务中所占比重较大。中期贷款是指贷款期限在 1 年以上（不含 1 年）5 年以下（含 5 年）的贷款。长期贷款是指贷款期限在 5 年以上（不含 5 年）的贷款。在我国，中长期贷款主要以固定资产贷款为主，包括基本建设贷款、技术改造贷款和房地产贷款。

（二）按保障条件分类

按照贷款发放时的保障条件，商业银行贷款可分为信用贷款、担保贷款和票据贴现。

1. 信用贷款，是指依据借款人的信用状况向借款人发放的贷款。这类贷款没有人的担保（保证人），也没有物的担保（抵押和质押），借款人仅凭信誉而获得贷款。从理论上讲，这类贷款风险较大，商业银行一般只向熟悉的、信誉良好的，确保能偿还贷款的借款人发放，商业银行极少发放此类贷款。

2. 担保贷款，是指由借款人或第三方依法提供担保而发放的贷款。担保贷款包括抵押贷款、质押贷款和保证贷款。

（1）抵押贷款，是指贷款人按照抵押方式以借款人或第三人的财产作为抵押物发放的贷款。当债务人不能履行债务时，债权人有权依法按照合同以抵押财产折价或者以拍卖、变卖该抵押财产所得的价款优先受偿。可以用于抵押的财产主要有房屋、机器、土地等。

（2）质押贷款，是指贷款人按照质押方式以借款人或第三人的动产或权利为质押物发放的贷款。质押又可分为权利质押和动产质押。可作为质押的质物包括国库券（国家有特殊规定的除外），国家重点建设债券、金融债券、AAA 级企业债券、储蓄存单等有价证券，仓单、提单，应收账款权，收费权等。作为质物的动产或权利必须符合《中华人民共和国民法典》的有关规定，出质人必须依法享有对质物的所有权或处分权，并向商业银行书面承诺为借款人提供质押担保。

（3）保证贷款，是指贷款人按照保证人以第三方承诺在借款人不能偿还贷款本息时，按规定承担连带责任而发放的贷款。保证人为借款提供的贷款担保是不可撤销的全额连带责任保证，也就是指贷款合同内规定的贷款本息和由贷款合同引起的相关费用。保证人还必须承担贷款合同引发的所有连带民事责任。

3. 票据贴现，是指商业银行以购买借款人未到期商业票据的方式发放的贷款。借款人以未到期的票据（期票、汇票等）向商业银行融通资金，申请贴现，商业银行扣取一定的利息后发放相应的贷款。票据贴现是一种风险比较小的贷款。

（三）按贷款对象分类

按照贷款对象不同，商业银行贷款可分为工商贷款、农业贷款、科技开发贷款、消费贷款。

1. 工商贷款，是指发放给工商企业的贷款。商业银行发放的贷款一般以这类贷款居多，其偿还期有长有短，视企业的需要而定。凡经市场监督管理机关（或主管机关）核准登记的企（事）业法人、个人合伙、个体工商户或具有中华人民共和国国籍的具有完全民事行为能力的自然人，均可申请建立信贷关系和申请贷款。持有市场监督管理部门颁发的企业法人营业执照的借款人，必须向其注册地的中国人民银行分支机构申领贷款卡。一个企业只能领取一张贷款卡，并每两年年检一次。

2. 农业贷款，是指金融机构针对农业生产的需要，提供给从事农业生产的企业和个人的贷款。在现代农业中，随着农工一体化的发展，许多国家把为农业生产前生产资料供应、生产后农产品加工和运销等提供的贷款也归入农业贷款。

3. 科技开发贷款，是指用于新技术和新产品的研制开发、科技成果向生产领域转化或应用而发放的贷款。这类贷款主要用于支持国家科技开发计划（星火、火炬、成果推广等）的实施以及攻关等科技计划的成果转化。科技开发贷款对象包括工业、农

业、商业企业和科研生产联合体或实行企业化管理的科研事业单位。

4. 消费贷款，也称消费者贷款，是指商业银行以消费者信用为基础，对消费者个人发放的用于购置耐用消费品或支付其他费用的贷款。个人消费贷款在我国发展迅猛，已成为一项重要的贷款业务。

（四）按贷款用途分类

按照贷款用途，商业银行贷款可分为流动资金贷款和固定资产贷款。

流动资金贷款是指商业银行为满足企业生产经营过程中的短期资金需求，确保生产经营活动的正常进行而发放的贷款。流动资金贷款按贷款期限可分为 1 年期以内的短期流动资金贷款和 1 ~ 3 年期的中期流动资金贷款。流动资金贷款作为一种高效实用的融资手段，具有贷款期限短、手续简便、周转性较强、融资成本较低的特点。

固定资产贷款是指商业银行以企业的固定资产购置、技术改造、技术引进和技术开发等的不同资金需要为对象而发放的贷款。商业银行发放固定资产贷款，为企业提供固定资产更新改造过程中所需资金，充分发挥商业银行促进经济发展和高科技开发运用的杠杆作用，对推动国民经济发展和加快现代化建设发挥着重大的作用。

（五）按偿还方式分类

按照贷款偿还方式的不同，商业银行贷款可以分为一次性偿还贷款和分期偿还贷款。

一次性偿还贷款是指借款人在贷款到期日时一次性还清贷款本金的贷款。其利息既可以分期支付，也可以在归还本金时一次性付清。一般来说，短期的历史性、周转性贷款都是采取一次性偿还方式。

分期偿还贷款是指借款人按规定的期限分次偿还本金和支付利息的贷款。这种贷款的期限通常按月、季、年确定，中长期贷款大多采取这种方式，其利息的计算方法通常为等额本息法和等额本金法。

（六）按风险程度分类

按照贷款的风险程度，商业银行贷款可以分为正常贷款、关注贷款、次级贷款、可疑贷款和损失贷款。

1. 正常贷款，是指借款人能够履行合同，没有足够理由怀疑贷款本息不能按时足额偿还的贷款。

2. 关注贷款，是指尽管借款人有能力偿还贷款本息，但存在一些可能对偿还产生不利影响的因素的贷款。

3. 次级贷款，是指借款人的还款能力出现明显问题，完全依靠其正常营业收入无法足额偿还贷款本息，即使执行担保，也可能会造成一定损失的贷款。

4. 可疑贷款，是指借款人无法足额偿还贷款本息，即使执行担保，也肯定要造成较大损失的贷款。

5. 损失贷款，是指在采取所有可能的措施或一切必要的法律程序之后，本息仍然无法收回，或只能收回极少部分的贷款。

次级贷款以下的贷款通常被划为不良资产。

（七）按发放的自主程度分类

按照发放贷款时银行的自主程度，是否承担本息收回的责任及责任划分的大小，商业银行贷款可分为自营贷款、委托贷款和特定贷款。

1. 自营贷款，是指贷款人以合法的方式筹集资金，并自主发放的贷款，其风险由贷款人承担，并由贷款人收回本金和利息。

2. 委托贷款，是指由政府部门、企事业单位及个人等委托人提供资金，由贷款人（受托人）根据委托人确定的贷款对象、用途、金额、期限、利率等代为发放和监督使用并协助收回的贷款。贷款人（受托人）负责托管资金、监管账户，收取手续费，不承担贷款风险。

3. 特定贷款，是指经国务院批准并对贷款可能造成的损失采取相应补救措施后，责成国有独资商业银行发放的贷款。

三、贷款程序

贷款程序如图 3－3 所示。

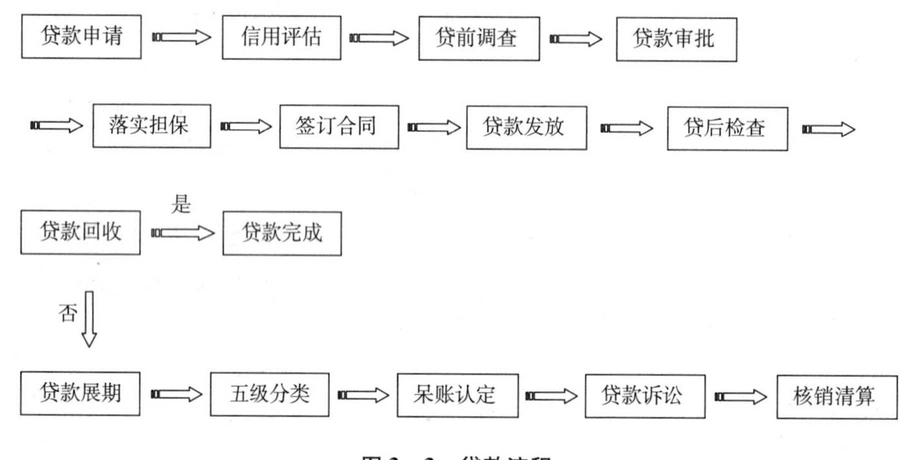

图 3－3 贷款流程

（一）贷款申请

凡符合借款条件的借款人，在银行开立结算账户、与银行建立信贷关系之后，如果出现资金需要，都可以向银行申请贷款。

借款人申请贷款时必须填写借款申请书。借款申请书的基本内容包括借款人名称、性质、经营范围、申请贷款的种类、期限、金额、方式、用途、用款计划以及有关的经济技术指标。

为便于贷款人审查贷款，借款人在递交借款申请书的同时，还必须提供以下资料：

（1）借款人和保证人的基本情况及有关法律文件，如营业执照、组织机构代码证、税务登记证、法定代表人有效身份证明以及对经办人的授权委托书等；

（2）财政部门或会计师（审计）事务所核准的上年度会计报表及申请贷款前 3 个

月的财务报表（包括资产负债表、损益表和现金流量表）；

（3）自有资本和自有流动资金的情况；

（4）担保物及拟同意担保的有关证明文件。

（二）对借款人进行信用评估

银行在对借款人的贷款申请进行深入细致的调查研究的基础上，还要利用掌握的资料，对借款人的领导者素质、经济实力、资金结构、履约情况、经营效益和发展前景等进行信用评估，划分信用等级。信用评估可以由贷款银行独立进行，评估结果由商业银行内部掌握使用；也可以由有资质的专业信用评估机构对借款人进行统一评估，评估结果供各家银行使用。

（三）贷前调查

银行受理借款人的申请后，指派专业的信贷人员进行调查，即贷款“三查制度”之一的贷前调查。信贷人员应做好调查前的准备工作。调查时可采用直接座谈、全面调查、抽样调查、实地调查等多种方法，调查内容主要是了解借款人概况、生产经营情况、产品的市场状况、技术优势。

（1）借款人的品行，主要了解与借款人的资料有关的证明文件、批准文件和法律文件。

（2）借款的合法性，主要了解借款的用途是否符合国家的产业、区域、技术以及环保政策和经济、金融法规。

（3）借款的安全性，主要调查借款人的信用记录及贷款风险，可登录中国人民银行的信贷网站或征信系统，在借款人的授权下查询借款人的过往信用记录。

（4）借款的盈利性，主要测算借款人使用贷款的盈利情况及归还本息的资金来源，可根据企业提供的资产负债表、损益表、现金流量表以及保证人、抵押物、质押物等情况作出必要的财务分析和非财务分析。

（四）贷款审批

商业银行根据已建立的审贷分离、分级审批的贷款管理制度进行贷款审批，即贷款“三查制度”之二的贷中审查。各级审批人员及审贷委员会成员着重审查贷款原因、贷款额度、贷款期限和贷款用途，并根据信贷人员贷前调查报告中提供的有关资料进行核实、评定，复测贷款风险度，提出意见。

进行贷中审查的主要机构是信贷审查部、审贷委员会，具体审查以下内容。

（1）借款单位、担保单位或抵押单位的各类证照及有效期；

（2）借款单位、担保单位或抵押单位法定代表人证明书及授权委托书；

（3）借款单位的贷款卡及有效期；

（4）借款单位、担保单位或抵押单位的董事会决议；

（5）股份有限公司为其股东或其他人提供担保情况；

（6）借款单位的贷款申请书；

（7）抵押物产权所属的法律手续资料；

（8）担保、抵押贷款合同；

（9）企业信用等级评定表、资产风险度评审表的真实性。

（五）签订合同与落实担保措施

借款申请经审查批准后，必须按照《中华人民共和国民法典》第三编第二分编第十二章借款合同，由商业银行与借款人签订借款合同。借款合同应当约定借款种类、借款用途、金额、利率、借款期限、还款方式、借贷双方的权利和义务、违约责任和双方认为需要约定的其他事项，并送当地公证机关进行公证。

同时，银行还应对贷款实施必要的担保措施：抵押贷款和质押贷款应当由抵押人、出质人分别与贷款人签订抵押合同或质押合同，并依法办理登记手续；保证贷款应当由保证人与贷款人签订保证合同，或保证人在借款合同上载明与贷款人协商一致的保证条款。

（六）贷款发放

借款合同生效后，银行应按照合同规定的条款发放贷款。在发放贷款时，借款人应先填写好借据，经办人员审核无误，并由信贷部门负责人或主管行长签字盖章后，由银行会计部门出具放款通知书，将贷款足额划入借款人账户，供借款人使用。

（七）贷后检查

贷款发放后，贷款人应当对借款人的借款合同执行情况及借款人的经营状况进行追踪调查和检查，即贷款“三查制度”之三的贷后检查。贷后检查的主要内容包括：

（1）借款人的基本情况有无变更；

（2）贷款是否按规定用途使用；

（3）借款人的产品适销程度及市场变化；

（4）抵（质）押物的保证性，用于测定贷款风险程度；

（5）借款人资产负债结构的变化；

（6）借款人还款资金来源的落实情况等。

贷后检查可采取跟踪调查和定期调查等方式。

（八）贷款回收

贷款人应当按照借款合同规定按时足额收回贷款本金和利息，并将贷款过程的相关资料归档。贷款人在短期贷款到期1个星期之前、中长期贷款到期1个月之前，应向借款人发出还本付息通知单。贷款人对逾期的贷款要及时发出催收通知单，做好逾期贷款本息的催收工作。对不能按借款合同约定期限归还的贷款，贷款人应当按规定加收罚息。

（九）贷款展期

贷款展期是指借款人在向贷款银行申请并获得批准的情况下，延期偿还贷款的行为。借款人在贷款期间发生暂时的资金周转困难，不能按期偿还贷款本金时，应提前30个工作日向贷款银行申请展期，但每笔贷款只能展期一次。短期贷款展期期限不得超过原贷款期限；中期贷款展期期限不得超过原贷款期限的一半；长期贷款展期期限

不得超过 3 年。借款人未申请展期，或申请未获批准的，或展期到期仍不能偿还贷款的，该贷款从到期日次日起，转入逾期贷款账户。

（十）贷款五级分类

商业银行对已放贷的贷款需要实时监控，定期分类，以评估信贷风险。根据 2023 年 7 月中国银保监会和中国人民银行实施的《商业银行金融资产风险分类办法》，商业银行金融资产按照风险程度分为五类，分别为正常类、关注类、次级类、可疑类、损失类，后三类合称不良资产。

（1）正常类资产：债务人能够履行合同，没有客观证据表明本金、利息或收益不能按时足额偿付。

（2）关注类资产：虽然存在一些可能对履行合同产生不利影响的因素，但债务人目前有能力偿付本金、利息或收益。

（3）次级类资产：债务人无法足额偿付本金、利息或收益，或金融资产已经发生信用减值。

（4）可疑类资产：债务人已经无法足额偿付本金、利息或收益，金融资产已发生显著信用减值。

（5）损失类资产：在采取所有可能的措施后，只能收回极少部分金融资产，或损失全部金融资产。

其中，以上金融资产已发生信用减值指根据《企业会计准则第 22 号——金融工具确认和计量》第四十条，因债务人信用状况恶化导致的金融资产估值向下调整。

（十一）呆账认定

当借款人出现以下情况时，可以认定为呆账。

（1）借款人和担保人被依法宣告破产、关闭、解散并终止法人资格，银行对借款人和担保人进行追偿后，未能收回的贷款；

（2）借款人死亡或者宣告失踪或宣告死亡，银行依法对其财产或遗产进行清偿后，未能收回的贷款；

（3）借款人和担保人虽未依法宣告破产、关闭、解散，但经有关部门认定已完全停止经营活动，被县或县级以上市场监督管理部门依法注销或吊销营业执照，终止法人资格，银行对借款人和担保人进行追偿后，未能收回的贷款；

（4）借款人和担保人虽不符合第（3）项规定的条件，但经有关部门认定借款人和担保人事实上已经破产、被撤销或解散，已完全停止经营活动在 2 年以上，银行对借款人和担保人进行追偿后，未能收回的贷款；

（5）借款人和担保人不能偿还到期贷款，银行诉诸法律，经法院对借款人和担保人强制执行，借款人和担保人所属财产不足执行或无财产可供执行，法院裁定终结执行后，仍无法收回的贷款；

（6）借款人触犯刑律，依法受到法律制裁，其财产不足归还所欠贷款，又无其他债务承担者，确认无法收回的贷款；

（7）由于第（1）—（6）项规定，借款人和担保人不能偿还到期贷款，银行依法取得抵债资产，其抵债资产的价值小于贷款本金的差额，经追偿后仍无法收回的部分；

（8）银行因开立信用证、办理承兑汇票、开具保函、信用卡透支等发生垫款时，凡开证申请人、持卡人和保证人由于第（1）—（7）项原因，无法偿还垫款，银行经依法追偿后仍无法收回的垫款；

（9）其他经国家税务总局允许核销的贷款。

（十二）贷款诉讼

贷款逾期后，经商业银行多次催收，未能收回本息时，在诉讼时效内，商业银行应将借款人（或主要债务人）和担保人起诉到当地人民法院，要求借款人履行债务，担保人承担连带责任，以保全商业银行资产免受或少受损失。

根据《最高人民法院关于审理民事案件适用诉讼时效制度若干问题的规定》和有关民商事诉讼时效制度的司法解释：当事人约定同一债务分期履行的，诉讼时效期间从最后一期履行期限届满之日起计算，贷款的诉讼时效为 2 年。有抵押物担保的情况下，主债权诉讼时效丧失后，抵押担保的诉讼时效还可以延续 2 年（另有约定的除外）；借款人破产终结后，没有在破产程序中得到清偿的债权，应在破产程序终结后 6 个月内向保证人主张权利。

四、贷款管理制度

（一）行长负责制

行长负责制是指各级行长应当在授权范围内对贷款的发放和收回负全部责任。行长负责制的主要内容包括：首先，行长是贷款管理的责任人，即贷款的安全由行长负责，保证信贷资产安全是行长的主要责任；其次，贷款实行分级经营管理，即行长对授权范围内的贷款的安全全权负责；最后，行长授权的主管人员应当对行长负责。

（二）审贷分离、分级审批制度

《中华人民共和国商业银行法（修正）》第三十五条规定："商业银行贷款，应当实行审贷分离、分级审批的制度。"所谓审贷分离，是指商业银行在发放贷款时，要将贷款的审查与贷款的具体发放和管理分开的一种管理方式。审贷分离，是指贷款经办人员与贷款审查人员分开，这种分开是机构上的分离，也是职责上的分离。经办人员与借款人接触，但无权审批贷款；审批部门有权审批贷款但不能与借款人面对面地接触。为了落实审贷分离、分级审批的制度，商业银行各分支机构应成立相应的贷款审查委员会，制定分级审批制度和授予行长"一票否决"的权限。

（三）贷款"三查"制度

贷款"三查"制度是指贷款的贷前调查、贷中审查和贷后检查。其中贷前调查是商业银行在接到贷款申请后，对申请贷款的企业的基本情况进行搜集、整理、分析的过程。通过调查，了解企业的真实状况，摸清资产负债情况，为有效地进行贷款决策、提高贷款质量打下坚实基础。贷中审查是指银行在发放贷款时对借款企业提出的借款

申请及有关材料进行审查。通过审查，确定贷与不贷、贷多贷少、期限长短，以保证贷款投向合理、投量适当。贷中审查是商业银行正确发放贷款的关键，其基本要求是根据贷前调查掌握的资料，分析企业贷款原因，对贷款作出正确决策。贷后检查是指贷款发放后，商业银行对借款人执行贷款合同情况及借款人资信情况进行追踪和检查。为确保贷款按政策、原则、规定用途使用，银行检查的重点是合规性，以减少和防止贷款发生风险，并对贷款企业的贷款使用情况进行检查或跟踪监测。

五、贷款定价

（一）贷款定价的含义

贷款定价是指商业银行根据其经营成本和信贷风险，综合考虑贷款收益，与借款人协商确定贷款价格的过程。贷款定价具体包括确定贷款的利率、确定补偿余额，以及对某些贷款收取手续费。

（二）贷款定价原则

贷款定价直接影响商业银行最终的利润和收益，其定价原则通常有五个：

（1）当期利润最大化原则；

（2）风险防范原则；

（3）扩大市场份额原则；

（4）保持现金流量原则；

（5）维持银行良好社会形象原则。

（三）贷款价格的构成

一般来说，贷款价格包括贷款利率、承诺费、补偿余额和隐含价格。

1. 贷款利率。贷款利率是借款人使用资金支付的利息与本金之比。贷款利率既是商业银行贷款价格的主体，也是贷款价格的主要内容。商业银行贷款利率受资金供求状况、同业竞争、中央银行的货币政策以及相关法律法规的制约。

根据贷款的使用情况，商业银行在具体确定一笔贷款的利率时，可以使用低于一般贷款利率的优惠利率和高于一般贷款利率的惩罚利率。贷款利率分为固定利率和浮动利率。

2. 承诺费。承诺费是指商业银行对已承诺贷给借款人，而借款人又没有使用的那部分资金收取的费用。借款人在用款期间，对已使用的资金要支付利息，而对未使用的部分，由于银行要准备一定的资金以备借款人提款，因此借款人应按未提贷款金额的一定比率向商业银行支付承诺费，作为银行因承诺贷款责任而使利息受到损失的补偿。

3. 补偿余额。补偿余额是指商业银行要求借款人将借款的一定比例的平均存款余额（通常为10%～20%）留存在银行，作为银行同意提供贷款的前提条件。因此，借款并不能全额使用。采用补偿余额对贷款进行定价，对商业银行来说，在贷款的同时又获得了可运用的资金来源，从而提高了贷款的实际收益；而对借款人来说，贷款的实际利率更高了。

【案例分析 3-1】

借款企业的实际利率

某企业按年利率 8% 从银行借款 100 万元，银行要求企业按贷款余额的 10% 保持补偿余额，则该笔借款的实际利率为多少？

解：据题意，

企业可用资金 = 100 × （1 - 10%） = 90（万元）

企业应支付利息 = 100 × 8% × 1 = 8（万元）

$$该笔借款的实际利率 = \frac{企业应付利息}{企业可用资金} \times 100\% = \frac{8}{90} \times 100\% = 8.89\%$$

4. 隐含价格。隐含价格是指贷款定价中的一些非货币性内容，如对贷款担保物的要求、贷款期限的限制和特殊契约条款等。这些附加条款间接地增加了借款人的贷款成本，提高了商业银行的贷款收益或降低了贷款风险，因而也可视为贷款价格的一个组成部分。

（四）影响贷款定价的因素

1. 资金成本。商业银行进行贷款定价时必须考虑资金成本。贷款的价格不但要能够覆盖资金成本，而且商业银行还要获得合理的利润。资金成本主要包括可用资金成本和边际资金成本。

2. 贷款的风险程度。秉持“高风险高收益”的经营理念，银行承担的贷款风险程度越高，贷款价格也应越高。借款人信用越好，表明其还款能力和还款意愿越好，贷款风险越小；抵押物越足值，贷款风险越小，贷款价格也相应越低。

3. 贷款的费用。商业银行向借款人发放贷款之前，需做一系列的工作，包括对借款人进行信用分析、对抵押物进行估价和管理，因此产生了评估费、抵押物鉴定与保管费。此外，贷款费用还包括与贷款有关的贷款回收费、账户服务费和管理费等。

4. 目标收益率。贷款是商业银行主要的资金运用项目，贷款资产收益目标的实现，直接影响到商业银行总体经营目标的实现。因此，商业银行在贷款定价时必须考虑目标收益率。当然，贷款目标收益率不宜脱离实际定得过高，否则，将使银行贷款价格失去竞争力。

5. 市场竞争程度。市场竞争程度反映市场的供求状况，是影响贷款价格的基本因素。当贷款供不应求时，市场竞争相对缓和，贷款价格应适当提高；反之，当贷款供大于求时，市场竞争激烈，贷款价格须相应降低。

（五）贷款定价方法

1. 目标收益率定价法。贷款定价的目标是要保证银行贷款可以获得或超过银行资产运用的目标收益率，即贷款的总收入应该大于或等于贷款的总费用与目标利润之和。如果总收入小于总费用，则为经营亏损，需要降低费用支出；如果总收入大于总费用，则有盈利，但获利水平低于银行的目标利润。这两种情况出现时，银行都需要对贷款

重新定价。重新定价主要有两种方式：一是提高名义贷款利率，即在签订借款协议时约定支付的贷款利率，但调高贷款利率受市场供求的限制；二是贷款名义利率不变，而在此之外收取一些附加费用，以提高贷款实际利率。提高贷款实际利率主要有三种方法：（1）缴纳补偿余额；（2）收取承诺费；（3）收取其他服务费。

2. 成本加成定价法，是指在借入资金成本和其他经营成本、风险成本的基础上加一个加成（银行的预期利润）来确定贷款利率的方法。

用公式表示为

$$\begin{aligned}\text{贷款利率} &= \text{筹集资金的边际成本} + \text{银行的其他经营成本} \\ &\quad + \text{预计违约风险的补偿费用} + \text{银行预期的利润水平}\end{aligned}$$

3. 价格领导模型定价法，又称为优惠利率加数法或优惠利率乘数法，是指在优惠利率（由若干大银行视自身的资金加权成本确定）的基础上，根据借款人的不同风险等级（期限风险与违约风险）制定不同的贷款利率。按这一方法进行贷款利率定价，是在优惠利率之上加上某数或乘以某数。

4. 基础利率定价法，又称为交易利率定价法，是指商业银行在对各类贷款定价时，以各种基础利率为标准，根据借款人的资信、借款金额、期限、担保等方面的条件，在基础利率上确定加息率或某一乘数来对贷款进行定价。它类似于差别定价法，但又有所不同。基础利率主要有国库券利率、同业拆借利率、商业票据利率，由金融市场上资金供求关系所决定。

（六）我国商业银行贷款定价方式

我国商业银行的贷款定价通常采取以下方式。

1. LPR 浮动利率。全国银行间同业拆借中心根据 18 家报价行的报价，按去掉最高和最低报价后算术平均的方式计算得出贷款市场报价利率，每月 20 日（假期顺延）发布。

2. 贴现利率。贴现利率采用“法定利率相加法”，即在法定利率（此处为再贴现利率）的基础上按不超过同期贷款利率（含浮动）加点执行。

3. 内部资金往来利率。商业银行系统内部各级行之间因资金上存或借用所使用的利率，由各商业银行总行参照中国人民银行的法定存款准备金利率和再贷款利率自行确定。

4. 同业拆借利率和转贴现利率。同业拆借利率是在全国银行间同业拆借中心信用拆借的成交利率，由拆借双方经过报价、询价和确认三个交易步骤完成，利率完全依靠供求关系而定，利率的高低与期限的长短并不完全总是成正比。转贴现利率一般在贴现利率与同业拆借利率之间，由办理转贴现的双方银行自主协商解决。

【知识链接 3-2】

利率市场化与 LPR 改革新机制

利率市场化是指金融机构在货币市场经营融资的利率水平由市场供求来决定。它包括利率决定、利率传导、利率结构和利率管理的市场化。实际上，利率市场化就是将利率的决策权交给金融机构，由金融机构根据资金状况和对金融市场动向的判断来自主调节利率水平，最终形成以中央银行基准利率为基础，以货币市场利率为中介，由市场供求决定金融机构存贷款利率的市场利率体系和利率形成机制。

我国利率市场化是从1996年放开银行间拆借市场利率开始的。在过去几十年中，中国利率市场化遵循的是渐进式改革模式，其进程可以概括为谨慎设计，稳步推进。按照先外币、后本币，先贷款、后存款，先长期、大额，后短期、小额的思路，来推动存贷款的利率市场化改革。银行间市场利率、国债利率、政策金融债券发行利率和同业存放利率均已实现市场化，我国基本上完成了货币市场和债券市场的利率市场化。

2013年7月20日，中国人民银行宣布了进一步推动利率市场化的具体内容，主要是取消金融机构贷款利率0.7倍的下限，由金融机构根据商业原则自主确定贷款利率水平，此外对贷款利率全面放开管制的细化，特别明确了农村信用社贷款利率不再设立上限，而在此之前，农村信用社的贷款利率上限为基准利率的2.3倍。同年10月，中国人民银行货币政策司发布关于贷款基础利率集中报价和发布机制的公告，正式推出LPR机制，该机制是盯住贷款基准利率。推出该机制的目的是引导贷款利率更加市场化，更好地反映政策意图，促进我国利率市场化的进程。

贷款基础利率（Loan Prime Rate，LPR），是商业银行对其最优质客户执行的贷款利率，其他贷款利率可在此基础上加减点生成。贷款基础利率的集中报价和发布机制是在报价行自主报出本行贷款基础利率的基础上，指定发布人对报价进行算术计算，形成报价行的贷款基础利率报价平均利率并对外予以公布。贷款基础利率由中国人民银行授权全国银行间同业拆借中心计算得出并发布。各银行实际发放的贷款利率可根据借款人的信用情况，考虑抵押、期限、利率浮动方式和类型等要素，在贷款基础利率基础上加减点确定。

LPR自运行以来，利率从一开始的5.71%下降至改革前的4.31%，总体来说，贷款利率有所下降。但是，2015年10月以来，LPR机制报价并没有发生太大的变化。随着经济增速放慢，经济下行压力增大，我国自2018年后半年以来处于一个相对宽松的经济环境，货币资金充裕，货币市场利率下降幅度较大，但是LPR却一直保持不动，市场利率的变动并没有传导至贷款端，实体经济融资成本迟迟得不到解决。贷款利率和市场利率形成的双轨制阻碍了利率市场化的进程，中国人民银行为进一步推动利率市场化，于2019年8月17日发布了《改革完善贷款市场报价利率（LPR）形成机制的公告》，把“贷款基础利率”更名为“贷款市场报价利率”（以下简称新LPR），并对报价行数量、报价频率、报价方法、期限品种等进行调整。

新LPR报价行由18家商业银行组成，报价行应于每月20日（遇节假日顺延）9时前，按公开市场操作利率（主要指中期借贷便利利率）加点形成的方式，向全国银行间同业拆借中心报价。全国银行间同业拆借中心按去掉最高和最低报价后算术平均的方式计算得出贷款市场报价利率。新LPR包括1年期和5年期以上两个期限品种。这就是LPR改革后的新机制。

六、贷款信用分析

贷款信用分析是指商业银行对借款人还款能力和还款意愿进行调查分析，以了解借款人履约还款的可靠性，从而制定正确的贷款政策，提高贷款决策的科学性，有针对性地加强贷款管理，防范信用风险。贷款信用分析是商业银行贷款业务中基本而主要的工作内容，信用分析的质量决定贷款的质量。

（一）信用分析

1. 信用分析的目的。在保障贷款安全性、流动性的前提下，实现商业银行的最大盈利，是商业银行进行信用分析的主要目的。贷款是商业银行的主要资产业务，而任何一笔贷款都是有风险的。但是商业银行作为一个经营货币的特殊企业，既不可能因为贷款风险的存在而握住手中的资金不放，也不可能单纯为了追求盈利而置资金的安全于不顾。追求贷款的安全性、流动性和盈利性三者之间的对立统一，是商业银行经营管理的永恒主题。为此，商业银行必须对贷款申请者的信用状况进行分析，预测贷款的风险大小，对贷款进行风险管理与风险分类，从而制定正确的贷款政策，提高贷款决策的科学性，加强对贷款信用风险的管理，将贷款风险控制在最低限度或银行可承受的程度，在确保贷款一定的安全性前提条件下，争取实现最大的盈利性和最适度的流动性目标。

由于借款人本身及其所处环境变化的不确定性，每笔贷款都会存在着风险，信用分析的目的并不是只向没有风险的借款人提供贷款，而是通过信用分析预测贷款可能的风险程度，也就是评价借款人未来偿还贷款的意愿和能力，从而采取有效的防范措施，减少或避免信用风险。进行信用分析还可以为借款人改善经营管理、合理节约使用资金、加速资金周转、提高经济效益等提供建议，进而为实现贷款安全性、流动性和盈利性创造条件。

2. 信用分析的内容。

（1）财务分析。主要对借款人的资产、负债、所有者权益，生产经营或商品购销情况，财务状况和经营成果进行分析。

（2）非财务分析。主要对借款人的品格、能力、担保、资本和环境等进行分析。

（3）担保分析。主要对借款人提供的担保措施，如保证人、抵押物和质押物进行分析。

（二）财务分析

借款人的经营状况是影响其偿还贷款可能性的根本因素，其财务状况的好坏是评估偿还能力的关键。

1. 财务分析方法。财务分析常用的方法有比较分析法、结构分析法和比率分析法。

（1）比较分析法。比较分析法又称增减分析法，是将借款人两期或两期以上的财务报表中的经济指标进行比对，从指标数量的增减变化来发现问题，揭示原因，以了解借款人的经营和财务状况的一种财务分析方法。比较分析法又分为绝对数增减分析法和百分比增减分析法。

①绝对数增减分析法。该方法是在直接列示两期或两期以上财务数值后，对各项数值的增减变动情况（通常为差额）进行比对，以便对各个绝对数变动的具体数值有一个直观的认识。其计算公式为

$$绝对数增减额 = 当期额 - 基期额$$

②百分比增减分析法。该方法是在使用绝对数增减分析法的基础上，将有关财务项目的增减变动情况（通常为差额）与其基期数进行对比，并用百分比的形式表示，以便对各绝对数变动的幅度有进一步的认识，也可以使分析数据更有可比性。其计算公式为

$$增减比率 = \frac{当期额 - 基期额}{基期额} \times 100\%$$

（2）结构分析法。结构分析法是将财务报表中的某些项目与某一基本项目进行比较，以比较各期财务报表中某些项目占本期财务报表中某一基本项目的比值。其计算公式为

$$某项目比重 = \frac{某项目金额}{某一基本项目的总额} \times 100\%$$

（3）比率分析法。比率分析法是在财务报表中的不同项目或不同类别之间，用比率反映它们之间的相互关系，以了解借款人的经营状况、债务负担和盈利能力，据此评估借款人的偿债能力。

2. 财务报表分析。根据借款人提供的连续 3 年和当前连续 3 个月的资产负债表、损益表及现金流量表，考察借款人过去和现在的资产状况及其构成、所有者权益状况及其构成、偿债能力、财务趋势及盈利趋势等。

（1）资产负债表分析。资产负债表是反映借款人某一特定日期（月末、季末和年末）全部资产、负债和所有者权益情况的会计报表。利用该报表的资料可以分析借款人资产的分布状态、负债和所有者权益的构成情况，据以评价借款人资金营运和财务结构是否正常、合理；分析借款人资金的流动性或变现能力以及长期债务、短期债务数量及偿债能力，据以评价借款人承担风险的能力；该表提供的资料还有助于计算借款人的获利能力，据以评价借款人的经营绩效。

资产负债表主要分析科目有两个。

①资产。资产包括货币资金、短期投资、应收票据、应收账款、预付账款、其他应收款、存货、待摊费用、待处理流动资产损益、一年内到期投资、长期投资、固定资产、无形及递延资产、投资。

②负债和所有者权益。负债和所有者权益包括短期借款、应付票据、应付账款、预收账款、其他应付款、预提费用、长期借款、应付债券、长期应付款、其他长期负债、实收资本、资本公积、盈余公积、未分配利润。

以上是常被借款人偷梁换柱、作假舞弊的科目，分析时须关注各个项目的确认基础、债务的期间匹配、企业的主营收入、流动性以及短期偿债能力、资本项目的真实性等。

（2）损益表分析。损益表是反映借款人某一特定日期（月末、季末、年末）经营成果及其分配情况的会计报表。它能够解释一部分资产、负债和所有者权益变化的原因。该表的逻辑基础是“收入－费用＝利润”，但收入、费用的确认依据的是权责发生制，而不是现金的流入与流出。因此，净利润高并不一定表示企业盈利状况好，也不一定等于企业当年增加的现金多，即高利润并不意味着高偿债能力，也不意味着企业有充足的现金。

损益表主要分析科目有产品销售收入、产品销售成本、管理费用、财务费用、投资收益、营业外收入和营业外支出。

现实中，借款企业往往存在人为操纵损益表的现象，目的是向监管当局和银行制造企业效益好的假象，以便顺利借款。

（3）现金流量表分析。现金流量表是反映企业一定会计期间内现金流入和流出情况及其变动原因的报表。该表是以现金和现金等价物为基础编制的，其中现金是指库存现金和随时可以支付的存款，现金等价物是指企业持有的期限短、流动性强，易于转换为已知金额现金、价值变动风险小的投资。

借款人的现金流量主要包括经营活动产生的现金流量、投资活动产生的现金流量、筹资活动产生的现金流量。

其公式如下：

现金净流量＝现金流入量－现金流出量

＝经营活动现金净流量＋投资活动现金净流量＋筹资活动现金净流量

经营活动产生的现金流量分析，主要审查其当期销售商品、提供劳务收到的现金，购买商品、接受劳务支付的现金是否全额入账；投资活动产生的现金流量分析，主要审查其是否按计划、规定用途购建固定资产，收入的投资返利是否按规定入账；筹资活动产生的现金流量分析，主要审查其筹措的资金对企业资本及债务规模和构成产生的影响，筹资成本是否适中。

一般情况下，如果企业筹资活动的现金流入明显大于现金流出，说明借款人吸收资本或举债的步伐加快；联系投资活动的现金流，如果投资活动的净现金流出非常明显的话，则意味着借款人加大了投资和经营扩张的力度，可能借款人有了扩大获利的机会；联系经营活动的现金流，如果经营活动的现金净流出明显的话，则说明吸收资本或举债的资金补充了经营活动的现金支出。

贷款的内在风险程度，主要是考察借款人偿还贷款的意愿和还款能力。而现金流量是否充足是借款人还款能力的主要标志。在分析时，主要看借款人的现金流量是否充足，即来自经营活动的现金流量是否能够偿还贷款本息，通过持续经营所获得的资金是偿还债务最有保障的来源。如果来自经营活动的净现金流量不充足，那么通过投资或筹资活动获得的现金是否能够偿还贷款本息，现金流量表回答了借款人在本期内各项业务活动取得了多少现金、支出了多少现金、净增了多少现金，解释了为什么有的借款人损益表上利润颇丰却没有足够的现金偿还借款、分派股息甚至支付工资，而有的借款人虽然没有什么盈利甚至出现亏损却有足够的现金偿还借款、发放股利甚至进行大规模投资。

对于不同类型的贷款、不同发展阶段的借款人，分析起点和考虑的角度是不同的。例如，对于短期贷款，考虑的是正常经营活动的现金流量是否及时和足够偿还贷款；对于长期贷款主要考虑的是在未来的经营活动中是否能够产生足够的现金流量以偿还贷款本息，但是在贷款初期，应该考察的是借款人是否有足够的筹资能力和投资能力来获得现金流量以偿还贷款利息。对于不同阶段的行业贷款，在分析现金流量时也要有不同的考虑。行业的发展有其初创期、成长期、成熟期和衰退期，在初创期和成长期，借款人不但没有销售收入，还要靠外部的融资和投资来解决资金的需求，因此其正常经营活动的现金净流量一般是负值；在成熟期时，随着产品销售收入的增加，借款人不再扩张，而是维持原有的规模，其净现金流量开始增加，这时现金净流量才能为正值。由此可以看出，在分析现金流量时，现金流量的多少、影响的程度以及不同情况下的分析都是不同的，不能将现金流量的分析简单化了。如对小额的按揭贷款，不能片面地用现金流量来衡量其偿债的能力，更应该关注其抵押或担保是否足额，其还本付息是否正常。

3. 财务比率分析。借款人的偿债能力并不是孤立的，它与借款人的盈利能力、资产运用能力、资本结构和现金流量等因素密切相关，因此在进行财务分析时，应综合考虑。

（1）偿债能力分析。根据提供的连续 3 年和当前连续 3 个月的资产负债表、损益表和现金流量表，考察借款人过去和现在的资产状况及其构成、所有者权益状况及其构成、偿债能力、财务趋势及盈利趋势等。分析偿债能力实质是分析资产与所有者权益的相互关系。偿债能力要求借款人资产与所有者权益成一定比例，如流动资产与流动负债的比率表明借款人的短期偿债能力，全部资产与全部负债的比率表明借款人的长期偿债能力等。因此，借款人偿还债务能力的强弱，是考核还款可能的主要因素。

借款人的偿债能力有短期偿债能力和长期偿债能力之分。

①短期偿债能力。衡量借款人短期偿债能力的指标主要有流动比率、速动比率、现金比率。

- 流动比率

公式：

$$流动比率 = \frac{流动资产}{流动负债}$$

意义：流动比率是衡量借款人短期偿债能力最通用的指标，它反映借款人在短期债务到期前将资产转化为现金来偿付债务的能力。一般情况下，流动比率越高，借款人短期偿债的能力越强，债权人权益越有保证，表明借款人可以变现的资产数额越大，债权人遭受损失的风险越小。但是，流动比率过高也可能是由于存货过多，因此，流动比率应当保持在一个合适的水平上。

标准值：2.0。原则上流动比率大于 2 时，说明其偿债的能力较强，借款人财务状况稳定可靠。

分析：流动比率低于正常值时，说明企业的短期偿债风险较大。一般情况下，营业周期、流动资产中的应收账款数额和存货的周转速度是影响流动比率的主要因素。

- 速动比率

公式：

$$速动比率 = \frac{速动资产}{流动负债}$$

其中：

速动资产 = 流动资产 - 存货 - 预付账款 - 待摊费用 - 待处理流动资产损失

简化公式：

速动资产 = 流动资产 - 存货

意义：速动比率是借款人的速动资产与流动负债的比率。该比率主要是分析能够很快转变为现金的流动资产超过流动负债的相对数量，用于衡量借款人流动资产中可用于偿付流动负债的财力。它是流动比率一个重要的辅助指标，有时借款人流动比率虽然高，但是流动资产中易于变现、具有即刻支付能力的资产却很少，则借款人的短期偿债能力仍然较差。因此，速动比率较流动比率能够更加准确、可靠地评价资产的流动性及借款人偿还短期债务的能力。

标准值：0.8～1。根据经验，一般认为速动比率为1时较为合适，表明借款人每1元的流动负债，都有1元易于变现的资产作为抵偿。如果速动比率过低，说明借款人的短期偿债能力存在问题；速动比率过高，则又说明借款人因拥有过多的速动资产，而可能失去一些有利的投资和获利机会。

分析：速动比率低于1通常被认为短期偿债能力偏低。影响速动比率可信性的重要因素是应收账款的变现能力，因为账面上的应收账款不一定都能变现，也不一定非常可靠。

- 现金比率

公式：

$$现金比率 = \frac{现金类资产}{流动负债}$$

意义：现金类资产包括借款人拥有的货币资金和持有的易于变现的有价证券，如可随时销售的短期有价证券、可贴现及可转让的票据等，它们或者可以随时提现，或者可以随时转让变现，或者可以随时贴现，总之，持有它们就等于持有现金。现金比率的意义在于借款人快速变现的资产可以偿还流动负债的比率。

标准值：无。

分析：现金比率较流动比率和速动比率更能准确地反映借款人的直接偿债能力，特别是在借款人应收账款和存货都抵押出去或已有迹象表明应收账款和存货的变现能力存在问题的情况下，计算现金流量更为有效。在保持必要的流动性前提下，该指标不宜过高，以免造成不必要的资金浪费。

②长期偿债能力。衡量借款人长期偿债能力的时候，主要考虑资产负债率、产权比率、利息保障倍数和或有负债比率等指标。

- 资产负债率

公式：

$$资产负债率 = \frac{总负债}{总资产} \times 100\%$$

意义：该指标主要是分析借款人总资产中债权人提供资金所占的比重，以及借款人资产对债权人权益的保障程度。对银行来说，借款人资产负债率越低越好。因为资产负债率越低，说明负债在借款人总资产中的比重越小，债权的保障程度就越高，风险也就越小。反之，资产负债率越高，说明负债在总资产中的比重越大，则表明借款人的债务负担越重，债权的保障程度就越低，债权人权益就存在风险。

标准值：70%。

分析：资产负债率越大，企业面临的财务风险越大，获取利润的能力也越强。如果企业资金不足，依靠负债维持，导致资产负债率特别高，偿债风险就很高。资产负债率在60%~70%比较合理、稳健；达到85%及以上时，应视为发出预警信号。

- 产权比率

公式：

$$产权比率 = \frac{负债总额}{所有者权益总额} \times 100\%$$

意义：该比率反映了借款人、所有者权益对债权人权益的保障程度，即在借款人清算时债权人权益的保障程度。这一比率越低，表明借款人的长期偿债能力越强，债权人权益保障程度越高，承担的风险越小，债权人也就愿意向借款人增加借款；反之，这一比率越高，则表明借款人的长期偿债能力越低，借款人的风险主要由债权人承担，债权人自然就不愿意向借款人增加借款。

标准值：120%。

分析：一般来说，产权比率高是高风险、高报酬的财务结构，产权比率低是低风险、低报酬的财务结构。从股东方面来说，在通货膨胀时期，企业举债经营可以将损失和风险转移给债权人；在经济繁荣时期，举债经营可以获得额外的利润；在经济萎缩时期，少借债可以减少利息负担和财务风险。

- 利息保障倍数

公式：

$$利息保障倍数 = \frac{利润总额 + 利息费用}{利息费用}$$

意义：利息保障倍数是指借款人生产经营获得的税前利润与利息费用的比率，是衡量借款人偿还负债利息能力的指标。该比率越高，表明企业支付利息费用的能力越强；反之，则说明企业支付利息费用的能力越弱。

标准值：2.5。

分析：企业要有足够高的税前利润，才能保证负担得起利息。该指标越高，说明企业的债务利息压力越小。但该指标值不能低于1，低于1则意味着企业连偿还利息都保证不了。

- 或有负债比率

公式：

$$或有负债比率 = \frac{或有负债}{净资产} \times 100\%$$

意义：或有负债比率是指或有负债与净资产的比率。其中或有负债是指借款人为第三方提供的担保（保证人）和商业承兑汇票。

标准值：100%以下。

分析：或有负债具有不确定性，其最终可能形成企业负债，也可能不形成企业负债。因此，相对于借款人净资产而言，或有负债不宜过高，以免成为企业不能承担的负担。通常，或有负债比率必须控制在150%以下，以100%以下最佳。

（2）营运能力分析。营运能力是指借款人生产经营中各项资产周转速度所反映出来的资产运用效率。它不仅能够反映借款人的资产管理水平与资产配置组合能力，而且也影响着借款人的偿债能力和盈利能力。

①应收账款周转率

公式：

$$应收账款周转率 = \frac{销售收入净额}{应收账款年平均余额} \times 100\%$$

其中：

$$应收账款平均余额 = \frac{期初应收账款余额 + 期末应收账款余额}{2}$$

意义：应收账款周转率反映企业应收账款的流动速度、回收货款的能力。应收账款周转率越高，说明货款回收速度越快；反之，说明营运资金过多呆滞在应收账款上，影响正常资金周转及偿债能力。

标准值：300%。

分析：分析应收账款周转率时，应结合企业的经营方式。有时该指标不能完全反映企业的实际情况，如季节性经营的企业、大量使用分期收款结算方式的企业、大量使用现金结算的销售型企业、年末大量销售或年末销售大幅度下降的企业。

②存货周转率

公式：

$$存货周转率 = \frac{年销售成本}{存货年平均余额} \times 100\%$$

其中：

$$存货年平均余额 = \frac{期初存货余额 + 期末存货余额}{2}$$

意义：存货周转率是衡量和评价借款人购入存货、投入生产、回收货款等环节管理状况的综合指标，说明借款人的存货从资金投入货款回收的时间长短。

标准值：300%。

分析：存货周转率越高，存货的占用水平越低，流动性越强，存货转换为现金或应收账款的速度越快。通常，在企业流动资产中，存货所占比重较大，存货的流动性将直接影响借款人的流动比率，影响企业的短期偿债能力。

③总资产周转率

公式：

$$总资产周转率=\frac{销售收入}{总资产年平均余额}\times 100\%$$

其中：

$$总资产年平均余额=\frac{期初总资产余额+期末总资产余额}{2}$$

意义：总资产周转率反映总资产的周转速度，即借款人销售能力和全部资产的周转速度。周转率越高，说明企业销售能力越强。企业可以采用薄利多销的方法，加速资产周转，带来利润绝对额的增加。

标准值：80%。

分析：总资产周转率指标用于衡量企业运用资产赚取利润的能力。总资产周转率经常与反映盈利能力的指标一起使用，全面评价企业的盈利能力。

④流动资产周转率

公式：

$$流动资产周转率=\frac{销售收入}{流动资产年平均余额}\times 100\%$$

其中：

$$流动资产年平均余额=\frac{期初流动资产余额+期末流动资产余额}{2}$$

意义：流动资产周转率反映流动资产的周转速度，周转速度越快，会相对节约流动资产，相当于扩大资产的投入，增强企业的盈利能力；而周转速度慢，则需补充流动资产参加周转，造成资产的浪费，降低企业的盈利能力。

标准值：100%。

分析：分析流动资产周转率要结合存货、应收账款一并进行，与反映盈利能力的指标结合在一起使用，可全面评价企业的盈利能力。

（3）盈利能力分析

①销售利润率

公式：

$$销售利润率=\frac{销售利润}{年销售收入净额}\times 100\%$$

意义：销售利润率表示每 1 元销售收入带来的销售利润。该指标反映和衡量借款人销售收入的收益水平。比率越大，表明企业经营成果越好。

标准值：10%。

分析：在销售收入增加的同时，企业必须要相应获取更多的净利润才能使销售净利率保持不变或有所提高。销售净利率可以分解成为销售毛利率、销售税金率、销售成本率、销售期间费用率等指标进行分析。

②营业利润率

公式：

$$营业利润率=\frac{营业利润总额}{年销售收入净额}\times 100\%$$

意义：营业利润率表示每 1 元销售收入带来的营业利润。该指标反映营业利润占产品销售收入净额的比重。比率越大，表明企业营业活动的盈利水平越高。

标准值：15%。

分析：营业利润率是企业销售净利润的最初基础，没有足够高的营业利润率，不可能形成盈利。

③资产收益率（ROA）

公式：

$$资产收益率=\frac{净利润}{资产年平均余额}\times 100\%$$

其中：

$$资产年平均余额=\frac{期初资产总额+期末资产总额}{2}$$

意义：资产收益率把企业一定期间的净利润与企业的资产相比较，表明企业资产的综合利用效果。指标值越高，表明资产的利用效率越高，说明企业在增加收入和节约资金等方面取得了良好的效果，否则相反。

标准值：无。

分析：资产收益率是一个综合指标。净利润与企业资产、资产的结构、经营管理水平有着密切的关系。影响资产收益率高低的因素有产品的价格、单位产品成本、产品的产量、销售的数量和资金占用量。可以结合杜邦财务分析体系来分析经营中存在的问题。

④资本收益率（ROE）

公式：

$$资本收益率=\frac{净利润}{所有者权益年平均余额}\times 100\%$$

其中：

$$所有者权益年平均余额=\frac{期初所有者权益+期末所有者权益}{2}$$

意义：资本收益率反映企业所有者权益的投资报酬率，即股东获得的回报。

标准值：8%。

分析：资本收益率又称权益报酬率、净值报酬率、净资产收益率，是个综合性很强的指标。杜邦分析体系将这一指标分解成相关联的多种因素，进一步剖析影响所有者权益报酬的各个方面，如资产周转率、销售利润率、权益乘数。此外，还应结合应收账款、其他应收款、待摊费用进行分析。

（三）非财务分析

在对借款人的非财务因素进行分析时，信贷人员需要通过信贷档案和公共信息网络来充分获取有关借款人的各种信息。信贷人员在对借款人财务状况进行分析的基础上，对复杂多样的因素进行综合分析比较，找出影响贷款偿还的关键性的本质因素，进而进一步判断这些因素是否对贷款的偿还有实质性的影响，而后凭此对贷款进行分类。由于非财务因素具有较多的主观判断，因此需要信贷人员正确理解分类标准，并在实践中不断积累经验，对贷款的偿还作出正确判断。

影响贷款偿还的非财务因素在内容上和形式上均是复杂多样的，一般可以从借款人的行业风险、经营管理风险、自然及社会因素和还款意愿等几个方面，来发现非财务因素的存在并分析其影响程度（见表3－1）。

表3－1　非财务分析的主要内容

行业因素	经营因素	管理因素	自然和社会因素	还款意愿
成本结构 成长期 周期性 产品替代性 产品依赖性	企业总体特征 产品总体特征 市场竞争 经营理念 采购环节 生产环节 销售环节	组织形式 管理层经验 管理层稳定性 管理幅度 员工素质 内部控制 法律纠纷	战争 法律、政策调整 经济技术环境 自然灾害 环保 城市建设	第一还款来源 第二还款来源

1. 行业风险因素。通常可以从借款人所在行业的成本结构、成长期、产品的经济周期性和替代性、行业的盈利性、经济技术环境的影响、对其他行业的依赖程度以及有关法律政策对该行业的影响程度等方面来分析借款人所处行业的基本状况和发展趋势，并由此判断借款人的基本风险。

2. 经营管理风险因素。通常可以从借款人的经营规模、发展阶段、产品单一或多样、经营策略等方面了解借款人的总体特征，分析其产品情况和市场份额以及在采购、生产、销售等环节的风险因素，来判断借款人的自身经营风险。另外，可以从借款人的组织形式、借款人文化特点、管理层的素质和对风险的控制能力、经营管理作风等方面来考察借款人的管理风险，并且关注借款人遇到的一些经济纠纷及法律诉讼对贷款偿还的影响程度。

3. 自然和社会因素。战争、自然因素和人口等各种因素，均有可能给借款人带来意外风险，从而对借款人的还款能力产生不同的影响。

4. 还款意愿。通常，贷款的偿还是由借款人的还款能力决定的，但是在“有钱不还”“赖账不还”风气盛行的情况下，贷款的偿还在很大程度上又是由借款人的还款意愿决定的。因此，可以从借款人对银行和其他债务人的还款记录，借款人在经营过程中遵纪守法、诚实守信程度，有无隐瞒事实采取不正当手段来套取银行贷款等方面来判断借款人的还款意愿及是否有意拖欠银行的贷款。

借款人的还款意愿大多与还款来源有关，还款来源分第一还款来源和第二还款来源。对于法人借款人来说，第一还款来源往往指其是否拥有主营收入和现金流的净流入量。对于自然人借款人来说，第一还款来源通常看其是否有正当职业和固定收入。如果没有固定收入或固定收入很少，借款人将会心有余而力不足，从而丧失还款能力。第二还款来源是指借款人能够提供的担保措施，如抵押物、质押物和保证人。

（四）担保分析

当借款人的财务状况出现恶化、借款人不按照贷款合同履行义务时，借款人的担保为贷款的偿还提供了第二还款来源。为降低受损的风险程度，商业银行应尽可能对其发放的所有贷款要求借款人提供担保（保证、抵押或质押）。

1. 担保的含义。从金融角度看，担保是指债权人为了防范债务人违约而产生的风险，降低资金损失，要求债务人或者第三人以财产或者信用提供履约保证或者承担相应责任，保障债权实现的一种经济行为。

贷款担保是指借款人或第三人以特定的财产或权利承担或连带承担偿还本息的义务，贷款人有权依法或按照合同约定处置借款人特定的财产和权利，以优先偿还贷款的一种法律关系。

2. 担保的种类。我国银行担保通常采用抵押、质押和保证三种方式。

（1）抵押（物的担保），分不动产抵押和动产抵押两种类型，是指债务人或第三人将其动产或不动产移交给债权人，作为对债权实现的保障。债务人不履行债务时，债权人有权依照相关法律以该财产折价或者拍卖、变卖该财产的价款优先受偿。

（2）质押（物的担保），分动产质押和权利质押两种类型，是指债务人或第三人将其动产或权利移交给债权人，作为对债权实现的保障。债务人不履行债务时，债权人有权依照相关法律规定以该财产或权利折价或者拍卖、变卖该财产的价款优先受偿。

（3）保证（人的担保），即信用担保，是指保证人和债权人约定，当债务人不履行债务时，保证人按照保证合同约定，履行债务或者承担责任的行为。保证责任分一般保证责任和连带保证责任。

3. 担保的原则。

（1）贷款的担保不能取代借款人的信用状况。抵押和质押只是保证债务偿还的一种手段，不能取代借款人的信用状况，在还款来源上绝不能依赖抵押品和担保。一旦银行不得不出售抵押品变现或向担保人行使追索权时，其花费的成本与精力将使一笔贷款由盈利变为亏损，或者造成更大的损失。同样，担保贷款也存在类似问题，一旦债务偿还出现困难，尽管有担保，该项贷款的可收回性仍然存在问题。

这里涉及一个机会成本的问题，假如将该贷款当初不贷给将要或正要受到损失的项目，而贷给一个偿还能力很强的借款人，那么效果就截然不同了。

（2）担保并不一定能够确保贷款得以偿还。因为抵押物在被拍卖处置（出售或转让）时，资产的现值往往会减少，在这种情况下，银行所控制的抵押物并不能保证其足额偿还债务人的债务。担保只能降低风险，而不能完全消除风险。

无论是抵押还是质押，都必须具有法律效力。比如，抵押和质押的合同都必须是合法的，这样银行在处置抵押品和追索担保责任时，才能得到有关法律的保护。土地、建筑物、机器设备等抵押品应由专门的评估机构进行价值评估，评估时要遵循法律程序。在变现抵押物时，应使其具有不可撤销的法律效力，即抵押物应为债权的全部或部分清偿提供支持，并可为债权人依法拥有。在评估抵押物价值，并确定将其变现是否能获得足够的资金偿还贷款时，检查人员通常要通过对抵押品的分析来鉴别抵押品的有效性以及抵押品的市场价值。在分析抵押品变现能力和现值时，在有市场的情况下，按照市场价格定价，在没有市场的情况下，应参照同类抵押品的市场价格定价。担保也需要具有法律效力，并且是建立在担保人的财务实力以及愿意为一项贷款提供支持的基础之上。因此信贷人员在分析担保时，要判断担保措施是否能够尽可能地消除或减少贷款风险损失。

4. 担保分析要点。担保分析要点如表 3－2 所示。

表 3－2　担保分析要点

担保方式	要点分析
抵押	对抵押物的占有和控制 抵押物的流动性 价值评估 变现价值 抵押率
质押	对质押物的占有和控制 质押物的流动性 价值评估 变现价值 质押率
保证	保证人的资格 财务实力 保证意愿 与借款人之间的关系 保证行为的合法性

其中：

$$抵(质)押率 = \frac{贷款本金 + 利息 + 其他费用}{抵(质)押物评估价} \times 100\%$$

综上所述，信贷人员将实际调查得到的借款人的信用信息、财务因素、非财务因素以及担保物的情况，加以分析和判断，并作出借款人、担保人的经营和财务发展趋势分析。由于经济周期、经营周期以及经营战略的变化，借款人、担保人在一段时间内的经营和财务发展趋势会发生变化，信贷人员在分析时应以动态的方式了解和分析借款人的经营管理与财务状况，更全面地认识和判断借款人的还款能力。与此同时，信贷人员还应列出借款人、担保人连续三期的财务状况，通过对财务变动趋势的分析，更进一步了解借款人的还款能力。

根据尽职调查获得的信息，在充分考虑了借款人的现金流量、财务状况、担保措施和非财务因素影响的基础上，应该能够回答以下的问题：

（1）借款人目前的财务状况是怎样的？现金流量是否充足？是否有能力还款？

（2）借款人过去的经营业绩和记录如何？是否有还款的意愿？

（3）借款人是否有还款来源？第一还款来源和第二还款来源分别是什么？

（4）借款人目前和潜在的问题是什么？对贷款的偿还会有什么影响？

（5）借款人未来的经营状况是怎样的？如何偿还贷款？

识别早期预警信号，有助于发现和预测贷款的现有问题和发展趋势，并由此来确定贷款按期足额偿还的可能程度。

【知识链接3－3】

流动资金贷款

产品简介

流动资金贷款是指满足借款人日常生产经营周转的本外币贷款。流动资金贷款分为贷款期限在1年（含）以内的短期流动资金贷款和贷款期限为1年（不含）至3年（含）的中期流动资金贷款。

适用客户

经市场监督管理机关（或主管机关）核准登记的，符合《贷款通则》规定要求和银行流动资金贷款放款条件的企（事）业法人、其他经济组织和个体工商户。

产品功能与特色

贷款期限灵活，能够满足借款人临时性、短期和中期流动资金需求。

办理流程

（1）客户提出申请，并提交相关申报材料。

（2）银行进行尽职调查以及审查审批。

（3）签订合同以及落实担保等有关手续。

（4）落实放款条件后银行发放贷款，客户使用资金。

（5）客户按约定偿还贷款。

资料来源：华夏银行官方网站。

七、贷款风险管理

（一）贷款风险的分类

依照国际通行做法，按贷款风险程度对贷款进行分类，以揭示贷款的内在风险，及时、准确、全面地反映贷款的风险价值。

1998年以前，我国实行的贷款分类方法基本上是沿袭财政部1993年印发的《金融保险企业财务制度》中的规定，把贷款划分为正常、逾期、呆滞、呆账四类，后三类合称不良贷款（简称“一逾两呆”）。这种分类方法简单易行，在当时的企业制度和财务制度下，发挥了重要作用。但是，随着改革开放的深入，“一逾两呆”的局限性开始显现。一是对信贷资产质量的识别滞后，未到期贷款不一定都正常；二是标准宽严不一，不利于衡量贷款的真实质量。逾期贷款的标准过严，过期1天就算不良贷款，而国际惯例一般过期90天以上才划分为不良贷款；而作为不良贷款的“两呆”的定义又过宽，逾期2年以上或虽未满2年，但经营停止、项目下马的贷款才划为呆滞。此外，相关的会计准则规定，逾期2年的贷款才能挂账停息，从而导致银行的收益被高估；对呆账准备金的规定，又使银行的经营成本被低估，其后果是银行不得不为虚增利润而付出超额纳税和超额分红的代价。同时，坏账难以及时核销，贷款损失难以及时弥补，又意味着银行真实资本的减少。这些虽然不是“一逾两呆”本身的弊病，但是都从制度上削弱了银行抵御风险的能力。

2023年2月11日中国银保监会和中国人民银行公布《商业银行金融资产风险分类办法》，自2023年7月1日起施行。该风险分类办法按风险程度，将金融资产划分为五类，即正常类、关注类、次级类、可疑类、损失类。

1. 贷款分类的标准

（1）五级分类的定义

正常类：债务人能够履行合同，没有客观证据表明本金、利息或收益不能按时足额偿付。

关注类：虽然存在一些可能对履行合同产生不利影响的因素，但债务人目前有能力偿付本金、利息或收益。

次级类：债务人无法足额偿付本金、利息或收益，或金融资产已经发生信用减值。

可疑类：债务人已经无法足额偿付本金、利息或收益，金融资产已发生显著信用减值。

损失类：在采取所有可能的措施后，只能收回极少部分金融资产，或损失全部金融资产。

从上述定义不难看出，贷款风险分类的标准有一条最核心的内容，就是贷款归还的可能性。而决定贷款能否偿还，借款人的还款能力是最主要的因素。在法制健全的情况下，借款人的还款能力几乎是唯一重要的因素。在我国当前情况下，有些借款人明明有能力还款，却偏偏赖账不还，而银行又无法通过法律程序迅速地保全资产。因此还款意愿也影响着还款的可能性。但是究其实质，还款能力还是占主导地位的因素之一。

（2）五级分类的标准

①正常类。正常类贷款是指借款人的财务状况无懈可击，没有任何理由怀疑贷款的本息偿还会发生任何问题。

②关注类。符合下列情况之一的金融资产至少归为关注类：本金、利息或收益逾期，操作性或技术性原因导致的短期逾期除外（7天内）；未经商业银行同意，擅自改变资金用途；通过借新还旧或通过其他债务融资方式偿还，债券、符合条件的小微企业续贷业务除外；同一非零售债务人在本行或其他银行的债务出现不良。

③次级类。符合下列情况之一的金融资产至少归为次级类：本金、利息或收益逾期超过90天；金融资产已发生信用减值；债务人或金融资产的外部评级大幅下调，导

致债务人的履约能力显著下降；同一非零售债务人在所有银行的债务中，逾期超过90天的债务已经超过20%。

④可疑类。符合下列情况之一的金融资产至少归为可疑类：本金、利息或收益逾期超过270天；债务人逃废银行债务；金融资产已发生信用减值，且预期信用损失占其账面余额的50%以上。

⑤损失类。符合下列情况之一的金融资产至少归为损失类：本金、利息或收益逾期超过360天；债务人已进入破产清算程序；金融资产已发生信用减值，且预期信用损失占其账面余额的90%以上。

2. 贷款分类的范围

从广义上说，贷款分类应称作资产分类。因为，贷款分类的原则和标准几乎适用于所有的金融资产。从整个资产负债表的资产方来看，凡是有市场价格的都按市场价格定值。没有市场价格的，可以运用贷款分类的方法为其分类。但是由于信贷资产是资产的主要内容，贷款分类从覆盖范围来看，也可以涵盖资产分类的大部分内容。进一步地说，贷款分类的标准与定义适用于所有的信贷资产，包括商业性贷款、消费者贷款、透支、应收利息与有价证券投资。贷款分类方法也适用于表外项目，包括信用证、担保以及具有约束力的贷款承诺。但是，由于各类资产的性质不同，监管当局在对银行的资产进行评估的时候，不能不加区别地对所有的资产都使用同样的贷款分类标准。例如，对于商业性贷款分类完全使用该方法；对于消费者信贷和住房按揭贷款，由于借款人没有财务报表，并且分别监控的成本较高，因此主要根据逾期的时间长短和以往逾期的次数对这类贷款分类。这样，在客观上五级分类中的关注类和可疑类就不适用于此类贷款，所以这类贷款一般只分为正常类、次级类和损失类。

贷款分类的结果，按风险程度加权汇总，就得出风险贷款的价值。风险贷款价值和账面价值的差额，就是对银行面临的信用风险的量化结果。这种风险或损失虽然还没有实际发生，但是已经客观存在。根据审慎的会计准则，银行应该针对每笔贷款风险计提专项呆账准备金，弥补和抵御已经识别的信用风险。对于可以认定是无法收回的贷款，则要计提100%的呆账准备金。在经过所有必要的程序之后，仍然无法收回的，则要冲销。但要特别说明的是，冲销呆账只是银行内部的事情，不等于放弃债权，不能放弃催收的努力。核销的呆账一旦收回，还要计入当年的损益，照常缴税。在理想的情况下，计提呆账准备金和冲销呆账的过程应该是动态的：贷款质量下降，呆账准备金就增加；贷款质量改善，呆账准备金就减少。冲销呆账也是一样，认定损失了就冲销，收回了再入账。

（二）贷款风险管理

贷款风险管理是指银行运用系统的、规范的方法对贷款业务活动中的各种风险进行识别、估计和处理，防止和控制贷款风险，从而保障贷款的安全性、流动性和盈利性。强化贷款风险管理是改善银行信贷资产质量状况、提高资产效益的主要途径。

1. 贷款风险识别。贷款风险识别就是对贷款预期风险的类型及其根源作出判别，这是贷款风险管理的第一阶段。风险识别正确与否对风险管理成败关系极大。一般来说，正确识别贷款风险将为成功的风险管理奠定基础。相反，如果对贷款风险作出了错误的识别、判断或疏漏了一些重大的风险征兆，那么，无论贷款风险管理的后续工作做得多么精心，多么严密，最终将不可避免地导致风险管理的失败。

贷款风险识别的基本要求包括：（1）正确判断贷款风险类型；（2）准确寻找贷款风险来源。

二者是相互联系和相互制约的，不可孤立地进行分析和评价。

2. 贷款风险评估。贷款风险评估是对贷款风险发生的可能性及其损失规模作出评价，这是贷款风险管理的第二阶段，也是整个贷款风险管理的重点和难点。

贷款风险评估的基本要求包括：（1）估计贷款风险发生的可能性；（2）度量贷款风险可能造成的损失规模。

贷款风险评估应坚持以定量分析为主、定性分析为辅的原则。

3. 贷款风险处理。贷款风险处理是指在识别和评估贷款风险之后，采取有效措施对贷款预期风险进行防范，以及对贷款风险加以消除，将风险损失降到最低限度，这是贷款风险管理的最终阶段。

贷款风险处理的具体方法包括四种：（1）拒绝或避免贷款风险，是指银行对一些高风险的贷款项目作出主动放弃的决策；（2）降低贷款风险，是指银行通过比较不同贷款方案，选择贷款机会成本和风险损失程度低的方案实施并跟踪监测；（3）转移或分散贷款风险，是指银行通过贷款担保或向保险机构投保等方式将贷款风险转移给担保者或保险公司；（4）贷款风险补偿，是指银行通过呆账准备金，对已发生的坏账贷款进行核销。

控制贷款风险具有很强的实践性，在很大程度上取决于信贷人员的经验、知识和判断能力。影响贷款偿还的因素千差万别，对贷款构成风险的因素不断产生，因此，要将风险控制的方法公式化，既不可能，也不应该。

（三）贷款风险处置

当银行发现一笔贷款存在问题时，信贷人员必须立即考虑采取何种措施来解决这些问题。问题贷款的处理办法包括更换借款人、贷款重组、采取法律措施依法收贷等。

1. 更换借款人。对于问题贷款，银行可以要求借款人将贷款转让给条件较好的第三方，或直接由第三方向银行申请贷款并归还原借款人的问题贷款。第三方可能包括借款人的股东或母公司、关联企业、借款人的债务人、准备收购或兼并借款人的第三方、其他银行或债权人等。由于种种原因，这些第三方可能会承担借款人的原有债务，如借款人的股东可能认为借款企业有良好的发展前景，出资挽救会获得较大的未来回报；借款人的母公司可能担心子公司破产或陷入危机会影响整个企业集团的安全；关联企业因与借款人有着较强的业务依赖关系，它们可能会伸出援助之手；其他银行或

债权人愿意将资金提供给借款人并同意用这部分资金归还银行贷款，可能是认为这是与借款人建立合作关系的极好机会，或者认为借款人的问题是可以解决的；收购兼并方收购原借款人，必须承担其所有债务。

在实际操作中，更换借款人可能会出现一些变异的情况，如只更换借款人而不更换保证人或担保物，不更换借款人而只更换保证人或担保物等。此外，资产证券化、贷款出售等也属于这种情况。如此可能会演变为银行债权转为股权、债权停息挂账若干年、收购兼并方只承担部分债权而另一部分由银行核销。

2. 贷款重组。如果贷款存在的问题是短期的或暂时的，而且企业管理层有能力、有诚意解决这些问题，那么，银行就可以采取贷款重组的方式解决问题。贷款重组的措施主要有以下几种。

（1）贷款展期。对于那些因贷款期限设计与借款企业生产经营周期不匹配致使企业不能按期偿还的贷款，银行可以适当延长贷款期限，办理贷款展期。

（2）借新还旧。借新还旧是指用新借的贷款归还旧的贷款。利用借新还旧的机会，银行可以要求借款人提供较好的担保措施，将信用转为抵押或质押、追加抵押物、更换更加优质的抵押物、更换保证人、增加保证人等，从而将贷款风险部分转嫁给第三方。此外，银行还可以要求借款人归还部分贷款本金、利息，然后再给予借新还旧。

（3）还旧借新。还旧借新是指先归还旧的贷款，银行才借给企业新的贷款。银行在运用还旧借新对贷款进行重组时，应注意追踪归还旧的贷款的资金来源，以此判断企业经营的困难程度。同时，银行通过借新之机要求债务人改善担保条件，或归还部分贷款本金和利息。

（4）减免利息或本金。当银行确信借款人具有合作诚意、还款意愿较强，重组后有足够的还款能力且还款来源可靠时，可以考虑部分减免借款人的贷款利息或本金，以降低借款人还款负担与还款压力，鼓励其努力还款。

（5）以物抵债。以物抵债就是债务人以抵押物或以其他资产所有权的转移来抵销银行贷款。在以物抵债的操作过程中，银行要考虑抵押物的变现情况，如抵押物的变现性差，银行收回这些资产后难以及时处理，不仅无法增强资产的流动性，而且还可能产生保管成本。以物抵债只是解决问题贷款的权宜之计，如果债务总额过大，银行就会因实物资产的迅速膨胀而影响资产的流动性。

（6）追加贷款。如果贷款不能按时偿还是由于企业生产经营资金或项目投资资金不足，不能形成生产能力或不能及时生产出产品，在这种情况下，银行可在充分论证，确认其产品有销路、有较好经济效益的前提下，适当追加贷款。银行在作出追加贷款的决策时应该慎重，以避免贷款损失进一步扩大。

其他贷款重组方式还包括限制借款企业的经营活动、追加担保物、重新规定还款方式及每次还款金额和债转股等。

3. 清算抵押物。如果贷款重组无助于改善借款企业的经营状况或借款人不能履行贷款重组协议项下的义务，银行应考虑如何处理抵押物。银行在处理抵押物时，一般要取得法律的许可，并通过协议转让、拍卖、变卖等方式进行。处理抵押物可能会导致借款企业宣布破产，如果抵押物处理所得不足以偿还贷款本息，银行应做好继续参与破产分配或核销贷款的准备。

4. 贷款诉讼。如果抵押（质押）物的处分收入或保证人的收入不足以偿还贷款本息，或贷款没有设定担保责任，银行应当对借款人或保证人提起诉讼，要求法院予以解决。由于通过法院解决债务问题需要花费一定的诉讼成本，因此银行在诉诸法律之前，应当作出利弊权衡。此外，银行在向法院提起诉讼时，应对借款人和保证人的财产与收入情况进行调查。如果银行经调查发现其财产和收入的确存在，则应在胜诉以后，通过没收财产、拍卖资产、扣押收入和清算债务等方式抵偿贷款本息。

5. 申请破产。在借款企业通过上述几种办法仍不能归还贷款的情况下，银行唯一的选择只能是依法申请对企业进行破产清算。如果债务人尚存有一些资产，那么破产之后，其债务就可以按顺序偿还，但在清偿顺序上，银行债权并不具有较早的顺序，因此申请破产这种办法无论对企业、对银行，还是对企业的其他债权人都十分不利。因为破产是在资不抵债的情况下按照法律程序清偿债务，银行选择让企业破产，等于选择了让银行部分贷款白白损失，故申请破产只能是在万不得已的情况下作出的最后选择。

当企业申请破产时，银行要及时向法院申报债权，并会同有关部门对企业的资产和债权债务进行全面清理。对破产企业已设定财产抵押或担保的贷款应优先受偿，无财产担保的贷款按法定程序和比例受偿。

6. 呆账核销。经过充分的努力，最终仍然无法收回的贷款，银行应列入呆账，由贷款损失准备金冲销。对于已核销的损失类贷款，银行应继续保留对贷款的追索权。

【案例分析 3－2】

仓单质押贷款的风险分析[①]

一、案例概述

A公司是一家钢材贸易企业，主要经营钢板、螺纹钢、角钢和带钢等钢材的销售。B公司是一家大型钢材生产企业，生产销售各类钢材，两家公司长期有业务往来。

2018年10月，A公司因业务需要，计划从B公司购进一批价值350万元的钢板，并与B公司签订了购销合同。由于资金不足，A公司以价值500余万元的自有螺纹钢向甲银行申请仓单质押贷款，甲银行受理了A公司的贷款申请，对A公司资信状况和财务指标进行审核。经协商，该批钢材仍存放于A公司的自有仓库，甲银行委托第三方进行24小时监管，质押期限3个月。相关数据见表3－3。

① 作者根据实地调研内容编写。为保护商业秘密，所涉数据做了掩饰性修改。

表 3-3 质押数据

质押数量	1 000 吨	认定质物价值	510 万元
质押率	70%	授信额度	357 万元
监管费率	按质物价值的 0.1%	保证金比例	30%
监管费用	5 100 元/月	贷款利率	LPR 浮动利率

后因钢材市场价格大幅度下跌，A 公司库存钢材迅速贬值，产生巨额亏损。由于短期内钢材无法实现销售，A 公司的现金流锐减，最终破产，银行承兑汇票到期无法兑付。法院受理破产案后经调查发现，A 公司已将该批螺纹钢出售给了 C 公司，双方签订了购销合同，C 公司已付部分货款。为保护债权人 C 公司的利益，法院将质押物进行了查封冻结，待破产案件审理后进行处置。

甲银行主张实行质权，对质押物进行拍卖处理并优受偿。但破产管理人和当地法院以“本案仓单质押法律性质不明确，仓单质押没有背书，仓储物在质押期间已经被使用或处分，质押关系已经消灭”为由，并未认同银行对质押钢材享有处分权。

二、风险点分析

（一）管理风险

1. 质押物品选择的风险

质押物品选择的风险有两个方面。一是市场风险。物品在质押过程中价格可能会发生变动，如质押物市场价格大幅下跌，可能导致企业贷款额高于质押物价值，而企业可能因蒙受重大损失而丧失还款能力，给银行的贷款回收带来风险。二是品质风险。有些物品的品质会随时间而降低，其价值也会大打折扣。所以，并不是所有的物品都适合作仓单质押，要充分考虑物品的价格波动和质量问题。

2. 质押物的监管风险

质押物的监管风险主要源于物流企业。一般在仓单质押业务中，物流企业主要负责质押物价值的评估、货物的检查验收、质押物的管理、协助实现和行使质权。质押物的管理包括对质物进行存放、日常盘点计量、向银行报告质物进出库情况和根据银行指示放货等，如果物流企业因质物评估失真或质押期间监管不力导致单货不符、一货多单等情况，将严重影响银行质权的实现。

3. 仓单风险。仓单是一种有价证券，也是一种格式合同。仓单上必须记载的内容包括存货人的名称和住所、仓储物流的品种、数量、质量、包装、件数和标记等。但我国仓单没有统一的格式，均是由各家仓库自行设计，有的企业甚至以入库单作为质押凭证。因此，仓单作为质押业务重要的法律凭证，应对其进行规范。

（二）信用风险

1. 客户的资信风险。在仓单质押业务中，客户的信用风险具体表现为：客户将非法获得物（如走私品）、他人货物或有权属争议的货物用于质押，客户隐瞒贷款投资动向、投资项目的风险和收益，客户虚报质押物价格，商品的质量不合格，财务报表不真实，商品重复质押，使用伪造、变造的仓单质押，客户在滚动提取货物时提好补坏或以次充好，及客户在有能力还贷的情况下不履行还贷义务等。此外，还存在因客户经营不善带来的风险，如货物出现滞销而无法在贷款期内顺利将货物出售，或财务状况突然恶化，银行很可能无法按时收回贷款本息。这些情况一旦发生，都将给银行带来巨大的损失。

2. 物流企业的资信风险。仓单质押业务中引入物流企业，是为了解决商业银行与中小企业之间的信息不对称问题，控制银行贷款的风险。作为银行的代理人，物流企业的信用及管理水平对于维护银行的利益至关重要。我国许多资信状况差、管理水平低的物流企业也提供仓单质押监管服务，而资信状况差的物流企业有可能为了争取业务或获得其他收益而与借款人共同向银行骗贷，使银行面临巨大的风险。

第四节　贴现业务

票据贴现是商业银行主要的资产业务之一。所谓票据贴现是指商业银行应客户的要求，以现款或活期存款买进未到期的票据，银行扣除自贴现日至到期日的利息，票据到期后银行向债务人索取票据所载金额。

一、票据贴现的主要对象

1. 商业汇票。商业汇票是由收款人或付款人签发，由承兑人承兑，并于到期日向收款人或被背书人支付款项的票据。

商业汇票分为两种：银行承兑汇票和商业承兑汇票。由付款人承兑的商业汇票称为商业承兑汇票，由银行承兑的商业汇票称为银行承兑汇票。商业承兑汇票的流动性根据承兑人的信用而定，如果承兑人信用好，汇票流动性就高，银行也愿意予以贴现；相反，如果承兑人信用不好，汇票流动性就差，银行则不愿意予以贴现。银行承兑汇票是由银行承兑，其可靠性好，持票人急用款项时，可持票向往来银行申请贴现。

2. 银行票据。银行票据是由银行发出的以银行为付款人的票据。由于银行票据的出票人和主要债务人均是银行，其信用比一般商业汇票信用可靠。

3. 商业期票。商业期票是交易成立时，买方向卖方发出的同意于若干日后支付一定金额给卖主或持票人的本票。这些商业期票也作为银行贴现的对象，但应注意的是，这些期票不是以真实交易为基础，信用可靠性较差。

4. 债券。债券，特别是政府或政府机构发行的公债、国库券或其他短期即可到期的债券是商业银行十分愿意贴现的票据。

二、票据贴现的基本要素

商业银行票据贴现的基本要素有贴现额、贴现期和贴现率。

（1）贴现额。贴现额按汇票的票面金额来核定。

（2）贴现期。贴现期是指贴现银行向贴现申请人支付票款之日起至该汇票到期日为止的期限。

（3）贴现率。贴现率是一定时期的贴现利息同贴现额的比率。

上述三个基本要素确定以后，就可以计算出银行实际付给贴现申请人的金额。

$$贴现利息 = \frac{票面金额 \times 利率(\%) \times 天数}{360}$$

$$实付贴现金额 = 票面金额 - 贴现利息$$

银行办理贴现时应对贴现申请人和票据进行审查，如果不符合贴现要求，则不能贴现。商业银行需要审查的主要内容有如下几点：（1）票据的各项内容是否合法、齐全；（2）票据的安全性；（3）背书人的信用程度及人数；（4）票据的期限；（5）贴现数额的限度。

三、商业汇票业务流程

承兑商业汇票的出票人是在银行开立存款账户的法人以及其他组织，与付款人具有真实的委托付款关系，具有支付汇票金额的可靠资金来源。

1. 业务流程

（1）经办银行信贷员贷前调查。

（2）经办银行和公司部双人查询核票。经办银行信贷经理负责核查票据的要素是否齐全、背书是否连续、汇票查询结果及票据是否真实等；公司部负责核查贸易背景是否真实、证照资料是否合法完整有效、贴现金额和利率等。

（3）经办银行分管信贷的副行长审批。副行长审核与贸易、劳务、债权债务合同以及项下相关的发票和其他资料，审批后提交上级行。

（4）上级银行信贷初审员审核后交信贷部经理审批，最后由分管信贷的副行长审批。

（5）公司部出具贴现通知书，营业部放款。

2. 会计分录

借：贴现资产——票据贴现（面值）

　贷：活期存款——持票人户

　贷：贴现资产——利息调整

借：有价单证

四、票据贴现与贷款的区别

票据贴现与贷款同属商业银行的主要资产业务，但两者存在较大的区别。

1. 期限不同。票据贴现的期限大多数在 6 个月以内，而贷款即使是短期贷款，期限也多为6个月以上1年以内，中长期贷款均为1年以上。

2. 收息方法不同。票据贴现是贴现日预先扣收利息，而贷款利息往往是按月（或季）结算并收取。不少贷款是还清本金时一并计算利息并收取。

3. 当事人不同。票据贴现的当事人为银行、票据出票人、承兑人以及持票人即申请贴现人，而贷款的当事人为银行、借款人和保证人等。

4. 清偿方式不同。票据贴现是一种票据买卖关系，申请贴现人向银行卖出票据，票据由承兑人承兑，到期无条件清偿，贴现银行在票据到期日凭票向承兑人收款，只有在票据被拒付时，银行才向申请人追索。贷款一般由借款人还本付息，如果是担保贷款，担保人承担连带责任。

【知识链接3-4】

银行承兑汇票的融资功能

银行承兑汇票是由出票人签发并由其开户银行承兑的票据。银行承兑汇票和商业承兑汇票同属于商业汇票。银行承兑汇票是由付款人委托银行开具的一种延期支付票据，票据到期时银行有见票即付的义务。电子票据最长付款期限为1年，纸质票据为6个月；票据在期限内既可以进行背书转让，也可以向商业银行申请贴现。因此，持票人可以通过委托收款、背书转让和票据贴现三种途径收到票面上的款项。其中委托收款和背书转让属于结算行为，票据贴现属于融资行为。

银行承兑汇票的融资功能是通过票据的质押、贴现、转贴现和再贴现实现的。我国具有融资功能的汇票只有银行承兑汇票和商业承兑汇票两种，由于银行信用远远高于企业信用，因此银行承兑汇票占有绝大多数的市场份额。

1. 票据融资中的套利机会

如果市场票据贴现利率与存款利率倒挂，出现存款利率高于票据贴现利率的情况，企业利用该利差获得利润的行为即为票据套利。

国内商业银行在进行票据融资时，主要参照上海银行间同业拆放利率（Shibor）上浮5%~10%的水平对银行承兑汇票进行贴现。票据融资利率一旦高于半年期银行存款利率，就会产生套利机会。票据融资属于短期融资，期限一般不长于6个月，电子票据期限最长不超过1年。

企业与商业银行均存在套利机会。企业在比较了存款利率和票据利率后，可采取贴现的方式，尽早到账的货款既可缓解资金紧张，存入银行又可产生收益；商业银行在后续的转贴现过程中也存在套利机会。

2. 票据套利形成的原因

当贴现利率低于贷款利率时，就为票据套利创造了条件。采用票据的低成本融资来代替中长期贷款，有利于降低企业的财务成本；企业和银行的双赢，直接推动了票据套利行为。当贴现利率低于存款利率时，企业通过票据贴现可获得收益，同时，银行也可以获得稳定性较高的定期存款和利息收入。

持票人也可以将票据质押给银行，从而获得短期（纸质票据为6个月，电子票据期限为1年）的资金融通。但贷款利率往往高于贴现利率，因此持票人会比较融资成本后再操作。

第五节　现金管理

一、现金资产管理

现金资产是商业银行维持其流动性而必须持有的资产，它是银行信誉的基本保证。银行是高负债运营的金融企业，对其存款客户负有完全债务责任。从银行安全性角度而言，其流动性越好，安全性就越有保障。如果银行的现金资产不足以应付客户的提现要求，将会加大银行的流动性风险，引发挤兑风险，甚至导致银行破产，进而出现货币供给的收缩效应，削弱商业银行创造存款货币的能力，弱化商业银行的社会信用职能，这是商业银行经营过程中要极力避免的情况。同时，现金资产又是一种无利或微利的资产，因持有现金资产而失去的利息收入构成持有现金资产的机会成本。现金资产占全部资产的比重越高，银行的盈利性资产就越少。因此现金资产保留过多，不利于银行盈利水平的提高。尤其是在通货膨胀或利率水平上升的时期，银行保有现金资产的机会成本也会随之上升。银行从盈利性出发，有以最低的额度保有现金资产的内在动机。现金资产管理的目的就是要在确保银行流动性需要的前提下，尽可能地降低现金资产占总资产的比重，使现金资产达到适度的规模。

（一）现金资产的构成

现金资产主要是商业银行预先准备为应付存款支取和发放贷款所需的资金，主要由库存现金、在中央银行的存款、同业存款和在途资金等组成。

1. 库存现金。库存现金是指银行为应付每天的现金收支活动而保存在银行金库内的纸币和硬币。商业银行的库存现金由业务库存现金和储蓄业务备用金两部分构成。

库存现金属非盈利性资产，而且其所需的防护和保险费用较高，因此商业银行通常仅保持必要的适度数额。通过定性分析和定量测度确定库存现金的合理数量，并严格按制度和操作规范管理库存现金，是商业银行做好资产管理的基础工作。

2. 在中央银行的存款。商业银行存放在中央银行的资金可分为法定存款准备金和一般性存款两部分。

法定存款准备金是商业银行按法定比例向中央银行缴纳的存款准备金，其初始目的主要是使商业银行能有足够的资金应付提取存款，避免发生挤兑而引起银行倒闭。一般性存款又称超额准备金，是商业银行可以自主运用的资金，主要用于转账结算、支付票据交换的差额、发放贷款和调剂库存现金的余缺。

3. 同业存款。同业存款是指商业银行存放在代理行和相关银行的存款。在其他银行保持一定数量的存款，是为了便于银行在同业之间开展代理业务和结算收付。同业存款属于活期存款的性质，可以随时支用，因此可以视同银行的现金资产。

4. 在途资金。在途资金，也称托收未达款，是指本银行通过对方银行向外地付款单位或个人收取的票据。在途资金在收妥之前，是一笔占用的资金，但由于通常在途时间较短，收妥后即成为同业存款，因此将其视同现金资产。

（二）现金资产的作用

现金资产的主要作用是保持清偿力，保持流动性，满足法定存款准备金的要求，满足同业清算和同业支付的要求。

二、资金头寸的计算与预测

商业银行现金资产管理的核心任务是保证银行经营过程中的适度流动性，即既要保证现金资产能满足正常的和非正常的现金支出需要，又要尽量降低持有现金的机会成本，以追求利润最大化。因此，银行经营者必须正确计算和预测现金头寸，为流动性管理提供可靠依据。商业银行对现金资产的管理，必须坚持总量适度原则、适时调节原则和安全保障原则。

（一）资金头寸的概念和种类

商业银行资金头寸是指商业银行能够直接、自主运用的资金，可分为基础头寸、可用头寸和可贷头寸。

1. 基础头寸。基础头寸是指商业银行的库存现金与在中央银行的超额准备金之和。库存现金和超额准备金不仅是商业银行随时可以动用的资金，还是商业银行清算的最终支付手段。无论是客户存款的提取和转移，还是对同业和中央银行的资金清算，都必须通过基础头寸来进行。

基础头寸 = 库存现金 + 超额准备金

2. 可用头寸。可用头寸是指商业银行可以动用的全部可用资金，包括基础头寸和商业银行存放在同业的存款。可用头寸一是可用于客户提取存款和满足债权债务清偿需要的头寸，又称为支付准备金（备付金）；二是可用于发放贷款的头寸。

可用头寸 = 基础头寸 + 存放在同业的存款

3. 可贷头寸。可贷头寸是指商业银行可以用于发放贷款和进行新的投资的资金，是形成银行盈利资产的基础。通常一国中央银行为了保证商业银行的支付能力，以备付金比率的形式规定商业银行必须持有的资金规模。通常商业银行的备付金比率为各项存款余额的5% ~7% 。

可贷头寸 = 可用头寸 - 最低超额备付金限额

（二）资金头寸的形成与匡算

商业银行对中央银行的法定存款准备金要求必须无条件服从。因此对法定存款准备金的管理，主要是准确计算其需要量和及时上缴应缴的准备金。

超额准备金是商业银行在中央银行存款账户上超过法定存款准备金的那部分存款，是商业银行最重要的可用头寸，是用来进行贷款、投资、清偿债务和提取业务周转金的准备资产。对超额准备金的管理重点，就是要在准确测算其需要量的前提下，适当控制其规模，以尽量减少持有超额准备金的机会成本，增加银行盈利收入。

商业银行对同业存款进行管理时，要准确地预测其需要量，使之能保持一个适度的量。因为同业存款过多，会使银行付出一定的机会成本；而同业存款过少，又会影响委托他行代理业务的展开，甚至影响本行在同业之间的信誉等。

1. 基础头寸的形成与匡算

（1）商业银行基础头寸的形成分为三个层次。

第一，同城本系统资金营运形成的基础头寸。由商业银行同城同一家银行辖内资金营运形成的，分为在收付单位之间以转账形式发生的资金收付和以现金形式发生的资金收付两种形式。

第二，异地本系统资金营运形成的基础头寸。通常是通过本系统联行往来转账收支的形式进行的。这种资金的运动，主要是由企业汇款结算资金、同业拆借、资金调拨等引起的，在同一银行的两个异地分支机构之间进行。

第三，跨系统之间资金营运形成的基础头寸。一般是指商业银行与中央银行、其他商业银行或金融机构发生的资金收付活动。跨系统的资金运动主要有向中央银行存入现金或提取现金、再贷款、再贴现、异地结算和同业拆借等。当商业银行通过跨系统的资金收付增加了它在中央银行的准备金存款时，该行的基础头寸就会增加；反之，基础头寸就会减少。

（2）影响商业银行基础头寸匡算的因素。首先是库存现金需求量的匡算。库存现金是指为了完成每日现金收支活动所需要持有的即期周转金，其主要受银行库存现金周转时间和库存现金支出水平的影响。而库存现金周转时间与银行营业网点的分布和距离、交通运输工具的先进程度、经办人员的配置、进出库制度及营业时间的相互衔接情况密切相关；库存现金支出水平主要考虑历史同期的库存现金支出水平和季节性、临时性因素的影响。

计算即期现金支出水平的公式如下：

$$\text{即期现金支出水平} = (\text{前期平均现金支出水平} + \text{保险系数}) \times \text{历史同期平均发展速度}$$

其中，

$$\text{前期平均现金支出水平} = \frac{\text{前 30 天现金累计发生额}}{30}$$

其次是法定存款准备金需求量的匡算，主要是准确计算法定存款准备金的需要量和及时上缴应缴的准备金。在西方国家的商业银行，计算法定存款准备金需要量的方法有两种。

● 滞后准备金计算法。该方法是根据前期存款负债的余额确定本期准备金的需要量（见表 3－4），主要适用于非交易性账户存款准备金的计算。

表 3－4　法定存款准备金计算周期

第一周	计算基期周
第二周	
第三周	准备保持周

按照这种方法，银行应根据两周前的存款负债余额，来确定目前应当持有的准备金数量。银行以两周前的 7 天作为基期，以基期的实际存款余额为基础，计算准备金持有

周应持有的准备金的平均数。

● 同步准备金计算法。同步准备金计算法是指以本期的存款余额为基础计算本期的准备金需要量的方法。该方法主要适用于对交易性账户存款的准备金计算。

要求的法定存款准备金总额 = 对交易性账户存款的准备金要求
× 在指定期限内的日平均净交易存款额
+ 对非交易性账户存款的准备金要求
× 日平均非交易存款额

2. 可用头寸的形成与匡算。可用头寸是在基础头寸基础上加减有关因素形成的，因而对基础头寸的匡算已包括了对可用头寸的匡算。但是，系统内资金的划拨、同业往来资金清算和存款准备金的调整等对可用头寸也会产生一定的影响。

（1）系统内资金的划拨包括信贷资金调拨和汇差资金调拨两种形式。信贷资金调拨是指商业银行根据各地区经济发展和信贷计划安排，在各分支机构调入调出信贷资金的活动；而汇差资金调拨是指商业银行系统内分支机构之间清算联行汇差资金的活动。系统内资金的划拨直接影响可用头寸，也可通过系统内资金的划拨调度可用头寸。

（2）同业往来资金清算。当同业往来应收资金大于应付资金时，就会增加存放在中央银行的准备金，从而增加可用头寸；当同业往来应收资金小于应付资金时，就会减少存放在中央银行的准备金，从而减少可用头寸。

（3）存款准备金的调整。银行吸收的各项存款每天都会发生变化，在法定存款准备金率不变的情况下，缴存中央银行的存款准备金也会随之变动。为了减少操作频率，缴存法定存款准备金采取按旬调整的办法。在规定的调整基准时间，如果银行吸收的存款比上期增加，则应向中央银行调整法定存款准备金，减少存放在中央银行的超额准备金中的可用资金，从而可用头寸减少；反之，如果银行吸收的存款比上期减少，则增加存放在中央银行的超额准备金中的可用资金，从而可用头寸增加。

（三）资金头寸的调度

资金头寸的调度是指商业银行在资金营运过程中对其头寸进行合理的分配和使用。头寸调度的原则为效用最大化，以保证资金清偿的正常需要，又不占用过多资金为宜。由于存放在中央银行的法定存款准备金和库存现金属于非生息资产，过多，将影响资金的有效使用，造成成本开支增加；反之，过少，将影响正常的资金支付和贷款、投资等合理需求，甚至损害商业银行的形象和信誉。

1. 头寸调度的方式。

（1）同业拆借。调度头寸的最主要方式是同业拆借。当出现资金短缺时，通过同业拆借市场或场外，及时拆入资金；当出现资金富余时，则及时将资金运用出去，以获得利润。

（2）短期证券回购及同业票据交易。短期证券和商业票据是商业银行的二级准备，是重要的头寸调度渠道。当头寸不足时，可在二级市场上通过出售证券回购协议的方式弥补头寸；当头寸多余时，可以通过买入证券回购协议的方式将资金调出。此外，

也可以通过短期商业票据的买卖调节现金头寸的余缺。

（3）通过中央银行融资。中央银行是商业银行最后的贷款人。商业银行在经营过程中出现暂时性的资金头寸不足时，可以通过再贷款、再贴现的方式向中央银行融资。

（4）系统内的资金调度。商业银行在日常的经营活动中，如果出现头寸不足或剩余时，可以通过本行系统内的资金调度来调剂余缺。

（5）出售其他资产。通过上述渠道仍不能满足资金头寸需要时，商业银行还可以通过出售本行的中长期证券、贷款甚至固定资产等方式来获得资金，以缓解资金紧张。

2. 头寸调度的内容。商业银行资金头寸的调度包括头寸的使用和头寸的补充两个方面。头寸的使用顺序和补充顺序如表3－5所示。

表3－5　　资金头寸调度顺序

头寸使用顺序		头寸补充顺序	
1	归还到期中央银行借款和到期同业借款	1	向中央银行借入资金
2	增发贷款或增加投资	2	向同业借入资金
3	向同业拆出资金	3	大力组织各类存款
		4	发行金融债券
		5	积极收贷收息

三、大额可疑交易与反洗钱

为了维护存款人的合法权益与资金安全，防范和打击经济犯罪活动，促进银行转账结算业务发展，根据《中华人民共和国中国人民银行法》《中华人民共和国商业银行法》《中华人民共和国反洗钱法》的有关规定，商业银行有义务对大额现金支付进行管理。

（一）大额交易与可疑交易管理

大额交易或可疑交易，是指金融机构在进行金融业务操作的过程中，与客户发生的大额交易或可疑交易。根据中国人民银行2017年7月1日施行的《金融机构大额交易和可疑交易报告管理办法》，有下列情形之一的，可视为大额交易和可疑交易。

1. 大额交易

（1）当日单笔或者累计交易人民币5万元以上（含5万元）、外币等值1万美元以上（含1万美元）的现金缴存、现金支取、现金结售汇、现钞兑换、现金汇款、现金票据解付及其他形式的现金收支。

（2）非自然人客户银行账户与其他的银行账户发生当日单笔或者累计交易人民币200万元以上（含200万元）、外币等值20万美元以上（含20万美元）的款项划转。

（3）自然人客户银行账户与其他的银行账户发生当日单笔或者累计交易人民币50万元以上（含50万元）、外币等值10万美元以上（含10万美元）的境内款项划转。

（4）自然人客户银行账户与其他的银行账户发生当日单笔或者累计交易人民币20万元以上（含20万元）、外币等值1万美元以上（含1万美元）的跨境款项划转。

2. 可疑交易

（1）金融机构发现或者有合理理由怀疑客户、客户的资金或者其他资产、客户的交易或者试图进行的交易与洗钱、恐怖融资等犯罪活动相关的，不论所涉资金金额或者资产价值大小。

（2）金融机构根据本机构的交易监测标准，包括并不限于客户的身份、行为，交易的资金来源、金额、频率、流向、性质等存在异常的情形，并参考以下因素：

①中国人民银行及其分支机构发布的反洗钱、反恐怖融资规定及指引、风险提示、洗钱类型分析报告和风险评估报告；

②公安机关、司法机关发布的犯罪形势分析、风险提示、犯罪类型报告和工作报告；

③本机构的资产规模、地域分布、业务特点、客户群体、交易特征，洗钱和恐怖融资风险评估结论；

④中国人民银行及其分支机构出具的反洗钱监管意见。

（二）洗钱与反洗钱

洗钱是指将非法资金放入合法经营过程或银行账户内，以掩盖其原始来源，使之合法化的行为。现代意义上的洗钱是指将走私犯罪、黑社会性质的组织犯罪、卖淫犯罪、贩毒犯罪或者其他犯罪的违法所得及其产生的收益，通过金融机构以各种手段掩饰、隐瞒资金的来源和性质，使其在形式上合法化的行为。

1. 洗钱的主要特性。为了逃避监管和追查，犯罪分子往往通过不同的方式和渠道对非法所得进行处理。长期的洗钱活动发展出了多种多样的洗钱工具，如利用金融机构提供的金融服务、借助空壳公司、伪造商业票据等。经济方式的创新也使洗钱方式不断翻新，更为隐蔽，如网上交易。专业的洗钱组织更是越来越熟练地对各种洗钱手段和方式加以组合运用。

（1）洗钱过程的复杂性。要达到洗钱的目的，主要方式之一就是改变犯罪所得的原有形式，消除可能成为证据的痕迹，为犯罪所得及其收益设置伪装，使其与合法收益融为一体。这就迫使洗钱者采取复杂的手法，经过种种中间形态，采取多种运作方式来洗钱。

（2）洗钱对象的特定性。洗钱对象是资金和财产。这些资金和财产无一例外地与犯罪活动紧密相联，如来源于毒品、走私、诈骗、贪污贿赂和偷税逃税等犯罪行为。一般来说，只有非法所得才有清洗的必要。

（3）洗钱活动的国际性。随着经济、科技的飞速发展，人员往来、商品运送、资金流动、信息传播、服务的提供日益国际化，导致了犯罪活动的国际化。在追逐非法经济利益的跨国犯罪活动中，犯罪所得的转移成为一个关键问题，直接导致洗钱活动日益具有跨境、跨国的性质。

洗钱罪的主体是金融机构或个人，有五种行为：①提供资金账户的；②协助将财产转换为现金或者金融票据的；③通过转账或者其他结算方式协助资金转移的；④协助将

资金汇往境外的；⑤以其他方法掩饰、隐瞒犯罪的违法所得及其收益的来源和性质的。

2. 洗钱的典型交易

（1）入账：通过存款、电汇或其他途径把不法钱财放入一个金融机构。

（2）分账：通过多层次复杂的转账交易，使犯罪活动得来的钱财脱离其来源。

（3）融合：以一项显示合法的转账交易为掩护，隐瞒不法钱财。

3. 洗钱的主要手段。古董买卖、寿险交易、海外投资、地下钱庄、各类赌场、证券等是洗钱的主要手段。

洗钱造成了极其严重的经济、安全和社会后果。洗钱为贩毒者、恐怖主义分子、非法武器交易商、腐败的政府官员以及其他罪犯的运作和发展提供了动力。洗钱已经变得越来越国际化，而与犯罪活动有关的金融问题也由于科技的日新月异以及金融服务业的全球化而变得日益复杂化。

4. 反洗钱的基本制度。为了预防洗钱活动，维持金融秩序，遏制洗钱犯罪及相关犯罪，2006 年 10 月 31 日，第十届全国人民代表大会常务委员会第二十四次会议审议通过了《中华人民共和国反洗钱法》，自 2007 年 1 月 1 日起施行。

（1）客户身份识别制度。客户身份识别制度是指反洗钱义务主体在与客户建立业务关系或者与其进行交易时，应当根据有效真实身份证件或者其他身份证明文件，核实和记录其客户的身份，并在业务关系存续期间及时更新客户的身份信息资料。客户身份识别制度是防范洗钱活动的基础性工作。

（2）大额交易和可疑交易报告制度。非法资金流动一般具有数额巨大、交易异常等特点，因此，法律规定了大额交易和可疑交易报告制度，要求金融机构、特定非金融机构对数额达到一定标准、缺乏明显经济和合法目的的异常交易应当及时向反洗钱行政主管部门报告，以作为发现和追查违法犯罪行为的线索。其中，大额交易报告是指金融机构对规定金额以上的资金交易依法向反洗钱行政主管部门报告。可疑交易报告是指金融机构怀疑或有理由怀疑某项资金属于犯罪活动的收益或者与恐怖分子筹资有关，应当按照要求向反洗钱行政主管部门报告。

（3）客户身份资料和交易记录保存制度。客户身份资料和交易记录保存制度是指金融机构依法采取必要措施将客户身份资料和交易信息保存一定期限。建立该制度的主要目的有三个：一是作为金融机构履行客户身份识别和交易报告义务的记录和证明；二是可以为掌握客户真实身份、再现客户资金交易过程、发现可疑交易提供依据；三是为违法犯罪活动的调查、侦查、起诉、审判提供证据。参照国际通行规则，我国规定客户身份资料自业务关系结束后，客户的交易信息自交易结束后，应当至少保存五年。

【本章小结】

1. 贷款业务必须遵守贷款政策和原则。商业银行的贷款按照不同标准有不同分类。贷款业务操作规程完整再现了贷款的生命周期。行长负责制和贷款“三查”是贷款管理的重点内容。应对借款人进行详细的信用分析、财务分析、担保分析。人民币贷款业务品种是商业银行盈利的主要来源。贷款风险管理按照贷款五级分类的标准进行分类。

2. 商业银行的现金资产是银行所有资产中最有流动性的部分，是商业银行随时可用来支付客户现金需要的资产。商业银行的现金资产一般包括库存现金、在中央银行的存款、同业存款及在途资金。商业银行的资金头寸是指商业银行能够运用的资金，它包括基础头寸、可用头寸和可贷头寸。资金头寸的调度是指商业银行在资金营运过程中对其头寸进行合理的分配和使用。

3. 反洗钱与监测大额和可疑交易是商业银行义不容辞的责任。

【重要概念】

贷款展期　保证　质押　抵押　贷款风险　贷款五级分类　在途资金
资金头寸　可用头寸　可疑交易　同业拆借

【思考练习】

1. 贷款是如何发放的？
2. 常见的贷款业务品种有哪些？
3. 如何进行贴现业务？
4. 贷款的利率是如何确定的？
5. 贷款的还款方式有哪些？
6. 信用分析的主要内容有哪些？
7. 财务分析主要分析哪些指标？
8. 贷款风险分类将贷款分为哪五类？每一类贷款的特征各是什么？
9. 贴现与贷款的主要区别是什么？
10. 商业银行的现金资产由哪几部分组成？
11. 怎样匡算资金头寸？
12. 银行现金管理有哪些相关要求？
13. 洗钱常见的手段有哪些？

第四章

中间业务

【本章学习目标】

了解商业银行的中间业务，熟悉中间业务的来源和种类，掌握商业银行开展中间业务的具体运作。

第一节　中间业务概述

随着金融体制改革的深化、资本市场的崛起和金融业对外开放的扩大，以传统存贷业务为主导的商业银行经营模式面临着日益严峻的挑战，发展中间业务已经成为国内商业银行极为重要的一项战略任务。商业银行现代化的重要标志就是中间业务的迅速发展和扩张，中间业务与资产业务、负债业务共同构成现代商业银行的三大主营业务。

一、中间业务的含义

中间业务是指不构成商业银行表内资产、表内负债，形成银行非利息收入的业务，实际上就是指广义的表外业务。

表外业务是指所有不在银行资产负债表内直接反映的业务。根据巴塞尔委员会的标准，表外业务有狭义和广义之分。广义的表外业务包括金融服务类业务与或有资产和或有负债业务两类。狭义的表外业务具有较高的风险，虽然不反映在资产负债表上，但能改变当期收益和运营资金，从而影响资产和资本收益率。当这些业务承担的风险成为现实时，就转化为表内业务，如承诺、担保和金融衍生工具交易等。

二、中间业务与表外业务

对于中间业务与表外业务的关系，业界持有不同的解释和看法。有人认为它们属于同一个概念，有人则不这么认为。其实，从概念和关系方面看，两者都存在很大的区别。

（一）中间业务与表外业务的概念

1. 中间业务的概念。中间业务是指不构成商业银行表内资产、表内负债，形成银行非利息收入的业务。也就是商业银行不需要向外借入资金和不必动用自己的资产，利用自己的人力资源、市场信息和现代通信技术与设备，为客户办理各项收付，进行担保和其他委托事项，提供各项金融服务，并收取手续费的中介业务。

2. 表外业务的概念。表外业务是形成商业银行或有资产和或有负债的业务。也就是说，银行在办理此项业务时，虽然没有发生实际的货币收付，也没有垫付任何资金，但却形成了银行潜在的债权债务关系，这种潜在的债权债务随时有可能转化为现实的资产和负债。

因此，从概念的外延来看，所有的表外业务都是中间业务，所有的中间业务并不都是表外业务，中间业务与表外业务之间有一定程度的重合。

（二）中间业务与表外业务的关系

中间业务和表外业务，具有成本低、风险小、收入高和潜力大的特点，是与商业银行的资产业务和负债业务相伴而生并长期依存的中介业务。

1. 中间业务与表外业务的共同之处

（1）都不在资产负债表上反映。中间业务是银行不动用自己的资产、负债，而以中间人或代理人的身份接受委托为客户办理收付、代理、咨询和其他委托业务事项，提供各类金融服务并收取手续费的经营活动。表外业务，也是银行充当中介所提供的非资金服务。因此，无论是中间业务还是表外业务一般都不直接列入银行的资产负债表，也就是通常都不会引起资产负债表内业务的变化。

（2）都是收取手续费的业务。中间业务和表外业务给银行带来的都是非利息收入，通过提供有信誉的中介活动获得各种服务费、手续费、佣金等收入。所以，中间业务和表外业务与银行通过信贷活动收取存贷利息差不同。

（3）业务范围有部分重合。虽然中间业务与表外业务的具体业务不同，但都是以接受委托的方式开展业务。一般情况下，不动用或较少动用自己可使用的资金，不以债权人或债务人的身份进行资金融通，只是以中间人的身份提供各类金融服务或替客户办理收付和其他委托事项。二者在业务方面存在部分重合。

2. 中间业务与表外业务的不同之处

（1）性质不同。中间业务是银行不运用自己的资产而以中间人的身份代替顾客办理收付和其他委托事项，提供各种金融服务，从中收取手续费的业务，一般不引起银行资产负债的变化。表外业务是指那些未列入资产负债表，但同表内资产业务和负债业务关系密切，并在一定条件下会转化为表内资产业务和负债业务的经营活动。表外业务更多地表现为创新业务，这些业务与表内业务一般有密切的联系，在一定的条件下还可以转化为表内业务。

（2）风险程度不同。在中间业务中，银行不直接作为信用活动的一方出现，仅仅是中间人或代理人，风险多由客户承担。虽然在开展此类业务时银行有时面临一定的

风险，但是相对于表内业务而言风险要小得多。而表外业务会形成银行的或有资产和或有负债，而且在一定条件下这种潜在风险会转化成现实风险，总体上来讲，表外业务风险较大。

（3）业务范围不同。中间业务和表外业务在外延上虽然有一定的重叠，但二者的涵盖范围还是存在很大的不同。中间业务的范围比表外业务的范围更大一些。

（4）中间人身份不同。在中间业务中，如支付结算、信托、代理等业务，银行都是以交易双方当事人之外的第三者身份接受委托，扮演中间人或代理人的角色。但在开展表外业务时，银行从事的各种金融工具交易，除接受客户委托以中间人身份进行的代客交易外，还常常出于防范、转移风险的考虑，以及增加收入的目的，作为直接交易的一方出现，即成为交易的直接当事人。

（5）受金融当局监管程度不同。一国金融当局一般不会对风险较小的中间业务进行过多的干预和管制。由于潜在高风险性，各国金融当局和一些国际组织越来越多地关注表外业务并予以管理。

三、中间业务的分类

从中间业务的概念来看，中间业务是一个内容庞大、种类繁多的综合系统。为了把握中间业务的全貌，可以使用不同的方法进行分类。根据中国人民银行的参考分类及定义，中间业务可分为九大类别，分别是支付结算类、银行卡类、代理类、担保类、承诺类、交易类、基金托管类、咨询顾问类和其他类。

（一）支付结算类中间业务

支付结算类中间业务是指由商业银行为客户办理因债权债务关系引起的与货币支付、资金划拨有关的收费业务。

（1）结算工具。结算业务借助的主要结算工具包括汇票、本票和支票。

（2）结算方式。结算方式分为同城结算和异地结算。

（3）其他支付结算业务，包括利用现代支付系统实现的资金划拨、清算，利用银行内外部网络实现的转账等业务。

（二）银行卡业务

银行卡是由经授权的金融机构（主要指商业银行）向社会发行的具有消费信用、转账结算、存取现金等全部或部分功能的信用支付工具。银行卡一般包括以下几类。

（1）按清偿方式不同，银行卡可分为贷记卡、准贷记卡和借记卡。借记卡可进一步分为转账卡、专用卡和储值卡。

（2）按结算币种不同，银行卡可分为人民币卡和外币卡。

（3）按使用对象不同，银行卡可以分为单位卡和个人卡。

（4）按载体材料不同，银行卡可以分为磁性卡和智能卡（IC 卡）。

（5）按使用对象信誉等级不同，银行卡可分为金卡和普通卡。

（6）按流通范围不同，银行卡分为国际卡和地区卡。

（7）其他分类，包括商业银行与营利性机构或非营利性机构合作发行的联名卡。

（三）代理类中间业务

代理类中间业务是指商业银行接受客户委托代为办理客户指定的经济事务、提供金融服务并收取一定费用的业务，包括代理政策性银行业务、代理中国人民银行业务、代理商业银行业务、代收代付业务、代理证券业务、代理保险业务和代理其他行银行卡收单业务等。

（1）代理政策性银行业务，是指商业银行接受政策性银行委托，代为办理政策性银行因服务功能和网点设置等方面的限制而无法办理的业务，包括代理贷款项目管理等。

（2）代理中国人民银行业务，是指根据政策、法规应由中国人民银行承担，但由于机构设置、专业优势等，由中国人民银行指定或委托商业银行承担的业务，主要包括财政性存款代理业务、国库代理业务、发行库代理业务、金银代理业务。

（3）代理商业银行业务，是指商业银行之间相互代理的业务，例如为委托行办理支票托收等业务。

（4）代收代付业务，是指商业银行利用自身的结算便利，接受客户的委托代为办理指定款项的收付事宜的业务，例如代理各项公用事业收费、代理行政事业性收费和财政性收费、代发工资、代扣水电煤气费、代扣住房按揭贷款还款等。

（5）代理证券业务，是指银行接受委托办理的代理发行、兑付、买卖各类有价证券的业务，还包括接受委托代办债券还本付息、代发股票红利、代理证券资金清算等业务。其中，有价证券主要包括国债、公司债券、金融债券、股票等。

（6）代理保险业务，是指商业银行接受保险公司委托代其办理保险业务的业务。商业银行代理保险业务，可以受托代个人或法人投保各险种的保险事宜，也可以作为保险公司的代表，与保险公司签订代理协议，代保险公司承接有关的保险业务。代理保险业务一般包括代售保单业务和代付保险金业务。

（7）其他代理业务，包括代理财政委托业务、代理其他行银行卡收单业务等。

（四）担保类中间业务

担保类中间业务是指商业银行为客户债务清偿能力提供担保，承担客户违约风险的业务。担保类中间业务主要包括银行承兑汇票、备用信用证、各类保函业务等。

（1）银行承兑汇票，是指由收款人或付款人（或承兑申请人）签发，并由承兑申请人向开户银行申请，经银行审查同意承兑的商业汇票。

（2）备用信用证，是指开证行应借款人要求，以放款人作为信用证的收益人而开具的一种特殊信用证，以保证在借款人破产或不能及时履行义务的情况下，由开证行向收益人及时支付本利。

（3）各类保函业务，包括投标保函、承包保函、还款担保函、借款保函等。

（五）承诺类中间业务

承诺类中间业务是指商业银行在未来某一日期按照事前约定的条件向客户提供约

定信用的业务，主要指贷款承诺，包括可撤销承诺和不可撤销承诺两种。

（1）可撤销承诺附有客户在取得贷款前必须履行的特定条款，在银行承诺期内，客户如没有履行条款，则银行可撤销该项承诺。可撤销承诺包括透支额度等。

（2）不可撤销承诺是银行不经客户允许不得随意取消的贷款承诺，具有法律约束力，包括备用信用额度、回购协议、票据发行便利等。

（六）交易类中间业务

交易类中间业务是指商业银行为满足客户保值或自身风险管理等方面的需要，利用各种金融工具进行的资金交易活动，主要包括金融衍生业务。

（1）远期合约，是指交易双方约定在未来某个特定时间以约定价格买卖约定数量的资产，包括利率远期合约和远期外汇合约。

（2）金融期货，是指以金融工具或金融指标为标的的期货合约。

（3）互换，是指交易双方基于自己的比较利益，对各自的现金流量进行交换，一般分为利率互换和货币互换。

（4）期权，是指期权的买方支付给卖方一笔权利金，获得一种权利，可于期权的存续期内或到期日当天，以执行价格与期权卖方进行约定数量的特定标的的交易。按交易标的分，期权可分为股票指数期权、外汇期权、利率期权、期货期权、债券期权等。

（七）基金托管业务

基金托管业务是指有托管资格的商业银行接受基金管理公司委托，安全保管所托管的基金的全部资产，为所托管的基金办理基金资金清算、款项划拨、会计核算、基金估值和监督管理人投资运作的业务。基金托管业务包括封闭式证券投资基金托管业务、开放式证券投资基金托管业务和其他基金的托管业务。

（八）咨询顾问类业务

咨询顾问类业务是指商业银行依靠自身在信息、人才、信誉等方面的优势，收集和整理有关信息，并通过对这些信息以及银行与客户资金运动的记录和分析，形成系统的资料和方案，提供给客户，以满足其业务经营管理或发展需要的服务活动。

（1）企业信息咨询业务，包括项目评估、企业信用等级评估、验证企业注册资金、资信证明、企业管理咨询等。

（2）资产管理顾问业务，是指为机构投资者或个人投资者提供全面的资产管理服务，包括投资组合建议、投资分析、税务服务、信息提供、风险控制等。

（3）财务顾问业务，包括大型建设项目财务顾问业务和企业并购顾问业务。大型建设项目财务顾问业务是指商业银行为大型建设项目的融资结构、融资安排提出专业性方案。企业并购顾问业务是指商业银行为企业的兼并和收购双方提供的财务顾问业务，银行不仅参与企业兼并与收购的过程，而且作为企业的持续发展顾问，参与公司结构调整、资本充实和重新核定、破产和困境公司的重组等策划与操作过程。

（4）现金管理业务，是指商业银行协助企业，科学合理地管理现金账户头寸及活期存款余额，以达到提高资金流动性和使用效益的目的。

（九）其他类中间业务

其他类中间业务是指资信证明、保管箱等业务以及其他不能归入以上八类的业务。

第二节　支付结算类业务

商品交易、劳务供应、资金调拨、债权债务清算等经济活动的发生，必然会引起货币的收付行为，也就是结算。结算分为两种方式：以现金方式实现的货币收付行为称为现金结算，通过银行划账方式实现的货币收付行为称为转账结算。本节着重介绍转账结算。

一、支付结算

（一）支付结算

1. 支付结算的概念。支付结算是指单位或个人在社会经济活动中使用票据、信用卡和汇兑、托收承付、委托收款等结算方式进行货币给付及其资金清算的行为。根据国家有关规定，一切企事业单位之间的货币结算，除按中国人民银行相关规定可以使用现金外，都必须通过银行办理转账结算，所以，支付结算是国民经济活动中资金清算的中介，也是商业银行一项主要的业务。

2. 支付结算的工具。结算业务借助的主要结算工具包括支票、本票和汇票，其中本票分为银行本票和商业本票（在我国尚未开通），汇票分为银行汇票和商业汇票。

（1）支票是出票人签发的、委托办理支票存款业务的银行在见票时无条件支付确定的金额给收款人或持票人的票据。

（2）银行本票是银行签发的、承诺自己在见票时无条件支付确定的金额给收款人或者持票人的票据。

（3）银行汇票是出票银行签发的、由其在见票时按照实际结算金额无条件支付给收款人或者持票人的票据。

（4）商业汇票是出票人签发的、委托付款人在指定日期无条件支付确定的金额给收款人或持票人的票据。商业汇票分为银行承兑汇票和商业承兑汇票。

3. 支付结算的方式，主要包括同城结算和异地结算两种。

（1）汇款业务，是指由付款人委托银行将款项汇给外地某收款人的一种结算业务。汇款结算分为电汇、信汇和票汇三种形式。

（2）托收业务，是指债权人或售货人为向外地债务人或购货人收取款项而向其开出汇票，并委托银行代为收取的一种结算方式。

（3）信用证业务，是指由银行根据申请人的要求和指示，向收益人开立的载有一定金额、在一定期限内凭规定的单据在指定地点付款的书面保证文件。

（4）其他支付结算业务，包括利用现代支付系统实现的资金划拨、清算，利用银行内外部网络实现的转账等业务，将在本章“资金汇划往来”中介绍。

表 4－1　　商业银行支付结算分类

结算工具	票据结算	非票据结算	同城结算	异地结算
支票	✓		✓	
银行本票	✓		✓	
银行汇票	✓		✓	✓
商业汇票	✓		✓	✓
银行卡		✓	✓	✓
汇兑		✓	✓	✓
托收承付		✓		✓
委托收款		✓	✓	✓

4. 支付结算的原则。支付结算的基本原则是单位、个人和银行在进行支付结算活动时必须遵循的行为准则。根据社会经济发展的需要，在总结我国改革开放以来结算工作经验的基础上，行业主管部门针对支付结算行为，确立了三项基本原则："恪守信用，履约付款；谁的钱进谁的账，由谁支配；银行不垫款"。

（1）恪守信用，履约付款原则。这一原则是商业银行"诚实信用"原则在支付结算中的具体表现。根据该原则，结算当事人必须依照共同约定的民事法律关系享受权利和承担义务，严格遵守信用，依约履行付款义务，特别是应按照约定的付款金额和付款日期进行支付。这一原则对履行付款义务的当事人具有约束力，是维护合同秩序，保障当事人经济利益的重要保证。

（2）谁的钱进谁的账，由谁支配原则。这一原则主要是维护存款人对存款资金的所有权或经营权，保证其对资金的自主支配权。银行作为资金结算的中介机构，在办理结算时必须遵循存款人的委托，按照其意志，保证将所收款项支付给其指定的收款人；对存款人的资金，除国家法律另有规定外，必须由其自主支配，其他任何单位、个人以及银行本身都不得对其资金进行干预和侵犯。这一原则既保护了存款人的合法权益，又加强了银行办理结算的责任。

（3）银行不垫款原则。这一原则主要是划清银行资金和存款人资金的界限。根据该原则，银行办理结算只负责办理结算当事人之间的资金转移，而不能在结算过程中为其垫付资金。这一原则有利于保护银行资金的所有权或经营权，有利于促使单位和个人以自己所有或经营的财产直接对自己的债务承担责任，从而保证了银行资金的安全。

上述三个原则既可单独发挥作用，亦是一个有机的整体，分别从不同角度强调了付款人、收款人和银行在结算过程中的权利和义务，从而切实保障了结算活动的正常进行。

（二）票据概述

根据《中华人民共和国票据法》（以下简称《票据法》），我国常用的票据分类如图 4－1 所示，以下按支票、本票和汇票的顺序分别介绍。

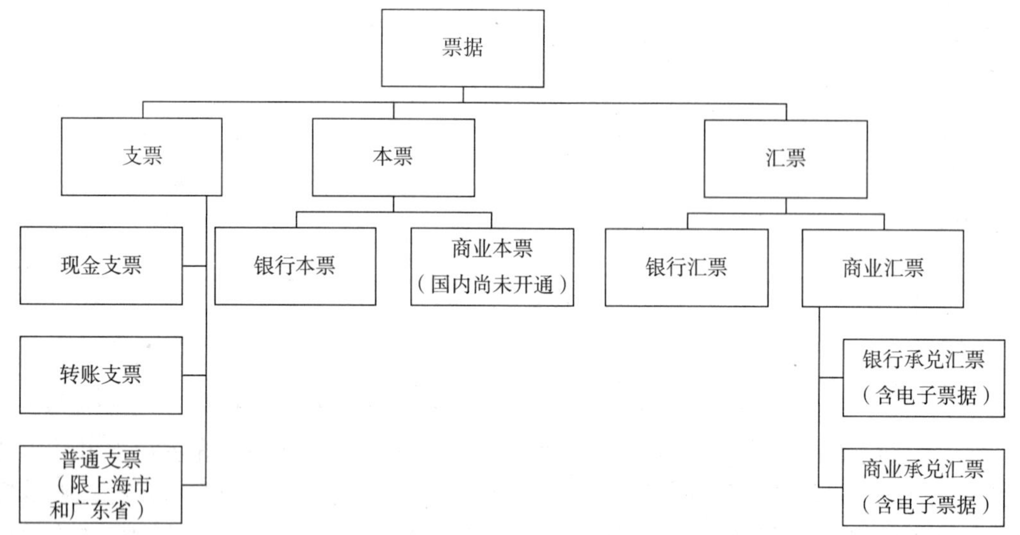

图 4－1　我国常用的票据分类

1. 票据的概念。我国的票据是指由出票人签发的、约定自己或委托付款人在见票时或指定的日期向收款人或持票人无条件支付一定金额的有价证券，即某些可以代替现金流通的有价证券。

2. 票据的功能。票据的主要功能包括支付功能、汇兑功能、信用功能、结算功能和融资功能。其中，结算功能和融资功能是最为核心的功能。支票、银行本票和银行汇票的功能侧重于结算；商业汇票（含银行承兑汇票和商业承兑汇票）既可以用于结算又可以用于融资。票据持有人通过非贸易的方式取得商业汇票，以该票据向银行申请贴现（包括转贴现、再贴现等）套取资金，实现融资目的。

（1）支付功能，即票据可以充当支付工具，代替现金使用。对于当事人来讲，使用票据支付可以消除携带现金的不便，省去点钞的麻烦。

（2）汇兑功能，即票据可以代替货币在不同地方之间运送，方便异地之间的支付。如果异地之间使用货币，需要运送或携带，不仅费时费力，而且也不安全。大额货币的运送更是如此。如果只是拿着一张票据到异地支付，相对而言既安全又方便。

（3）信用功能，即票据当事人可以凭借自己的信誉，将未来才能获得的金钱作为现在的金钱来使用。例如银行承兑汇票，甲企业购买乙企业货物，甲企业暂时款项不足，便凭借自己的信誉签发了一张以乙企业为收款人、以自己的开户银行为付款人，约定 3 个月后付款的票据给乙企业。此时，甲企业实际上是将 3 个月后才能筹足的款项用于现在使用。

（4）结算功能，即债务抵销功能。简单的结算是互有债务的双方当事人各签发一张本票，待两张本票到期后相互抵销债务。若有差额，由一方以现金支付。

（5）融资功能，即融通资金或调度资金。票据的融资功能是通过票据的贴现、转贴现和再贴现实现的。

（三）支票

1. 支票的概念

（1）支票的定义。支票是指以银行为付款人的即期汇票。具体来说，支票是银行存款账户对银行签发的授权银行向某人或其指定人或持票人即期支付一定金额的无条件书面支付命令。出票人是签发支票的单位或个人，付款人是出票人的开户银行。

（2）支票分类。支票分为普通支票、现金支票、转账支票三种。

普通支票：支票上未印有“现金”或“转账”字样的支票为普通支票。普通支票既可以用于支取现金，也可以用于转账。在普通支票左上角划两条平行线的，又称划线支票，划线支票只能用于转账，不得支取现金；左上角没有划两条平行线的，既可以用于转账，又可以支取现金。普通支票目前仅限广东省和上海市使用。

现金支票：专门用于支取现金的一种支票。当客户需要使用现金时，随时签发现金支票，向开户银行提取现金，银行在见票时无条件支付给收款人确定金额的现金。

转账支票：转账支票是出票人签发的，委托办理支票存款业务的银行在见票时无条件支付确定的金额给收款人或持票人的票据。在银行开立存款账户的单位和个人客户，用于同城交易的各种款项，均可签发转账支票，委托开户银行办理付款手续。转账支票只能用于转账。

2. 支票结算

（1）支付结算。支票的支付结算是商业银行间结算工作的一项重要内容，通常是通过同城票据交换来完成的。同城票据交换是为了满足收款人、付款人在同一城市或规定区域但不在同一银行开户的企事业单位和个人之间办理资金清算的需要，由开户银行将有关的结算票据持往指定场所（交换所）进行相互交换代收、代付票据，相互交换清算资金头寸的金融行为。同城票据交换由当地中国人民银行统一组织实施和管理，通过交换票据方式并按照中国人民银行相关规定在同一票据交换区域办理各商业银行和金融机构之间各种款项的票据资金清算。当收款人或付款人在本地的他行开户时，客户可选择同城票据交换渠道办理资金的结算。

（2）支票结算流程。支票结算流程如图4－2所示。

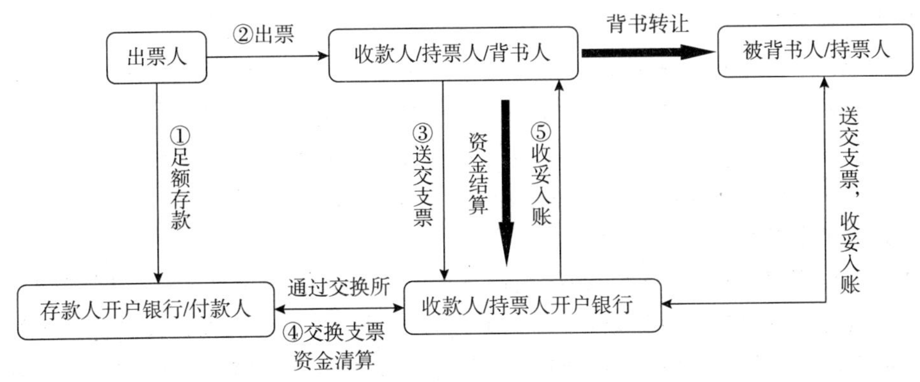

图4－2　支票结算流程

3. 空头支票处理。空头支票，是指支票持有人请求付款时，出票人在付款人处实有的存款不足以支付票据金额的支票。出票人账户余额不足和印鉴与银行预留印鉴不符的支票，统称为空头支票。

《票据法》规定，支票的出票人所签发的支票金额不得超过其在付款人处实有的存款金额，即不得签发空头支票。这就要求出票人自出票日起至支付完毕止，保证其在付款人处的存款账户中有足以支付支票金额的资金。对签发空头支票骗取财物的，要依法追究刑事责任。如果签发空头支票骗取财物的行为情节轻微，不构成犯罪的，《票据法》规定要依照国家有关规定给予行政处罚。

《票据管理实施办法》第三十一条规定："签发空头支票或者签发与其预留的签章不符的支票，不以骗取财物为目的的，由中国人民银行处以票面金额5%但不低于1 000元的罚款。"

（四）本票

1. 本票概念

（1）本票定义。根据《票据法》第七十三条的定义，"本票是出票人签发的，承诺自己在见票时无条件支付确定的金额给收款人或持票人的票据"。由于商业本票在我国尚未开通，故在第七十三条第二款中规定，"本法所称本票，是指银行本票"。以下介绍以银行本票为主。

银行本票实际上是一种以商业银行信用为担保的结算凭证，是由客户向开户银行提出申请，再由银行签发，承诺自己或代理付款银行在见票时，无条件支付票面所记载的金额给收款人或持票人的票据。简单地说，银行本票就等同于现金，可以在一定区域范围内的银行之间自由流通使用。

（2）本票分类。本票可分为银行本票和商业本票。

①银行本票按照不同的方式，可以分为：

- 定额本票、不定额本票，其中定额本票有1 000元、5 000元、10 000元和50 000元等不同面额；
- 现金本票、转账本票；
- 单位本票、个人本票。

②商业本票又称为一般本票，出票人为企业或个人，票据既可以是即期本票，也可以是远期本票。国外票据交易中允许企业和个人签发商业本票。但在国际贸易中使用的本票，均为银行本票，不包括商业本票。本票的出票人必须具有支付本票金额的可靠资金来源，并保证支付。目前我国尚未开通商业本票。

2. 银行本票结算

（1）银行本票申请。申请人办理银行本票时，应向银行填写一式三联"银行本票申请书"，其格式由中国人民银行各分行确定和印制，详细填明收款人名称，个体经济户和个人需要支取现金的应填明"现金"字样。如申请人在签发银行有账户，则应在"银行本票申请书"上加盖预留银行印鉴。

（2）银行本票签发。签发银行受理“银行本票申请书”后，应认真审查申请书填写的内容是否正确。审查无误后，办理收款手续。付款单位在银行开立账户的，签发银行直接从其账户划拨款项；付款人用现金办理本票的，签发银行直接收取现金。银行按照规定收取办理银行本票的手续费，其收取的办法与票款相同。

银行办妥票款和手续费收取手续后，即签发银行本票。

（3）银行本票结算流程。银行本票结算流程如图 4－3 所示。

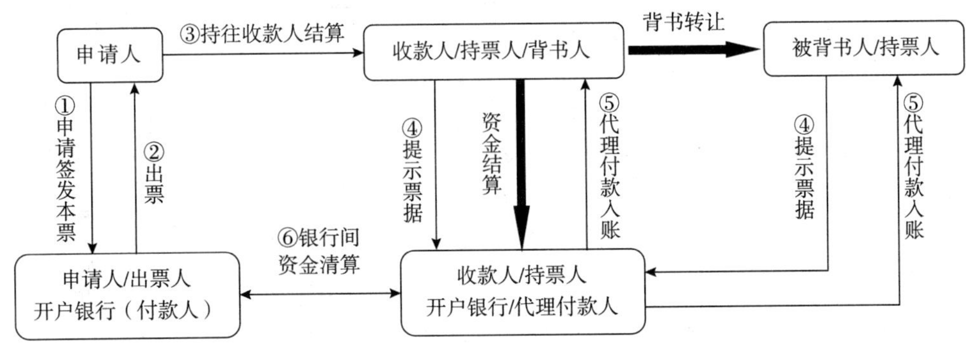

图 4－3　银行本票结算流程

3. 本票用途

（1）商品交易中的远期付款，可先由买主签发一张以约定付款日为到期日的本票，交给卖方，卖方可凭本票如期收到货款。如果急需资金，卖方可将本票贴现或转售他人。

（2）用作金钱的借贷凭证，由借款人签发本票交给贷款人收执。

（3）企业向外筹集资金时，可以发行商业本票，通过金融机构予以保证后，在证券市场销售获取资金，并于本票到期日还本付息。

（4）客户提取存款时，银行本应付给现金。如果现金不够，银行可将存款银行开立的即期本票给客户，以代替支付现钞。

（五）汇票

在我国票据体系中，汇票包括银行汇票和商业汇票。

1. 银行汇票

（1）银行汇票的定义。银行汇票是指出票银行签发的，由其在见票时按照实际结算金额无条件付给收款人或者持票人的票据。银行汇票的出票银行为经中国人民银行批准办理银行汇票的银行，银行汇票多用于办理异地转账结算和支取现金。银行汇票有使用灵活、票随人到、兑现性强等特点，适用于先收款后发货或钱货两清的商品交易。银行汇票的出票银行为银行汇票的付款人。

（2）银行汇票的分类。银行汇票可分为现金银行汇票和转账银行汇票。

（3）银行汇票结算。银行汇票的签发和解付，只能由中国人民银行和商业银行参加“全国联行往来”的银行机构办理。跨系统银行签发的转账银行汇票的解付，应通过同城票据交换将银行汇票和解讫通知提交同城的有关银行审核支付后抵用。

银行汇票的汇票金额起点为500元。

银行汇票的付款期，是指从签发之日起到办理兑付之日止的时间。无论月大月小，付款期统一到下月对应日期止的1个月。如果到期日遇节假日可以顺延。逾期的汇票，兑付银行将不予办理。

（4）银行汇票结算流程。银行汇票结算流程如图4－4所示。

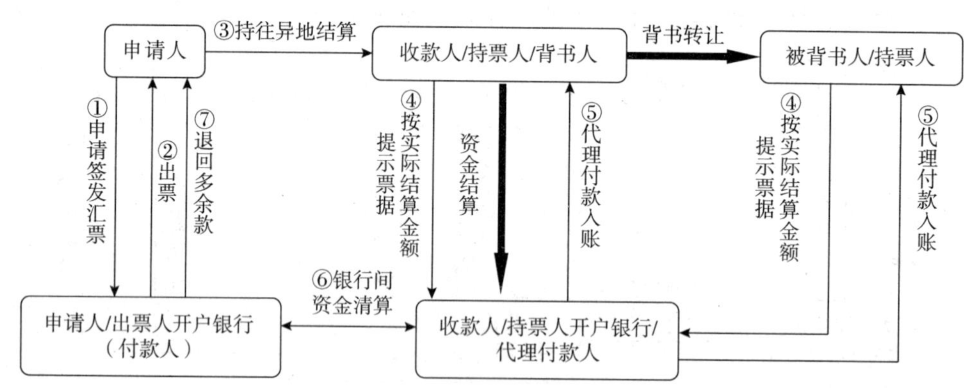

图4－4　银行汇票结算流程

【案例分析4－1】

银行汇票的会计结算

乙市企业深蓝贸易公司到甲市采购商品，向其开户银行申请用银行存款签发银行汇票，并携票前往甲市，该银行汇票票面金额为500 000元。用银行返回的“银行汇票委托书”存根联作为银行存款付款凭证，其会计分录为

借：其他货币资金——银行汇票　　500 000

　贷：银行存款　　500 000

如果汇款单位用现金办理银行汇票，则财务部门在收到银行签发的银行汇票后根据“银行汇票委托书”第一联存根联编制现金付款凭证，其会计分录为

借：其他货币现金——银行汇票

　贷：现金

对于银行按规定收取的手续费和邮电费，汇款单位应根据银行出具的收费收据编制凭证：用现金支付的编制现金付款凭证，从其账户中扣收的编制银行存款付款凭证。其会计分录为

借：财务费用

　贷：现金或银行存款

2. 商业汇票

（1）商业汇票的定义。商业汇票是出票人签发的，委托付款人在指定日期无条件支付确定的金额给收款人或者持票人的票据。在银行开立存款账户的法人及其他组织

之间，必须具有真实的交易关系或债权债务关系，才能使用商业汇票。商业汇票适用于同城或异地结算。

（2）商业汇票的分类。

①按承兑人不同，商业汇票分为银行承兑汇票和商业承兑汇票。

银行承兑汇票是指由在承兑银行开立存款账户的存款人出票，向开户银行申请并经银行审查同意承兑的，保证在指定日期无条件支付确定的金额给收款人或持票人的票据。银行承兑汇票是由出票人签发并由其开户银行承兑的票据。

商业承兑汇票是由银行以外的付款人承兑的票据。商业承兑汇票既可以由付款人签发并承兑，也可以由收款人签发交由付款人承兑。商业承兑汇票的出票人为在银行开立存款账户的法人以及其他组织，与付款人具有真实的委托付款关系，具有支付汇票金额的可靠资金来源。

银行承兑汇票与商业承兑汇票的区别见表 4 –2。

表 4 –2　　银行承兑汇票与商业承兑汇票的区别

区别点	银行承兑汇票	商业承兑汇票
签发人不同	由银行签发	由企业签发
承兑人不同	银行	付款人
出票人不同	付款人	收款人或付款人
信用程度不同	银行信用远远大于企业信用	

②按照结算介质不同，商业汇票分为纸质票据和电子票据。过去，我国票据业务处理一直采取传统的手工纸质票据方式，效率低、风险高，影响了市场的进一步发展。为了进一步防范票据市场的风险，便于企业支付结算和融资，中国人民银行于 2009 年建立了电子商业汇票系统（ECDS）。电子票据是我国票据市场创新发展的重要里程碑，既是金融科技在支付清算领域的具体应用，也是商业银行未来交易结算的主流趋势。

ECDS 依托网络和计算机技术，是接收、登记、转发电子商业票据数据电文，提供与货币给付和资金清算行为相关的服务并提供纸质票据登记、查询和公开报价服务的综合性业务处理平台。商业银行接入该系统后，可大大降低票据的操作风险，提高票据业务的处理和管理效率，而票据业务是商业银行业务中最具有科技含量的业务之一。ECDS 由中国人民银行清算中心负责建设、运行和维护。

ECDS 运行后，纸质票据还会继续使用一段时间。目前，电子票据与纸质票据是并存的两种结算工具，由客户根据自身需要和条件选择使用。

电子票据是以电子数据为表现形式的票据，它不仅具有纸质票据的支付、使用、结算和融资等功能，还可以利用计算机网络在不同的账户之间转移资金和以电子脉冲的方式对资金进行传输与储存。电子票据的签发和流动，以及相应资金的划拨、结算都是在网上实现的，电子交易的签章通过电子签名的形式实现。电子票据的主要特点是电子化和无纸化，出票、流转、兑付等均以电子化方式进行。具体归纳如下：

- 以数据电文形式代替实物票据；

- 以电子签名取代实体签章；
- 以网络传输代替人工传递；
- 以计算机录入代替手工书写。

目前，我国的电子票据仅限于商业汇票，即银行承兑汇票和商业承兑汇票，其他票据的电子票据尚未开通。电子票据与纸质票据的要素比较如表 4－3 所示。

表 4－3　　电子票据与纸质票据的要素比较

项目	电子票据	纸质票据
品种	银行承兑汇票、商业承兑汇票	支票、银行本票、银行汇票、银行承兑汇票、商业承兑汇票
优势	无纸化、便捷安全、节省成本、提高效率	真实凭证、权责分明
风险	须完善法律体系，加强内部管理	克隆票隐患大、流转环节多
特点	付款期限最长可达 1 年； 票面金额最大可达 1 亿元（含）； 可以贴现； 可以背书转让、保证、质押； 同城、异地，远期票据； 7×12 模式，每天 8:00—20:00 运行	付款期限最长可达 6 个月； 票面金额最大可达 1 000 万元（含）； 可以贴现； 可以背书转让、保证、质押； 同城、异地，远期票据； 工作日内运行

（3）商业汇票结算。在银行开立存款账户的法人以及其他组织之间，必须具有真实的交易关系或债权债务关系，才能使用商业汇票。

商业汇票的提示付款期限，自汇票到期日 10 日内；商业汇票的付款期限，纸质票据最长不得超过 6 个月，电子票据最长不得超过 1 年。

（4）商业汇票结算流程

①银行承兑汇票结算流程如图 4－5 所示。

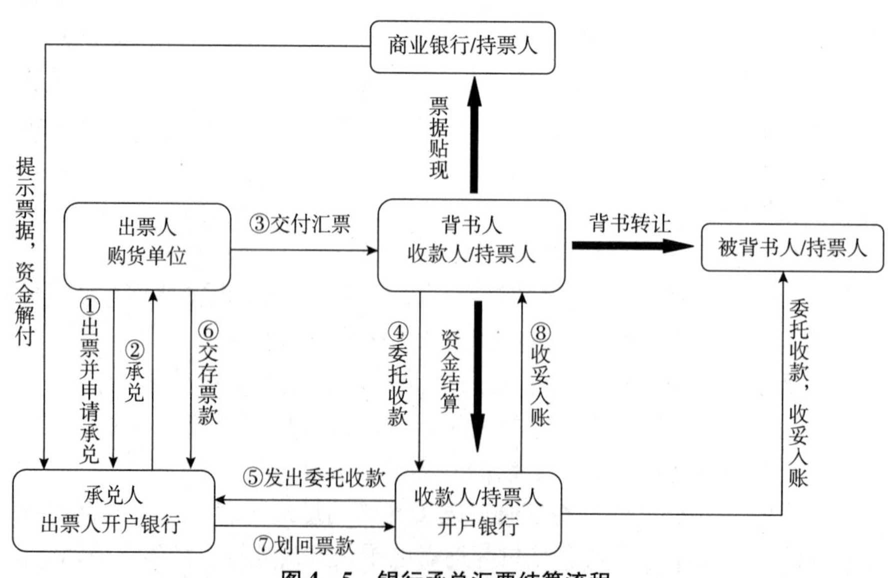

图 4－5　银行承兑汇票结算流程

②商业承兑汇票结算流程如图 4－6 所示。

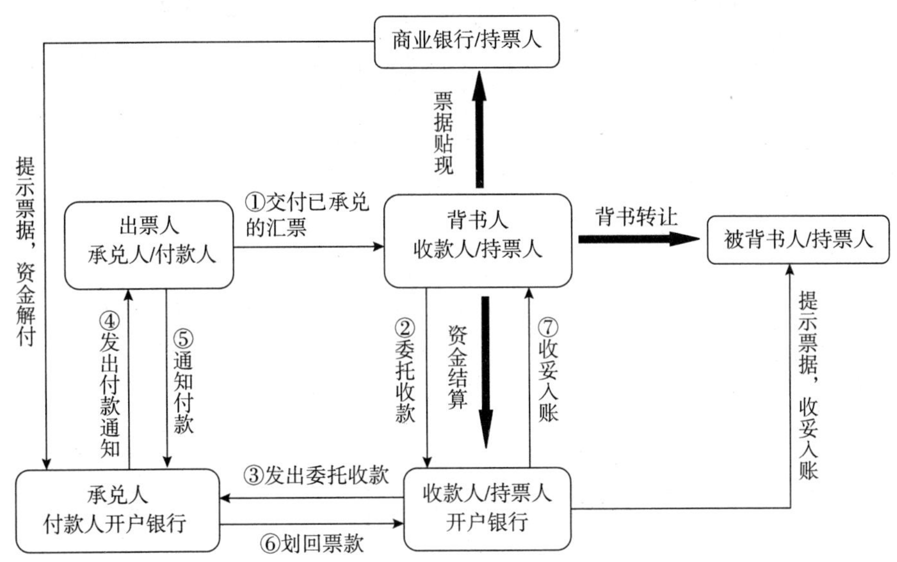

图 4－6　商业承兑汇票结算流程

【知识链接 4－1】

表 4－4　　支票、本票和汇票知识要点

票据	支票			本票		汇票		
							商业汇票	
	现金支票	转账支票	普通支票	银行本票	商业本票	银行汇票	银行承兑汇票	商业承兑汇票
出票人	付款人自己			付款人银行		付款人银行	付款人银行	收款人、付款人
种类	现金支票：只能提现； 转账支票：只能转账； 普通支票：仅限上海市和广东省使用 左上角有平行线的只可转账； 无平行线的既可提现又可转账			银行本票： 定额票面为 1 000 元、5 000 元、10 000 元、50 000 元； 不定额票面可直接在银行本票上打印数额 商业本票：国内尚未开通		现金银行汇票 转账银行汇票	纸质票据 电子票据	
适用范围	同城 见票即付，即期票据			同城 见票即付，即期票据		同城或异地 即期票据	同城或异地 远期票据，承兑人无条件支付	
使用期限	10 个工作日内			2 个月		1 个月	6 个月（电子票据可 1 年）	

续表

<table>
<tr><td rowspan="3">票据</td><td colspan="3">支票</td><td colspan="2">本票</td><td colspan="3">汇票</td></tr>
<tr><td rowspan="2">现金支票</td><td rowspan="2">转账支票</td><td rowspan="2">普通支票</td><td rowspan="2">银行本票</td><td rowspan="2">商业本票</td><td rowspan="2">银行汇票</td><td colspan="2">商业汇票</td></tr>
<tr><td>银行承兑汇票</td><td>商业承兑汇票</td></tr>
<tr><td>背书转让</td><td colspan="3">可背书</td><td colspan="2">可背书</td><td>可背书</td><td colspan="2">可背书</td></tr>
<tr><td>担保情况</td><td colspan="3">可担保</td><td colspan="2">可担保</td><td>可担保</td><td colspan="2">可担保</td></tr>
<tr><td>使用规范</td><td colspan="3">签发支票应使用碳素墨水或墨汁；
不得签发空头支票，银行发现空头支票按票面金额的5%但不低于1 000元罚款；
不得签发与预留印鉴、密码不符的支票</td><td colspan="2">签发时应使用压数机，手写无效</td><td>签发时应使用压数机，手写无效</td><td colspan="2">签发时应使用压数机，手写无效</td></tr>
<tr><td>账户核算</td><td colspan="3">银行存款</td><td colspan="2">银行存款</td><td>银行存款</td><td colspan="2">应付票据（付款方）
应收票据（收款方）</td></tr>
<tr><td>其他</td><td colspan="3">支票必须在交换区域内（同城）背书转让</td><td colspan="2">不得为单位办理现金本票，现金本票只对个人</td><td></td><td colspan="2">贴现：持票人将尚未到期的应收票据，向商业银行转让的行为；
转贴现：贴现银行将尚未到期的票据向其他银行转让的行为；
再贴现：商业银行或金融机构将未到期的票据向中央银行转让的行为</td></tr>
</table>

（六）汇兑

1. 汇兑概述

（1）汇兑结算的定义。汇兑结算简称汇兑，又称为汇款，是汇款人委托银行将其款项汇给异地收款人的结算方式。汇兑结算便于汇款人向异地的收款人主动汇寄款项。汇兑结算方式具有划拨款项简便、灵活且没有金额起点限制等特点。

（2）汇兑结算分类。汇兑分为信汇和电汇两种，由汇款人选择使用。信汇是指汇款人委托银行通过邮寄转账凭证的方式将款项划转给收款人。电汇是指汇款人委托银行通过电信方式将款项划转给收款人。两者之间有速度快慢及费用高低的差别。

2. 汇兑结算

（1）汇兑结算的当事人。一笔汇兑业务，关系到四个基本当事人：汇款人、收款人、汇出行、汇入行。

（2）汇款的偿付。汇出行委托汇入行解付款项时，应及时将所汇款项拨付给汇入行，这叫作汇款的偿付。如汇出行与汇入行属于同一联行系统，汇款的偿付按拨款与解付的先后，可以分为先拨后付和先付后拨两种情况。所谓先拨后付，即汇出行先将

汇款金额拨交给汇入行，汇入行才解付给收款人；所谓先付后拨，指汇出行指示汇入行解付后可向其索偿。

（3）汇兑结算流程。汇兑结算流程如图4－7所示。

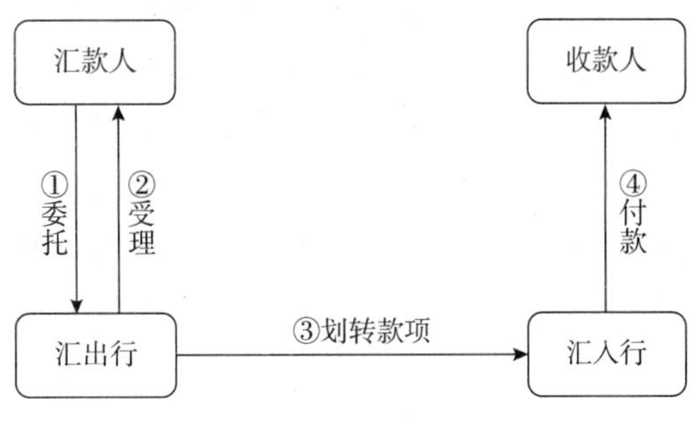

图4－7 汇兑结算流程

（七）委托收款

1. 委托收款概述

（1）委托收款的定义。委托收款是指收款人委托银行向付款人收取款项的结算方式。委托收款具有方便灵活、适用面广、不受金额起点限制等特点，无论单位还是个人都可凭已承兑的商业汇票、债券、存单等付款人债务证明，使用这种方式收款。委托收款在同城、异地均可办理。同城特约委托收款适用于水费、电费、电话费等付款人众多及分散的公用事业性收费。

（2）委托收款的分类。委托收款分为邮划和电划两种，由收款人自行选用。邮划是指收款人委托银行通过邮寄方式将款项划转给收款人的结算方式。电划是指收款人委托银行通过电信和传真将款项划转给收款人的结算方式。

2. 委托收款结算流程。委托收款结算流程如图4－8所示。

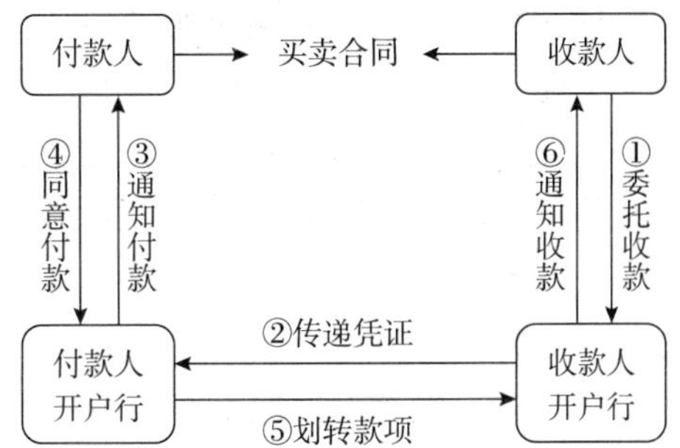

图4－8 委托收款结算流程

（八）托收承付

1. 托收承付概述

（1）托收承付的定义。托收承付是指收款人根据购销合同发货后，委托银行向异地付款人收取款项，付款人向银行承认付款的结算方式。托收承付结算的特点是可以促使销货单位按照合同规定发货，购货单位按照合同规定付款，维护了购销双方的权益。托收承付结算适用于异地单位之间订有合同的商品交易及由此产生的劳务供应的款项结算。托收承付对收款单位和付款单位有一定的资格要求。

（2）托收承付的分类。托收承付结算分为邮划和电划两种，由收款单位选择采用。邮划是指收款人委托银行通过邮寄方式将款项划转给收款人的结算方式。电划是指收款人委托银行通过电信方式将款项划转给收款人的结算方式。

2. 托收承付结算。托收承付结算流程如图4－9所示。

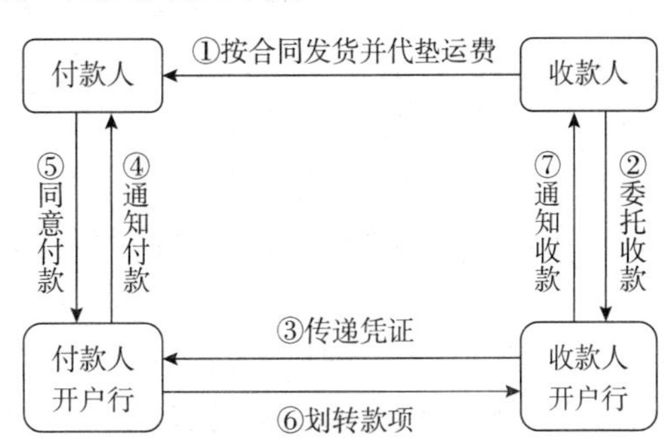

图4－9 托收承付结算流程

3. 托收承付与委托收款的区别。托收承付与委托收款都是收款人委托银行向付款人收取款项的一种结算方式。两种方式的核算程序、使用凭证的联次与归属、资金划转、会计核算等方面基本相同，不同之处主要有以下几个方面。

（1）适用范围不同。托收承付只适用于异地国有企业、供销合作社和经营管理良好并经开户行审查同意的城乡其他所有制企业之间的商品交易，以及商品交易产生的劳务供应款项结算。而委托收款不仅同城、异地结算均可使用，而且可以用于非商品交易。

（2）收款依据不同。办理托收承付结算，必须有合同、发运证件（特殊情况除外），并且要求付款人信用较好，才能办理。而委托收款不强调经济合同和发运证件，只要有已承兑的汇票、债券、存单等付款人的证明即可办理。

（3）承付方式不同。托收承付货款分为验单承付和验货承付，由收付双方商定并载明在托收承付结算凭证上。验单承付的承付期为 3 天，从付款人开户行发出承付通知的次日起算（承付期内遇节假日顺延）。验货付款承付期为 10 天，从运输部门向付款人发出提货通知的次日起算。而委托收款为付款人默认付款。

（4）金额起点不同。托收承付的结算金额起点为 10 000 元，新华书店系统为1 000 元。而委托收款的结算无金额起点限制。

（5）银行承担的付款责任不同。托收承付结算的付款人开户行在付款人账户余额不足支付时有责任分期代扣款项，并对付款人罚款，赔偿收款人因逾期收到货款而造成的经济损失，因而在处理上有部分支付和逾期付款等情况。对付款人提出的拒付理由，其开户银行有按照规定进行审查的责任，对无理拒付的可以强行扣款。而委托收款则不审查拒付理由，不得强行扣款。

（6）拒付方式不同。托收承付结算的付款人可以部分拒付或在存款不足支付时分次付款。而委托收款则不允许部分拒付，也不能分次付款，付款人的存款不足支付时，银行即可作退票处理。

二、资金汇划往来

资金汇划往来是同城或异地、同系统（同行）或跨系统（跨行）两个银行之间的资金账务往来，是完成各种支付结算业务和资金汇划的主要通道。

每一笔转账结算业务都是通过商业银行把资金从付款人账户划转到收款人账户的过程，必然涉及付款人、收款人以及双方的开户银行。在这个过程中，收款人与付款人都在同一银行开户的情况只占极少部分，大部分的结算收款人与付款人都是在不同的商业银行开户。这样，就需要借助各种资金汇划往来方式来完成两个银行之间的结算资金转移。

商业银行资金汇划往来的方式有中国现代化支付系统、联行往来、票据交换及各商业银行系统内的资金往来通道。

这些方式满足不同类型的支付结算业务，共同构成了庞大的支付结算资金流通体

系。由于通过支付系统、票据交换以及联行往来的资金均以各种支付结算方式完成，两者的业务处理已成为一体，即支付结算的处理过程也就是资金汇划往来的过程，支付结算通过资金汇划系统完成。

（一）支付系统

1. 支付系统的概念和基本架构

（1）支付系统的概念。我国银行支付结算主要依赖中国现代化支付系统。中国现代化支付系统（CNAPS）是中国人民银行按照我国支付清算需要，利用现代计算机技术和通信网络自主研发建设的，能够高效、安全地处理各银行的异地、同城各种支付业务及其资金清算和货币市场交易的资金清算的应用系统，是适应我国经济发展需要的、先进的、全面支持处理同城及异地范围内的贷记业务和借记业务的跨行支付清算系统。该系统功能强大、覆盖面广、资金汇划安全快捷，已成为商业银行间跨地区资金汇划的主要渠道。它是各银行和货币市场的公共支付清算平台，是中国人民银行发挥其金融服务职能重要的核心支持系统。

如图4－10所示，中国现代化支付系统包括多个子系统。

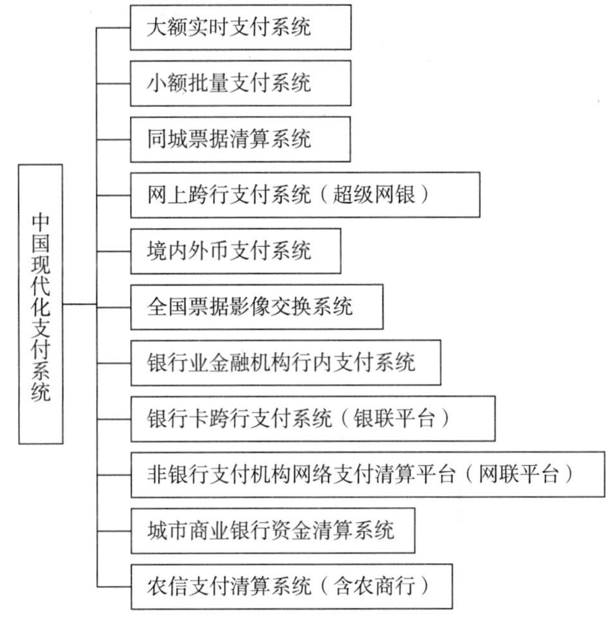

图4－10　中国现代化支付系统

（2）支付系统的基本构架。中国现代化支付系统设有两级处理中心，即国家处理中心（NPC）和全国省会（首府）及深圳城市处理中心（CCPC）。国家处理中心分别与各城市处理中心连接，其通信网络采用专用网络，以地面通信为主，卫星通信为备份。各发起行或接收行通过前置机系统与当地的城市处理中心连接，形成支付体系。

支付系统运行管理范围包括国家处理中心、城市处理中心、直接参与者前置机系统、支付系统备份系统、支付系统网络。

①国家处理中心。国家处理中心是支付系统的运行、管理和处理中心，负责支付业务资金清算、信息存储、支付指令的接收和转发、系统运行状态管理等，以及对商业银行集中开设的清算账户进行资金清算和处理。

清算账户是指经中国人民银行批准，直接参与者和特许参与者开设的用于资金清算的存款账户。凡参加中国现代化支付系统的商业银行都需开立此账户。

②城市处理中心。城市处理中心主要负责当地支付系统参与者的管理及支付业务的接收和转发。

③参与者前置机（MBFE）。参与者前置机作为当地城市处理中心与支付系统参与者（MBFE）综合业务系统间接口的链接，负责完成各参与者与城市处理中心间的数据转换、发送、加押和校验。各商业银行前置机系统终端的使用与管理由其清算中心负责。

中国现代化支付系统包含大额实时支付系统（HVPS）和小额批量支付系统（BEPS）两个应用系统，以及清算账户管理系统（SAPS）和支付管理信息系统（PMIS）两个辅助系统。大额实时支付系统已覆盖全国范围（含港澳地区），小额批量支付系统也覆盖了全国大部分城市。

两个支付系统相对独立，但共享主机、通信、存储、清算账户和基础数据等资源，在功能上相互补充，适用于所有贷记业务、借记业务和定期借记业务。

贷记业务是付款人主动发起的资金汇划业务；借记业务是收款人发起并提交支付信息，直接贷记收款人账户的业务；定期借记业务也是由收款人发起的，在约定时间从付款人账户扣划资金并贷记收款人账户。为防范支付风险，保障资金安全，必须对收款人发起的各类借记业务进行严格控制和管理。

2. 中国现代化支付系统的适用范围

（1）支付系统支撑的支付工具包括汇兑、委托收款、托收承付、定期贷记等贷记支付工具，银行汇票、国内信用证、银行本票、支票、旅行支票、定期借记等借记支付工具，以及商业汇票、银行卡等其他工具，还有中央银行和国家金库办理的资金汇划。

（2）支付系统的参与者根据其参与支付系统的身份不同，分为直接参与者、间接参与者和特许参与者。

①直接参与者，是指与支付系统城市处理中心链接并在中国人民银行开设清算账户的商业银行以及中国人民银行地级市（含）以上中心支行（库）。直接参与者与城市处理中心直接连接，通过城市处理中心处理其支付清算业务。

②间接参与者，是指未在中国人民银行开设清算账户而为直接参与者办理资金清算的银行和非银行金融机构以及中国人民银行县（市）支行（库）。随着中国人民银行机构改革，县级行撤并后，其业务集中到中心支行办理。间接参与者不得与城市处理中心连接，其支付业务通过行内系统或其他方式提交给其资金清算的直接参与者，由该直接参与者提交支付系统处理。商业银行支行级分支机构均为间接参与者。

③特许参与者，是指经中国人民银行批准支付系统办理特定业务的机构，如中国外汇交易中心、中央国债登记结算有限责任公司、公开市场操作室等。

3. 大额实时支付系统。大额实时支付系统是指中国现代化支付系统的接入系统，是以电子方式实时全额处理跨行及跨区支付业务的应用系统。大额实时支付系统指令逐笔实时发送，全额清算资金。

其建设的目的，是给各银行和广大企业单位以及金融市场提供快速、高效、安全、可靠的支付清算服务，防范支付风险。同时，该系统对中央银行更加灵活、有效地实施货币政策具有重要作用。该系统处理同城和异地、商业银行跨行之间和行内的大额贷记及紧急的小额贷记支付业务，处理中国人民银行系统的贷记支付业务。

大额实时支付系统的特点是：交易的金额大、速度快，又是最终性支付，要求实时逐笔进行支付处理。大额实时支付对支付交易信息报文传输、处理系统的安全性和可靠性要求很高，系统安全、可靠是大额实时支付系统的关键。

大额实时支付系统业务范围为处理贷记支付业务，包括汇兑、委托收款划回、托收承付划回、中央银行和国库部门办理的资金汇划、承兑汇票查询等。

大额实时支付系统在工作日运行时间为9:00－17:00；每个周末或法定节假日期间的首日运行，并执行特殊业务规则。

大额实时支付系统不设置金额起点，实行点对点清算，较稳定，到账快，但收取手续费比小额批量支付系统高。

4. 小额批量支付系统。小额批量支付系统是中国现代化支付系统的重要组成部分，主要处理跨行同城、异地纸质凭证截留的借记支付业务以及金额在规定起点以下的小额贷记支付业务［中国人民银行暂定为5万元（含）限额以下］，实现不同地区、不同银行营业网点的资源共享。

其建设目的，是为社会提供低成本、大业务量的支付清算服务，支撑各种支付业务的使用，满足社会各种经济活动的需要。该系统处理同城和异地纸质凭证截留的商业银行跨行之间的定期借记和定期贷记支付业务，中央银行会计和国库部门办理的借记支付业务，以及每笔金额在规定起点以下的小额贷记支付业务。小额批量支付系统采取批量发送支付指令，轧差净额清算资金。

小额批量支付系统可在一定时间内对多笔支付业务进行轧差处理，净额清算资金，保持全天24小时连续不间断运行，提供跨行、跨地区代收代付业务的清算服务，可大批量处理一并发出的业务。该系统具有种类多、业务量大、金额小、时效性要求不高、收费低廉的特点。

小额批量支付系统业务范围主要面向消费支付，包括（借贷记）普通贷记业务（汇兑、委托收款、划回）、托收承付、定期贷记业务（如代发工资、保险金）、普通借记业务、定期借记业务（如代收水费、电费、煤气费等）、实时贷记业务（跨行通存、实时缴税等）、实时借记业务（跨行通兑）、清算组织发起的代收付业务、同城轧差净额清算业务、国库相关业务、通兑业务、支票圈存业务、支票截留业务、信息服务业务。

小额批量支付系统实行7×24小时连续不间断运行。每日16:00进行日切处理（前一日16:00至当日16:00为小额支付系统的一个工作日），日切处理后仍可正常接受小额业务，每两个小时组包一次，非实时到账。

小额批量支付系统的单笔金额上限贷记50 000元，实时贷记和借记业务不设限制。

（二）联行往来

1. 联行往来概述。同一个银行系统内不同营业机构之间的资金和账务往来称为联行往来，有资金往来关系的同一系统银行营业机构之间互称联行。

我国商业银行为总分行制，每一银行以其总行为核心，与各下设分支机构构成一个银行系统。国民经济各部门、各单位之间进行资金结算，当收付款双方在同一银行系统但不在同一营业机构开户时，就涉及同一个银行系统两个不同营业机构之间进行资金结算，即为联行往来。社会资金往来运动最终体现在银行间的资金划拨上，当资金结算业务发生时，往往是通过同一个银行系统即同属一个总行的各个分支机构完成的。联行往来可分为三个层次。

（1）全国联行往来。全国联行往来适用于总行与所属各级分支机构之间以及不同省、自治区、直辖市机构之间的资金账务往来。

（2）分行辖内联行往来。分行辖内联行往来适用于省、自治区、直辖市分行与所辖各分支机构之间的资金账务往来。

（3）支行辖内联行往来。支行辖内联行往来适用于县（市）支行与所属各机构之间以及同一县（市）支行内各机构之间的资金账务往来。

2. 联行往来信息传递方式和记账依据。联行往来业务是由系统内不同地点的营业机构在不同的时间分散相互往来而形成的，因此各机构之间必须采用统一规范的信息传递方式和记账依据，以确保资金和账务往来的准确、安全和快捷。根据联行间信息传递方式的不同，联行往来可分为手工联行往来（以下简称手工联行）和电子联行往来（以下简称电子联行）。其中，手工联行主要靠邮电部门（快递或电信）传递双方之间的信息和凭证，往来双方以对方发来的纸质凭证（信函或电文）作为记账的依据。电子联行则以系统内的清算中心取代行外的邮电部门，通过电子设备和通信卫星传递双方之间的信息，往来双方以电子信息作为记账依据，故为无纸传递。

3. 联行往来管理的原则及措施。联行往来管理的原则是“统一管理，分级负责”。各银行设置联行系统的方法及管理方式各有不同，但都需遵循上述原则，将联行往来的结算业务按不同的分支层次和活动范围划分为不同的往来级别。

（1）联行号。联行号是中国人民银行和各商业银行系统内用阿拉伯数字表示各个银行的联行代码。凡取得了联行号的银行就可以参加全国或分行、支行辖内联行往来或直接通汇，方便查询、查复时使用。我国联行号由各银行总行分别统一颁发。全国性联行号由12位数码组成。

（2）联行专用章。凡被批准参加联行往来的各营业机构，必须获得由总行统一刻制的联行业务专用章，并由总行委托各分行按规定核发所属机构使用。专用章编号与联行号一致，并与联行号同日核准启用。联行专用章是用于证明联行资金账务往来的凭证，是证明联行业务主体行为的专用工具。

（3）联行专用凭证。联行专用凭证又称联行报单，是证明联行业务发生、明确经济责任及资金转移的书面文件。联行专用凭证按重要空白单证进行严格管理。

（4）联行密押。凡参加联行往来业务的营业机构必须获得由往来辖区的管辖行统一编制的联行密押。联行密押是验证联行凭证的工具，联行专用凭证、联行专用章及联行密押实行分管原则，以确保联行业务的安全。

4. 联行往来的业务特点

（1）联行往来分为发报行和收报行两个系统。商业银行经办联行往来业务时，需由联行中的一方向对方发出资金往来的电子信息或签发联行报单。发出信息或签发联行报单的行称为发报行（或往账行），接收信息或联行报单的行称为收报行（或来账行）。每一笔业务往来对应，金额相等。同一银行营业机构在不同时点上既发报，也收报，所以既是发报行也是收报行。联行报单贯穿联行往来业务。每一笔联行账都有同一内容的联行报单，把发报行、收报行和管辖行等联系起来，使之成为一个有机的整体。

（2）定时结清汇差。联行往来业务的实质是联行间款项的代收、代付。在一定时期内，代收、代付的款项只做账面划转（俗称挂账），并不进行实体资金的转移，从而形成联行间占用或被占用款项。某行在一定时期内代收、代付联行款项的净差额称为联行汇差。当代付金额大于代收金额时，表明本行资金被他行占用，形成应收汇差；反之，则形成应付汇差。为了减少联行间资金占用与被占用的矛盾，加快联行运行速度，必须及时核对并结清汇差，即进行汇差的实体资金转移，汇差结清的速度取决于联行对账的速度和信息传递的速度。

（3）系统内账务平衡机制。尽管每一个参加联行往来的营业机构在代收、代付业务中会形成汇差，但在任一时点上，发报行发出的资金汇划信息与收报行收到的资金汇划信息是一致的。因此，如果不计未达账项，每笔联行业务有往必有来，有借必有贷，借贷必相等，系统内全部联行账务是平衡的，应付汇差合计等于应收汇差合计。这一账务平衡原理是联行账务核对的理论基础，也是汇差清算平衡判断的依据。

5. 联行往来业务的经办与代理。经总行批准参加联行往来的银行营业机构可以直接经办联行汇划业务。联行业务从发报行开始，称为往账业务。往账业务可分为贷记业务和借记业务两大类。贷记业务又称联行划收款业务，是由发报行代收款项后向收报行签发报单并汇划款项，收报行接到报单后代本行或本行客户收款的业务，如汇兑、委托收款、商业汇票、托收承付、内部资金划拨等业务。当贷记业务发生时，发报行应向收报行划拨资金，故形成应付汇差。借记业务又称联行划付款业务，是由发报行代付款项后向收报行签发报单并请求付款，收报行收到报单后代本行或本行客户付款的业务，如银行汇票、信用卡、内部资金扣款等业务。当借记业务发生时，发报行已代对方联行支付了款项，故形成对收报行的应收汇差。

未参加联行往来的本系统营业机构，或不具备联行系统的其他商业银行机构，需进行异地资金汇划时，可委托参加联行往来的营业机构代为办理汇划业务，由此形成联行代办业务。前者称为委托行，后者称为代理行。代理行分为一般代理行和账户代理行两种。

一般代理行只办理汇划凭证的代收、代转和其他委托业务，不办理资金清算，款项收付一般通过各自的账户代理行（以下简称账户行）办理。委托行在代理行开立账户，存入汇划备付金，账户行与委托行形成主客关系。一般来讲，账户行与委托行应签订账户代理协议并交换控制文件，委托行可以通过账户行处理资金汇划和清算。

6. 电子联行往来（电子汇划）。电子联行往来指系统内各行际间通过本行电子资金清算系统进行异地资金汇划。各级行在上一级行开立活期备付金存款账户，上一级行逐日清算往来汇差资金。电子联行往来是对传统手工联行往来业务的重大改革，它以本行系统内的清算中心代替行外的邮政部门，直接传输电子汇划信息，并清算当天的汇差资金。

（1）电子联行往来的组织方式。

①机构设置。根据联行业务"统一管理，分级负责"的组织原则，全国联行往来系统在总行设置总清算中心，一级分行（一般为省、自治区和直辖市行）设置分清算中心，二级分行（一般为地、市分行）设置清算中心。参加全国联行往来业务的各级银行统称为经办行。各级中心分别负责辖内经办行业务信息的收发、记载、清分、清算和监督等事项，也称联行业务的管辖行。

②核算模式。电子联行业务在核算模式中设立往账和来账账务系统，对经办行的发报业务和收报业务集中进行账务处理。即对于经办的发报业务，由发报经办行将联行汇划报单传递至发报清算中心，由发报清算中心集中记账后做成标准格式的业务信息发往收报清算中心。对于经办的收报业务，收报清算中心收到发报清算中心的标准格式业务信息后，及时记账，然后将汇划报单传递至收报经办行留存。经办行将汇划凭证进行专用文件夹保管，不做账务处理。

（2）汇划程序。汇划款项信息始于发报行发出的汇划信息，终于收报经办行对汇划信息的确认接收。各级清算中心和经办行发出的支付指令、收付汇差、查询查复和对账数据等信息按照上下级管辖关系纵向传递。发报经办行不直接向收报经办行传递有关纸凭证，收报经办行不直接接收发报经办行发出的有关纸凭证，而由发报清算中心将复核无误的汇划款项信息通过电子网络传送至收报清算中心，收报清算中心将其接收的电子汇划信息按规定转换为有关纸凭证及电子文件，经审核无误后，代替有关的原始凭证并做账务处理。各级清算中心对上报的数据进行合法性、衔接性、平衡性检查，总行清算中心对各经办行的往账数据和来账数据各要素进行逐笔核对，监督支付指令的真实正确。

（三）票据交换

1. 票据交换的概念。票据交换是指同一城市的所有商业银行机构，将相互代收、代付的凭证和票据，按规定的时间、场次，集中到既定场所进行交换，轧计往来银行之间应收、应付的票据差额，由主办清算行以转账方式进行清算的同城银行间资金清算的办法。

票据交换由本地中国人民银行（称为主办清算行）主持，设置票据交换所，并派出清算员组织资金清算。参加票据交换的所有商业银行（称为清算行），须经中国人民

银行批准，并核发票据交换所交换行号，在当地中国人民银行开立备付金账户并存入备付金后，方可按规定时间参加票据交换。

票据交换所一般每一营业日进行两场交换，上午和下午各为一场。上午受理的票据可在当天下午进行交换，下午受理的票据可待次日上午进行交换（年终结算日除外）。交换票据时，一般可分为提出行和提入行两个系统。向其他银行提出票据的银行称为提出行，应提交其他银行清算的票据称为提出票据；收回票据的银行称为提入行，收回由本行清算的票据称为提入票据。参加票据交换的各清算行都可能在提出交换票据的同时，也收到对方提交的票据，因而既是提出行又是提入行。各清算行对提出和提入的票据应分别进行核算。

2. 票据交换的结算业务。票据交换通过票据交换所进行资金清算。

（1）票据交换所。票据交换所是集中办理同城或同一区域内各银行间应收、应付票据的交换和资金清算的场所。它开始时由银行间共同协议设置，随着中央银行制度的建立和发展，票据交换所现已成为中央银行领导下的一个票据清算机构。

【知识链接4－2】

票据交换所

世界上最早的票据交换所是于1773年在当时票据最发达的英国伦敦成立的。中国最早的票据交换所是在上海出现的。清朝末年，上海旧式的钱庄相当兴盛。1890年，上海钱业公会成立了汇划总会，通过汇划总会以“公单”交换和转账结算来清算差额。这是中国早期的票据交换形式，起到了票据清算中心的作用。民国初期，华商银行增设渐多，为此，上海银行公会委托银行业联合准备委员会，参照美国票据交换所筹办上海银行业自己的票据清算机构，其间克服了当时钱庄与外商银行的种种阻挠和反对，终于在1933年1月10日成立了中国第一家新型的票据交换所——上海票据交换所。

改革开放以来，中国人民银行加快了跨行支付清算体系的建设，建立了定时定点集中交换票据凭证、清算代收代付票据资金的跨行支付清算系统——票据交换所。票据交换所的业务主管部门是中国人民银行当地分支行的支付结算管理部门，在城市内或指定区域内遵循“先付后收、收妥抵用、差额清算、银行不垫款”的原则开展业务。

（2）交换票据的处理。在票据交换所内，各行的交换员将提出的票据按票据清单上列明的提入行交换号码，分发到各交换行在交换所的固定位置上，然后回到本行所在的固定位置，点收他行送来的票据。

（3）提出票据与提入票据。提出票据就是某银行将客户要求提交其他银行的清算票据集中起来，按收、付分类，通过票据交换所送达对方银行的行为。提出票据又分为提出贷方票据和提出借方票据。提出贷方票据是主动要求对方银行收款、本行付款的票据行为，提出借方票据是要求对方银行付款、本行收款的票据行为。

提入票据则是将其他银行收进的要求本银行清算的票据按收、付分类，通过票据交换所取回本银行的行为。提入票据也分为提入贷方票据和提入借方票据。提入贷方票据是本银行收款、对方银行主动付款的票据行为，提入借方票据则是本银行付款、对方银行收款的票据行为。

各银行提出交换的票据可分为两类：第一类是在本行开户的收款单位提交的应由他行开户单位付款的票据（称为代付票据或借方票据），例如收款单位向其开户银行提交的银行汇票、同城委托收款结算凭证等；第二类是收到本行开户单位提交的委托本行向他行开户单位付款的票据（称为代收票据或贷方票据），例如付款人提交的转账结算凭证等。

（4）提出行的结算。各参加票据交换的银行应设置交换组或清算柜，配备专门的交换员对本行代收的他行票据集中办理交换。提出代付与提出代收流程分别如图 4－11 和图 4－12 所示。

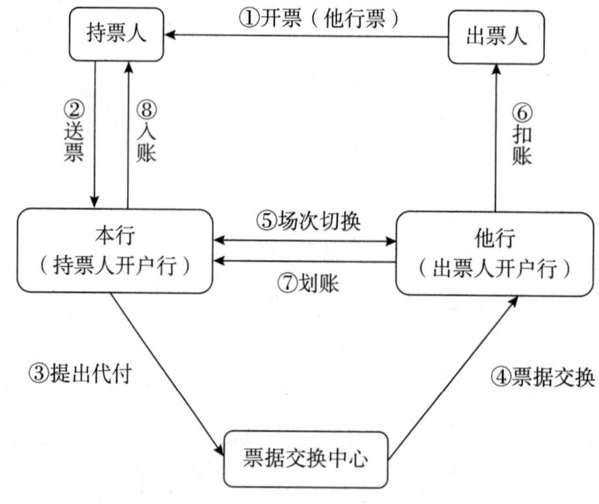

图 4－11　提出代付流程

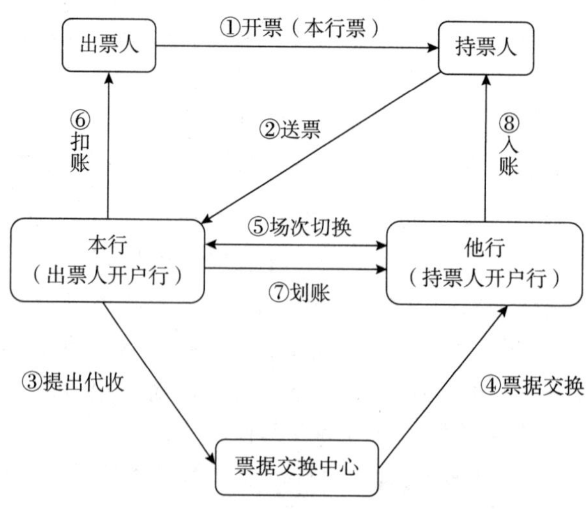

图 4－12　提出代收流程

（5）提入行的结算。通过票据交换，提入行通常提入两种票据：一种是借方票据，即付款单位在本行开户的票据；另一种是贷方票据，即收款单位在本行开户的票据。提入行根据提入的借方、贷方票据以及提入借（贷）方票据汇总计数单办理转账。提入代付与提入代收流程如图 4－13 和图 4－14 所示。

对于提入借方票据的付款单位的存款不足以支付票款，或借方（贷方）票据因票据要素错误无法办理支付的票据，则应办理退票。将退票的票据放在专用文件夹保管，以便下场交换时，退回原提出行。

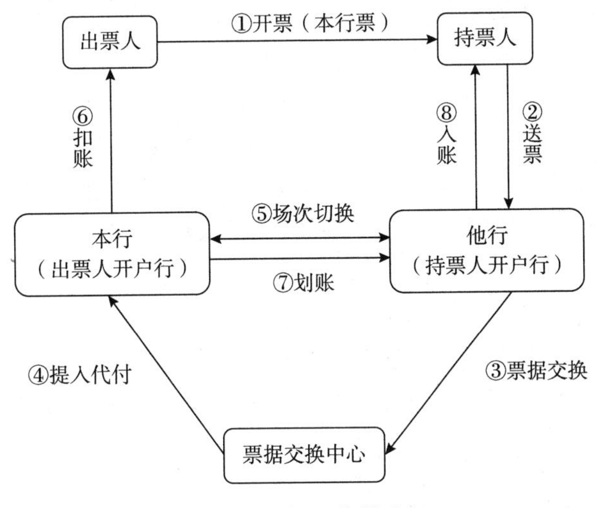

图 4－13　提入代付流程

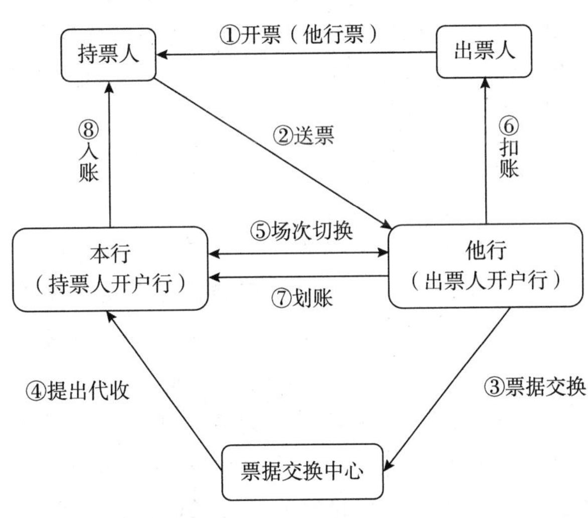

图 4－14　提入代收流程

（6）退票。在票据交换中，无论是提出或提入的票据，在处理中出现如账号或户名不符、印鉴不符、大小写不符、付款人账户余额不足等问题，都需退票。退票中有的是本行提出的票据被他行退回，有的是他行提入的票据被本行退回。退票必须在规定的时间内办理，通常是下一场的交换时间为退票时间。提出的票据被退回时，统一由总行清算中心集中记账，记账后系统会自动发出公告，将具体的退票内容通知营业网点。客户回单联和被退票据由各营业网点签收领回再退给客户。

【知识链接4-3】

全国支票影像交换系统

全国支票影像交换系统（CIS）是运用影像技术将实物支票转换为支票影像信息，通过计算机及网络将影像信息传递至出票人开户银行提示付款的业务处理系统。全国支票影像交换系统定位于处理银行机构跨行和行内的支票影像信息交换，其资金清算通过中国人民银行覆盖全国的小额支付系统处理。支票影像交换业务的处理分为影像信息交换和业务回执处理两个阶段，即支票提出银行通过影像交换系统将支票影像信息发送至提入行提示付款，提入行通过小额支付系统向提出行发送回执完成付款。

支票影像交换业务处理遵循“先付后收、收妥抵用、全额清算、银行不垫款”的原则。

1. 基本原理

依照世界各国的通行做法，其基本原理是：运用计算机影像技术将实物支票转换为支票影像信息，通过网络将支票影像信息传递到出票人开户银行提示付款的业务处理系统，从而实现支票的全国通用。

2. 关键技术

（1）电子验印。银行客户的印鉴是银行多种业务的重要凭证和依据，其法律基础是《中华人民共和国票据法》。传统的印鉴比对方式是人工折角核对，其最大的两个弱点：一是精度低，二是无法实现通存通兑。特别是后一个弱点，成为制约银行业务发展的一个“瓶颈”。在全国支票影像交换系统中，提入行拿到的是支票的电子影像，基本上无法进行人工折角核对。因此，人工折角核对逐步退出历史舞台已成定局。

为了弥补人工折角核对的不足，出现了基于模式识别和图像处理技术的电子验印技术。电子验印就是利用计算机来实现印鉴的自动识别，其基本原理是：通过摄像机、数码相机或扫描仪等图像采集设备，将客户的预留印鉴图像采集到计算机里面，经过特定的图像处理算法形成电子标准印鉴。电子标准印鉴一般具有结构信息、高保真和低存储空间（几个字节/枚）等特点。这些特点为预留印鉴的大规模数字化存储和低代价的网络传递提供了必要条件。当印鉴核验时，待测印鉴通过图像采集设备被采集入计算机，同时，计算机调出相应的电子标准印鉴。经过预处理、定位、分割、配准和比对等图像处理算法，计算机自动给出待测印鉴真伪的结论。

（2）票据缩微。银行的票据被要求长期保存，然而，在大量的票据中进行检索是非常困难的。如果能够利用图像压缩技术，将票据图像压缩存储在数字媒体上，那么检索和保存将十分方便。传统的票据缩微系统使用光盘作为存储设备，使用高速扫描仪作为图像采集设备，而且一般来说是独立存在的。随着大容量硬盘技术和图像压缩技术的发展，票据微缩系统现在以硬盘存储为主。随着全国支票影像交换系统和提入行自身的电子验印系统的推广，票据缩微系统可以直接从这两个系统获取票据图像，这样就省去了很多环节。

（3）票据图像的采集。票据图像可通过摄像机、数码相机、平板扫描仪、高速扫描仪和票据清分机等采集。其中，平板扫描仪精度最高，价格最低，一致性好，但是速度较慢，适合于票据量少的场合。对于批量采集或者速度要求高的场合，可以选用摄像机、数码相机和高速扫描仪等。

（4）支付密码。支付密码也称变码印鉴，其基本原理是：出票时，银行客户在专有的硬件或者软件上，输入金额、账号、票号、日期等信息，随后获得一串数码，将数码填写在票据上作为出票依据。除了支付密码以外，密码信封也是一种简便易行的票据密码方式，只不过安全性稍差。

（5）数字签名（PKI）。支票影像及其捆绑信息，必须经过数字签名，以确保信息的完整性、安全性和不可抵赖性。数字签名是公开密钥体系的一个典型应用。

【知识链接4－4】

第三方支付对商业银行业务的影响

随着淘宝等电子商务平台的发展，人们对互联网商务的兴趣逐渐浓厚。2004 年，支付宝上线。2010 年后，第三方平台已广为人们接受并有了可观的用户群体。随着微信及智能手机的出现和发展，支付宝等第三方平台不断推出新兴业务，互联网金融支付业务市场蒸蒸日上，在我国的金融市场上占有不可低估的地位。

第三方支付平台凭借其便捷、安全的特征，以及个性化、多样化的产品得以广泛运用，对商业银行的各项业务产生了不可低估的影响。

第一，对商业银行负债业务的影响。由于第三方支付的便民性及产品多样性，客户不需要像在传统金融体系中那样只能通过银行获取资金，且第三方支付平台具备支付结算及储备资金的基础功能，使部分客户办理许多业务能够绕开银行，这就造成了商业银行的大量存款及市场交易的功能被分流出去，虽然交易后大部分资金会回流到银行，但存在漏出效应，商业银行的存款量不可避免地会“缩水”。此外，第三方支付公司在发展过程中获得自身取得资金的独立性，如支付宝能避开网上银行而独立进行网上充值，并且随着其各层次功能的不断开发，能够有效地吸收社会可观的闲散资金，这对商业银行负债的影响是不容小觑的。

第二，对商业银行资产业务的影响。支付宝是全球影响范围最广、使用客户人数最多的第三方移动支付平台，由于第三方支付平台担任支付中介职能，客户在进行交易后一段时间内资金遗留在第三方就形成了一笔可观的沉淀资金即备付金。2016 年我国第三方交易的总额高达 58 万亿元人民币，而支付宝占据了 52.3%，其每日产生的沉淀资金若按 0.5% 一天计息，一年的利息额也相当惊人，而这笔利息银行是没有支配权的，银行无法用这笔款项进行放贷操作，因此第三方支付也对商业银行的贷款业务造成了一定程度的影响。同时，第三方机构功能多样，涉及业务范围广，并与理财公司、基金公司合作，在其平台上推出理财产品吸引客户投资，在获得收益的同时也具备良好的流动性，同时买卖方便，这些因素使第三方平台在较短的时间内吸引了不少投资者，筹集到大量资金。

第三，对商业银行中间业务的影响。商业银行中间业务中占重要部分的支付业务已被第三方支付平台抢占大量份额，同时，余额宝早已开始进行基金承销的业务，其他第三方平台如支付宝也具备了结算、信用卡转账甚至购买保险等一系列功能，这无形中分散了商业银行的中间业务，削减了银行中间业务的收入，对商业银行中间业务产生替代效应。

第三节　银行卡业务

一、银行卡概述

（一）银行卡的定义

银行卡是指由商业银行向社会发行的具有消费信用、转账结算、存取现金等全部或部分功能的信用支付电子工具。

银行卡的使用与推广是近代金融业最重大的业务创新之一。它使商品经济领域中充当一般等价物的特殊商品——货币，从实物货币、金属货币、纸质货币进入一个更高级的电子货币时代。

（二）银行卡的分类

银行卡包括信用卡和借记卡。根据其功能不同，可分为不同类型（见表4－5）。

表4－5　　银行卡分类

功能	分类		
按结算币种不同	人民币卡	外币卡	
按使用对象不同	商务卡	个人卡	
按信息载体不同	磁性卡	芯片卡（IC卡）	
按信用程度不同	贷记卡	准贷记卡	借记卡

（三）银行卡业务的性质

银行卡业务属于中间业务范畴。

第一，从银行卡的基本特点看，持卡人申领银行卡（借记卡）须事先向银行存入资金，因此银行可以吸收存款，扩大资金来源。银行卡业务扩大和发展了储蓄存款业务和对企业存款业务，因此银行卡业务具有负债业务性质。

第二，从贷记卡的特点看，它实际上是银行向持卡人发放了贷款。在发卡时，发卡行要对申请人进行资信调查，作必要的信用评定；在用款时，收单行与发卡行要通过授权处理；用款后，发卡银行要向持卡人追讨债务，持卡人按规定还本付息。可见，

银行卡业务又具有资产业务性质。

第三，从银行卡业务本身的基本性质看，它主要属于银行的中间服务业务，其兼有的资产业务与负债业务性质是附属的。

第四，银行卡业务是银行的零售业务。相对于银行的其他结算方式，银行卡是一种信用工具，发卡银行直接面向市场发展特约商户和持卡人，并为其进行不断的服务。

二、银行卡业务管理

（一）银行卡结算

银行卡结算是银行卡业务的重要组成部分，它是持卡人与商户之间的结算、商户凭有关银行卡单据向银行结算、银行之间银行卡单据的结算以及发卡银行向持卡人账户收款等结算环节的总和。

一般意义上的银行卡结算程序，依据银行卡联合组织（以下简称银联）的有关规定进行。持卡人使用银行卡在特约商户刷卡消费，交易消息通过直联 POS 机到达银联电脑主机，由银联向发卡行发送持卡人交易信息，发卡行收到扣账信息后从持卡人账户中扣取相应的消费款项划转银联（见图 4－15）。

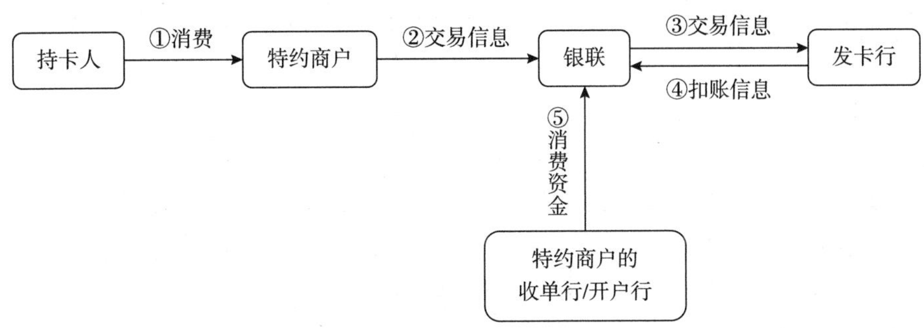

图 4－15　POS 业务流程

在银行卡结算中，有以下当事人：银联、特约商户、收单行、发卡行、持卡人（消费者）。银联根据接受银行卡支付的特约商户所在的行业及利润率，确定各行业支付给银行的交易费用的比率。持卡人在特约商户刷卡消费的金额乘以商户的 POS 结算交易手续费率而计算出的金额，是特约商户应该支付给银行的这笔交易的手续费。银行向特约商户收取结算手续费（100%），分别分配给银联（10%）、收单行（10%）和发卡行（80%）。

1. 建立特约商户。发卡行在发展持卡人的同时，还需要发展接受银行卡这种新型支付手段的饭店、酒家、旅馆和商店等商业与服务业单位。这些接受银行卡消费的单位统称为特约商户。发卡行在与这些单位签署了受理银行卡业务的协议书以后，就确立了彼此的特约关系。

2. 交易与授权。持卡人以银行卡作为支付手段，在商户进行消费或在发卡行指定的机构取现、转账，这就标志着银行卡交易的开始。授权的实质是发卡机构在接到特约商户和营业网点的受理请求后，核实持卡人的账户和身份，作出是否同意受理的答复的行为。

3. 清算过程。清算业务是以银行为中心处理持卡人、特约商户及银行之间相互支付关系的过程。银行卡的清算方式基本上分为直接清算和间接清算两种。

4. 信用控制。信用控制的基本内容是指发卡行对持卡人的交易与账面状况及特约商户的活动进行监督检查，以防范各种风险的发生，确保发卡行的资金安全。信用控制是业务发展的重要保障，因此，要树立全面信用控制的观念，把信用控制落实到发卡、交易、授权清算和服务的整个业务过程中。

【知识链接4－5】

银联与网联

随着计算机技术和互联网的普及，人们越来越习惯用手机支付。而移动支付与传统银行卡支付的运行逻辑并不相同。其实无论是银联还是网联，都是由中国人民银行建立的清算平台。其中银联是监管银行与银行之间业务往来的清算机构，如在POS机刷卡终端使用银行卡，属于线下业务；网联是监管互联网支付的清算机构，如微信支付、支付宝支付等，属于线上业务。

一、银联

中国银联股份有限公司（China UnionPay，UnionPay或CUP，简称中国银联），是经中国人民银行批准的、由80多家国内金融机构共同发起设立的股份制金融机构，总部设在上海，成立于2002年3月26日。截至2020年，中国银联已成为全球发卡量最大的卡组织，全球受理网络已延伸至179个国家和地区，银联卡境内外累计发行量超过90亿张。

中国银联建设和运营全中国统一的银行卡跨行信息交换网络，处于中国银行卡产业的核心和枢纽地位，对中国银行卡产业发展发挥着基础性作用。各银行通过银联跨行交易清算系统，实现了系统间的互联互通，进而使银行卡得以跨银行、跨地区和跨境使用。中国银联的服务早已超出了中国大陆，在中国香港、中国澳门和中国台湾，以及韩国、泰国、新加坡、日本、美国、德国等180多个国家或地区，也可以使用银联服务，包括查询、刷卡消费、提取现金等。

中国银联采用先进的信息技术与现代公司经营机制，建立和运营全国银行卡跨行信息交换网络，实现银行卡在全国范围内的联网通用，推动我国银行卡产业的迅速发展，实现"一卡在手，走遍神州"，乃至"走遍世界"的目标。

二、网联

非银行支付机构网络支付清算平台（简称网联平台），是由网联清算有限公司负责运营的中立性清算机构，主要处理非银行支付机构涉及银行账户的网络支付业务，实现非银行支付机构及商业银行同时接入，提高网络支付资金清算的集中化、规范化、透明化运作，节约连接成本，提高清算效率，并协助监控资金流动方向，保障资金安全，降低金融风险。

网联平台的清算机制把第三方支付机构和银行的直接连接变为间接连接。网联平台作为一个具有中国人民银行背景的中立性清算机构，不直接向消费者提供金融服务，也不直接接触资金，只起到一个清算监管的作用。在清算的过程中，网联平台不仅便于监管部门收集、监督第三方支付机构的资金信息，还能将交易清算信息及时向中国人民银行反馈，提高交易信息的透明度，使监管部门能够对社会资金流向进行实时监控，能有效规避系统风险，也保障了客户的资金安全。

我国第三方支付业务产生于2011年，自2015年起每年都在高速增长，这种高速增长也让第三方支付机构层出不穷。第三方支付机构直接连接到多家商业银行，并在不同银行开设账户。

这种绕过监管部门与独立清算机构的直连模式虽然提高了交易效率，却导致了银行无法监控所有资金交易，而这种难以监控的隐患容易被不法分子利用，变成洗钱、套现获利等违法行为的渠道。另外，第三方账户内的资金成倍积累，沉淀资金孳息和备用金安全风险也相应增加，金融风险迅速扩大而缺少相关配套监管措施，因此，网联平台应运而生了。

2017年8月，在中国人民银行的指导下，45个股东按照“共建、共有、共享”原则组建了网联清算有限公司。2017年8月人民银行正式下发了《关于将非银行支付机构网络支付业务由直连模式迁移至网联平台处理的通知》，宣布从2018年6月30日起，第三方支付机构涉及银行账户的网络支付业务必须通过网联平台进行清算，线上支付的清算业务统一交给网联平台，也就是所谓的“断直连”。这标志着第三方支付机构与银行直连时代的结束，网联清算时代的开始。

（二）银行卡风险管理及其防伪

1. 银行卡风险的种类

（1）恶意透支风险。对发卡机构而言，恶意透支是一种最常见的风险，对发卡机构的资金安全危害极大。常见的形式是，持卡人采取逃避“超过交易限额、必须向发卡机构索取授权后方能处理”的规定，在透支限额内多次取现、消费，造成大量透支的事实，而且在规定时间内不及时清偿。有些不法分子甚至利用现代化交通和通信工具在全国范围、在极短的时间内，赶在发卡机构发现前大量透支。

（2）诈骗风险。在信用卡业务中，有些不法分子常常利用他人遗失的信用卡乃至伪造信用卡骗取发卡机构的资金。

（3）操作风险。工作人员在受理业务时，应当严格按照有关的规章制度办事，否则也会给有关当事人造成一定的风险或损失。例如，收款员没有按操作规定核对止付名单、身份证和预留签名，接受了本应止付的信用卡，造成经济损失；收款员在压印签购单时，没有将信用卡的卡号压印在有关的单据上，造成“无卡号单”，使发卡机构无法进行结算；持卡人超限额消费时，收款员不征询授权或采取分单压印逃避授权，导致信用失控。

（4）道德风险。银行卡业务涉及银行业务的各主要方面，发卡机构内部的不法分子可能利用职权在内部作案，或者与社会上的不法分子相互勾结共同作案，给发卡机构带来很大风险。例如，擅自打制或盗窃已打制好的银行卡，冒充客户提取现金或持卡消费；伪造或修改取现、记账凭证；擅自超越权限，大额套取现金或消费；通过更改电脑资料、更改余额等手段，非法提取现金或消费。发卡机构的内部人员作案，往往金额很大，隐藏较深，难以发现，故损失也较大。

（5）信用风险。有些持卡人在发卡时也许经济情况良好，偿还能力较强，但因某种原因发生一系列的变故以后，也许就无法履行其义务，从而给其他当事人造成损失。

2. 银行卡业务风险的防范与控制。持卡人的信用风险控制是风险控制中最主要的一个环节。做好该项工作，风险的发生率将会大大降低。

（1）严格资信审查。客户资信审查主要是对其申请资料进行核查，一般要实行两级审核制度。

（2）实行信用和抵押担保。发卡机构应根据客户的资信，要求其提供保证，一旦持卡人无力偿还债务，担保人需承担偿还债务与责任。

（3）对超额透支实行严格控制。发卡机构在发现客户透支后应适时寄发催还通知书，将透支日期和透支金额通知客户；实行客户透支账户监控制度，只有及时掌握客户透支情况，才能及时、有效地控制风险；采取有效的措施控制客户恶意透支，控制的主要对象是透支时间较长或透支金额较大的客户。

第四节　代理类业务

代理业务是指商业银行接受客户委托，代为办理客户指定的经济事务。商业银行经营代理业务时，不必使用自己的财产，主要发挥其财务管理和信用服务的功能。代理业务是商业银行经营活动中一项重要的中间业务，通过代理业务商业银行可以扩大经营范围，增加业务收入，为开展其他业务提供机会。代理业务主要包括代收代付业务、代理有价证券业务、代理保险业务和委托贷款业务。

一、代收代付业务

代收代付业务是指商业银行接受客户的委托代其办理指定款项的收付事宜的业务。利用自身营业网点、人员、技术、汇兑和网络等优势，商业银行接受行政管理部门、社会团体、企事业单位和个人委托，代为办理指定范围内的收付款项的服务性中间业务（见图4－16）。

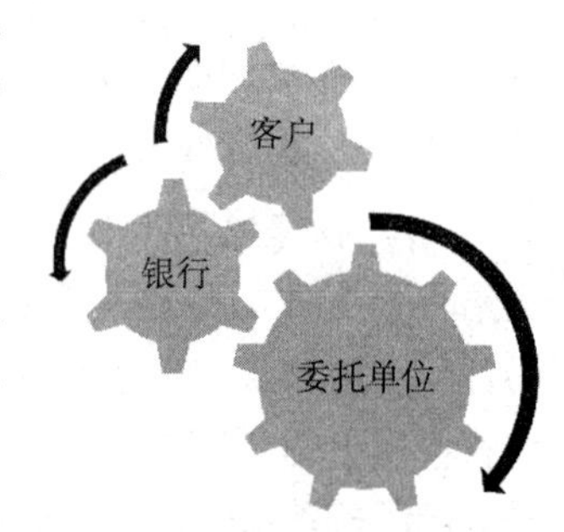

图4－16　代收代付业务中当事人之间的关系

代收代付业务多为涉及面广、金额较小、收付频繁的业务，如单位支付职工工资，社会保障部门发放离退休人员养老金，物业公司及公用事业单位定期向客户收取的物业费、水费、电费和煤气费等。

银行代收代付业务具有以下特点：一是时间的固定性，代理收付款项的时间一般是固定不变的；二是收付款的经常

性，代收代付业务不是一次完成任务，而是持续不断地收付；三是数额的少量性，这些收付的款项金额一般不大，零碎而不一；四是工作量的广泛性，收付的范围和压力一般相当大；五是手续的统一性，收付款的内容一般简单一致，经办手续一致，便于核审。

发展代收代付业务，无论是对于商业银行还是对于企业和个人，都具有明显的社会效益和经济效益。

（一）代收代付业务的基本原则

1. 明确代收代付业务的金额及使用方向。客户要求商业银行代理收付时，必须向商业银行提出申请，并明确所收付款项的金额、用途和代理形式。

2. 签订收付款项的代理合同。商业银行为客户代理收付款项时，要签订经济合同或代理协议，明确责任，避免经济纠纷。

3. 要坚持互惠互利原则。商业银行为客户代收代付款项时，要坚持互惠互利原则，根据具体情况，按照一定的规定收取管理手续费用。

4. 要以国家的相关法规为业务依据。商业银行为客户代收代付款项时，要遵守国家有关法律及政策规定，遵守商业银行的结算原则。

5. 要坚持银行不垫款原则。商业银行为客户代收代付款项时，对付款方不能按时交纳款项的，商业银行不负任何责任，要坚持银行不垫款原则，但有义务向客户提供真实情况。

（二）代收代付业务的种类

按照银行内部业务处理方式不同，代收代付业务分为批量代收代付和银行柜台代收费业务。

1. 批量代收代付业务。批量代收业务是指银行通过计算机联机系统代理公用事业等单位向个人用户收取费用的一种转账结算。批量代收是银行特种委托收款结算业务在计算机技术条件下的实现方式。在账户存款余额足够的情况下，付款人也免去了定期缴费的烦恼。联机批量代收业务项目主要包括各项公用事业费、保险费、水电费、物业管理费、学杂费等。

批量代付业务是指银行通过计算机联机系统代单位向个人发放工资、奖金、养老金、公积金等款项的业务。银行开办代发工资业务在揽住储蓄源头，增加资金来源的同时，减轻了单位财会人员的工作量。单位财会人员只需开具转账支票，连同职工工资清单和制作好的代发数据磁盘交银行即可，批量代付解决了单位从银行领取现金再向个人发放工资的麻烦。

2. 银行柜台代收费业务。银行提供柜台代收费服务的目的有三个：一是增加银行服务品种；二是集聚人气，推动银行的派生业务；三是增强与收费单位银企合作。银行柜台代收费项目主要有市内固定电话费、移动通信话费、水费、电费、煤气费等公用事业费等。

二、代理有价证券业务

（一）代理有价证券的发行业务

代理发行有价证券是指筹资单位（发行者）委托商业银行在双方约定的发行期限内发售有价证券，在发行期限结束后将款项划转给发行者，将未发售出去的有价证券退还给发行者的代销发行方式。企业发行有价证券一般是委托商业银行或证券公司来进行，其发行的基本步骤如下。

（1）发行前的准备。正确合理地确定发行要件，如数量、期限、发行时间、利率、发行方式等；完成发行的相关审批手续，确定社会发行的“招募书”。

（2）选择发行代理人。通过协商或竞争性投标等形式来确定发行代理人，一般选择资金雄厚、经验丰富、信誉卓著的商业银行或证券公司作为发行代理人。

（3）签订代理发行合同。合同中应注明代发方式、组织管理责任、违约责任、赔付条款等内容。若发行金额较大，可以选择几家银行或公司联合代理发行。

（4）进行有效的宣传。公布招募说明书，在发行前要通过广播、电视、报纸等媒体进行广泛宣传，保障有价证券的及时、全额发行。

（5）公开销售。在约定的日期由代发银行向社会公开发行，在发行结束的规定期限内，及时向主管部门报送证券销售情况报告书。

（6）手续费。商业银行发行手续费用由发行者和商业银行协商确定，并按合同规定在约定的时间内支付。

（二）代理有价证券的承销业务

商业银行代理有价证券的承销业务是指商业银行与发行者签订合同，代理承销有价证券的业务。承销有价证券一般有全额承销和余额承销两种方式。承销有价证券业务的基本程序如下。

（1）订立承销合同，规定双方的权利和义务。

（2）公布招募说明书，并进行有效的宣传。在发行前要通过广播、电视、报纸等媒体进行广泛宣传，保障有价证券的及时、全额发行。

（3）采用多种渠道、多种方式组织销售。

（4）完成承销后，商业银行还应追踪证券筹集资金的用途，加强代理承销证券的检查，确保证券的如期偿还。

（三）代理有价证券的兑付业务

商业银行代理有价证券兑付业务是指企业发行的有价证券到期时，商业银行在其柜台兑付本息的一种业务。兑付有价证券业务的基本程序如下。

（1）审查有价证券的真实性。

（2）根据证券发行条件，准确核查本金和利息。

（3）准确支付有价证券本息。

（4）及时向发行人报告兑付信息。

三、代理保险业务

（一）代理保险业务的概念

商业银行代理保险业务是指商业银行受保险人和保险公司的委托，在从事自身业务的同时，利用银行与社会各行业接触面广的特点和商业银行独特的机构网点优势、网络优势、人才优势、品牌优势，在遵守国家有关法律法规和规章制度、遵循自愿和诚实信用原则的基础上，为保险公司代办经保险监管部门核批的保险业务。

（二）代理保险业务的种类

代理保险业务可分为三大类。

第一类，代理财产保险业务。财产保险主要有运输工具类保险、工程建筑安装类保险、货物运输类保险、责任类保险、保证类保险和综合类保险。

第二类，代理人寿保险业务。人寿类保险主要有年金类保险、健康类保险、意外类保险和分红类保险。

第三类，代理资金清算业务。代理资金清算业务主要有代理收取保险费、代理支付保险金、代扣保险费业务、异地资金汇划、账户管理和自动扣款业务等。

（三）代理保险业务的基本流程

由于商业银行代理的保险业务种类繁多，本书以代理企业财产保险业务为例，介绍代理保险业务的一般流程。

企业财产保险是指以投保人存放在固定地点的财产和物资作为保险标的物的一种保险。商业银行与被代理的保险公司签订代理协议后，在其授权范围内向客户推荐被代理保险公司的企业财产保险，并协助客户办理有关投保手续，协助保险公司理赔和支付赔偿金等。

就我国商业银行开展的中间业务来说，代理业务是开展较为普遍、经营良好的中间业务。代理业务的种类也很多，除以上介绍的外，还有如代理会计核算业务、代理国库业务、代理发行库业务、代理金银业务、代理外汇买卖业务、代理衍生工具买卖业务、代理会计事务、代理房地产等。而且，随着金融业竞争的加剧和金融创新的发展，商业银行代理业务会不断地创新和拓展。

四、委托贷款业务

（一）委托贷款的概念

委托贷款是指由委托人提供资金并承担全部贷款风险，商业银行作为受托人，根据委托人确定的贷款对象（以下称借款人）、用途、金额、期限、利率等代为发放、监督使用并协助收回的贷款。

（二）委托贷款业务的功能

此项业务主要适用于借款人不愿意接受投资或无法从正常途径融资，或者借款人与委托人属同一系统。通过委托贷款形式，委托人可以使其闲散资金保值增值，借款人也可以及时获得贷款并通过利率协商降低融资成本。

（三）委托贷款的风险提示

1. 委托贷款的期限，由委托人和商业银行协商或根据借款人的贷款用途、偿还能力或根据委托贷款的具体情况来确定。

2. 委托贷款按季计息，利率由委托人和借款人参照中国人民银行统一制定的各类贷款利率商定，但商定的利率不得超过中国人民银行规定的利率浮动的上限。

3. 商业银行不承担贷款风险，不得为委托人推荐借款人。

4. 商业银行辅助委托人做好贷款的前期调查和贷款回收工作，并收取手续费。

5. 委托贷款不得用于股本权益性投资，炒买炒卖有价证券、期货和房地产，异地放款和其他不符合委托贷款用途的活动。

第五节　担保类业务

银行担保业务是指商业银行为客户债务清偿能力提供担保，承担客户违约风险的业务，主要有保函业务、融资担保业务、银行承兑业务等。

一、保函业务

（一）保函概念

1. 保函的定义。所谓保函就是指商业银行应某交易（贸易、合约等）的一方当事人之要求而向交易的另一方担保该交易项下某种责任或义务的履行所作出的在一定期限内承担一定金额支付责任或经济赔偿责任，并由其或第三方提供反担保业务的书面付款保证承诺。

2. 保函中的委托人与受益人。委托人是指保函基础合同（又称主债务合同）中付款、履约的义务人，在申请保函时称申请人，在签订保函协议时称委托人，在签发保函时又称被担保人。委托人的特定债务行为是指保函基础合同中的付款、履约等义务行为。受益人是指在保函基础合同中接受付款、履约等义务的权利人，同时是保函的接收人。

（二）保函内容

保函中记载的主要内容有：

- 保函的受益人名称及地址；
- 保函申请人名称及地址；
- 保函的种类及保函的担保目的；
- 与保函有关的合同号、招标号或有关工程项目名称；
- 保函的担保金额及使用的货币币种；
- 保函的担保期限；
- 保函的赔付条款，即保函的付款承诺及有关索赔条件的具体规定。

（三）保函种类

1. 投标保函。投标保函是指在以投标方式成交的购买和承建项目中，招标方为了

达到制约各投标人行为之目的而要求投标人通过其担保银行开出的一种书面付款保证文件。凭此文件，担保银行向招标方作出保证，保证投标人在其报价的有效期内不撤标、不改标、不更改原报价条件，并在其中标后，按照招标文件的规定在一定时间内与招标方签订合同并提交履约保函，如果投标人日后违反以上条件，担保银行将向招标人赔付一定金额的款项作为补偿。

2. 履约保函。履约保函是指担保银行应供货方或劳务承包方的请求，向买方或业主作出的履约保证承诺，即担保供货方或劳务承包方诚信、善意、及时地履行合约，倘若这些履约责任者以后未能按合约规定及时发运货物，提供劳务或完成承建的工程，以及未能履行合约项下的其他义务，则担保银行将向买方或业主支付一笔不超过保函金额的罚款，作为对其损害的补偿及作为对供货方或劳务承包方的惩罚。履约保函是对履约责任者的一种制约手段，迫使他们履行义务，否则将损失这笔相当于合约总金额5%～10%的款项。

3. 预付款保函。预付款保函又称为还款保函，在买卖合同中又称为定金保函。在大额交易中，买方或业主常需在合约签订的一定时间内向供货方或劳务承包方支付一笔相当于合同价款15%～20%的预付款作为合约的启动资金。买方或业主为了避免今后由于履约责任者拒绝履约或无法履约却又不予退款而无端遭受损失，常常会要求供货方或劳务承包方在买方或业主实施支付前通过其担保银行开出还款保函，由担保银行承诺，一旦申请人未能履约，担保银行将在收到买方或业主提出索赔后向其返还预付款，使买方或业主的预付金能得以收回。

4. 付款保函。付款保函是指银行对合同某一方在合同项下的付款责任所作出的担保，它是由买方或业主通过其担保银行向卖方或承包方所作出的一种旨在保护货款支付的付款保证凭信。付款保函作为结算领域中的结算工具和信用中介形式，以银行信用介入商业贸易，用于取代和补充商业信用，从而解决合同双方互不信任的情况，保证贸易和劳务交易的顺利进行。

5. 工程维修保函。银行接受施工单位的请求，向工程业主保证，如施工单位在工程竣工后不履行合同约定的工程维修义务，或工程质量不符合合同约定而施工单位又不能维修时，银行将根据工程业主的索赔，按照保函约定承担保证责任。工程维修保函的特点是以商业银行信用作为担保，使客户与业主双方顺利达成合同。

6. 关税保函。银行接受被保证人的请求，向海关保证，如被保证人在商贸活动中违反海关的具体规定或要求，银行将根据海关的索赔，按照保函约定承担保证责任。关税保函的特点是在关税保证合同项下银行提供保函服务，商业银行按照保函约定承担担保责任。

7. 留置金保函。银行接受卖方请求，向买方保证，货到后如发现品质与合同不符，货物短量或残损时，银行承诺将买方预支的留置金退还。一般情况下，留置金保函的金额为担保合同总价的5%左右。在买卖合同项下银行提供保函服务，促成买卖双方在合同规定范围内完成交易。

（四）保函风险提示

1. 管理权限。由于保函业务在资金垫付和合同文本方面存在一定风险，因此各支行无权对外签发保函，由总（分）行有关部门负责保函业务的日常管理工作，并接受资产负债管理委员会下达的比例指标，负责全行保函业务的总量控制。

2. 保证金。为降低银行风险，客户应根据自身的资信情况提供相应比例的保证金（见表4－6）。

表4－6　保函的保证金比例

申请人信用	保证金比例
AAA 级企业	10%～30%
AA 级企业	30%～50%
A 级企业	50%～70%
BBB 级企业	70%～100%
BB 级企业	70%～100%
B 级企业及以下	100%

缴纳保证金时必须开立保证金专户并以转账方式交付，保证金的利息按单位活期存款利率计算，并执行利随本清的结算办法。保证金与保函金额的差额必须提供反担保，反担保是抵（质）押的，必须执行银行有关抵（质）押贷款管理的规定，并办妥抵（质）押物的评估、保险、公证、登记或移交手续。

二、融资担保业务

（一）融资担保的概念

融资担保业务是指商业银行应申请人要求为其融资行为承担保证责任，承诺当申请人未按融资协议规定履行偿债义务时，银行在约定条件下承担偿付义务的担保业务。

（二）融资担保的功能

融资担保主要为申请人在资本市场中直接融资，如发行企业债券、可转换债券提供银行担保，或为申请人向金融机构借款（主要是政策性银行）提供担保。

（三）融资担保的特点

（1）融资担保业务涉及的担保金额较大，银行可以与申请人协商收取手续费，业务收益较高。

（2）融资担保业务的担保函及协议文本涉及复杂的法律问题，需要专业的法律咨询。

（3）提供融资担保业务须对申请人的主体资格、还款来源、反担保措施、涉及的担保项下的基础合同及文件进行严格审查。

（四）融资担保风险提示

（1）商业银行不能为本行股东及其关联企业的债务提供融资担保，但本行股东以银行存单或国债提供反担保的除外。

（2）融资担保业务如果涉及外币，应关注汇率风险。

（3）担保函、担保协议、反担保协议若由申请人提供的，应审查格式和条款。

三、银行承兑业务

（一）银行承兑业务的概念

银行承兑业务是指签发银行承兑汇票的出票人，向其开户银行申请承兑，银行审查同意签章承兑后，将汇票交付给出票人，在约定的到期日，汇票的收款人或持票人凭票委托其开户银行办理收款，承兑银行见票后无条件支付票款的业务。

银行承兑汇票是由出票人签发并由其开户银行承兑的票据。银行承兑汇票和商业承兑汇票同属于商业汇票。银行承兑汇票是由付款人委托银行开具的一种延期支付票据，票据到期时银行具有见票即付的义务。电子票据最长付款期限为 1 年，纸质票据为 6 个月；票据在期限内既可以进行背书转让，也可以向商业银行申请贴现。因此，持票人可以通过三种途径收到票面上的款项，分别是委托收款、背书转让、票据贴现。其中委托收款和背书转让属于结算行为，票据贴现属于融资行为。

银行承兑汇票的特点是：信用好，承兑性强，灵活性高，有效节约了资金成本。银行承兑汇票通常作为正常贸易的结算方式，也是商业银行开展较为普遍的业务。

（二）银行承兑的功能

随着市场经济的不断发展，企业的支付方式也不断多样化，其中银行承兑汇票是一种十分重要和有效的方式。商业银行开办银行承兑业务可以利用银行信用为客户提供担保，加快客户资金结算效率，推动市场信用体系的建立。

（三）银行承兑风险提示

1. 出票人签发银行承兑汇票时必须有真实的商品交易为依据，即银行不得对外签发融资性票据。无真实贸易背景或无对价交易的汇票申请承兑时，银行应拒绝受理，防止出票人利用银行承兑汇票拆借资金或套取其他银行的贴现资金，并将此违反《票据法》的行为记入出票人的不良信用记录。

2. 承兑申请人应根据自身的资信情况交存相应比例的保证金，承兑行应按信用等级不同分别确定承兑申请人应交存的保证金。以存单和国库券等安全系数高、变现能力强的有价证券作为质押担保的，其质押价值可相应抵冲应交存的保证金，其质押率最高不得超过 90%，但若以本行出具的存单作为质押担保的，其质押率可按 100% 执行。以外资银行出具的备用信用证作为银行承兑担保的，其开证金额可相应抵冲应交存的保证金，但开证银行的资信状况及备用信用证的真实性必须经过验证审查和确认。

3. 承兑金额大于交存保证金的差额部分，承兑申请人应提供银行认可的其他担保。

【案例分析4-2】

银行承兑汇票的结算功能[①]

光大贸易有限公司[②]（以下简称光大贸易）向广州市中恒建设有限公司（以下简称中恒建设）购买“珠江”牌机电设备，价值100万元整。光大贸易与中恒建设是合作多年的贸易伙伴，业务量稳定，资信良好。在本次贸易合同中，双方约定：光大贸易以银行承兑汇票支付中恒建设的货款，票面金额为100万元人民币，票据到期日为出票日后6个月。工行深圳支行作为光大贸易的开户银行，审核了光大贸易提供资料的真实性和有效性之后，结合光大贸易的日常信用记录，同意为光大贸易签发“全额保证金”的银行承兑汇票（见图4-17）。

本案例中，三个主要当事人分别是：付款人光大贸易，收款人中恒建设，光大贸易的开户银行工行深圳支行。

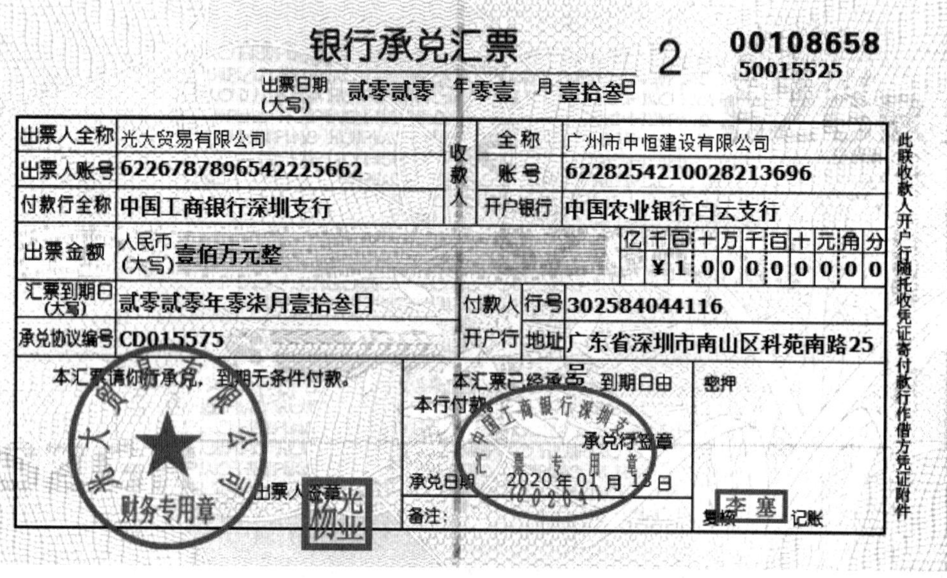

银行承兑汇票　2　00108658
50015525
出票日期（大写）贰零贰零 年零壹 月壹拾叁日

出票人全称	光大贸易有限公司	收款人	全称	广州市中恒建设有限公司
出票人账号	6226787896542225662		账号	6228254210028213696
付款行全称	中国工商银行深圳支行		开户银行	中国农业银行白云支行
出票金额	人民币（大写）壹佰万元整		亿千百十万千百十元角分	¥1000000000
汇票到期日（大写）	贰零贰零年零柒月壹拾叁日	付款人开户行	行号	302584044116
承兑协议编号	CD015575		地址	广东省深圳市南山区科苑南路25

本汇票请你行承兑，到期无条件付款。
出票人签章
本汇票已经承兑，到期日由本行付款。
承兑行签章
承兑日期 2020年01月13日
备注：
密押
复核 记账

此联收款人开户行随托收凭证寄付款行作借方凭证附件

图4-17　银行承兑汇票票样

光大贸易是以贸易为主营业务的公司，可采用多种结算方式。对同城或异地的客户、大额或小额的款项，可分别采用电汇、支票、银行汇票和银行承兑汇票等结算工具。光大贸易在本次结算中，作为出票人和付款人，签发银行承兑汇票给收款人，以便获得货款的延期支付期（6个月）。

---

① 作者根据实地调研内容编写，为保护商业秘密，所涉数据做了掩饰性修改。

② 本案例中涉及的企业名称、银行名称、客户名称、营业执照号码、企业公章、银行汇票专用章、开户行行号、注册资金、营业地址、法人代表姓名等信息，均为虚构。

中恒建设作为收款人，在交易结算中，最大的愿望就是能无条件一次性收到货款。在本次结算中，由于有银行（工行深圳支行）作为承兑人，公司可一次性无条件收款，有效地避免了“三角债”的困扰。虽然收款期限略长（6个月），但通过背书转让或票据贴现可以弥补这一缺陷。

工行深圳支行作为出票人的开户银行和承兑人，为光大贸易签发“全额保证金”的银行承兑汇票，可获得与票据金额等值的存款作为保证金，并获得相应的手续费（通常为票面金额的4‰～5‰）。

开户银行为了控制风险，通常会要求出票人签发“全额保证金”的银行承兑汇票或者“有敞口”的银行承兑汇票。其中，全额保证金是按票面金额足额存入银行的保证金账户；敞口部分是指没有保证金保障的那部分金额，应获得出票银行给予的足额授信或落实足值的担保措施，以便保障作为承兑人的银行，到期可以无条件支付票款。

银行承兑汇票交易过程如图4－18所示。

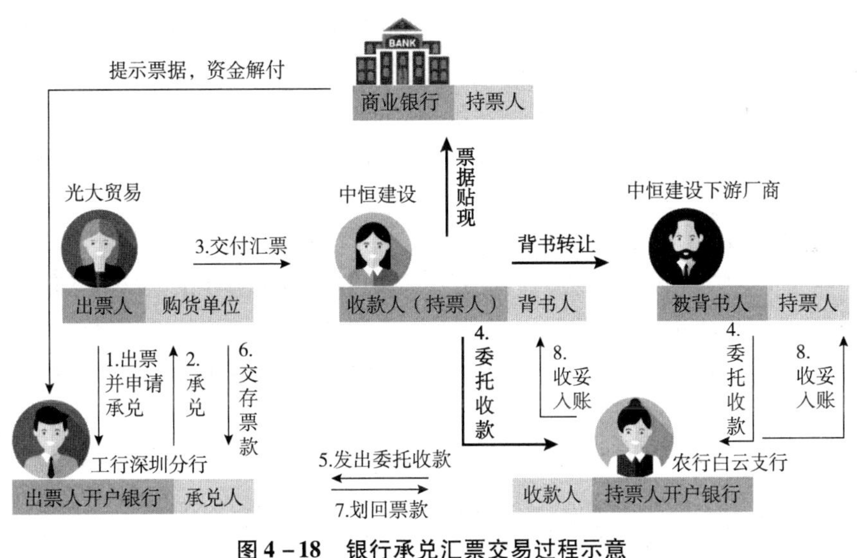

图4－18　银行承兑汇票交易过程示意

第六节　其他类业务

一、资信证明业务

资信证明是指由银行或其他金融机构出具的具有足以证明他人资产和信用状况的各种文件、凭证等。此类证明文件不论以何种名义、形式出具，核心是证明他人拥有某项资产、债权或具有何种程度的经济实力等。

商业银行的资信证明有信用等级证书和存款证明两种。

（一）信用等级证书业务

信用等级证书是银行根据客户申请，对其信用状况进行调查、审核、评定后，对外出具显示其信用评级结果并仅用于专门用途的证明文件。

1. 信用评级的概念。信用评级是根据“公正、客观、科学”的原则，以与评级事项相关的法律、法规、制度和标准化的规定为依据，对评级对象履行相应经济承诺的能力及其可信任程度进行调查、审核和测定，对与评级事项有关的财务指标进行横向比较和综合评价，以简单、直观的符号如 AAA、AA、BBB 等表示其评估结果的一项业务。

评级结果是银行确定客户贷款利率等差异化服务的重要依据，也可作为授信额度、形式、期限、担保要求的参考。

2. 信用评级的对象

（1）凡向银行申请信贷业务的企业法人客户，以及为其提供担保的企业法人客户，若已有至少两个会计年度财务报表的，应按规定进行信用等级评定。

（2）银行信用等级评定对象按行业和客户性质分为综合及工业企业、商业企业、建筑安装企业、房地产企业、交通运输企业、外贸企业、服务型企业、投资企业等 8 类。

金融业，水利、环境和公共设施管理业，教育，卫生、社会保障和社会福利业，文化、体育和娱乐业，公共管理和社会组织，国际组织等行业暂不纳入银行客户资信等级评定。

3. 信用评级遵循的原则

（1）独立性原则：各级评级人员应根据基础资料和专业判断对客户进行评级，不受其他外来因素的影响。

（2）真实性原则：客户提供的评级资料必须真实，财务报表原则上须经会计师事务所审核。

（3）审慎性原则：客户提供资料不完整的，应视为该资料对评级结果不利。对定性指标在客观评价的基础上要适度从严，适度从紧。

4. 客户信用等级的设置。客户所获评级总分与其信用等级和信用度的关系如表 4－7所示。

表 4－7　　客户信用等级与信用度关系

评级总分	信用等级	信用度	备注
100 ~ 90	AAA	特优	客户信用很好，整体业务稳固发展，经营状况和财务状况良好，资产负债结构合理，经营过程中现金流量较为充足，偿债能力强，授信风险小
89.99 ~ 80	AA	优	
79.99 ~ 70	A	良	
69.99 ~ 60	BBB	较好	客户信用较好，现金周转和资产负债状况可为债务偿还提供保证，授信有一定风险，需落实有效的担保以规避授信风险
59.99 ~ 50	BB	尚可	
49.99 ~ 40	B	一般	

续表

评级总分	信用等级	信用度	备注
39.99～30	CCC	较差	客户信用较差，整体经营状况和财务状况不佳，授信风险较大，应采取措施改善债务人的偿债能力和偿债意愿，确保银行债权的安全
29.99～20	CC	差	
19.99～10	C	很差	
10分以下	D	极差	客户信用极差，授信风险极大

（二）存款证明业务

凡在银行开户的单位或个人因项目招标或其他经济事项的需要，可向银行提出申请出具存款证明。

1. 申请人为单位的，需提供单位经办人身份证件、单位介绍信或单位授权委托书及存款证明接收方要求出具存款证明的书面依据或其他有关证明材料，如公开招标的标书，发布招标信息的报刊、网站、网页资料，政府部门的公告、简报，等等。

2. 申请人为个人的，必须本人前来办理，出示有效身份证件及存款证明接收方要求出具存款证明的书面依据。

3. 因项目招标或其他经济事项（如审计等）需由银行提供存款证明的，经审核后，银行将根据其前一天的存款余额情况出具存款证明，不冻结申请人名下的存款，且该证明不具有担保作用。

4. 因出国留学或出境旅游等，需要出具财产证明的，银行须冻结申请人名下存款3～6个月不等，具备银行担保效力。该存款证明到期后可解冻；未到期退回存款证明的，可提前解冻。对已被公、检、法、税、海关等有权部门冻结的款项不得开具存款证明。

5. 业务特点：表明存款人的经济实力，满足其有关商务活动的需要，协助其办理有关手续。

6. 风险防范要点：不能流通，不能用于担保、质押，不挂失，不能代替存单、存折、储蓄卡作为取款、转存、续存等凭证。

二、保管箱业务

保管箱业务是一种金融保障服务，既维护个人财物不受损失，又严格遵守个人隐私不受侵犯的原则，因而已成为普通居民理财的精明之选。银行的保管箱通过电脑识别身份同时电控开启银行端锁，当客户在指纹仪上录入指纹后，经系统识别确认，保管箱箱体上的银行端锁自动打开，客户进入库区后持个人专用的保管箱钥匙即可自行打开保管箱存取物品，无须银行工作人员跟随开锁，更加有效地维护了客户的个人隐私权。保管箱按照商业银行金库标准进行建设，包括人防技防，确保保管箱的财产安全。

（一）保管箱业务适用范围和租用方式

1. 适用范围。凡企事业单位、社会团体、公民、港澳台同胞、海外侨胞以及外国机构、外籍人士有需求的，均可租用保管箱。其中个人租用人必须具有完全民事行为能力。租用保管箱的人（法人、个人）为租用人。

每名租用人可设置1名授权代理人代理租用人行使保管箱使用权。代理人应为具有完全民事行为能力的自然人。

2. 租用方式。租用人可选择单独租用与联名租用两种方式。

单独租用指一人（单位）租用保管箱；联名租用指两人（或两家单位）共同租用保管箱。个人与单位不能联名租用。各联名租用人地位平等，拥有同等的权利义务。

（二）保管箱的盈利模式

商业银行以出租保管箱，收取租金，获得非利息收入。按照保管箱的体积大小分不同类型定价，按年收取租金。

启租保管箱以1年为一期，使用不足1年亦按1年计收租金，开户时一次性缴足，同时另缴纳规定数额的保证金。租户中途退租，银行不退租金只退保证金。

【本章小结】

1. 中间业务是指不构成商业银行表内资产、表内负债，形成银行非利息收入的业务。

2. 中间业务可分为支付结算类、银行卡、代理类、担保类、承诺类、交易类、基金托管类、咨询顾问类等。

3. 中间业务是商业银行的必然选择，中间业务的效应取决于规模经济，中间业务的产品存在风险点。

【重要概念】

表外业务　空头支票　联行　代收代付　保函

【思考练习】

1. 银行的支付结算业务包括哪些？
2. 我国银行支付系统的基本架构是怎样的？
3. 银行资金是如何进行清算的？
4. 支付系统是如何运行的？
5. 银行的支付结算工具与方式主要有哪些？
6. 票据交换是如何进行的？
7. 全国支票影像交换系统的作用是什么？
8. 银行的中间业务包括哪些？
9. 什么是代理业务？
10. 银行卡有哪些种类？
11. 简述银行承兑汇票结算的一般规定和业务流程。
12. 利用所学的知识，简单设计一个银行代收代付业务的产品。
13. 简述银行保函业务的主要品种和业务流程。

第五章

国际业务

【本章学习目标】

了解商业银行的国际业务，掌握国际业务的来源和种类，熟悉商业银行开展国际业务的具体运作及盈利模式。

第一节　国际业务概述

经济贸易在全球范围的迅速发展，为商业银行开展国际业务创造了条件，金融创新以及国际资本的频繁流动，加速推动了商业银行的国际化进程，成为21世纪初银行业的重要发展特征。国际业务是指由涉外贸易、涉外服务、涉外交往、涉外清算、外币兑换、涉外融资、涉外资金、涉外债权和涉外投资等政治经济活动所引起的相关银行业务。商业银行的国际业务主要包括外汇买卖业务、国际结算业务、国际信贷、国际贸易融资以及离岸金融业务。

一、国际业务基本知识

（一）外汇概述

1. 外汇的含义。外汇有狭义和广义之分。狭义的外汇是指以外币表示的可以用作国际清偿的支付手段和资产。广义的外汇是指一国拥有的一切以外币表示的资产。

国际货币基金组织（IMF）对外汇的定义是：外汇是货币行政当局（包括中央银行、货币管理机构、外汇平准基金及财政部）以银行存款、财政部国库券、长短期政府证券等形式保有的在国际收支逆差时可以使用的债权。

《中华人民共和国外汇管理条例》规定，外汇是指下列以外币表示的可以用作国际清偿的支付手段和资产：

（1）外币现钞，包括纸币、铸币；

（2）外币支付凭证或者支付工具，包括票据、银行存款凭证、银行卡等；

（3）外币有价证券，包括债券、股票等；

（4）特别提款权；

（5）其他外汇资产。

2. 外汇的种类。根据外汇的不同特征，外汇有不同的分类（见表5-1）。

表5-1　外汇的分类

功能	分类
按兑换时受限制程度不同	自由兑换外汇
	有限自由兑换外汇
	记账外汇
按来源与用途不同	贸易外汇
	非贸易外汇
	金融外汇
按汇率的市场走势不同	硬外汇
	软外汇

（二）外汇汇率

外汇汇率，又称汇价，是一国货币的对外价值，是用一国货币表示的另一国货币的比价，是办理本币与外币、外币与外币间兑换的标准，是开展外汇业务的基础。国际间的贸易和非贸易往来，一个国家国际收支中的债权和债务的清偿，都要涉及货币兑换。

1. 汇率的标价。在表达两国货币的汇价关系时，既可以选择将外国货币表示为本国货币的价格，也可以选择将本国货币表示为外国货币的价格。前一种方法称为直接标价法，后一种方法称为间接标价法。

2. 汇率的种类

（1）官方汇率和市场汇率。官方汇率又称为法定汇率或外汇牌价，它由一国政府或其授权的外汇管理当局制定和公布，规定在本国境内的所有外汇交易的汇率都以其为准。而在外汇市场上受供求关系影响，即时波动的汇率，一般则称为外汇市场行情，即市场汇率。

（2）基本汇率和套算汇率。基本汇率是指一国货币与某个关键货币的兑换比率。其中，关键货币一般是指：①国际上普遍接受的货币，即可以自由兑换的货币；②国际贸易交往中广泛使用的计价结算货币；③在各国国际储备中占较大比重的货币；④各国政府干预市场普遍使用的干预货币。

美元是国际上最主要的关键货币，大多数国家把对美元的汇率作为基本汇率。

套算汇率，即交叉汇率，是根据本国货币对关键货币的基本汇率和关键货币对其他国家货币的汇率，套算得到的本国货币对其他国家货币的汇率。

（3）买入汇率、卖出汇率和现钞价。以银行为参照物，汇率分为买入汇率和卖出汇率，与现汇价对应的是现钞价。

买入汇率，即买入价，是银行从客户或同业买入外汇时所采用的汇率。采用直接标价法时，外币折合本币数较少的那个汇率是买入价；采用间接标价法时，外币折合本币数较多的那个汇率是买入价。

卖出汇率，即卖出价，是银行向客户或同业卖出外汇时所采用的汇率。采用直接标价法时，外币折合本币数较多的那个汇率是卖出价；采用间接标价法时，外币折合本币数较少的那个汇率是卖出价。

买入价和卖出价的平均数为中间汇率，即中间价：

$$中间价 = \frac{买入价 + 卖出价}{2}$$

现钞价是银行买入外币现钞的汇率，又称现钞买入价。现钞买入价低于现汇买入价，这是由于现钞买入价必须扣除现钞的运费和保险费。当银行卖出外币现钞时，则采用的是银行现钞卖出价。

（4）即期汇率和远期汇率。根据外汇买卖交割期不同而将外汇汇率分为即期汇率和远期汇率。

即期汇率又称为现汇汇率，是指外汇买卖双方成交后，当日或 2 个营业日之内交割款项时使用的汇率。

远期汇率是远期外汇买卖的汇率。买卖双方签订合同，约定交割日期，届时不管汇率如何变动，协议双方都按约定的远期汇率、币别和金额进行结算。远期外汇交割的期限一般为 1 个月、3 个月、6 个月或 1 年，到期后可以重新商定汇率转期。

（5）固定汇率和浮动汇率。固定汇率是由一国政府制定公布的汇率。政府对汇率的上下波动幅度有一定的限度。超过一定的限度，政府有义务通过各种手段对汇率进行干预调节，以保持汇率的稳定。

浮动汇率是由外汇市场供求情况决定的汇率。政府不规定汇率波动的范围，汇率可自由涨跌，政府无义务进行干预。

（三）外汇市场

外汇市场是全球最大的金融产品市场。通常所说的外汇交易是指同时买入一对货币组合中的一种货币而卖出另一种货币的外汇交易方式。国际市场上各种货币相互间的汇率波动频繁，且以货币对形式交易，比如欧元/美元或美元/日元。

外汇交易市场没有具体地点，没有中心交易所，所有的交易都是在银行之间通过网络进行的。世界上的任何金融机构、政府或个人每天 24 小时随时都可参与交易。

1. 外汇市场的组成

（1）中央银行。负责发行本国货币，确定和调节货币供给额，持有及调度外汇储备，维持本国货币之对内及对外的价值。在浮动汇率制度下，中央银行在外汇市场上通过买进或卖出外汇来干预外汇市场，以维持市场秩序。

（2）商业银行。通常，一般的小量现钞买卖、支票兑现基本全由商业银行垄断。商业银行国际业务部门的主要业务就是将商业交易和财务交易中涉及的客户资产与负债从一种货币转换为另一种货币，这种转换可以即期交易或远期交易的方式办理。由于从事外汇交易的银行为数众多，因此外汇买卖也就日渐普及了。

（3）外汇经纪商。以收取佣金为目的的经纪商活跃在外汇市场上，他们为客户代洽外汇买卖，在买主与卖主之间沟通撮合交易。

（4）基金公司。基金公司从事与经纪商大同小异的业务，所不同的是它经常自行买卖，也可随本人的意愿，对客户的交易做选择性的盈亏风险承担。银行及外汇经纪商也经常是它的交易对象。

（5）外汇供需者。由于贸易的往来，进出口商在商品输出或输入后货款的结算，以及运输、保险、旅行、留学、国外公债、证券、基金的买卖、利息支付等方面产生的外汇供给者与需求者。

（6）外汇投资者。外汇投资者根据预测的汇率涨跌趋势，以现汇、远期或期货外汇的形式，以少数的保证金从事大额外汇买卖交易。行情看涨时，先买入，后卖出，行情看跌时，先卖出，后补回来冲销，用极小的波动赚取中间的差价，获取厚利，所以外汇投资者也经常是主要的外汇供给及需求者。

2. 主要交易方式

（1）外汇实盘交易。外汇实盘交易又称外汇现货交易，是指在银行个人外汇交易中，个人委托银行，参照国际外汇市场实时汇率，把一种外币买卖成另一种外币的交易行为。由于投资者必须持有足额的要卖出的外币才能进行交易，与国际上流行的外汇保证金交易比较，其缺少保证金交易的卖空机制和融资杠杆机制，因此也被称为实盘交易。

（2）外汇保证金交易。外汇保证金交易又称虚盘交易，即投资者用自有资金作为担保，从银行或经纪商处获得融资来进行外汇交易，即放大了投资者的交易资金。融资比例一般由银行或者经纪商决定，融资比例越大，客户需要付出的资金相对就越少。

二、国际业务的品种和范围

商业银行国际业务的发展，与世界经济和贸易的增长，国际经济关系的日益紧密，以及交通运输、邮电通信等的发展密切相关。

（一）国际业务的品种

自 2005 年 5 月 18 日起，我国银行间外汇市场正式推出了外币买卖业务。该业务是指在银行间外汇市场，通过电子交易与清算平台，为境内金融机构进行外币与外币之间的交易和清算提供便利的安排。该系统用于境内金融机构之间进行外币与外币的即期交易和清算，并不涉及人民币和外币的交易。这项业务的推出意味着银行可以在我国银行间外汇市场进行外汇买卖业务。

1. 外汇买卖业务。商业银行的外汇买卖品种多种多样，包括即期外汇交易、远期外汇交易、掉期交易、套利交易、套汇交易、外汇期货交易和外汇期权交易。我国商业银行的外汇买卖业务主要有自营外汇买卖和代客外汇买卖，包括个人外汇买卖业务和对公客户外汇买卖业务。我国商业银行经营的外汇买卖品种较为单一，主要有即期

外汇交易、远期外汇买卖、远期外汇结售汇、择期外汇买卖、掉期外汇买卖、外汇期权和货币互换等衍生品种。

2. 国际结算业务。用货币收付来清偿位于不同国家当事人之间的债权债务关系以及实现资金转移的行为被称为国际结算。国际结算依赖以商业银行为中心的多边清算制度，而以商业银行为中心的国际多边清算应具备两个条件：一是国际结算货币必须具备可自由兑换性，二是商业银行必须在国外设立分支机构或有代理行。

国际结算的基本方式有汇兑业务、托收业务和信用证业务。其中信用证业务是商业银行国际结算业务中规模最大的业务。国际结算的支付工具主要有汇票、本票和支票，其中使用最多的是汇票。

3. 国际贸易融资业务。国际贸易融资业务分为短期国际贸易融资业务和中长期国际贸易融资业务。短期国际贸易融资业务指进口押汇、出口押汇、打包放款、票据承兑融资等；中长期国际贸易融资业务主要指出口信贷和进口信贷。

4. 国际借贷业务。国际借贷业务是指商业银行向国外客户开展的跨国贷款业务。根据借款人的身份不同，国际借贷业务分为国际银行间的借贷业务、国际银行对企业的借贷业务和国际银行的政府借贷业务。根据放款的规模和参与放款银行的多少，国际借贷业务分为单一银行放款业务、参与放款业务和国际银团贷款业务（又称辛迪加贷款业务）。

5. 欧洲货币市场业务。欧洲货币市场亦称“离岸金融市场”，是指与市场所在国的国内金融体系相分离，既不受所使用货币发行国政府法令管制，又不受市场所在国政府法令管制的金融市场。它是一种新型的国际金融市场，形成于20世纪50年代，于60年代中期以后迅速发展起来。欧洲货币市场已成为国际金融市场的核心。“欧洲”一词不是一个地理概念，而是“境外”的意思。例如，欧洲美元是指在美国之外其他国家或地区流通、借贷的美元；欧洲瑞士法郎则是指在瑞士之外其他国家或地区流通、借贷的瑞士法郎。凡是外汇管制松、税收低、风景优美的地方都有可能成为离岸金融市场。

（二）国际业务范围

1. 国际业务按业务范围可分为外汇存款，外汇贷款，外币兑换，国际结算，结汇售汇，同业外汇拆借，外汇票据的承兑和贴现，外汇担保，外汇买卖，代理国外信用卡的发行及付款，资信调查、咨询和见证业务，发行或者代理发行股票以外的外币有价证券，买卖或者代理买卖股票以外的外币有价证券。

2. 国际业务按银行内部操作职能可分为外汇存款、外汇贷款、外汇担保、外汇结算、外汇会计、外汇资金、外汇买卖、结汇售汇、外汇票据、外汇借款和拆借、外汇债券等。

【知识链接5-1】

特别提款权

特别提款权（Special Drawing Right，SDR），也称“纸黄金”（Paper Gold），是国

际货币基金组织（IMF）根据会员国认缴的份额分配的，可用于偿还 IMF 债务、弥补会员国政府之间国际收支逆差的一种账面资产。其价值由美元、欧元、人民币、日元和英镑组成的一篮子储备货币决定。会员国在发生国际收支逆差时，可用它向 IMF 指定的其他会员国换取外汇，以偿付国际收支逆差或偿还 IMF 的贷款，还可与黄金、自由兑换货币一样充当国际储备。因为它是 IMF 原有的普通提款权以外的一种补充，所以称为特别提款权。最初发行时 1 单位 SDR 相当于 0.888671 克黄金，与当时的美元等值。发行特别提款权旨在补充黄金及可自由兑换货币以保持外汇市场的稳定。2015 年 11 月 30 日，IMF 正式宣布自 2016 年 10 月 1 日起将人民币纳入特别提款权货币篮子。IMF 特别提款权的价值由美元、欧元、人民币、日元、英镑五种货币所构成的一篮子货币的当期汇率确定，所占权重分别为 41.73%、30.93%、10.92%、8.33% 和 8.09%。2022 年 5 月 14 日 IMF 完成了 5 年一次的定值审查，将人民币在 SDR 货币篮子中的权重从 10.92% 上调至 12.28%。

第二节　外汇存款业务

一、外汇存款概述

（一）外汇存款的定义

外汇存款又称外币存款，是指以可兑换货币表示的在银行账户里的各种存款。从银行方面来说，外汇存款是其接受顾客的外币现金、外币汇票或支票等信用工具，并对顾客负有定期或不定期偿付义务的授信行为，即对储户发生了债务；而从银行顾客的角度来说，外汇存款则是将外币现金、外币汇票或支票等信用工具寄存在银行，并可定期或不定期向银行收回的授信行为，即对银行取得外汇债权。

（二）外汇存款的分类

商业银行所吸收的各项外汇存款可以从不同的角度进行分类（见表 5－2）。

表 5－2　外汇存款分类

划分角度	分类
按开户对象分	单位外汇存款
	个人外汇存款
按同业存款所处地点分	国内同业外汇存款
	国外同业外汇存款
按存款期限分	活期外汇存款
	定期外汇存款
按资金形式分	外钞户存款
	外汇户存款

二、外汇账户管理

（一）外汇账户的概念

外汇账户是指境内机构、驻华机构、个人和来华人员以可自由兑换货币在经批准经营外汇业务的银行和非银行金融机构开立的账户，也就是可以保留外汇收入的账户。

（二）外汇账户的种类

按账户的性质，外汇账户可以分为经常项目外汇账户和资本项目外汇账户；按账户的资金形式，外汇账户可以分为外币现钞账户和外币现汇账户。

（三）个人外汇账户

1. 账户主体类别。国家外汇管理局按账户主体类别和交易性质对个人外汇账户进行管理。商业银行为个人开立外汇账户，应区分境内个人和境外个人。账户按交易性质分为外汇结算账户、外汇储蓄账户和资本项目账户。

2. 账户交易性质。外汇结算账户是指个人对外贸易经营者、个体工商户按照规定开立的用于办理经常项目项下经营性外汇收支的账户，其开立、使用和关闭按机构账户进行管理。

（四）经常项目外汇账户

符合下列条件之一的境内机构可以向所在地外汇管理局申请开立经常项目外汇账户：（1）经有权管理部门核准或备案具有涉外经营权或有经常项目外汇收入；（2）具有捐赠、援助、国际邮政汇兑等特殊来源和指定用途的外汇收入。境内机构指境内的国际机关、企事业单位、社会团体、部队等，包括外商投资企业但不包括金融机构。

（五）资本项目外汇账户

按照国家外汇管理局的规定，下列资本项目外汇，可以开立外汇账户：（1）境内机构借用的外债、外债转贷款和境内中资金融机构的外汇贷款；（2）境内机构用于偿付境内外外汇债务本金的外汇；（3）境内机构发行股票收入的外汇；（4）外商投资企业中外投资方以外汇投入的资本金；（5）境外法人或者自然人为筹建外商投资企业汇入的外汇；（6）境内机构资产存量变现取得的外汇；（7）境外法人或者自然人在境内买卖B股的外汇；（8）经国家外汇管理局批准的其他资本项目下的外汇。

我国作为发展中国家，为了平衡国际收支、维护汇率稳定和促进经济发展，对外汇实施了管制，对外汇收付管理和外汇账户管理都制定了严格的规定。本章有关外汇收付管理和外汇账户管理的内容，依据的是中国人民银行或国家外汇管理局发布的一系列法规文件。

第三节　外汇贷款业务

外汇贷款是指商业银行利用其自身吸收的外汇存款和从国际金融市场、外国政府及国际金融组织融入的外汇款项，并以外币为计算单位发放的贷款业务。外汇贷款的资金来源一般有三种途径：一是国内银行及其海外机构吸收的外币存款，二是外国银行在国内或其海外分支机构存放的资金，三是对外筹措的专项资金。

一、外汇贷款概述

（一）外汇贷款的种类

外汇贷款的种类是指根据贷款的目的和要求的不同，对贷款分类管理形式的不同划分。外汇信贷同一般银行本币信贷一样，也有不同的分类方法。

1. 按贷款的期限可分为短期贷款、中期贷款和长期贷款。短期贷款是指贷款期限在1年之内（含1年）的贷款，中期贷款是指贷款期限在1年以上（不含1年）5年以下（含5年）的贷款，长期贷款是指贷款期限在5年以上（不含5年）的贷款。

2. 按贷款的保证能力可分为信用贷款和担保贷款。信用贷款是指根据借款人的信誉而发放的贷款。担保贷款可分为保证贷款、抵押贷款和质押贷款三种。保证贷款是指以第三人作为担保，在借款人不能偿还贷款时，第三人按约定承担一般保证责任或者连带责任而发放的贷款。抵押贷款是指以借款人或第三人的财产作为抵押物而发放的贷款。质押贷款是指以借款人或第三人的动产或权利作为质押而发放的贷款。

3. 按贷款资金的来源不同，外汇贷款又可分为政府贷款、混合贷款、国际金融组织贷款等。政府贷款是指一国政府利用预算资金向另一国政府提供的贷款。混合贷款是指由政府赠款、政府贷款、出口信贷和商业性信贷等多种类型贷款按一定比例合并而成的一揽子贷款。国际金融组织贷款是指不同国际金融组织对其成员国提供的贷款。这里的不同国际金融组织包括联合国的金融组织、地区性的金融组织和政治集团的金融组织。

（二）外汇贷款的特点

外汇贷款与本币贷款一样，具有偿还性、物资保证性，也要求安全性、流动性和效益性。但由于外汇贷款所发放和使用的是外汇资金，因此本身还存在以下特点。

1. 以外币还款。外汇贷款必须以外汇还外汇，并且借什么币种的货币必须还什么币种的货币。因此，外汇贷款要求借款人必须有外汇来源。

2. 实行浮动汇率。一般情况下，由于商业银行从国外借入的现汇资金是按照伦敦银行同业拆借利率（Libor）浮动计息的，因此，发放的外汇贷款也按照浮动利率收息。

3. 政策性较强。外汇贷款受国家计划、外汇管理等法规的约束较为严格，如贷款用途必须是用于进口先进设备和技术或者短缺的原材料等，特别是新技术设备及原材料进口的许可证必须在贷款前予以落实。

（三）外汇贷款对象和范围

1. 外汇贷款对象。外汇贷款对象是出口商品生产企业和能给我国直接或间接创造外汇收入并具备贷款条件的企事业单位。外汇贷款主要用于支持国家重点扶持的能源、交通等行业中企业的技术改造、设备更新等大型项目。

2. 外汇贷款范围

（1）能源的开发和利用，如交通运输、电力等基础设施的建设；

（2）基础行业建设，如矿产加工、钢铁工业、煤炭工业、石油及其设备、原料的进口等；

（3）技术改造、进口设备或材料、扩大出口商品的生产能力、提高产品质量、增加花色品种、改进包装装潢等；

（4）生产企业进口国内缺少的原料、辅料、零配件等；

（5）农副产品、水产、土畜产品的生产开发所需的进口物资或出口创汇生产的需要；

（6）对外承包业务需要；

（7）旅游服务业的开发和建设及工艺美术业的发展；

（8）先进技术设备的国产化需要和大型项目的运杂费、保险费、考察培训费等；

（9）外商投资企业、中外合资企业、中外合作企业业务发展中所需的外汇资金；

（10）我国大型机械、船舶等资本商品以及专有技术出口的出口信贷。

二、常见的外汇贷款业务

（一）现汇贷款

现汇贷款是商业银行根据与借款单位签订的借贷合同，凭借借款单位或进口单位通知，直接以现汇方式对外支付货款。这种贷款使用方便，在购买进口商品时，除受有关国家进出口商品条例限制外，不受其他约束，可以自由使用。现汇贷款按利率方式可分为浮动利率贷款和优惠利率贷款等。银行在考虑自身经营利益的情况下，其利率必须考虑国际市场利率变化的影响。由于国际金融市场利率是浮动利率，国内银行发放的现汇贷款也只能按照浮动利率计息。优惠利率的使用必须有补偿来源，并且贷款项目确为国家重点支持项目。

（二）出口信贷

出口信贷是一国的进出口银行或商业银行为扶持本国商品（主要是资本商品）的对外输出而向本国出口商或他国进口商提供的优惠性贷款。它是出口国政府为支持和扩大本国商品的出口，增强国际竞争力，以对本国的出口给予利息补贴并提供信贷担保的方法，鼓励本国银行向本国出口商或外国进口商（或进口方银行）提供较低利率的贷款，满足本国出口商资金周转需要或外国进口商支付货款需要的一种中长期贷款。出口信贷是与国内货物出口相联系的，一般仅限于进口方购买贷款国本国的商品，贷款金额一般占出口商品额的85%以上，贷款期限一般在10年以内。

出口信贷分为买方信贷和卖方信贷两种。

（三）政府贷款与政府混合贷款

1. 政府贷款。政府贷款也称国家贷款，是指某国政府对另一国政府提供优惠性的具有经济援助性质的双边贷款。此类贷款通常贷款利率低、期限长，还要考虑各种政治因素，限定贷款用途等，其目的是通过政府贷款或赠与来改变贷款的利率结构，降低利率，延长还款期限，以促进本国资本商品的出口，提高出口资本商品的竞争力。

2. 政府混合贷款。政府混合贷款是指出口国官方出面专门从预算中拿出资金作为政府贷款同出口信贷混合使用，以满足进口商支付货款或出口商资金周转需要的贷款。政府混合贷款方式是官方支持的出口信贷的新发展，是以政府直接参与融资的方式提高本国商品的竞争力。但是，其中政府性融资的拨付渠道有别于出口信贷，借款和还款也与出口信贷分别结算，利率比出口信贷利率低。政府混合贷款的条件比出口信贷更优惠，故此对进口方有更大的吸引力。

政府混合贷款具有如下主要特点。

（1）利率水平通常较出口信贷利率低。

（2）政府混合贷款的比例可达到贸易合同总价的100%，即可用政府贷款部分来支付15%的现汇付款。

（3）政府混合贷款因含有政府赠与成分，因此贷款的项目选择、评估和贷款的使用比较复杂。通常情况下，政府混合贷款项目要经过贷款国和借款国双方政府协定，贷款主要用于借款国优先发展的项目或双方政府感兴趣的项目。

（4）政府混合贷款的具体形式多样。贷款国是否提供混合贷款，金额多少，采取什么形式，各类贷款占多大比例，要根据进口方提出的项目情况而定。通常情况下，政府混合贷款有政府与商业银行联合贷款、出口信贷机构与商业银行联合贷款、政府与商业银行提供一个项目的政府贷款和买方信贷、政府与商业银行提供政府贷款与商业信贷等几种形式。

（四）银团贷款

银团贷款又称辛迪加贷款（Syndicated Loan），是指由一家或几家银行牵头并联合多家商业银行组成国际性银行集团，各自按照比例向某一借款人发放的大宗贷款。

银团贷款对贷款银行最大的好处在于能够分散风险。当借款人无力偿债时，各个贷款银行只对其贷款额承担风险。同时，各国商业银行向某一借款人提供贷款的数额，往往受本国银行法的限制，因此可能使其资金得不到充分利用。而银团贷款的形式，既能满足借款人对巨额资金的需求，又有利于贷款银行充分利用资金。此外，银团贷款使一些受资金供给能力限制的中小银行得以参加较大项目的融资，有利于提高它们的地位和声望。

银团贷款具有如下主要特点。

（1）可以提供巨额贷款：银团贷款的金额通常都是数千万美元或几亿美元。

（2）贷款期限长，一般为5～10年，最长可达15年。

（3）贷款人为数家银行，各个贷款银行所起的作用及其在借贷交易中所处的法律地位不完全相同，因此承担着不同的法律责任。银团贷款成员分为牵头行、代理行和参加行。

（4）贷款操作时间较长，当事人多，贷款协议较复杂。由于参加的银行多，因此银团贷款邀请银团成员、组织银团、确定各银行的贷款份额等需要较长的时间。另外，银团贷款的协议书必须得到所有参加银行的同意，要兼顾各当事人的利益，明确各自的权利和义务。

第四节　外汇买卖业务

外汇买卖即外汇交易，是指在外汇市场上，以一定的汇率对不同国家的可兑换货币进行买卖转换的行为，并规定有明确的资金交割日期。外汇买卖市场为无形的、电子化运作的、24 小时运转，没有具体地点，没有交易所，银行、企业和个人间通过网络进行交易。商业银行一般从事自营外汇买卖业务和代客买卖业务。

一、自营外汇买卖

（一）外汇买卖业务的种类

自营外汇买卖是指商业银行为实现自身盈利的目标而进行的外汇买卖交易。自营外汇买卖业务包括即期外汇买卖、远期外汇买卖、掉期外汇买卖、套汇交易、套利交易、外汇期货交易和外汇期权交易。本章仅介绍最常见的即期外汇买卖、远期外汇买卖和掉期外汇买卖交易。

1. 即期外汇买卖，是指外汇买卖在达成交易后的第二个银行工作日进行交割的外汇买卖交易。交割日就是起息日，如果起息日不是银行的营业日或遇节假日，则作顺延调整。即期外汇买卖的汇率称为即期汇率。即期外汇买卖是最基本的外汇交易形式，它主要有以下三个作用。

（1）即期外汇买卖可以满足客户临时性的支付需要。通过即期外汇买卖业务，客户可将手上的一种外币即时兑换成另一种外币，用于应付进出口贸易、投标、海外工程承包等的外汇结算或归还外汇贷款。

（2）即期外汇买卖可以帮助客户调整手中外币的币种结构，从而分散外汇风险。

（3）即期外汇买卖还是外汇投机的重要工具。这种投机行为既可能带来丰厚利润，也可能造成巨额亏损。

2. 远期外汇买卖，是指交易双方达成交易后，按事先约定的日期和约定的汇率进行交割的外汇买卖交易。远期外汇买卖交割期限最长为 1 年，超过 1 年的交易称为超远期外汇买卖。约定的远期交割日为外汇买卖成交后第二个工作日以后的某一天。远期外汇买卖的交割期限通常为 1 个月、3 个月、6 个月、1 年以及不规则起息日（如 10 天、1 个月零 9 天、2 个月零 15 天等）。远期外汇买卖是国际上最常用的避免外汇风险、固定外汇成本的方法。一般来说，客户对外贸易结算、到国外投资、外汇借贷或还贷的过程中都会涉及外汇保值的问题，通过远期外汇买卖业务，客户可事先将某一项目的外汇成本固定，或锁定远期外汇收付的换汇成本，从而达到保值的目的，同时更能使企业集中时间和人力搞好主营业务。

3. 掉期外汇买卖。一笔掉期外汇买卖可以看成由两笔交易金额相同、起息日不同、交易方向相反的外汇买卖组成，因此一笔掉期外汇买卖具有一前一后两个起息日和两项约定的汇率水平。在掉期外汇买卖中，客户和银行按约定的汇率水平将一种货币转换为另一种货币，在第一个起息日进行资金的交割，并按另一项约定的汇率将上述两种货币进行方向相反的转换，在第二个起息日进行资金的交割。

最常见的掉期外汇买卖交易是把一笔即期交易与一笔远期交易合在一起，等同于在即期卖出甲货币、买进乙货币的同时，反方向地买进远期甲货币、卖出远期乙货币的外汇买卖交易。

客户完成远期外汇买卖后，因故需要提前交割，或者由于资金不到位或其他原因，不能按期交割需要展期时，都可以通过外汇掉期买卖对原交易的交割时间进行调整。

若客户持有甲货币而需使用乙货币，但在经过一段时间后又收回乙货币并将其换回甲货币，这种情况下也可通过掉期外汇买卖来固定换汇成本，防范风险。

（二）自营外汇买卖业务

由于国际贸易的进出口结算形成即期外汇交易，因此相对于远期外汇买卖而言，商业银行的自营外汇买卖业务更主要地集中于即期的外汇买卖业务。自营外汇买卖的币种范围限于外汇牌价的报告币种之内。由于国际市场上的汇率价格瞬息万变，很有可能在非常短的时间之内，某币种的汇率已经发生了相当大的变化，因此仅仅依靠外汇牌价上的汇率信息来分析某币种的汇率状况是不科学的。银行和客户在进行外汇买卖交易时需要充分考虑汇率风险。

二、代客外汇买卖

代客外汇买卖是指商业银行受客户委托，根据客户的要求，在特定的日期买入或卖出一定数额的外汇，银行在交易过程中收取一定手续费的外汇买卖。代客外汇买卖也包括即期外汇买卖、远期外汇买卖、掉期外汇买卖等业务品种。

在商业银行办理代客外汇买卖的客户必须出具加盖公章的申请书和保证书，并提供对外经济、贸易有关的材料，如经有关部门批准生效的进口贸易合同、信用证等。

第五节　国际结算业务

国际结算是指处于两个不同国家的当事人，通过银行办理的两个国家之间货币收付的业务。国际结算包括国际贸易结算和国际非贸易结算。国际贸易结算是指由国际贸易活动而发生的货款结算，以结清买卖双方之间的债权、债务关系为目的的货币收付行为；国际非贸易结算是指国际贸易以外的其他经济活动，以及政治、文化等交流活动引起的货币收付行为。

国际结算主要包括汇款、托收和信用证三种结算方式。

一、汇款业务

（一）汇款业务概述

汇款业务是指汇出行应汇款人的要求，以一定的方式，把一定的金额，通过其在国外的联行或代理行付给收款人的一种业务。汇款业务是一种顺汇方式，即由付款人（债务人或进口商）主动将款项交给银行，委托银行使用某种结算工具，支付一定金额给收款人（债权人或出口商）的业务。

汇款按其资金流向和结算支付工具的流向可以分为两类：顺汇和逆汇。汇款结算方式的基本当事人有四个：汇款人、收款人或受益人、汇出行、汇入行或解付行。其中汇出行汇出的汇款称为汇出汇款，汇入行汇入的汇款称为汇入汇款。随着国际银行间电信往来的迅速发展，同时出于资金安全和提高效率的考虑，国际银行在办理汇款中大都采用电汇，少量的金额较小的汇款采用票汇，很少采用信汇。

1. 汇款结算。汇款结算的传统方式主要包括信汇、票汇和电汇。

（1）信汇（M/T），是指银行用航空信函来指示国外代理行支付汇款的方法。信汇的优点是收费较低廉，但信汇收款人必须收到银行汇款通知书后才能前来领款，因而信汇主动性、灵活性不如票汇。现在银行已很少使用信汇。

（2）票汇（D/D），是指银行用即期汇票作为汇款工具的结算方式。汇出行应汇款人要求，在其把汇款交给银行后，银行开立一张银行汇票交给汇款人，由汇款人将汇票带到国外亲自去取款，或由汇款人将汇票寄给国外收款人，由收款人前去取款。汇票本身是一张独立的票据，它可以通过背书流通转让。而且汇票不像信汇那样，收款人只能去汇入行取款。一般来说，国外银行只要能核对汇票上签字的真伪就能买入汇票。因此，票汇收款人收款的主动性、方便性较大。

（3）电汇（T/T），是指汇出行应汇款人的申请，通过拍发加有密押的电报或电传或 SWIFT 给其在国外的分行或代理行，指示其解付一定金额给收款人的一种汇款方式。与信汇、票汇相比，电汇的显著特点是快。在银行，电汇的优先级最高，一般均在当天处理。电汇是银行之间的直接通信，因此差错率较低，遗失的可能性也极小。但是电汇的汇出行占压汇款资金时间较短，甚至根本不能占压，因此收费也较高。

【知识链接 5－2】

环球同业银行金融电讯协会（SWIFT）

环球同业银行金融电讯协会（Society for Worldwide Interbank Financial Telecommunications，SWIFT），是一个国际银行间的非营利性国际合作组织，成立于 1973 年，总部设在比利时的布鲁塞尔，主要为国际金融业务提供快捷、准确、优良的服务。SWIFT 的职能是开展标准化的报文传输，为金融机构间进行金融信息传递。银行之间、银行与支付机构之间的信息传输，诸如支付指令、信息确认等金融数据均通过 SWIFT 报文完成。SWIFT 为银行的结算提供了安全、可靠、快捷、标准化、自动化的通信业务，从而大大提高了银行的结算速度。SWIFT把全球金融机构连接在一起，建立金融通信，然后通过各个资金清算系统，比如美元的清算所银行同业支付系统（CHIPS）、欧元的贸易互换支持工具（INSTEX）、人民币跨境支付系统（CIPS）完成交易。

全球有超过200个国家和地区加入了SWIFT，但SWIFT既不参与货币跨境支付清算，也不涉足各国金融市场治理，它仅仅是一个最大的汇款和结算服务供应商。每一个加入SWIFT的金融机构（银行）都会分配到唯一一个具有8个（总行）或11个（分支机构）字符的代码，分别是银行代码、国家代码和城市代码。例如，BKCHCN-BJ110，1—4位代表银行的统一代码（中国银行为BKCH），5—6位代表国家代码（中国为CN），7—8位代表城市代码（北京为BJ），9—11位代表银行分支机构（北京市分行为110）。中国银行总行BKCHCNBJ位数为8位，其余分支机构为11位。

SWIFT的工作原理是：假设新加坡一家银行的A客户想汇款给他在意大利威尼斯联合银行开户的B朋友，A客户可以向新加坡的银行提供他朋友的账号和意大利威尼斯联合银行唯一的SWIFT代码，汇款的指令就会通过SWIFT码准确、快速地发送到收款银行。

作为一个中立性的国际合作组织，SWIFT拥有独立的董事会，包括25个席位，美国、英国、法国、德国、瑞士和比利时各占2席，中国、俄罗斯和日本等国各占1席。如果按大洲划分，则是欧洲占17席，北美洲占3席，亚洲占3席，非洲占1席，大洋洲占1席。

由于SWIFT在国际收付清算体系中具有强大的信息通道地位，它很难完全摆脱政治影响。在“9·11”事件爆发后，美国依据《国际紧急经济权力法》启动“恐怖分子资金追踪计划”（TFTP），授权美国财政部追踪并冻结恐怖分子资金流动的同时，要求SWIFT给予协助，即停止对被列入制裁范畴的个人、企业、金融机构提供服务，同时，对SWIFT实际执行情况开展调查。这令SWIFT开始感受到政治压力。在一些政治压力驱动下，它先后对朝鲜、伊拉克、伊朗、利比亚、俄罗斯等国家的金融机构实施制裁，甚至将个别国家所有金融机构“除名”，限制这些国家使用SWIFT，切断其与美元收付清算体系的联系，进而将它们剔除在SWIFT之外，最终掐断其与全球金融投资贸易与资金收付清算的一切关系。

2. 汇款的解付与偿付。汇款的解付是指汇入行向收款人付款的行为。为了保证付款的正确，解付行一般都很慎重，特别是当汇出行的汇出汇款还未到达汇入行的账户时，此时解付行就是垫付了货款，因此更要慎重。

汇款的偿付是指汇出行在办理汇出汇款业务时，应及时将汇款金额拨交给其委托解付汇款的汇入行的行为。

3. 汇款方式。国际贸易中常用的汇款方式主要有三种：一是预付货款，二是货到付款，三是凭单付汇。

（二）汇款路线的选择

汇款路线将直接影响汇款解付的速度和质量。汇款的中转环节越多，收汇的时间

越长，中转过程中产生的手续费和差错可能就越多。如何安全迅速地解付汇款，从而取得客户的信任和提高银行的信誉，合理选择国外汇入行是很重要的环节。因此，在接受客户的汇款申请时，应掌握下列原则。

（1）凡汇出行在汇款解付地有联行的，应优先委托联行解付。

（2）汇出行在汇款解付地没有联行的，一般选择账户行作为汇入行，最好双方都在汇入行开立有账户，进行内部转账，使汇款尽快得到偿付。

（3）如果汇出行与汇入行没有账户关系，但双方在同一家代理行有账户关系，可通过该代理行进行转账。

（4）如果汇出行在汇入地点没有账户行，应选择态度友好、资信可靠、作风正派、便利解付的代理行为解付行，同时通知自己的账户行将汇款头寸尽快划入汇入行的代理行，以便汇款的解付。

（5）如果汇出行在收款人所在地没有代理行，可考虑委托收款人所在国与汇出行有账户关系的代理行转汇。

（6）汇款时还要考虑汇往地点所在国（地区）货币，最好汇款货币正是该货币清算所在国（地区）货币。如美元汇款汇往美国，应以美国各地的账户行为解付行；港元的汇款收款人在我国香港的，应选择香港的银行作为解付行。这种汇路叫中心地点清算。如果美元汇款收款人在美国，而选择香港的账户行作为解付行，这种汇路迂回曲折，称为外围地点清算。外围地点清算汇款解付时间会推迟，是不可取的。

（7）在选择代理行或账户行解付汇款时，还要考虑尽量减少中间环节，节省汇款的费用支出。尽量选择解付速度快、收费低的银行作为解付行或转汇行。

（三）汇款头寸的偿付

汇款头寸的偿付是完成外汇资金划拨的重要手段，其偿付方式有如下几种。

（1）汇款双方银行是账户行或汇出行在汇入行开有账户，则可直接通过账户来偿付头寸。

（2）汇款双方没有在对方开立账户，但在同一家代理行有账户，则可通过该代理行账户来偿付汇款头寸。

（3）如果汇款双方没有共同的账户行，则由汇出行选择一家代理行，该代理行与汇入行的一家代理行有账户关系，汇出行通过自己的账户行将头寸划转至汇入行的代理行的账户。

（4）用汇票偿付汇款头寸。这种偿付办法的汇路比较曲折，只在无法了解汇入行的账号、户名的情况下采用。有些银行是在收妥款项后才解付，因此，往往会出现延误付款的情况。

二、托收业务

托收（Collection）是指出口方委托本地银行，根据其要求通过进口地银行向进口方提示单据，收取货款的结算方式。托收当事人有委托方、托收行、代收行、付款人和提示行。

按照托收项下是否随附商业单据，托收分为跟单托收和光票托收。

（一）跟单托收

跟单托收是指交易一方（出口商）依据交易合同委托银行，凭依法的商业单据（物权单据、运输单据、发票、履约凭证或其他非金融单据）及金融单据（汇票/其他取款凭证）向交易对方（进口商）收取交易款项的商业信用支付方式。

1. 跟单托收的种类。跟单托收可分为付款交单托收和承兑交单托收。

（1）付款交单托收（D/P），是指代收行必须在付款人付清货款后才能交付单据的跟单托收。按付款期限的不同，付款交单托收业务还可以进一步分为即期付款交单托收和远期付款交单托收。

（2）承兑交单托收（D/A），是指出口商的交单以进口商在汇票上承兑为条件，即出口商在装运货物后开具远期汇票，连同商业单据，通过银行向进口商提示，进口商承兑汇票后，代收银行就将商业单据交给进口商，在汇票到期时，方履行付款义务的跟单托收。

2. 跟单托收业务服务对象。跟单托收业务的服务对象是具有进出口经营权的企业。企业提交的单据符合进口付汇/出口收汇的条件，基于进出口双方的相互信任，国际贸易合同中规定了以跟单托收方式结算。

3. 跟单托收业务风险。跟单托收是商业信用，出口商承担了主要的风险。在付款交单托收方式下，进口商可能由于货物价格发生波动而拒绝付款赎单；在承兑交单托收方式下，尽管进口商承兑赎单，但在取得单据并提货后，进口商到期仍可能会拒付。进口商面临单据与货物不符，单到货不到的风险。

（二）光票托收

1. 光票托收的概念。光票托收是指银行受票据合法持有人的委托，将票据（不附带任何商业单据）寄交境外银行代收款项的一种结算方式。根据客户群，光票托收分为企业票据与私人票据；根据票据种类，光票托收分为汇票托收、本票托收和支票（含旅行支票）托收。

光票托收业务可归属为汇入汇款的一种类型。光票托收的汇票，在期限上有即期和远期之分。

2. 光票托收的风险

（1）到期拒付退票的风险。对于大金额的票据，因假票造成拒付的概率较高。

（2）支票、本票、汇票三者的票据风险相比，支票被退票的可能性较大。一般而言，票据的真伪较难辨认，金额在50万美元以上的支票多为伪造、欺诈的假票，要谨慎处理。

三、信用证业务

（一）信用证的概念

信用证是一种结算方式。在国际贸易结算中，为了获得卖方的信任，买方通过银

行出面，向卖方预先开出一种支付的信用，即银行开立有条件的书面付款承诺。因此，信用证是银行应开证申请人（进口商）要求，开给信用证受益人（出口商）的一份有条件的书面付款承诺。

（二）信用证的特点

1. 信用证是一项独立文件。信用证是银行与信用证受益人之间存在的一项契约，该契约虽然可以以贸易合同为依据而开立，但是一经开立就不再受贸易合同的牵制。银行履行信用证付款责任仅以信用证受益人满足了信用证规定的条件为前提，不受贸易合同争议的影响。

2. 信用证结算方式仅以单据为处理对象。信用证业务中，银行对于受益人履行契约的审查，仅针对受益人交到银行的单据进行，单据所代表的实物是否完好则不是银行关心的问题。即便实物的确有问题，进口商对出口商提出索赔要求，只要单据没问题，对于信用证而言，受益人就满足了信用证规定的条件，银行就可以付款。

3. 开证行负第一性的付款责任。在信用证中，银行是以自己的信用作出付款保证的，所以，一旦受益人（出口商）满足了信用证的条件，就可以直接向银行要求付款，而无须向开证申请人（进口商）要求付款。开证银行是主债务人，其对受益人负有不可推卸的、独立的付款责任。

在国际贸易结算中，信用证业务中实际上还存在其他契约，并维系着各个当事人之间的确定关系。首先，在开证申请人（进口商）和信用证受益人（出口商）之间存在一份贸易合同，这份贸易合同带来了对支付信用的需要。其次，在开证申请人和开证银行之间存在一份开证申请书，这份开证申请书保证了信用证下收进的单据和付出的款项将由开证申请人赎还。最后，在开证银行与信用证受益人之间则由信用证锁定，信用证保证了信用证受益人交到银行的符合规定的单据将必定得到支付。

（三）信用证的内容

根据国际商会制定的《跟单信用证统一惯例——国际商会第 600 号出版物》（UCP600），信用证条款的内容可归纳为以下几项。

（1）对信用证的说明、修改及通知，如其种类、性质、有效期限及提示地点。

（2）金额、数量与单价的增减幅度。

（3）对货物的要求，根据合同进行描述。

（4）对运输的要求，包括空运、海运、公路、铁路或内陆水运。

（5）对单据的要求，审核单据标准，包括商业发票、保险单据、货物单据、运输单据、快递收据、邮政收据等。

（6）对银行的要求，如开证行、保兑行的承诺，银行间偿付约定，银行间电汇索偿条款。

（7）是否允许分期或分批装运。

（8）不可抗力因素影响与免责条款。

（四）信用证的基本当事人

信用证中的主要当事人有开证申请人、开证行和信用证受益人。但由于本身的特点和复杂性，信用证常常还涉及另外一些当事人，如通知行、偿付行、保兑行等。

1. 开证申请人（Applicant）。开证申请人一般是进口商。进口商应严格遵守贸易合同条款，在规定的期限内申请开出信用证。信用证的条款必须与合同条款相一致。开证申请人需填制开证申请书，清楚无误地指示开证行合理开证，根据银行融资安排交纳保证金或提供某种形式的保证，并及时付款赎单。开证申请人在拿到单据提取货物以后，如发现货物规格数量等与单据不符，只要不是单据方面的原因就不能向开证行或任何有关银行追究责任和索还货物，只能根据合同条款向有关其他方索赔。

2. 开证行（Issuing Bank）。开证行是信用证的第一付款责任人。开证申请人只要满足了开证行要求的开证条件，开证行就必须根据申请书上的要求正确地开出信用证。只要单据符合信用证的要求，开证行必须对受益人及后手的汇票善意持票人承担第一性的付款责任，不能以任何借口推卸付款责任。开证行对进口商只负责单据与信用证条款的表面一致性，而不管货物状况如何。开证行履行付款义务后，如进口商无力付款赎单，开证行有权处理单据和货物。若出售货物所得货款仍不足以抵偿其垫款时，开证行有权向进口商索取不足款项。

3. 受益人（Beneficiary）。受益人一般为出口商或中间商。受益人在收到信用证时，应检查信用证的表面真实性是否已经通知行确认，仔细检查信用证条款是否与合同条款一致，并审核信用证条款能否履行。如信用证条款与合同不符，或信用证条款无法履行时，受益人可要求开证申请人提请开证行修改。否则，受益人就应严格遵照信用证条款备货发运，制单审单、交单到信用证指定银行以获取信用证项下的付款。如开证行倒闭，受益人有权向进口商提出付款要求，进口商仍须负责付款。如开证行无理拒付，受益人或寄单行有权据理反驳并保留追索因此而造成的利息损失的权利。

4. 通知行（Advising Bank）。通常通知行是开证行在出口商所在国家或地区的代理行。但就通知信用证而言，代理行只限于通知信用证和证明信用证的表面真实性，而且通知行是否通知某信用证，完全取决于通知行，但开证行应从通知行得到毫不延迟的决定不通知其信用证的通知。在实际业务中，除非信用证出具的受益人地址不明，几乎没有发现拒绝通知信用证的现象。

5. 保兑行（Confirming Bank）。通知行或其他被指定银行可以应开证行的要求或授权对信用证加具保兑，从而成为保兑行。保兑行同开证行负有相同的责任和义务，即保兑行实际上是除开证行之外另一个对受益人承担与开证行同样的责任和义务的银行。但通知行或其他指定银行是否愿意加具保兑可以自行决定，如果不同意加具保兑，必须毫不延迟地通知开证行其不加具保兑的决定。

6. 承兑行（Accepting Bank）。在远期信用证项下，对受益人提交的远期汇票进行承兑，并在到期日进行付款的信用证指定银行叫承兑行。承兑行可以是开证行、通知行或其他指定银行。

7. 付款行（Paying Bank）。在即期付款或延期付款的信用证项下，付款给受益人的信用证指定银行叫作付款行。在实际操作中，付款行可以是开证行自身，也可以是

通知行或其他指定银行，不过开证行和付款行之间一般签有代理协议。付款行与开证行一样，付款是终局性的，即无权向受益人再行追索。

8. 议付行（Negatiating Bank）。在议付信用证项下，一家银行可以根据开证行的议付请求，对受益人提交的单据进行审核并付出对价而成为议付行。仅仅审单而不付出对价不构成议付，我国银行业把银行审单后只付出部分对价的做法叫押汇。议付行在议付单据之后，向信用证开证行寄单索偿或向规定的偿付行索汇。然而在议付或押汇时，银行在协议上一般都声明，无论开证行因何种原因不付款，议付行都有权对受益人进行追索。一般地，议付行可以是通知行，还可以是受益人在当地的指定银行。

9. 偿付行（Reimbursing Bank）。偿付行是开证行指定的对寄单行（包括议付行、承兑行、付款行等）进行偿付的代理银行。根据《跟单信用证项下银行间偿付统一规则》，偿付行不接受单据，不审核单据，不要求索偿银行提供单证相符的证明，而只凭开证行的授权进行偿付。如偿付行未能进行偿付，开证行并不能解除其自行偿付的义务；如偿付行延迟偿付，开证行应负责索偿银行的利息损失。偿付行的偿付，不能视作开证行的付款。开证行在收到单证不符的单据时，仍可向索偿行要求退款，并可索偿相应的利息。

（五）信用证的业务流程

在国际贸易中，一笔银行信用证结算要经过申请开立信用证、通知信用证、受益人交单、指定银行垫款、开证行偿付、开证申请人赎单等多环节，业务流程如图5－1所示。

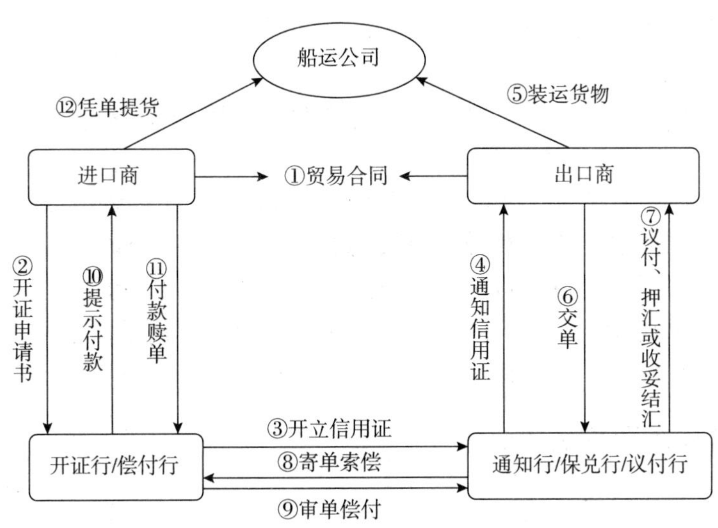

图5－1 信用证业务流程

（1）买卖双方签订贸易合同。进口商与出口商通过谈判，就某项货物成交并签订合同，合同中规定付款方式为不可撤销的跟单信用证。

（2）进口商向银行申请开立信用证。进口商按合同规定于指定时间内向其所在地的银行提供申请人盖章的开证申请书申请开证，根据与开证行之间的融资安排或向开证行交纳部分或足额保证金或提供有效担保或抵押或质押。

（3）开证行开立信用证。开证行审核开证申请书，根据国家外汇和外贸政策审查有关单证，核实融资安排，审核信用的条款，确认条件达到银行的要求后，选择位于出口商所在地的银行作通知行，开出信用证。

（4）通知信用证。通知行根据 UCP600 有关规定，在确认信用证的表面真实性后，迅速、准确地将信用证通知受益人。

（5）装货、取单、制单。受益人在接受和审核信用证之后，应在信用证规定的期限内发运货物，并取得和缮制信用证要求的单据。

（6）交单。受益人备妥单据后，按信用证要求，向指定银行交单，可以要求议付或押汇或收妥结汇。

（7）议付单据。寄单行在审单无误后，扣除利息和手续费，予以议付、押汇或者收妥结汇。如果是收妥结汇，程序（9）即可排在程序（7）之前。

（8）寄单索偿。议付行将单据寄给信用证中指定的偿付行或开证行或保兑行，要求偿付汇票金额或发票金额。

（9）审单偿付。保兑行或开证行验单后，在单证相符的条件下接受单据，偿付寄单行。

（10）提示付款。开证行向申请人提示单据，要求申请人付款赎单或承兑。

（11）付款赎单。申请人在办理付款或承兑手续后取得全套单据。

（12）凭单提货。申请人提取货物。

第六节　国际贸易融资

国际贸易融资指直接与进出口业务有关的资金融通，又称进出口融资。国际贸易融资是商业银行国际信贷业务活动的重要内容，是商业银行国际业务中的资产业务。它不仅为国际贸易活动提供了资金上的融通，极大地方便了国际间贸易与经济往来，促进了世界经济的协调发展；同时，也为商业银行自身扩展了业务范围和服务对象，增加了银行的利润收入，提高了银行的竞争力。

一、短期国际贸易融资业务

（一）进出口押汇

进出口押汇融资属于短期国际贸易融资，具体又可分为进口押汇和出口押汇两种。

1. 进口押汇。进口押汇是指进口商在向银行办理进口开证/进口代收业务时，因预计到期付款时资金不能及时到位，申请以其进口货物的物权作质押或以信用担保或其他实物作抵押，银行给予资金融通的行为。进出口双方签订商品买卖合同后，进口方请求进口地某个银行（一般为自己的开户行）向出口方开立保证文件（大多为信用

证)。然后，开证行将此文件寄送给出口商，出口商见证后，将货物发运给进口商，开证行为进口商开立信用保证文件的这一过程为进口押汇。

进口押汇对于进出口双方都有意义：就进口商而言，通过信用保证文件的开立，进口商赢得了付款时间，延长了付款期限，使之不必在出口商发货之前支付货款，即使在出口商发货后，也要等到单据到手才履行付款义务，因而，减少了资金的占用时间。对出口商而言，作为信用证的受益人，接受这种结算方式的条件是开证行必须保证到期无条件付款。对于商业银行而言，实际上是为进口商垫付了一笔外汇，提供了一种以商品贸易合同为基础的资金融通。

2. 出口押汇。出口押汇是指银行根据信用证受益人（出口商）的要求，以其提交的符合信用证条款的全套运输单据作质押，在收到开证行支付的货款前，向受益人（出口商）融通资金的行为。

若信用证为议付信用证，又可称为信用证议付；若信用证为远期承兑信用证，银行在开证行承兑后融资，则可称为信用证项下银行承兑汇票贴现。

出口商根据买卖合同的规定向进口商发出货物后，取得了各种单据，同时，根据有关条款，开出以进口商为付款人的汇票。为提前收回货款，出口商将汇票连同有关货运单据，在委托本国代理银行代收货款时，请求银行将该项出口汇票及有关单据先予承购。如果该银行对汇票及单据进行审查后，认为符合规定，则予以承购，收下汇票和单据，将汇票票款扣除利息后支付给出口商。这种由出口地银行对出口商提供的资金融通，就称为出口押汇。出口押汇类似于银行的贴现业务，但其安全程度较贴现更高一些。因为，银行买单时要求出口商提交全部货运单据，其提货单、保险单等都须以银行为抬头人，万一进口商不能付款，银行有处置担保品的权利。与进口押汇相同，出口押汇同样也是以商品进出口贸易为基础的。出口地银行买下汇票和单据后，需向进口商收回垫付资金，如果进口商拒绝支付票款，则出口地银行有权要求出口商归还票款或处置担保品。

（二）打包放款

打包放款是银行给予出口商的一种短期贸易融资便利。出口商收到进口商所在地银行开来的信用证后，凭信用证正本向银行申请短期贷款，用于该信用证项下出口商的进货、备料、生产和装运。

出口地银行为支持出口商按期履行合同义务、出运货物而向出口商提供以正本信用证为抵押的贷款。因为最初这种贷款是向流动资金短缺的出口商提供包装货物费用的，所以称为打包放款，主要用于出口商采购原料、货物，支付人工劳务费或交付订货款项等资金需要。具体操作过程是：出口商与进口商签订买卖合同后，出口商为了组织货物出口，将进口地银行向其开出的信用证或其他保证文件交付出口商所在地银行作为抵押，向银行借入款项。出口地银行在上述情况下向出口商提供的贷款就是打包放款。发货后，客户将信用证项下有关单据提交银行议付，将所得款项偿还贷款。如果出口商由于某种原因未能满足信用证的全部条件和要求，就无法使开证行付款承诺得以实现，作为抵押的信用证在这种情况下只是一张废纸。因此，以买方所开信用证为抵押而叙做的打包放款，实质上是一种无抵押信用放款，银行必须十分谨慎地办理该项业务。打包放款融资额度通常不超过信用证金额的90%。

（三）票据承兑融资

票据承兑融资也称银行承兑融资，是指进出口商通过票据的承兑取得银行资金的融通。经过银行承兑的汇票，持票人可以在汇票到期日之前到市场上贴现，筹措资金。

1. 进口商采用票据承兑融资。进出口商签订购销合同后，出口商要求买方先行付款，但进口商可能没有足够的资金支付，于是，进口商请求所在地某一家银行为其提供信用帮助。具体操作过程是：进口商向该银行申请签发汇票，提交该行请其承兑，保证汇票到期日兑付票款。进口商将承兑汇票持往贴现银行或其他商业银行进行贴现，或者在金融市场上出售。通过这种方式，进口商获得了资金，并保证了向出口商及时付款。

2. 出口商采用票据承兑融资。进出口商签订购销合同后，进口商请求所在地银行为出口商提供承兑信用。当出口商发运货物后，向进口商指定的银行签发汇票，并将汇票通过自己的往来行邮寄给进口地银行请其承兑，进口商所在地银行接到汇票后经审核无误，即可进行承兑，保证到期无条件承付货款，然后，将已承兑汇票复寄给出口商，出口商接到已承兑汇票后，可以持往所在地银行办理贴现，也可以在金融市场上出售。通过这种方式，出口商可以提前收回货款，银行在以上票据承兑融资中，承担了信用风险，收取一定的承兑手续费作为补偿；银行为承兑的汇票贴现时，还可取得贴现利息。

（四）代理融通业务

代理融通又称承购应收账款，是商业银行或专业代理融通公司短期对外贸易融资业务的方式之一。商业银行或专业代理融通公司在出口商以赊销方式出口商品后，从出口商购进有关单据，将全部或部分货款付给出口商，对出口商给予资金融通。这一做法被称为代理融通。

在代理融通业务中，承购行所承购的票据是一种无追索权的票据，出口商对票据的出售是一种买断。如进口商不按期付款或票据到期时拒付货款，承购行不能向出口商行使追索权，全部信贷风险由承购行承担，这是代理融通业务与银行一般票据业务的根本区别。

代理融通业务是集资信调查、托收催收账款，甚至代办会计处理等为一体的综合性的业务。出售应收账款的出口商多为中小企业，对国家市场状况不甚了解，承购行需代它们对进口商的资信情况进行调查，并承担托收、催收货款的任务。有时承购行为了解进口商负债状况和偿还能力，还要求出口商提交与进口商交易磋商的全部记录，代为保管。对每年出口业务相对集中的季节性出口企业，承购行还往往受托为其办理会计处理等业务。此外，承购行有时还代客户缮制单据。因此，代理融通业务具有明显的综合性特点。

（五）保付代理业务

保付代理简称保理，是指出口商以商业信用形式出售商品，在货物装船后立即将发票、汇票、提单等有关单据卖断给商业银行，收进全部或部分货款，从而取得资金融通的业务。

保付代理业务是一种具有保险性质的国际贸易结算方式，由商业银行或专门的保理公司经营。其业务特点是：商业银行不具有追索权，而承担信贷风险；银行承担资信调查、托收、催收账款甚至代办会计处理的手续的职责；银行向出口商预付货款，使其得到资金融通。需关注的风险是，出口商的资信状况和履约能力，以及进口商的信用风险和出口商品的市场风险。

在从事保付代理业务时，商业银行一方面代替出口商向进口商收款，另一方面又向出口商保证收款，因而在一定程度上对出口商的货款收回给予了保证。通常货物发出之后90天，出口地银行才向出口商付款，而且这种付款是无追索权的，也就是说即便进口商不向进口地银行付款，银行也无权向出口商追索货款，从而使出口商获取货款有了完全的保证，因而其对一些不了解进口商或赊销金额比较大的出口商而言，吸引力比较强。对商业银行来说，保付代理业务的收入是非常可观的，出口商需支付贸易金额0.75%～1.75%的高额手续费。但是，倘若进口商资信不好，到期拒绝或无力偿还货款，那么商业银行面临的损失也将是巨大的。此外，较高的手续费和发货后90天才付款的做法大大降低了出口商采用保付代理进行结算的积极性，因而保付代理业务尚无法替代传统的国际贸易结算方式，尤其不能替代信用证。

【案例分析5－1】

保付代理业务风险分析①

一、案例概述

A企业是广东省内大型的钢材销售企业，主要经营钢板、角钢和圆钢等钢材，所经营的钢材在国内外热销，有着稳定的经营收入，拥有自己的建设团队，并多次参与大型工程建设。随着业务的不断扩大，A企业的发展越来越好，已成为广州百强钢材企业。A企业的资信状况良好，经建设银行评测为AAA级。

B公司同样是广东省内著名的工程建设企业，主营业务范围有公路、桥梁等的工程建设。B企业多次承建著名工程并获得很高赞誉，其建筑水平在同行业处于领先地位，是国内百强建筑企业。B企业资信状况良好，被建设银行评为AAA级。

B企业承包了一项工程，需要大量钢材，所以从A企业购买并与A企业签订了购销合同。A企业则拥有了账龄在1年内金额为10 790万元的应收账款。为了企业经营发展需要，A企业向建设银行申请了保付代理业务。

① 作者及学生调研了办理业务的企业和开办保付代理业务的商业银行。由于保守商业秘密需要，文中数据有所修改。

建设银行在收到A企业的申请后，第一，对A企业进行初审，要求企业提供如营业执照、财务报表、公司章程等相应的材料；第二，对A企业进行授信评级；第三，对A企业的应收账款进行分析和质押登记，并对其提供的发票、合同等进行审核，制订相应的融资方案，建设银行为A企业制定了有追索权的国内保付代理业务，并对该业务进行投保；第四，与A企业签订合同协议，审批通过后进行放款，同时为B企业定一个专用账户，通知其保付代理业务和及时还款情况；第五，对该项业务进行贷后管理，时时关注A企业的资信状况，及时适度调整额度，并要求A企业一起督促B企业及时还款。

在收益方面，首先，对于A企业来说，获得了快速融资，加速了资金周转，简化了程序，提高了效率，节约了经营成本。同时将应收账款变为收入，有利于优化企业的报表结构，并将风险转嫁给了建设银行，有利于企业的经营和持续发展。其次，对B企业而言，同样加速了资金的周转，不用为购买货物而立即支付货款，缓解了企业的资金压力，有利于促进企业发展。最后，对建设银行来说，获得的收益有三方面。一是办理融资业务所获得的融资费用。一般来说，在放款当日按中国人民银行公布的相应的贷款利率进行贴现计算，该项业务按1亿元计算累计发生额，按平均期限为半年到一年计算，可以获得大概400万元的融资费用。二是通过为A企业提供管理应收账款等一系列的综合金融服务收取手续费。手续费一般按合同额的0.28%收取，该业务按1亿元的累计发生额计算，可以获得大概28万元的手续费。三是通过与A企业合作进一步拓展了建设银行的其他业务，为建设银行积累了更多优质的客户资源，促进了建设银行的不断发展。

二、风险点分析

在这项业务当中，建设银行可能面临的风险有五个：

（1）利率出现波动导致所获得的费用收入减少；

（2）A企业可能提供虚假材料或串通B企业进行欺诈，或者所提供质押的应收账款的债权不合法，银行可能遭受损失；

（3）B企业有可能由于承办工程遭受损失，资金周转困难或企业经营出现问题，从而拖延或拒绝付款，银行可能遭受一定的损失；

（4）在办理业务的实际操作上，从业人员可能出现操作不当或疏忽，引起操作风险；

（5）合同及协议等的签订会由于法律的局限性及A企业的隐瞒等，产生合同纠纷和法律风险。

二、中长期国际贸易融资业务

中长期国际贸易融资主要指出口信贷和进口信贷。

（一）出口信贷

出口信贷分为买方信贷和卖方信贷两种。

1. 买方信贷

（1）买方信贷的概念。买方信贷是指出口国银行直接向进口商或进口商的银行提供的贷款，用于向出口商支付货款。

买方信贷的贷款对象是进口商或其银行，贷款用于向本国出口商支付货款，有利于本国产品的出口和出口商的资金周转。

（2）买方信贷的操作。按贷款人不同，买方信贷分为直接贷款给进口商和贷款给进口方银行两种方式。

2. 卖方信贷

（1）卖方信贷的概念。卖方信贷是指出口国银行向出口商提供的贷款，主要是解决出口商在出口经营中资金周转所遇到的困难。

实际上银行给出口商的贷款是代进口商垫付的货款。出口商所欠的贷款由银行代向进口商分次索还，但如果进口商拒付，则银行仍对出口商保留追索权。出口商借用银行卖方信贷，除按出口信贷利率支付利息外，还要支付出口信贷保险费、承担费、管理费等。通常出口商将这些费用都列入出口商品的货价内，最终要进口方承担。

（2）卖方信贷的操作。出口商以延期付款方式出口货物，进口商首先需支付10%的定金，待交货验收合格后，再支付10%～20%的货款，其余货款根据延期付款合同分期偿还贷款和利息。同时出口商根据延期付款合同向出口商银行申请卖方贷款，出口商银行发放贷款后，按分期偿还方式向出口商索偿。这种形式的融资，出口商银行往往要求进口方的汇票或本票，并附加金融机构无条件不可撤销的支付保付作为还款保证之一。

（二）进口信贷

进口信贷是指商业银行向本国进口商发放由国外银行提供的专门用于进口国外技术设备或产品的中长期放款，亦即进口买方信贷。我国银行开办的进口买方信贷在具体操作上可分成以下两种形式。

第一种形式是由出口方国家的银行向本国银行提供一项总的贷款额度，签订一项总的信贷协议。国内厂商需要融资时，向本国银行提出申请，经审查同意后，本国银行按总的信贷协议规定，向出口方国家的银行办理具体的使用进口买方信贷的手续。同时，国内厂商要与国外出口商签订商务合同，所需货款从出口国银行提供的买方信贷中支付，本国银行和出口国银行签订相应的信贷协议，出口国银行凭此支付出口商品的货款。在贷款到期时，由本国银行对外偿付贷款本息，并向借款单位收回贷款。

第二种形式是不需要签订总的信贷协议，而是在签订进口商务合同时，由出口国银行与本国银行签订相应的信贷协议，明确进口商品的货款由本国银行从出口国银行提供的贷款中支付，贷款到期由本国银行负责偿还。在签订信贷协议前，进口商要根据外汇贷款的有关规定，向本国银行办妥贷款手续。

（三）福费廷业务

福费廷（Forfeiting）是商业银行或大的金融公司对以延期付款方式出口大型资本设备的出口商提供中长期资金融通的一种新业务。在延期付款的大型资本设备贸易中，出口商把经进口商承兑的、期限在6个月至5年甚至更长期限的远期汇票，无追索权地售给出口商所在地的银行（或大的金融公司），以提前取得现款。

福费廷业务最早出现于20世纪60年代中期，当时西欧国家如德国和瑞士将该项业务运用于本国与东欧国家之间的大型资本设备贸易中，以推动其资本设备向东欧国家的出口。这项业务在发达国家对发展中国家的资本设备出口贸易中被广泛应用。

1. 福费廷的概念。福费廷又称买断或包买票据，是指银行从出口商处无追索权地买断由开证行承兑的远期汇票或由进口商所在地银行担保的远期汇票或本票的一种贸易融资方式。

福费廷以开证行承兑金额（即汇票票面金额）或担保行对票据的保付限额作为贴现利息计算的基础，计息期为自银行向客户提供融资付款日起至汇票到期日或开证行承兑到期日止，可适当增加宽限期。宽限期根据开证行付汇记录确定。银行按承兑（票面）金额扣除贴息金额以及开证行付款时可能产生的中间扣费后，将贴现款项支付给出口企业。具体计算公式如下：

$$\text{贴息金额} = \frac{\text{承兑(票面)金额} \times \text{利率(\%)} \times \text{天数}}{360}$$

$$\text{贴现金额} = \text{承兑(票面)金额} - \text{贴息金额} - \text{中间行手续费}$$

2. 福费廷的种类

（1）直接买断，即银行直接从出口商或其他银行手中买断由开证行承兑的远期汇票或进口商所在地银行担保的远期汇票或本票。

（2）间接买断，即银行就出口商的远期票据向与经办行签订了福费廷业务的银行询价，在该银行买入价的基础上加上一定的差价后再向出口商报价，最终由该银行买断该远期票据。

（3）已买断票据的转卖，即银行将手中持有的已买断票据再转卖给其他银行，或从其他银行买入已被其买断的票据。

3. 福费廷的特点

（1）福费廷主要提供中长期贸易融资，利用这一融资方式的出口商应同意向进口商提供6个月至5年甚至更长期限的贸易融资。

（2）福费廷适用于大宗交易，对于较小金额的交易，福费廷不是一种经济的融资方法。具体金额根据国家风险、到期日等因素确定。

（3）当发生商业欺诈行为或国外开证银行所在地法院出具止付令时，买断行一般对该笔贴现业务保留追索权。

4. 福费廷的优势

（1）与中长期贷款相比，利率较低；与出口押汇相比，属无追索权买断。

（2）福费廷合同一经签订，业务成本即可固定，减少了资产管理和债务回收的工作和费用。

（3）即期收汇，减少了资金占压，增强了资金流动性。

（4）提前办理出口核销和申请退税。

（5）有效消除了商业风险、国家风险、汇率风险。

（6）向进口商提供延期付款便利，增强了出口产品的竞争力。

（7）无追索权地获得贴现，完善了企业资产负债表，改善了财务状况，提高了资金使用效率。

（8）手续简单，所需单据简单。

【知识链接5－3】

福费廷业务与票据贴现和代理融通业务的区别

一、福费廷业务与票据贴现业务

二者的相同之处是都具有贴现的性质。在福费廷业务中，银行买进远期票据时，所付现款额为票据金额扣除从票据买进日到票据到期日的利息之后的余额。就这一点而言，福费廷业务类似于一般票据贴现业务，但与一般的票据贴现业务相比，福费廷业务又有如下显著特点。

福费廷业务中银行所贴现的票据，是无追索权的票据，即如日后票据遭到拒付，银行不能要求出票人或出口商付款，因为出口商将票据出售给银行时是一种买断。普通贴现业务中的票据，多为一般经济交易中的票据，金额较小，期限较短，而福费廷业务中涉及的票据则多为大型资本设备交易中的票据，金额较大，期限较长；贴现业务中的票据，一般不需银行担保，而福费廷业务中的票据则必须有银行的担保。银行承办福费廷业务收取的利息和费用高于一般贴现业务，因为在福费廷业务中出口商对票据的买断使承办行承担较大的风险。

二、福费廷业务与代理融通业务

二者的相同之处是银行所收买的票据都是无追索权的票据。二者的区别是：在代理融通业务中，承办行的客户多为出口一般物品的中小企业，交易金额不大，付款期限不长，而在福费廷业务中，承办行的客户多为出口大型设备的大企业，交易金额大，付款期限长；银行承做代理融通业务不需进口方银行对汇票的支付给予担保，而银行承做福费廷业务则有此项要求；在代理融通业务中，出口商不需事先与进口商协商，而在福费廷业务中进出口商之间必须事先就此协商一致，并在贸易合同中正式言明使用福费廷；代理融通业务的内容比较综合，承办行除了提供资金融通外，往往还提供资信调查、会计处理和代制单据等服务，而福费廷业务的内容则比较单一。

第七节 离岸金融市场

离岸金融业务（Off－shore Banking Activities）是银行国际业务中重要的组成部分。离岸金融是金融自由化、国际化的产物，从离岸金融历史沿革及其对国际金融市场的推进作用看，它的产生使信贷交易实现了国际化，并为国际金融中心的扩散创造了重要条件。

一、离岸金融业务的含义

（一）基本概念

1. 离岸金融业务是指在本国境内发生的外国机构（或个人）之间以外币进行的交易，它特指非居民间的融资活动，即外国贷款者、投资者与外国筹资者之间的业务。按中国人民银行颁布的《离岸银行业务管理办法》，“非居民”是指在境外（含港、澳、台地区）的自然人、法人（含在境外注册的中国境外投资企业）、政府机构、国际组织及其他经济组织，包括中资金融机构的海外支持机构，但不包括境内机构的境外代表机构和办事机构。传统的离岸金融业务中心为伦敦，伦敦的欧洲货币市场是离岸金融市场的核心部分。作为欧洲货币市场的延伸，亚洲货币市场也是离岸金融市场的组成部分。与离岸金融业务相对应的概念是在岸金融业务，在岸金融业务指居民与非居民之间的金融业务。

2. 业务特点

（1）由于离岸金融市场的幅度与深度超过国际金融市场，因此，离岸金融业务具有币种多、规模大等特征。

（2）离岸金融业务仅限于外国借贷双方间，借贷关系单一，信用很高，贷款银行风险相对较低。

（3）离岸金融业务一般不受业务交易所在地金融当局政策、法令和外汇管制的约束，允许资本自由流动。

（二）产生和发展成因

1. 离岸金融业务产生和发展的基本原因是生产国际化、贸易国际化和资本国际化，而生产国际化、贸易国际化要求银行的金融业务面向世界，跨国公司业务的国际化使银行扩展了其海外业务，银行业务国际化必然增加其在海外的分支机构，从而推动离岸金融业务的发展。资本国际化流动及合理配置是对离岸金融业务发展的内在要求，离岸金融市场的出现为资本的国际化提供了广阔的舞台和高效顺畅的渠道。作为离岸银行机构，其在国际资本流动方面所受限制、约束较少，从而增加了资本流动的效率，有助于资金、资源在全球市场按效益性、安全性和流动性原则进行合理配置与有效利用。

2. 离岸金融业务产生的理论基础是金融创新理论和金融市场全球一体化理论。金融创新是各种金融要素的重新组合，是为了追求利润机会而形成的市场变革。从西方金融创新的动因理论可知，离岸金融业务的产生和发展是金融创新的结果。金融市场一体化要求国内金融市场和传统的国外金融市场紧密连接；要求市场环境具备信息沟通灵敏、金融交易自由、交易成本低且呈一致性的特点；要求市场的覆盖面广，且极少甚至不受各国金融监管及其法律法规的影响。很显然，离岸金融市场具备了金融市

场一体化的功能，符合金融市场一体化的要求和条件。金融市场一体化的发展需要离岸金融业务。

3. 技术进步是离岸金融业务产生的直接推动力。技术进步降低了交易成本，使全球的金融机构和市场连成一体成为现实。

二、离岸金融市场类型

世界上已出现了40多个离岸金融市场。按业务经营和管理来划分，离岸金融市场可分为内外混合型离岸金融市场、内外分离型离岸金融市场和避税港型离岸金融市场。这些市场的业务特点不一（见表5－3）。

表5－3　离岸金融市场类型

类型	特点	适应地区	代表地区
内外混合型	1. 允许非居民经营在岸业务和国内业务； 2. 非居民交易在同一账户进行，资金可自由进出	金融制度完善，金融自由化程度高	伦敦 香港
内外分离型	1. 禁止非居民经营在岸业务和国内业务，两个市场各自发展互不干扰； 2. 非居民交易与国内账户严格分开	金融管制较严格或金融机构不具竞争力，实行有限度的地方保护主义政策	纽约 新加坡 东京
避税港型	1. 名义上设置机构，不经营具体融资业务，只从事借贷、投资等业务转账； 2. 在账簿上进行境内与境外交易	政局稳定，无税负或税负极低，没有金融管制	巴拿马 开曼群岛 百慕大

（一）内外混合型离岸金融市场

该类市场是指离岸金融市场业务和国内金融市场业务不分离，以便两个市场资金和业务的互补。因此，这类市场的资金流向不定，既可流入国内又可从国内向国外流出，对从境外流入的资金的利息免征利息税，外汇资金不实行存款准备金制度。伦敦和香港离岸金融市场属此列，在伦敦和香港离岸金融市场，允许非居民经营在岸业务。

1. 伦敦离岸金融市场及业务。伦敦离岸金融市场就是伦敦欧洲货币市场。在这个市场上，从立法上讲，不能在伦敦直接经营欧洲英镑业务，只允许经营所在国以外的欧洲货币。该市场内外一体化的特征在于允许非居民经营在岸业务和国内业务，但须缴纳存款准备金和有关税款。

在岸业务受金融当局严格限制，因此，在岸业务在该市场中占的规模很小。伦敦离岸金融市场呈国际化态势，表现在其国内金融市场和国际金融市场一体化。

2. 香港离岸金融市场及业务。在这个市场上，有众多金融机构发挥着作用。在这些金融机构中，正规金融机构占主导地位。香港的银行实行三级银行体制，按接受存款活动的限制大小将银行分成三类，在港的外资银行是香港银行业的主流。香港的金融业务品种多样，技术装备先进。

（二）内外分离型离岸金融市场

内外分离型离岸金融市场是专门为非居民业务交易而创立的市场。此类市场将境内业务和境外业务分开，禁止非居民经营在岸业务和国内业务。内外分离型离岸金融市场有助于降低巨额国际金融市场资金流动对本国货币存量和宏观经济的影响。为此，在该市场上管理当局对非居民业务予以优惠，对境外资金的注入不实行国内的税制、利率限制和存款准备金制度。纽约、东京、新加坡的离岸金融市场均属此类。

1. 纽约离岸金融市场及业务。该市场于 1981 年由美国联邦储备银行批准设立，也称为国际银行业务措施（International Banking Facility，IBF）。该市场允许所有获准吸收存款的美国银行进入，外国银行均可加入。纽约离岸金融市场的交易严格限于机构与非居民间，该市场交易可豁免存款准备金、利率上限、存款保险，市场交易者免缴利息和地方税。存放在 IBF 账户上的美元视同境外美元。应该说，美国对离岸金融市场的限制较多。

2. 新加坡离岸金融市场及业务。银行同业是亚洲货币市场的成员，且大多为外资银行，它们从新加坡境外同业借入的资金高于在新加坡境内所借的资金，同样，它们在贸易融资和信贷上占有优势。在亚洲货币市场上，银行同业往来是亚洲货币市场的主要活动。新加坡离岸金融市场设立亚洲货币账户，以此将外币交易的账目与新加坡元交易的账目分开。该市场为一个短期资金市场，其利率波动频繁，但利差偏小。

3. 东京离岸金融市场及业务。该市场无具体交易场所，只是在获准开展离岸业务的银行中，通过设立海外特别账户处理境外业务。拥有海外特别账户的银行可以用任何一种货币对所有的非居民、非个人客户提供存放款业务。该市场也有免税、无利率限制等优势，但该市场不允许经营债券和期货。东京离岸金融市场和香港、新加坡离岸金融市场一起构成亚洲离岸金融市场的中心。

（三）避税港型离岸金融市场

这类市场也称走账型或簿记型金融市场，没有或几乎没有实际的离岸业务交易，只是在不征税的地区名义上设置机构，并通过这一机构将境内与境外的交易进行记账和划账，目的是逃避税收和管制。中美洲加勒比海和中东等地的一些离岸金融市场属此类。

三、离岸金融业务的形式

商业银行从事离岸金融业务的形式很多，并且不少形式是离岸金融业务和在岸金融业务均采用的。通常，银行从事离岸金融业务有存款形式、放款形式和创新形式。

（一）存款形式

存款形式有通知存款、定期存款和大额可转让定期存单（CDs）等。通知存款就是隔夜至 7 天的存款，可随时发出通知提取。定期存款分 7 天、1 个月、3 个月，最长不超过 5 年，尤以 1 个月与 3 个月的定期存款最为常见，每笔存款不得低于 5 万美元。大额可转让定期存单是由商业银行发行的一种存款证明，具有不记名、可转让的特点，可在二级市场上出售。存单按期限可分为短期存单和中期存单（期限为 1 ~ 5 年），按利率可分为固定利率存单和浮动利率存单。存单的币种以美元居多，其最低面额为 10 万美元，发行对象主要是银行或非银行金融机构。20 世纪 70 年代以来，存单很快

成为一种主要的筹资工具。存单在欧洲货币市场和亚洲货币市场比较流行，但在有些离岸金融市场上，因担心美元资产外流而对存单的发行进行限制。

（二）放款形式

放款形式有银行同业短期拆放、中长期放款和发行欧洲债券三种。

银行同业短期拆放主要凭信用，期限短则隔夜，长则不到1年。中长期放款金额大、期限长，往往采用银团贷款形式，定期浮动计息，每3个月或6个月定期浮动一次。发行欧洲债券按发行条件可分为发行固定价格债券、浮动利率票据、可转换债券、授权证债券以及合成债券五种做法。

欧洲货币市场上还出现了新的离岸金融业务形式，主要有多种货币贷款、灵活偿还期限、分享股权贷款和多种选择贷款等。其中分享股权贷款是指贷款人愿意接受以低于市场的利率来分享贷款项目的股权，这种放款方式可使贷款双方共同分担项目风险；而多种选择贷款是一种灵活的银团贷款，银行允许借款人在银行的帮助下选择几种融资方式。

（三）创新形式

创新形式与规避风险、实现资产保值、降低经营成本、争取客户的要求一致。创新形式多为表外业务形式，常见的有金融期货、期权、互换、远期利率协议和票据发行业务等。其中远期利率协定是交易双方为防范利率风险而把远期利率确定在某一水平上的一种远期合约。而票据发行业务允许借款人以发行短期票据来赢得承销机构包销每期票据，并承担不能全额销售的风险的承诺，借款人则以向包销机构支付有关费用和利息为代价。

从银行经营离岸业务的形式看，其特点鲜明：一为短期性，二为灵活性，三为兼容性。其中兼容性表现在不同业务的相互交叉上。

【案例分析5－2】

招商银行离岸业务的特色产品

一、银团贷款

针对离岸客户在海外经营过程中的各种资金需求，招商银行离岸部凭借其与海内外金融机构的密切联系，以牵头行或参加行身份为离岸客户量身定做各种结构合理的银团贷款，可以满足离岸客户流动资金、项目融资、兼并收购多方面的资金需求。该产品的优势在于可联合多家银行为离岸客户提供长期、稳定、低成本的资金来源。

二、离岸背对背信用证业务

该业务适用于在岸公司实力较强、离岸公司实力较弱的贸易型企业。离岸公司利用在岸公司的资信实力取得背对背开证额度，用于满足离岸公司的开证需求。信用证授信额度可分为循环授信额度和一次性授信额度，两笔信用证在同一家银行操作，手续简便，利于业务衔接，同时可以较好地配合境内外公司的整体税务安排。

三、全球授信业务

该业务适用于实施“走出去”发展战略的大型企业或企业集团，利用国内母公司在招商银行的信用，为海外企业提供资金支持，帮助企业解决“走出去”后在海外融资难的问题。境内公司只需向国内分支行提供反担保，由国内分支行对离岸部开出融资性保函或备用信用证，授信由招商银行在国家外汇管理局确定的对外担保额度内自行审批。这种离岸授信方式灵活，不受借款人注册地域限制，且境内外授信和开证手续在同一银行操作，审批快，手续方便。

四、离岸联动账户监管

该业务适用于向外国投资者转让股权或资产（包括公用事业、基础设施等）的国有企业或民营企业。招商银行境内分行和离岸业务部分别作为内资转让人和外资转让人账户的监管人，通过账户监管模式，协助双方顺利完成资金划转。该业务的优势在于既可保证买方有足够的履约资金，又能满足其在交割前将资金存放境外账户的意愿，促成股权交易的顺利完成。

五、在岸人民币授信业务

招商银行离岸部接受离岸客户的全额保证金或在开证额度内，开立以招商银行境内分支行为受益人的备用信用证，境内分支行以该备用信用证作为担保条件向符合条件的境内外商投资企业提供人民币授信。境外公司款项存放于招商银行离岸部，无须将资金调入境内，人民币贷款还清后离岸存款可自由汇出境外，无须国家外汇管理局审批。离岸外汇资金作为开证保证金的同时，享受优惠定期存款利息收入，资金使用效率高。这种离岸授信方式开证和贷款手续在同一银行操作，审批快，手续方便。

六、离岸企业网上银行

招商银行企业网上银行（简称企业网银）具有安全、快捷方便、全面兼容、个性化服务等特点，网上离岸业务将满足客户离岸账户查询、离岸汇款、信用证开证、集团资金管理等业务需求，让客户足不出户即可享受招行离岸业务带来的“AAA”式金融服务（任何时候 Anytime，任何地点 Anywhere，任何方式 Anyhow）。

资料来源：陶硕．亚洲离岸金融中心成功案例比较与分析［J］．北方经济，2006（2）：47－49；王蕾．浅谈我国中资银行离岸金融业务［J］．市场周刊·财经论坛，2004（8）：39－40；马里．商业银行发展离岸业务策略分析［J］．中国金融，2012（15）：49－50.

【本章小结】

1. 商业银行国际业务是指商业银行从事的所有涉及外国货币与外国客户的活动，包括银行在国内所从事的国际业务和在国外所从事的业务。与国内业务相比，国际业务更复杂、风险更大，监管更严格。

2. 国际结算是指由国际贸易活动而引发的货款结算，是以结清买卖双方之间的债权、债务关系为目的的货币收付行为；国际非贸易结算是指由国际贸易以外的其他经济活动，以及政治、文化等交流活动引起的货币收付行为。国际结算主要包括汇款、托收和信用证三种结算方式。

3. 商业银行外汇市场业务主要是外汇买卖业务，其主要目的是规避汇率风险。外汇买卖业务分自营外汇买卖和代客外汇买卖两种形式。

4. 国际贸易融资是商业银行国际信贷业务活动的重要内容，是商业银行国际业务中的资产业务，分短期国际贸易融资和中长期国际贸易融资两种形式。其中短期国际贸易融资包括进出口押汇、打包放款、票据承兑融资、代理融通业务和保付代理业务等业务品种；中长期国际贸易融资业务包括出口信贷、进口信贷和福费廷业务等业务品种。

【重要概念】

汇率　国际结算　特别提款权　人民币国际化　SWIFT　福费廷

进（出）口押汇　打包放款　保付代理

【思考练习】

1. 汇款方式包含哪几种类型？使用最广泛的是哪一种？
2. 什么是托收？它有哪些种类？
3. 简述信用证的业务流程和基本当事人的权责。
4. 银行进行外汇买卖业务的动机是什么？外汇买卖的方式有哪些？
5. 福费廷的作用是什么？它与保付代理业务有哪些联系和区别？
6. 国际银团贷款有哪些优点？如何加强对国际银团贷款的管理？

第六章

投资银行业务

【本章学习目标】

了解商业银行开展投资银行业务的背景及目的；了解在现行法规的约束下，商业银行可使用的主要证券投资工具和可开展的投资银行业务；识别商业银行开展投资银行业务面临的主要风险，以及掌握衡量投资收益的方法和证券投资的基本策略等。

第一节　商业银行投资银行业务

一、商业银行投资银行业务的发展沿革

按照国际惯例，投资银行业务是指主要金融顾问为公司、政府及其他大型机构有关证券承销、证券交易、资产管理、企业并购、理财顾问、风险投资、项目融资、资产证券化业务等重大决策提供建议的业务。现代意义上的投资银行产生于欧美，主要是由18—19世纪众多销售政府债券和贴现企业票据的金融机构演变而来的。在金融脱媒、利率市场化和互联网金融技术等的冲击下，传统商业银行的利差盈利模式难以为继，商业银行拟通过发展投资银行业务实现经营模式等转型升级。在历经多次金融危机后，商业银行的经营者都意识到，投资银行业务作为直接融资模式是商业银行间接融资的补充，能在一定程度上对冲经营风险。美国次贷危机发生后，雷曼兄弟破产、美林证券被美国银行收购的现实，让金融界达成共识——银行和投资银行混业经营是大势所趋。

我国投资银行业是伴随着资本市场的发展而产生的。改革开放以前，我国没有资本市场，当然更谈不上投资银行。20世纪80年代，随着资本市场的产生和证券流通市场的开放，我国产生了一批以证券公司为主要形式的投资银行，商业银行以及保险公司也可经营证券业务。1995年《商业银行法》颁布与实施以后，我国金融业分业经营及管理的体制逐步形成，银行、保险、信托业务与证券业务脱钩。严格分业经营的后果导致商业银行业务仅局限于传统业务，综合竞争实力下降。国内各商业银行纷

纷通过组建金融控股公司参与投资银行业务。中国建设银行于1995年与美国投资银行摩根士丹利等公司合资创办了我国境内首家中外合资投资银行机构——中国国际金融公司。中国银行于1998年在香港特区成立了全资附属区域性投资银行——中银国际控股有限公司等。面对此境，监管部门不得不在“管”与“松”之间做博弈，进行政策性调整。2001年，中国人民银行颁布《商业银行中间业务暂行规定》，允许商业银行开展担保、代理证券、代理保险、金融衍生等25项中间业务，以此为起点，我国金融监管部门在分业经营模式下，逐渐放松对商业银行开展投资银行业务等管制。商业银行开始设立投资银行部开展投资银行业务，其业务范围在逐步拓宽。同年招商银行设立投资银行部，次年工商银行设立投资银行部，其他的大型商业银行也相继设立投资银行部。2005年是商业银行真正开展投资银行业务的元年，从三个业务可以看出：一是中国人民银行推出了短期融资券，并明确只有商业银行可以担任主承销商；二是《商业银行个人理财业务管理暂行办法》和《商业银行个人理财业务风险管理指引》的实施，开启了商业银行资产管理时代；三是商业银行资产证券化业务开始试点。目前，我国不少商业银行提出“商行+投行”的转型战略，突破传统的商业银行业务，进行综合化经营转型，这是商业银行转型升级到一定阶段后必经的发展之路。

二、商业银行开展投资银行业务的目的

1. 满足市场多元化金融需求。金融市场的不断发展以及金融业的持续创新，引致企业金融需求的多元化。传统的商业银行服务已经不能够满足客户的需求。传统商业银行业务仅仅为企业提供存款贷款、汇兑和支付结算等业务，如现时代的企业在融资方面倡导结构化融资，既有贷款的间接融资，还有债券、短期融资券、应收账款、应付账款等融资工具或渠道。后者是传统商业银行业务不能满足的。

2. 实现战略转型。在金融监管进一步增强、资本约束要求提高和利率市场化的前提下，特别是受利率市场化的影响，利差收窄迫使商业银行减少对利息差的过度依赖，商业银行需要实行业务的战略转型，即大力发展中间业务。而绝大多数的投资银行业务是中间业务，而且是能为商业银行带来丰厚回报的中间业务。

3. 分散金融风险。在现实中，商业银行提供的金融服务占整个金融服务总量的绝对多数比重。直接融资比重相对较低，导致整个金融系统的风险绝大部分集中于商业银行体系中。尤其是当系统性风险来临时，商业银行难以抵御。商业银行发展投资银行业务，不仅可以分散商业银行的经营风险，而且可以降低社会发生系统性风险的概率。

4. 利用资源优势。第一，商业银行具有品牌和产品优势。商业银行在多年的经营过程中已经形成了自身的品牌和较高的信誉度，具有较为完善的产品结构。第二，资金优势。商业银行资金实力雄厚，有利于其开展证券的承销业务。第三，客户资源优势。商业银行的客户资源是其他金融机构不能比拟的。第四，网络优势。商业银行的网络优势不仅表现在物理网点数量众多，而且建立了强大的电子银行网络。这些优势为商业银行开展投资银行业务奠定了坚实的基础。

三、我国商业银行投资银行业务的发展现状

（一）法律法规现状

自 1999 年颁布《证券公司进入银行间同业市场管理规定》开始，中国人民银行相继颁布了《基金管理公司进入银行间同业市场管理规定》（已废止）、《证券公司股票质押贷款管理办法》和《商业银行中间业务暂行规定》等相关法规，特别是《商业银行中间业务暂行规定》明确商业银行开办代理证券业务、金融衍生业务、信息咨询业务、企业财务顾问业务、企业投融资顾问业务，包括融资顾问、国际银团贷款安排等投资银行业务。2006 年，银监会批准部分商业银行开展短期融资券业务等。除短期融资券的承销以外，商业银行还获准承销其他非金融企业债务融资工具，包括中期票据、中小企业集合票据、非公开定向债务融资工具和资产支持票据等。承销金融企业债务融资工具，包括金融债券、次级金融债券和混合资本金融债券和资产证券化业务等。

（二）组织实施现状

我国商业银行开展投资银行业务主要采取以下两种运营模式。

1. 直接经营模式。国内主要商业银行的投资银行业务基本采取直接经营模式——在总行和发达地区设立独立的投资银行部，在其他分行设立投资银行二级部，建立覆盖经济发达地区的较完整的投资银行业务体系。业务联系“归口”于公司业务部门或对公业务部门。这种经营模式主要应用于我国商业银行在境内开展投资银行业务。

2. 控股经营模式。控股经营模式是商业银行通过设立独立的投资银行公司来实现的。我国的商业银行主要通过设立境外的控股公司满足境内企业的境外投资等银行金融需求，有别于本土内设的投资银行业务部主要满足企业境内投资银行的业务需求。最早采取这种模式的是建设银行。建设银行于 1995 年与摩根士丹利等合资组建中国国际金融公司。中国银行也于 1996 年在香港设立中银国际证券有限公司；2002 年，中银国际在内地设立中银国际证券有限公司子公司，全面开展投资银行业务。

我国商业银行通过投资银行业务部门在境内开展投资银行业务，通过设立境外控股公司开展境外投资银行业务，形成并列的两条业务线。

（三）业务发展重点

传统的投资银行是为资金需求方和投资人提供牵线服务的第三方，根据资金来源的方式，业务可以概括为资本市场类和信贷类两种。商业银行的投资银行业务也依此进行划分。

资本市场类投资银行业务是指银行像普通券商一样在金融市场中帮助企业融资，包括银行间市场债券承销、资产证券化、绿色投资银行业务、理财业务等相关业务；信贷类投资银行业务是指银行根据自己所拥有的背景和资源，以信贷为主要融资方式，利用融资工具为客户提供融资服务，包括银团贷款、并购金融、结构化融资等业务。

资本市场类和信贷类的主要区别在于：资本市场类是标准化的融资工具，可以在资本市场上流通，投资者是不确定的；信贷类投资方是事先就明确的、经过反复筛选

和磋商的。

未来直接融资的需求将有增无减，投资银行业务是商业银行业务转型的新方向。大型商业银行和中小商业银行应结合自身特点，差异化经营，打造“资本市场+信贷”方向的新型投资银行。

【知识链接6-1】

银行投资银行业务部与券商投资银行业务部的异同

1. 银行与券商投资银行部门承销的资产类别有较大差异

牌照限制下，传统的券商和银行投资银行部门背道而驰，分别根植于不同的细分市场：银行投资银行部门早期由于分业经营的牌照限制，无法参与股票一、二级市场融资及上市公司财务顾问的业务，只能从事银行间债券融资工具承销和咨询等业务，但凭借银行企业客户优势，拥有优质的客户后备力量，栖身于银行间市场。

券商拥有较强的定价能力，证券交易所是其业务发展的根据地。

2. 银行与券商投资银行部门发展重点殊途同归

混业经营的理念渐入人心，两者的投资银行业务战略发展殊途同归。（1）资本节约要求：在金融监管渐以监管核心资本为主的背景下，银行传统重资产业务的扩张将受到限制，消耗资本少的投资银行业务更受青睐；（2）融资结构的要求：依靠信贷的社会融资结构逐步让位于更标准化的股票债券工具，银行也在布局；（3）产品调整要求：刚性兑付的逐步打破，有利于银行表外资产参与大类资产配置，“投行—资管—财富”形成了银行表外资产流转闭环。

投资银行部门是标准化金融资产产品生产的第一站。基于当前的发展趋势，银行正在跳出银行间市场的藩篱，与券商正面交锋，抢占资本市场相关业务。

（四）经营绩效显著

投资银行业务在风险受到有效控制的前提下，具有低成本高收益的特点。近些年，商业银行倡导大力发展投资银行业务，其中最重要的原因在于其能为商业银行带来丰厚的回报。据各行年报披露，2020年工商银行的投资银行业务收入达到214.60亿元，占非利息收入的比重为9.1%；农业银行以99.23亿元的投资银行业务收入位居第二；建设银行的投资银行业务收入为70.66亿元，较上年增加15.30亿元，收入增幅为四大行之最；中国银行的投资银行业务收入为63.11亿元。随着经济的进一步发展及金融需求的进一步多元化，特别是随着我国金融市场的进一步发展，直接融资比重逐年提升，商业银行的投资银行业务将进一步快速发展。

第二节 商业银行证券投资

一、商业银行证券投资的发展沿革

商业银行证券投资业务是指商业银行为了获取一定的收益，在承担应有的风险的前提下，购买并持有如国债等证券的业务。商业银行从事证券投资业务最早可以追溯到19世纪初，以美国为典型代表的西方国家商业银行开始从事证券投资及投资银行业务。商业银行投资证券最主要的目的就是盈利。但是，证券投资及投资银行业务是高风险的业务，它必将增大商业银行的经营风险，特别是有些商业银行为了追求高额的投资报酬率，将短期存款资金进行长期的投资，流动性风险不可避免地增大。这些风险在19世纪二三十年代充分暴露。在1929—1933年的经济危机中，美国大批企业破产，银行倒闭，迫使美国的金融监管当局对银行体制进行改革。银行体制改革的产物就是《格拉斯—斯蒂格尔法》。该法的主要内容包括：商业银行与投资银行业务分离；建立存款保险制度；对存款利率实行限制。其中对商业银行与投资银行业务分离作出了具体的规定。

随着经济的发展和社会的进步，对银行经营限制的弊端逐渐显现，要求放松管制的呼声不断增强。1991年，美国政府推出了监管改革绿皮书。该绿皮书于1999年由克林顿政府提交美国国会，并最终获得通过，形成了《金融服务现代法》（*Financial Services Modernization Act*），亦称《格雷姆—里奇—比利雷法》（*Gramm - Leach - Bliley Act*）。该法废除了1933年制定的《格拉斯—斯蒂格尔法》的有关条款，从法律上消除了银行、证券、保险机构在业务范围上的边界，结束了美国长达66年之久的金融分业经营的历史。其结果是商业银行开始同时大规模从事投资银行的活动。而在1998年，花旗银行和旅行者集团合并标志着《格拉斯—斯蒂格尔法》中的部分条款已经失效。

1956年后，我国实行严格的计划经济体制，金融机构实行“大一统”管理，也无现代意义上的金融市场，直至20世纪80年代初期，我国发行国债并逐步建立债券市场。1991年之前，商业银行（1994年前国有商业银行称为专业银行）一直没有参与国债的承销，也没有参与国债的投资。1991年，商业银行以参加国债承销团的形式参与了国债的认购。1994年，商业银行开始承担大部分国债的销售。1998年财政部向社会公开发行的国债全部由商业银行承销，专项国债和特种国债也全部由商业银行和保险公司认购。直至今日，商业银行仍是国债的主要承销机构。我国商业银行投资国债是从1985年认购财政部发行的国债开始的。1993年，银行改革以后，要求各个专业银行持有一定数量的国债，以便进行资产负债管理。1995年银行开始进入国债市场，并成为一级自营商，不仅认购国债，而且开展国债的回购业务等。1991年底我国建立股票市场后，商业银行也深度参与股票业务的经营。商业银行纷纷设立证券经营部，开展证券经纪业务，商业银行呈现一定程度的混业经营。1995年10月，《商业银行法》颁布并实施，禁止商业银行从事股票业务，标志着我国金融业进入了严格的分业经营阶段。2003年，修订后的《商业银行法》规定商业银行能从事政府债券的代理发行、兑付和承销以及买卖政府债券和金融债券，商业银行在中华人民共和国境内不得从事信托投资和证券经营业务，不得向非自用不动产投资或者向非银行金融机构和企业投资，但国家另有规定的除外。从此，我国商业银行开始开展有限定的证券投资业务。

二、商业银行证券投资的目的

商业银行作为经营货币资金的特殊法人企业，其证券投资的目的不同于一般的企业。

1. 充分运用资金资源。在我国，吸收存款和发放贷款是商业银行最基础和最核心的负债和资产业务。在经营过程中的某一时间段，商业银行难以避免地会出现资金富余。解决资金富余最简单的方法就是将资金作为超额准备金存放中央银行。但是，存放中央银行却面临较低的收益。作为以追求利润最大化为主要经营目标之一的企业，秉承的是在风险可控的前提下获取更高收益的经营理念，证券投资成为商业银行充分利用富余资金的首选。此举也符合经济学的原理，即在有限资源的约束下，实现资源的有效配置。

2. 获取投资收益。商业银行的证券投资与其他投资主体投资证券一样，让渡了资金的使用权和承担了投资的风险就需要获得合理的回报，即投资收益。证券投资收益包括两部分：一是利息（股息）；二是资本收益，即资本利得或证券买卖的价差收益。商业银行证券投资的收入属于非利息收入部分。投资收益作为商业银行非利息收入的重要构成部分，将是商业银行未来收入增长的主要来源之一。

3. 补充流动性。由于商业银行肩负保证对外支付的法律责任，在充分运用资金资源和最大化收益的经营理念指导下，商业银行需要保留适度的现金以应对对外支付。现金也就成为商业银行的第一支付准备金。但是，又由于对外支付具有一定的不确定性，商业银行仅保有现金是不够的，或不足以保证履行其对外支付的义务，这就需要第二准备，即保有流动性较高的金融资产。短期证券资产具有高流动性，商业银行进行证券投资就成为补充流动性的最佳选择。

4. 分散经营风险。资产多元化是商业银行分散经营风险的手段之一。我国商业银行的主要资产为贷款，证券投资为商业银行提供了一种分散资产的选择。在我国现有法规的框架下，商业银行投资的证券主要集中在国债和地方政府债券，此类证券投资风险要比贷款经营的风险小，且证券投资的灵活性比贷款高，可以依据经营需要随时变现。因此，证券投资是我国商业银行分散风险的手段之一。

5. 合理避税。由于我国商业银行证券投资的对象主要是国债和地方政府债券，且我国国债和地方政府债券免征利息所得税，资本利得也不征收所得税，因此，商业银行投资债券所获取的收益是免税的。银行可以通过证券投资组合进行合理避税。

三、商业银行证券投资的工具选择

2003 年修订后的《商业银行法》规定，商业银行可以买卖政府债券和金融债券，在中华人民共和国境内不得从事信托投资和证券经营业务，不得向非自用不动产投资或者向非银行金融机构和企业投资，但国家另有规定的除外。正是有“国家另有规定的除外”的灵活性，当今商业银行证券投资的工具选择范围较《商业银行法》中的具体规定更宽。

1. 国库券。国库券是财政部为弥补国库收支不平衡而发行的一种政府债券。因国库券的债务人是国家，其还款来源于国家财政收入，所以其信用风险低，理论上信用风险为零。它也是金融市场上风险最小的信用工具。我国国库券的期限为 1 年，而西方国家国库券品种较多，一般可分为 3 个月、6 个月、9 个月和 1 年期四种；国库券的面额起点各国不一，我国为 100 元人民币；国库券采用不记名形式，无须经过背书就可以转让流通；国库券为零息债券，其间不支付利息，因而是折价发行；由于国库券期限短、风险小、流动性强，因此国库券收益率比较低。

2. 中长期国债。中长期国债是指期限在 1 年以上的国家债券。它是政府为了弥补预算年度的财政赤字而发行的政府债券，所筹集的资金主要用于一些政府投资的公共项目如学校、桥梁、河道等的建设，及其他一些基础设施项目。与国库券一样，中长期国债的债务人是国家，其还款来源仍然是国家财政收入，所以信用风险低，理论上信用风险仍然为零。我国中长期国债的面值通常为 100 元人民币，美国通常为 1 000 美元。中长期国债通常是付息债券，计息方式一般有两种，即一年一次或一年两次。我国的中长期国债每年计息一次。由于国债的期限差异较大，到期收益率差异也会不同。我国国债的期限最长为 10 年，通常 3 ~ 5 年的国债居多。

3. 地方政府债券。地方政府债券是指某一国家中有财政收入的地方政府或地方公共机构发行的债券。地方政府债券一般用于交通、通信、教育、医院和污水处理系统等地方性公共设施的建设。地方政府债券的债务人是地方政府或地方公共机构，其还款来源是地方的财政收入，信用风险相对于公司债券较低，但比国债高。我国地方政府债券的面值通常是 100 元人民币。地方政府债券通常也是付息债券，计息方式一般有两种，即一年一次或一年两次。我国的地方政府债券每年计息一次。1993 年之前，我国地方政府曾经发行过债券，由于考虑到地方政府的偿付能力不足，当年国务院叫停了地方政府发行债券。2009 年，我国地方政府又可以在国家批准的前提下发行地方政府债券。

4. 中央银行票据。中央银行票据是中央银行为调节商业银行超额准备金而向商业银行发行的短期债务凭证，其实质是中央银行债券。中央银行发行票据不是为了筹集资金，而是为了调节商业银行的超额准备金，以达到调控市场货币供应量进而影响宏观经济运行的目的。中央银行票据的期限较短，最短的为 3 个月，最长的也只有 3 年。

5. 金融债券。金融债券是指商业银行等金融机构作为筹资主体向社会发行的一种有价证券或筹资凭证。在我国发行的金融债券有两类，即次级金融债券和一般金融债券。次级金融债券是商业银行为解决资本充足率不足的问题而发行的筹资凭证，是商业银行的附属资本。一般金融债券则是金融机构为了向社会筹集资金而发行的债券。金融债券属于公司债券的范畴。

6. 非金融企业债务融资工具。非金融企业债务融资工具是指具有法人资格的非金融企业在银行间债券市场发行的，约定在一定期限内还本付息的筹资凭证，主要有短期融资券、中期票据、中小企业集合票据、短期融资券、非公开定向发行债务融资工具、资产支持票据等类型。虽然《商业银行法》没有明文规定商业银行可以投资该类证券，但是该类证券在银行间债券市场发行，对象为该市场的一级自营商，而商业银行是该市场最重要的一级自营商，其自然可以投资该类证券。

《商业银行法》明确规定，商业银行不得向非银行金融机构投资。但是，在经济社会迅速发展的今天，多元化金融需求显著增加。商业银行为了充分满足社会多样化的金融需求和自身综合化经营及集团化发展，除投资银行金融机构外，还纷纷发起设立保险公司、基金管理公司、金融租赁公司等非银行金融机构。以中国建设银行为例，其投资设立的附属公司有建信基金管理有限责任公司、建信金融租赁有限责任公司、建信信托有限公司和建信人寿保险股份有限公司。对于中国建设银行来说，设立这些公司属于其股权投资。商业银行通过金融控股公司的形式逐步投资非金融企业证券工具。

四、证券投资价格与收益率

（一）债券的价格

债券的价格是指债券的理论价格或债券的价值，用债券未来全部现金流现值来度量。其计算公式是

$$P=\frac{C}{1+y}+\frac{C}{(1+y)^2}+\cdots+\frac{C}{(1+y)^T}+\frac{FV}{(1+y)^T}$$
$$=\sum_{t=1}^{T}\frac{C}{(1+y)^t}+\frac{FV}{(1+y)^T}$$

其中，P 为债券的价格，C 为债券的利息（一年记一次利息），T 为债券的期限，FV 为债券的面值，y 为年贴现率。贴现率为相同期限债券的市场利率或者必要回报率。

债券的价格分为发行价格和交易价格。发行价格应是理论价格 P，而交易价格 P_0 是债券发行之后上市交易的价格。它们可能相等，也可能不相等。如果相等，表示债券被正确定价；如果不相等，表示债券的价值被低估或高估。

【例题 6-1】

债券的价格

息票率为 8%，30 年期，面值为 100 元的债券，每年计息一次，则该债券的价格应是多少？（假设市场利率为 10%）

$$P=\sum_{t=1}^{30}\frac{100\times 8\%}{(1+10\%)^t}+\frac{100}{(1+10\%)^{30}}=81.15(\text{元})$$

债券按照是否计息分为零息债券和附息债券。零息债券的收益只有价差，即买卖价之差或资本利得；附息债券的收益有债券利息和资本利得。

（二）国库券收益率

国库券通常没有利息，所以一般是折价发行。商业银行按低于面值的价格折价购买，在到期日，中央财政以国库券面值向商业银行兑付，购买价与面值之差就是商业银行持有国库券到期的所得收益。因为收益率通常为一年所获取收益与投入本金的比值，投资期限不足一年时，则需要换算为一年的收益率（100 为国库券的面值）。

1. 等价收益率（Equivalent Yield）。其计算公式为

$$R_{EY} = \frac{100 - P}{P} \times \frac{365}{n}$$

其中，R_{EY}为等价收益率，P 为国库券购买价格，n 为持有国库券的天数。

2. 有效年利率（Effective Annual Rate of Return）。其计算公式为

$$R_{EAR} = \left(1 + \frac{100 - P}{P}\right)^{365/n} - 1$$

其中，R_{EAR}为有效年利率，P 为国库券购买价格，n 为持有国库券的天数。该有效年利率是按天复利所计算的年化收益率。

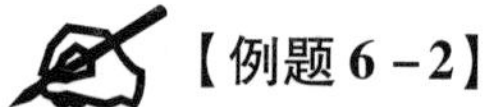【例题 6 - 2】

国库券的收益率

假设期限为 182 天，票面价值为 100 元的国库券，售价为 96 元。如果商业银行购买该国库券，按一份计算，等价收益率和有效年利率分别是多少？

1. 等价收益率

$$R_{EY} = \frac{100 - 96}{96} \times \frac{365}{182} = 8.36\%$$

2. 有效年利率

$$R_{EAR} = \left(1 + \frac{100 - 96}{96}\right)^{365/182} - 1 = 8.53\%$$

（三）附息债券收益率计算

1. 当期收益率。当期收益率是指债券考核当年的利息收入与当前市场价格的比值。其计算公式是

$$R_C = \frac{C}{P} \times 100\%$$

其中，C 为当年的利息收入，P 为当前的市场价格。

2. 到期收益率（Yield to Maturity，YTM）。到期收益率是指商业银行购买债券后一直持有到期的平均每年的收益率或回报率。它是在商业银行持有债券到期的前提下，使债券各期现金流的净现值等于 0 的贴现率。到期收益率类似于投资决策里的内部收益率（Internal Rate of Return）。债券的计息方式通常为一年一次或一年两次，一年计息一次居多。以下我们以一年计息一次为标准计算到期收益率（下同）。其计算公式是

$$P = \sum_{t=1}^{T} \frac{C}{(1 + Y_{TM})^t} + \frac{FV}{(1 + Y_{TM})^T}$$

其中，P 为债券的购买价格，C 为债券的利息，FV 为债券的面值，T 为债券的到期时间，Y_{TM}为要计算的到期收益率。

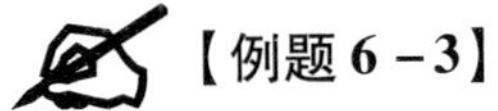
【例题 6－3】

附息债券收益率

假设某地方政府债券的息票率为6%，面值为100元，期限为10年，一年计息一次，售价为82元，商业银行以该价格购入，并持有到期，问其平均回报率是多少？

$$82 = \sum_{t=1}^{10} \frac{100 \times 6\%}{(1 + Y_{TM})^t} + \frac{100}{(1 + Y_{TM})^{10}}$$

$$Y_{TM} = 8.78\%$$

3. 持有期收益率（Holding Period Yield）。持有期收益率是商业银行买进债券后，持有到一个较长时间，然后以某个价格卖出债券，在整个持有期，该债券平均每年的收益率或回报率。它是使商业银行在持有债券期间获得的各期现金流的净现值等于0的贴现率。持有期收益率类似于投资决策里的内部收益率。其计算公式是

$$P = \sum_{t=1}^{T} \frac{C}{(1 + Y_{HP})^t} + \frac{P_T}{(1 + Y_{HP})^T}$$

其中，P为债券的购买价格，C为债券的利息，P_T为债券的售价，T为债券的持有时间，Y_{HP}为要计算的持有期收益率。

（四）应税等价收益率

在前一节，我们了解到有些债券免征所得税，而有些债券需要征收所得税。那么，商业银行如何选择免税债券和含税债券？决策的标准是什么？决策的标准就是应税等价收益率。在考虑诸如风险等因素后，将免税债券的收益率换算成为含税的债券收益率，就可以将免税债券与含税债券进行比较，商业银行选择收益率比较高的债券作为投资对象。通常，人们把与免税债券收益率相对应的纳税之前的收益率即应税收益率称为应税等价收益率。其计算公式是

$$R_{ETY} = \frac{R_{TFY}}{1 - t}$$

其中，R_{ETY}为应税等价收益率，R_{TFY}为免税收益率，t为适用的边际税率。

【例题 6－4】

应税等价收益率

假设某免税债券的收益率为7.5%，纳税债券的收益率为9%，商业银行的适用边际税率为15%。那么，根据上述信息，商业银行应该选择哪一种债券进行投资？

$$R_{ETY} = \frac{7.5\%}{1 - 15\%} = 8.82\% < 9\%$$

因为免税债券的收益率换算成应税等价收益率为8.82%，小于纳税债券的收益率9%。所以，商业银行应该选择纳税债券。

五、证券投资的风险类别

商业银行的证券投资产品风险相对较小，但仍然会面临风险。

（一）信用风险

信用风险又称违约风险，是债券的发行人在债券存续期间及到期时不能履行支付债券利息和本金兑付而发生损失的可能性。由于所选择投资工具的特点，商业银行的证券投资发生信用风险的概率较低。

债券违约风险通常由信用评级机构进行测定。在美国，主要有三大信用评级机构：穆迪公司、标准普尔公司、惠誉国际。这些机构根据公开的财务信息对大型企业债券和市政债券按质进行信用评级。它们用字母等级表示所发行债券的安全性。最好的信用等级是AAA或Aaa。穆迪公司为每种信用等级再另设定1、2或3作为后缀（如Aaa1，Aaa2，Aaa3），以便作出更精确的等级划分。其他评级机构则使用“+”或“-”的符号来作出进一步的划分。

根据标准普尔公司、惠誉国际的评级标准，信用等级为BBB或等级更高的债券为投资级债券（investment - grade bonds），或根据穆迪公司的标准，等级为Baa及等级更高的债券为投资级债券。信用等级较低的则被称为投机级债券（speculative - grade）或垃圾债券（junk bonds）。通常，债券的级别越低，违约风险越高，因而到期收益率往往也越高。中美信用评级机构及标准参考如表6-1所示。

表6-1　中美信用评级机构及标准参考

项目	美国		中国		该评级下的债券特征
	穆迪公司	标准普尔	中诚信国际	联合资信	
投资级	Aaa	AAA	AAA	AAA	很强的本息支付能力，又称金边债券
	Aa	AA	AA	AA	高质量债券，安全性略低于AAA或Aaa
	A	A	A	A	质量较高，但易受经济不景气的影响
	Baa	BBB	BBB	BBB	被认为具有足够的清偿能力，但是在经济不景气时，缺乏保护性措施
投机级	Ba	BB	BB	BB	无论经济好坏，都有中等支付能力
	B	B	B	B	缺少有吸引力的投资特征，清偿没有足够保障
信誉极低（垃圾级）	Caa	CCC	CCC	CCC	低质量或者高投机性债券，存在不履行义务的风险，或具有其他严重缺陷
	Ca	CC	CC	CC	
	C	C	C	C	
	D	D			

（二）利率风险

利率风险是指商业银行所投资的债券因为利率的变化投资收益下降或发生损失的可能性。具体表现在，当利率上升时，债券利息再投资所增加的收益不能弥补利率上升导致债券价格下降的损失。当债券不是持有到期的情况下，就会发生投资损失的风

险。当利率下降时，债券价格的上升所获取的资本利得不能弥补利率下降所减少的利息再投资收益。

（三）流动性风险

流动性风险是指商业银行所投资的债券在处于亏损状态下变现或处于难以交易状态需要降价出售时发生损失的可能性。由于商业银行证券投资的一个主要目的是补充其经营的流动性，当其经营过程中出现流动性不足时，就需要变现所投资的债券，即使所投资的债券处于亏损状态也需要出售。这样，就不可避免地产生债券投资的流动性风险。

（四）通货膨胀风险

通货膨胀风险是指商业银行在进行债券投资时，没有考虑通货膨胀因素，当通货膨胀发生时，物价上涨率超过证券投资的税后收益率，使证券投资发生实际损失的可能性。因此，商业银行在进行证券投资时，需要将预期通货膨胀率纳入必要的回报率或报酬率中进行考虑。

六、证券投资风险的度量

在金融学中，衡量债券投资风险的变量主要有两个，即收益率方差或标准差和久期。久期我们将在后面的章节探讨，在此简要介绍债券投资的标准差。

假设债券投资未来所面临的综合环境条件有 n 种，每一种出现的概率为 p_i，未来一年一定只有一种出现。则有

$$\sum_{i=1}^{n} p_i = 1$$

债券投资的预期收益率是

$$E(R) = p_1 R_1 + p_2 R_2 + \cdots + p_n R_n = \sum_{i=1}^{n} p_i R_i$$

其中，$E(R)$ 为债券投资预期收益率，R_1、R_2，…，R_n 为债券在不同的综合环境条件下可能获得的收益率。

收益率方差及标准差是

$$\text{方差} = \sigma^2 = \sum_{i=1}^{n} p_i [R_i - E(R)]^2$$

$$\text{标准差} = \sqrt[2]{\sigma^2} = \sigma$$

标准差 σ 表示债券的收益率平均偏离预期收益率的程度，即用此变量来衡量债券投资的风险。

【知识链接 6－2】

银行间债券市场

银行间债券市场成立于 1997 年 6 月 6 日，是指依托于全国银行间同业拆借中心（简称同业中心）和中央国债登记结算有限责任公司（简称中央结算公司）、银行间市

场清算所股份有限公司（简称上海清算所）的，包括商业银行、农村信用联社、保险公司、证券公司等金融机构进行债券买卖和回购的市场。经过迅速发展，银行间债券市场已成为中国债券市场的主体部分。记账式国债的大部分、政策性金融债券都在该市场发行并上市交易。

1. 银行间债券市场与交易所债券市场

中国的债券市场是世界上交易量第三大的债券市场。中国主要有两大债券交易市场，其一是银行间债券市场，主要由中国人民银行监管；其二是交易所债券市场，主要由中国证监会监管，交易场所包括上交所和深交所。其中银行间债券市场交易量占中国债券总交易量的90%以上。

2. 银行间债券市场的主要债券分类与种类

从分类来说，银行间债券市场的债券主要分为利率债和信用债两大类。

利率债的发行人基本都是国家或有中央政府信用做背书、信用等级与国家相同的机构，可以认为不存在信用风险；而信用债的发行人则几乎没有国家信用做背书，需要考虑信用风险。利率债主要受利率变动影响，包括长短期利率、宏观经济运行情况、通胀率、流通中的货币量等。

3. 监督机构与中介机构

中国人民银行是银行间债券市场的监督机构，中国银行间交易商协会为自律监管准入机构，除了自律监管的职能外，还负责非金融企业债务融资工具的注册；中国外汇交易中心（全国银行间同业拆借中心）负责组织本币、外币及其衍生品的交易，本币交易又包括了货币、债券、利率衍生品及票据交易等，相当于股票市场中的上交所和深交所；而中央结算公司和上清所都是银行间债券市场的登记托管结算机构，两者之间负责登记托管的产品不同，中央结算公司主要负责利率债和部分信用债，上清所主要负责信用债，类似于股票市场中的中国证券登记结算有限责任公司。

第三节　商业银行证券承销业务

一、证券承销的含义

证券承销是指商业银行承销公司或政府及机构从证券市场融资所发行的证券的一种行为。按照相关法律法规的规定，当融资机构需要从证券市场融资时，需要聘请证券经营机构来帮助它销售证券。商业银行作为证券经营机构，借助自己在证券市场上的信誉和营业网点，在规定的发行有效期内将证券销售出去。证券承销是投资银行最本源、最核心的业务。商业银行在证券承销中起着桥梁的作用。它将证券发行者和投资者的目标很好地结合起来。通过证券的发行，发行者实现了融资的目标，投资者也实现了投资证券的目标。同时，商业银行也通过在证券承销过程中收取手续费及佣金实现了自己的经营目标，而且，通过商业银行的承销，社会资金得到了有效调剂。根

据《银行间债券市场非金融企业债务融资工具管理办法》及《商业银行次级债券发行管理办法》的规定，商业银行能销售的证券包括商业银行次级债券和非金融企业在银行间债券市场发行的融资工具。非金融企业债务融资工具包括短期融资券（CP）、中期票据（MTN）、中小企业集合票据（SMECN）、超短期融资券（SCP）、非公开定向债务融资工具（PPN）、资产支持票据（ABN）等品种。

二、证券承销的类型

（一）按承销证券的类别

按承销证券的不同，证券承销可以分为中央政府和地方政府发行的债券承销、企业发行的债务类工具和股票承销、外国政府发行的债券承销、国际金融机构发行的证券承销等。在前面的探讨中得知，目前我国商业银行尚不能承销在证券交易所市场发行的债务类融资工具和股权类融资工具。我国商业银行目前也没有在中国境内承销外国政府及国际金融机构发行的证券。

（二）按证券发行方式

按证券发行方式的不同，证券承销可分为私募发行和公募发行。公募发行又称公开发行，是指发行人通过承销机构向不特定的社会公众广泛地发售证券，通过公开营销等方式向没有特定限制的对象募集资金的业务模式。因为公募发行涉及众多中小投资人的利益，监管当局对公募资金的使用方向、信息披露内容、风险防范要求都非常高，发行手续也相对较为复杂。私募发行又称不公开发行或内部发行，是指面向少数特定的投资人发行证券的方式。私募发行的对象大致有两类：一类是个人投资者，如公司老股东或发行人机构自己的员工（俗称内部职工股）；另一类是机构投资者，如保险公司、基金公司等大的金融机构或与发行人有密切往来关系的企业等。私募发行有确定的投资人，发行手续简单，可以节省发行时间和费用。我国商业银行在银行间债券市场承销的证券除了非公开定向债务融资工具外，基本是采取公募发行的方式，只要是银行间债券市场的合格商人或者投资者都可以购买商业银行承销的证券。

（三）按承销协议的不同

按证券承销协议的不同，证券承销可分为包销、代销和招标承销。包销是指证券发行人与商业银行签订合同，由商业银行买下全部或销售剩余部分的证券并承担全部销售风险的行为。包销在实际操作中又分为全额包销和余额包销。代销是指证券发行人委托承担承销业务的商业银行代为向投资者销售证券的行为。商业银行按照规定的发行条件，在约定的期限内尽力推销，到销售截止日期，证券如果没有全部售出，那么未售出部分退还给发行人，商业银行不承担任何发行风险。招标承销是指证券发行人向有证券承销资格的所有商业银行招标，由中标的商业银行承销所发行证券的行为。招标承销可以是中标包销，也可以是代销，通常是采取中标后包销的形式。在相关的法规中，监管机构没有规定证券发行人与商业银行必须采取何种承销方式，而是由发行人与商业银行协商决定。但在实际中，证券承销通常采取包销的方式，由商业银行承担全部销售的风险。

三、证券承销的运作流程

（一）项目承揽

项目承揽是证券承销的首要环节，是指商业银行根据证券发行机构或发行人的证券发行需求和商业银行自身的条件，在对证券市场环境和发行人进行综合评价的基础上，最终与发行人达成证券承销协议的过程。只有实现了项目的承揽，才有项目的执行和获取丰厚承销回报的可能。虽然商业银行拥有客户资源优势，但是商业银行之间存在着激烈的竞争，长期使用传统商业银行业务的客户并不一定就能成为某商业银行的证券承销项目客户。好的项目承揽，特别是优质客户的项目承揽取决于三个核心要素，即信任、专业和合理定价。

1. 信任是项目承揽的前提与基础，一个发行人不可能把自己的发行项目交给一个不够信任的机构来执行。所以，信任是承揽项目的第一要素。信任来自两个方面。一是商业银行与发行人长期、良好的业务合作，包括双方业务人员建立的良好业务情感。二是商业银行的品牌。商业银行的品牌包括商业银行的诚信、实力、形象、影响力、公信力等，如工商银行宣传“工行是财政部国债承销甲类成员、中国人民银行公开市场业务一级交易商，是国内最先取得非金融企业债务融资工具承销资格的商业银行，历年来多次被财政部及中国人民银行评为优秀承销商及优秀交易商”，这就是品牌和平台。

2. 专业是指商业银行作为专门的证券承销机构，术业有专攻，在行业内存在差异化的优势，而且拥有专业的承销业务团队，具有丰富的证券承销经验，在客户服务、信用风险审查评估、承销交易执行等方面建立了完善有效的内部运行机制等。

3. 合理科学的定价是项目承揽的有效保证。证券承销是一种专业而又复杂的价值服务，不能用简单的“劳动时间”或“估算”来确定价格。没有合理依据的简单报价会给项目承揽带来致命的打击，比如项目报价过低，自身利益得不到保障的同时，发行人也会因为报价过低而对执行质量产生疑虑，但是如果项目报价过高，发行人又难以接受。

项目承揽是站在商业银行作为承销中介机构的立场。如果站在发行人的立场，根据相关法规，发行人先期进行发行立项，在获得审批后，确定发行方案。在此基础上，才选定承销中介机构。

（二）尽职调查

尽职调查是指商业银行在发行人的配合下，对发行人的历史数据和文档、管理人员的背景、市场风险、管理风险、技术风险和资金风险等做全面深入的审核。商业银行撰写尽职调查报告。尽职调查的目的是使证券的投资者尽可能多地了解有关他们要购买的证券的发行人的全部情况。从投资者的角度来说，尽职调查也就是风险管理。投资者有必要通过商业银行的尽职调查来降低发行人与投资者在信息方面的不对称，这也是商业银行作为承销机构所必须履行的法律责任。尽职调查的具体内容包括发行人的历史沿革、组织结构及公司治理、供应、业务与产品、销售、研究与开发、财务状况、投资项目及所在行业的背景资料等。

（三）材料准备及申报

商业银行需要根据所承销的融资工具相关的法规规定，在发行人的配合下完成申报材料的准备。承销的证券不同，材料也有差异。以下以非金融企业融资工具注册材料为例介绍发行人需申报的材料。

（1）债务融资工具注册报告，包括：申请发行债务融资工具的注册报告，并附发行人董事会、股东大会同意发行债务融资工具的决议书；发行人章程；发行人营业执照复印件。

（2）主承销商推荐文件，包括推荐函，并附发行人、主承销商、律师事务所、会计师事务所、信用评级机构的承诺书。

（3）拟披露文件，包括发行人债务融资工具募集说明书、发行人债务融资工具发行报告、发行人债务融资工具信用评级报告及发行人信用评级报告、法律意见书、发行人近三年审计报告和最近一季度财务报表。

（4）承销协议及其他，包括承销协议、承销团回函、中介机构资格证书复印件。

（5）备查文件，包括尽职调查报告、主承销商的核查意见。

（四）审批或审核

申报材料经过商业银行及发行人的内部审核后，就可以申报。由于商业银行可以承销的金融债券和非金融企业债务融资工具的发行制度不同，前者实行审批制，后者实行的是注册制；前者的审批机构为中国人民银行，后者的主管机关为中国银行间市场交易商协会。因此，发行人在商业银行的配合下，将申报材料上报相应的主管机关。

（五）询价或定价与承销

获得批准或者审核通过后，证券承销进入发行阶段。发行前，最重要的是证券发行价格的确定。债务类融资工具的发行有溢价发行（发行价格大于面值）、平价发行（发行价格等于面值）和折价发行（发行价格小于面值）三种。由于证券的定价比较复杂，在此不做介绍。定价的影响因素包括基准利率、债券的期限、发行人信用等级、发行人性质、发行规模和银行间市场资金供求状况等。另外，发行前，发行人应按照法规的规定进行信息的披露。发行的流程如图 6－1 所示。

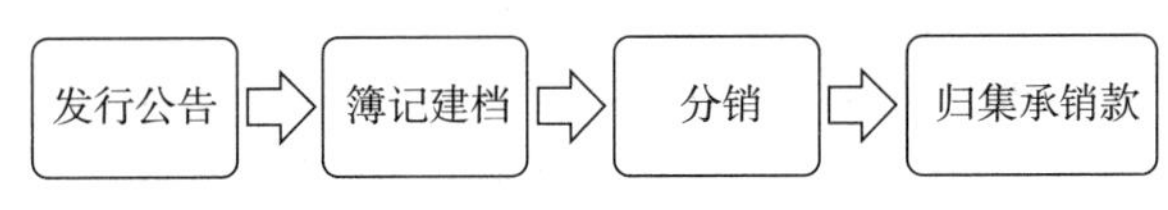

图 6－1　证券承销流程

（六）证券上市

发行期结束后，发行人应及时向中央结算公司确认债权。在债权确认完成后，中央结算公司应及时完成债权登记工作，登记后的证券在发行人向主管机构申请并获得批准后，就可以上市交易了。

四、证券承销业务的成本和收益

商业银行证券承销的成本主要是人工成本，包括差旅费、人员报酬和办公费用等。

商业银行为发行人承销证券获得的收益包括直接收益和间接收益。直接收益来自承销佣金。短期融资券及中期票据的佣金比例最低，为募集资金额度的0.3%～0.4%，金融债券的佣金比例一般不低于0.5%。具体佣金比例由发行人与承销商根据发行规模和市场风险大小等按照市场化原则协商确定。商业银行的间接收益首先来自发行人募集资金形成的存款，其次是商业银行与发行人建立良好的合作关系，可以通过为发行人提供其他的金融服务而获取收益。证券承销的风险及其管理在风险管理章节中探讨。

第四节　资产证券化业务

一、资产证券化的含义

资产证券化是将缺乏流动性的资产进行风险隔离，通过对现金流的转换和组合，经过一定的方式进行信用增级，最终转化成具有流动性的资产支持证券的过程。传统意义上的资产证券化是指将基础资产进行打包集合，以基础资产自身现金流为还款来源支持有价证券发售的一种交易安排。因此，资产证券化活动产生的有价证券称为资产支持证券（见图6－2）。

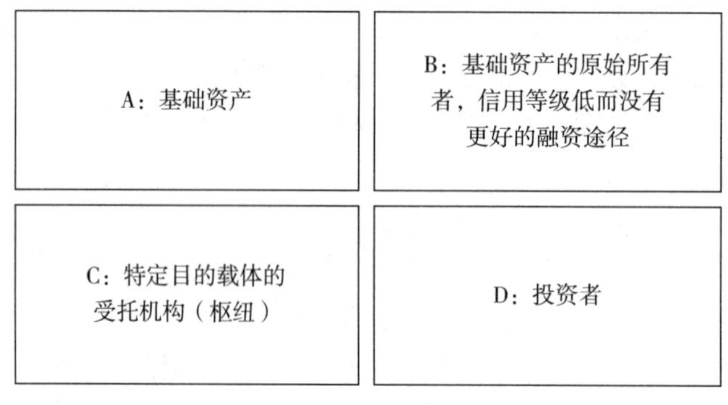

图6－2　资产证券化活动中的主要当事方

基础资产的原始所有者B将基础资产A出售给特殊目的载体（Special Purpose Vehicle，SPV）的受托机构C，受托机构C以基础资产作为支撑开发证券产品并销售给投资者D。原始所有者B低成本地（不用付息）拿到了现金，投资者D在购买以后可能会获得投资回报，受托机构C获得了能产生可观现金流的优质资产。

作为资产证券化的基础资产最为核心的要求是能够产生独立、稳定可预测的现金流。根据产生现金流的基础资产的类别不同，资产证券化的产品主要分为两大类：抵押贷款支持证券（Mortgage－Backed Security，MBS）和资产支持证券（Asser－Backed Security，ABS）。MBS是将住房抵押贷款作为基础资产的信贷资产证券化产品；ABS是指除了住房抵押贷款外，由其他类型的应收账款作为基础资产的证券。

（一）资产证券化的经济驱动力

在美国次贷危机中，MBS和ABS的持有人都遭受了巨大损失，市场质疑资产证券

化等衍生金融工具是导致危机的根源。但后危机时代，人们看到资产证券化市场呈现上升的趋势，证券化市场仍然承担给予金融市场提供流动性的功能，仍是投资者可行的投资选择，因为金融市场的发展需要这样的产品。资产证券化在金融市场有其独特的经济驱动因素。

1. 监管机构的经济驱动因素：通过风险转移降低系统风险。资产证券化的基础资产均是保存在银行账户上，持有的金融机构将承担与资产相关的所有风险。通过证券化，金融机构将回报和风险同时转移给大量的分散投资者，从而降低金融机构自身风险，起到稳定金融系统的作用。

2. 银行的经济驱动因素：通过资产转换获取流动性。资产证券化可以在很大程度上增加银行的贷款额度。商业银行将持有的中长期贷款资产进行证券化操作后，将回流的现金继续向资金紧缺者发放贷款，实现数倍于没有资产证券化操作前的贷款数额，同时大幅增加商业银行的收入和利润。

3. 投资者的经济驱动因素：获取更高的收益。相较于国债的收益率，AAA 级资产证券化的产品拥有更高的收益率，成为投资者可选择的投资工具之一。

（二）资产证券化的目的及益处

1. 降低融资成本。通过基础资产与企业的风险隔离，可获得更高的信用评级，从而降低发起人的融资成本。

2. 优化财务状况，增强企业资产流动性。在不改变企业资本结构的前提下，资产证券化可以大幅增加企业的收入和利润，优化企业财务杠杆。

3. 融资规模灵活。融资规模由基础资产的预期现金流决定，不受企业净资产限制。

二、资产证券化的特征

（一）可预期的现金流

1. 基础资产是指可以产生独立、可以预测的现金流的财产权利或者财产。基础资产是资产证券化产品中最为底层、最为基础的东西，是资产支持证券主要的现金流来源。基础资产既可以是单项财产权利或者财产，也可以是多项财产权利或者财产构成的资产组合。

2. 以基础资产产生现金流循环购买新的基础资产方式组成专项计划资产的，应当明确约定基础资产购买条件、购买规模、流动性风险以及风险控制措施，应当与资产支持证券的规模、存续期限匹配。

（二）真实出售，风险隔离

1. 原始权益人、管理人、托管人、资产支持证券投资者及其他业务参与机构因依法解散、被依法撤销或者宣告破产等进行清算的，专项计划资产不属于其清算财产。

2. 专项计划资产为信托财产，是独立于原始权益人、管理人、托管人、资产支持证券投资者及其他业务参与机构的固有财产。

（三）信用增级

1. 信用增级是指运用各种有效手段和金融工具确保债务人按时支付债务本息，以提高资产证券化交易的质量和安全性，从而获得更高级的信用评级。

2. 资产证券化都经过信用增级。信用增级包含由第三方提供的信用担保或者利用基础资产产生的部分现金流来实现自我担保。但大多数交易利用了内部和外部信用增级相结合的方式，至于选择哪种增级工具将取决于在融资成本的约束下最小化增级成本。

三、资产证券化的发展历程

资产证券化是半个世纪来全球金融领域最重要的金融创新之一。1968 年，美国政府国民抵押协会首次发行抵押担保证券，标志着资产证券化的问世。20 世纪 80 年代以来，资产证券化在美国迅速发展。至今，证券化的资产已遍及租金、版权、专利费、信用卡应收账款、汽车贷款、公路收费等广泛领域。除美国之外，欧洲是资产证券化发展最快的地区。英国是欧洲资产证券化发展最快的国家。法国在欧洲资产证券化市场的排位仅次于英国。除欧洲市场以外的其他地区，如加拿大、拉美、亚洲等地区的资产证券化发展速度也很快。但是 2008 年的国际金融危机使资产证券化的发展受到一些质疑。但多数专家及实务界人士认为，资产证券化只是金融危机的载体，并不是金融危机的直接原因，资产证券化仅是一种新的融资手段，危机不在于手段本身，而在于对手段的监管。

我国的资产证券化发展起步较晚。从整个市场规模来看，我国资产证券化从诞生到现在主要经历了三个阶段。第一，2005—2008 年试点发展阶段。资产证券化发行数量和规模较快速增长，市场机构和监管部门对资产证券化都进行了广泛研究和讨论，中国人民银行、银监会等十部委分别在 2005 年 3 月、2007 年 9 月组成信贷资产证券化试点工作协调小组。第二，2009—2011 年停滞阶段。受国际金融危机影响，出于宏观审慎和控制风险的考虑，中国监管当局停止了对资产证券化产品的审批发行。第三，2012 年至今支持发展阶段。随着监管当局的政策放松以及陆续的利好政策公布，中国资产证券化重整旗鼓，被视为盘活存量资产、加速资金周转以及调整中国经济结构的重要金融创新工具。2012 年、2013 年资产证券化的发行规模乏善可陈。但从 2014 年起，ABS 产品发行呈现井喷状态。2021 年，我国共发行资产证券化产品 30 999. 32 亿元；年末市场存量为 59 280. 95 亿元。其中信贷 ABS 占发行总量的 28%，企业 ABS 占发行总量的 51%，非金融企业资产支持票据（ABN）占比为 21%。

四、资产证券化的运作流程

资产证券化涉及的机构较为复杂，涉及面也较广。所涉及的机构和职责列示如下。

- 资格审批机关：金融机构若符合国家金融监督管理总局发行资产证券化的准入门槛，需要向当地的金融监督管理局申报，经审批获取发行资格。
- 注册机关：中国银行间市场交易商协会。
- 原始权益人：融资需求企业。保证基础资产真实、有效，转让基础资产合法。

- 发行人/计划管理人：券商和信托公司。负责产品设计、专项计划申请文件的制作、专项计划申报、销售和日常管理。
- 证券承销人：证券公司、商业银行。商业银行承销资产支持票据。
- 托管机构/服务人：一般为企业的主办银行或其他银行。办理专项计划账户的托管业务。
- 担保机构：大股东或第三方担保，为专项计划提供外部信用增级。
- 评估机构：具有证券从业资格的会计师事务所。对基础资产产生的现金流进行预测和评估。
- 律师事务所；对专项计划的相关事宜发表法律意见。
- 信用评级机构：资信评级公司。对专项计划进行信用评级和跟踪评级。
- 证券交易所：专项计划发行的资产支持证券的转让。
- 中央结算公司：专项计划发行的资产支持证券的登记业务。

资产证券化的流程如图6－3所示。

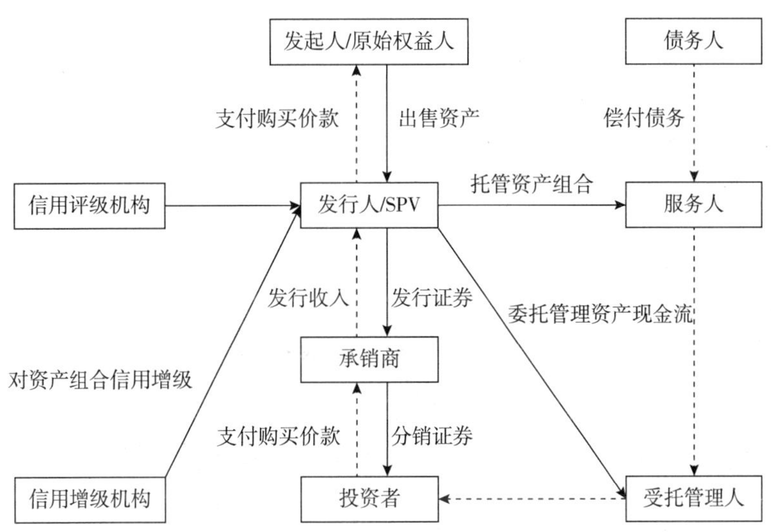

注：实线表示当事人行为关系，虚线表示现金流。

图6－3　资产证券化的流程

五、资产证券化业务的收益

只有了解商业银行在资产证券化中扮演的角色，才能了解资产证券化为商业银行带来的收益。按照现行的法规，商业银行并不能承接所有的资产证券化业务，商业银行不能成为特定项目的受托机构，也就是不能成为信托机构和资产计划管理人。所以，在现实中，商业银行通常借助信托公司、证券公司和基金管理公司作为“通道”来主导以商业银行为主的资产证券化项目。信托公司、证券公司和基金管理公司将其称为“通道”业务。下面以商业银行与基金管理公司的合作为例进行说明。

银行理财金购买本行信贷资产——信贷资产证券化，如图6－4所示。

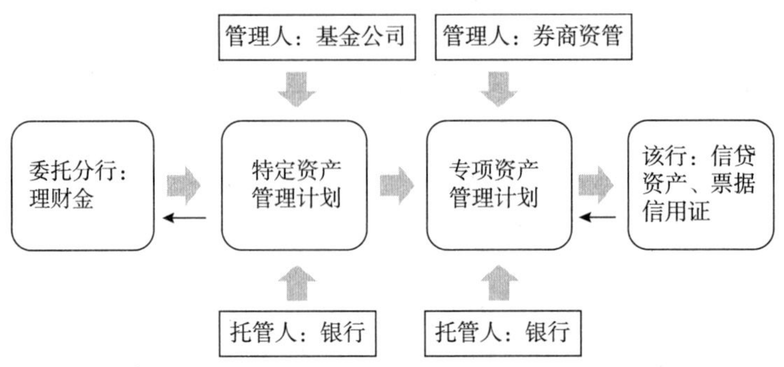

图6－4 商业银行自身资产证券化

甲银行理财金购买乙银行信贷资产——信贷资产证券化，如图6－5所示。

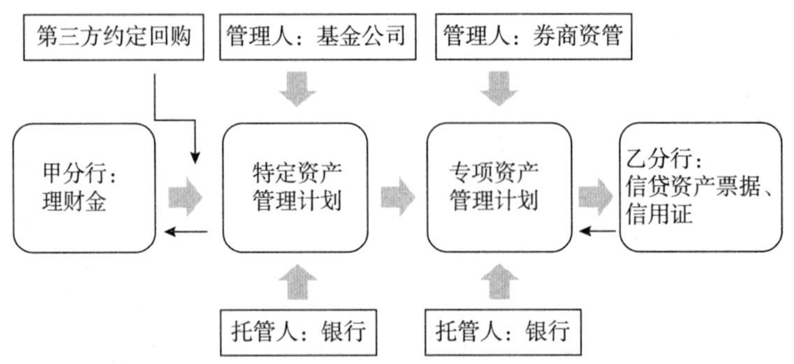

图6－5 商业银行之间资产证券化

（一）商业银行在信贷资产证券化中的收益来源

从信贷资产证券化交易结构中可以了解到商业银行在其中扮演的角色，也就可以知晓其收入来源（见图6－6）。

（1）商业银行作为发起机构，出售自己的信贷资产融资，以此可以吸收存款和发放新的贷款或进行新的投资，产生间接收益。

（2）商业银行作为服务机构，督促借款人偿还利息、归还贷款，可以收取专项服务费。

（3）商业银行作为托管人，按照受托机构的指令向投资者传递信息、代为支付证券利息等，收取托管费用。

（4）商业银行作为承销商在银行间债券市场承销资产证券化的证券，收取承销佣金。佣金比例通常最低为0.3%。

（5）在交易机构中，通常还有担保人。商业银行可以作为担保人收取担保费用。如果商业银行以理财资金购买受托机构的专项资产管理计划，则无承销费，但是可以收取发行理财产品的手续费。

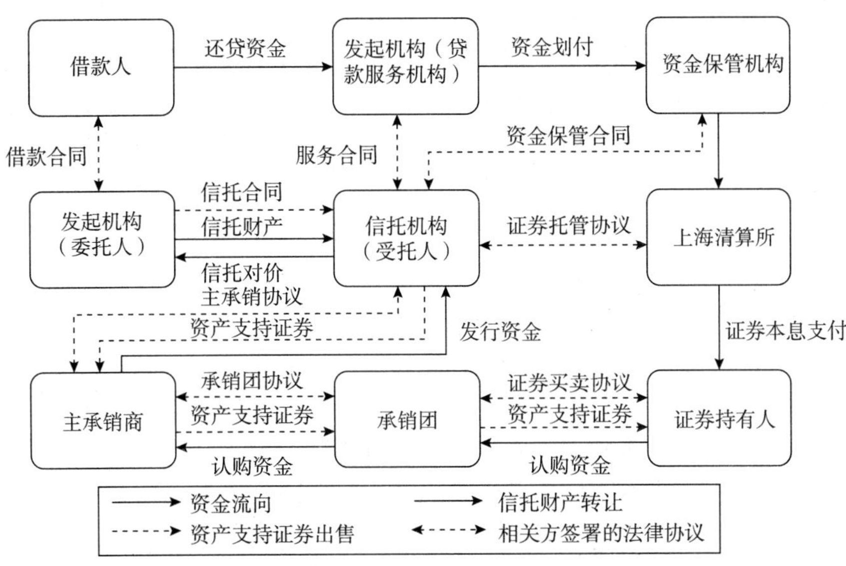

图 6－6　信贷资产证券化中的收益来源

（资料来源：国泰君安证券）

（二）商业银行在资产支持票据业务中的收益来源

（1）债权人作为发起人通常为实体企业，需要有专业机构为其资产证券化进行统筹规划和设计，即商业银行可以作为财务顾问为债权人提供服务，收取财务顾问费用。

（2）图 6－7 中没有托管机构，但是在现实中，需要托管机构。商业银行作为托管人，按照受托机构的指令向投资者传递信息、代为支付证券利息等，收取托管费用。

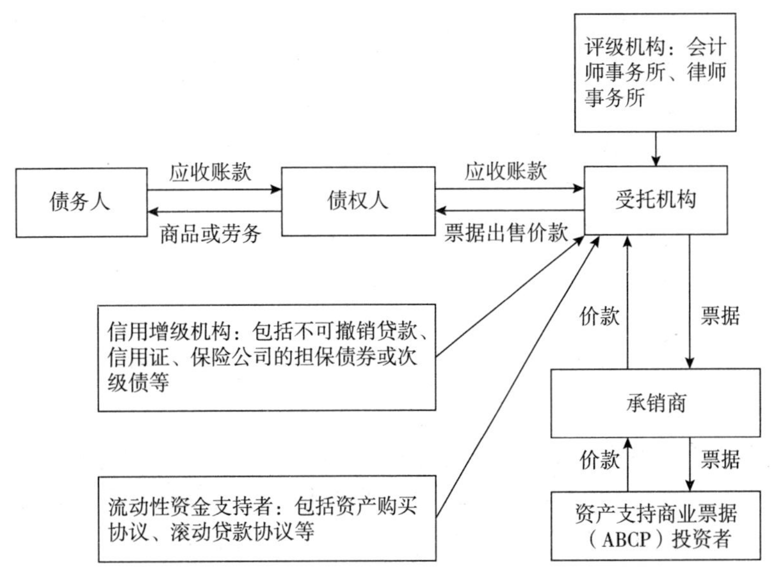

图 6－7　资产支持票据业务中的收益来源

［资料来源：袁敏．资产支持商业票据的理论与实务初探［J］．证券市场导报，2006（10）］

（3）在交易机构中，通常还有担保人。商业银行可以作为担保人收取担保费用。

（4）商业银行也可以作为承销商在银行间债券市场承销资产证券化的证券，收取承销佣金。佣金比例通常最低为0.3%。

（5）发起人通常为商业银行的客户，通过资产证券化融资，商业银行可以吸收存款，产生间接收益。

（三）商业银行在企业资产证券化中的收益来源

由于企业资产通过证券交易所渠道证券化，商业银行不能成为证券的承销商。因此，商业银行的收益来源主要有以下几个。

（1）原始权益人为商业银行的客户，通过资产证券化融资，商业银行可以吸收存款，产生间接收益。

（2）商业银行可以作为担保人收取担保费用。

（3）商业银行作为托管人，按照受托机构的指令向投资者传递信息、代为支付证券利息等，收取托管费用。

（4）商业银行可以作为财务顾问为原始权益人提供服务，收取财务顾问费用。

第五节　商业银行其他投资银行业务

一、银团贷款投资银行业务

在国际业务部分，我们从贷款资产业务角度介绍了银团贷款，重点在于银团贷款的贷前调查、贷中审查和贷后的检查，关注的是银团贷款面临的信用风险、操作风险和利率风险等以及产生的收益。但是，在银团贷款业务中，也包含着投资银行业务。因为银团贷款需要有代理行或者牵头银行负责，它们扮演着投资银行的角色，承担贷款本身以外的责任及风险，也应当获取除贷款利息以外的收益。

按照组织方式的不同，银团贷款分为直接银团贷款和间接银团贷款。直接银团贷款是由银团各成员行委托代理行向借款人发放、收回和统一管理。间接银团贷款是由牵头行直接向借款人发放贷款，然后再由牵头行将参加贷款权（贷款份额）分别转售给其他银行，全部的贷款管理、放款及收款由牵头行负责。间接银团贷款的牵头行除自己的贷款份额外，其余部分则由牵头银行作为承销商进行销售。

站在银团贷款代理银行和牵头银行的立场，不考虑自身份额的贷款利息收入，其投资银行业务收入来源有以下几个方面。

（1）管理费。此项费用是借款人向组织银团的牵头行支付的。牵头行负责组织银团、起草文件、与借款人谈判等，所以要额外收取一笔贷款管理费，作为对其提供附加服务的补偿，该费用通常在签订贷款协议后的30天内支付。

（2）代理费。借款人向代理行支付的报酬，作为对代理行在整个贷款期间管理贷款、计算利息、调拨款项等工作的补偿。

（3）贷款承销费。此项费用是牵头银行承销贷款的佣金收入。

（4）杂费。借款人向牵头银行支付的费用，用于其在组织银团、安排签字仪式等工作方面的支出，如通信费、印刷费、律师费等。

（5）承诺费。借款人在用款期间，因为银行要准备出一定的资金以备借款人的提款，所以借款人应按未提贷款金额向贷款人支付承诺费，作为贷款人承担贷款责任而遭受利息损失的补偿。在我国，通常不收取该项费用。

二、银团资产转让与交易业务

银团资产转让与交易业务是信贷资产转让业务的一种形式，是指牵头行将金融机构根据相关法律法规发放双边贷款或银团贷款形成的债权或贷款的收益权，按照贷款金额、贷款偿还期限或贷款风险等进行拆分，把拆分后的银团资产分销或转让给作为参加行的获准经营贷款业务的其他金融机构。

商业银行的该项业务并不是简单的贷款资产的转让，而是将该项业务与金融理财业务进行结合。商业银行通过发行理财产品筹集资金，运用理财资金购买信贷资产。商业银行不仅可以从该业务变现贷款资产或融资，吸收到新的存款，还可以从理财业务中获取手续费或佣金。

三、直接投资及股权私募业务

直接投资及股权私募业务是指商业银行作为咨询顾问为企业客户引入优秀的机构投资者，并就融资结构提出专业建议，满足投资者、股东和管理层的要求。具体内容包括寻找资金来源并协助商务谈判、评估私募方案的可行性、对企业进行估值、协调交易团队等。

四、投融资顾问

投融资顾问是指商业银行作为咨询顾问为企业客户综合运用和灵活搭配银行贷款、企业债券、信托融资、股权私募、融资租赁等多种融资方式，针对项目投资规模、现金流结构、风险分布等特征，为客户的投融资活动设计风险与收益平衡、结构安排合理、法律条件可行的融资解决方案，控制融资成本，防范资金风险，增强项目财务弹性及投资价值。

五、企业上市发债财务顾问

1. 企业上市顾问，即与海外分行、海外直属投资银行机构互补合作，为内地企业在香港特区及新加坡等海外市场上市提供顾问服务。

（1）制订并协助拟上市企业实施改制方案、资产重组方案、股本私募方案、上市方案等；（2）推荐并协助企业选聘上市保荐人、承销商、会计师事务所、律师事务所等中介机构；（3）为企业上市项目提供综合性咨询顾问服务，协调中介机构，协助企业制作上市文本。

2. 企业发债顾问，即与具有资质的机构合作，为境内企业提供企业债发行顾问业务，具体包括财务结构分析、债券融资安排、债券发行、债券担保、债券包销/承销、相关款项代为收付等债券相关服务。

六、重组并购财务顾问

1. 兼并收购，即为企业并购提供丰富的信息资源。凭借强大数据库支持的重组并购业务信息系统，为客户选择最佳交易对象提供大范围、高效率的筛选咨询服务；为境内企业引入国际战略投资者、股权或资产转让，以及以并购方式开展境外投资提供帮助。

2. 并购贷款。并购是指境内企业通过受让现有股权、认购新增股权，或收购资产、承接债务等方式，以实现合并或实际控制已设立并持续经营的目标企业的交易行为。商业银行的并购贷款服务就是为符合相关规定的并购行为提供资金支持。商业银行可以和北京产权交易所、上海联合产权交易所、南方联合产权交易中心等产权交易所签署并购贷款合作协议，并向企业提供并购贷款，支持优质企业进行行业整合，做大做强。

3. 股权重组，即为企业客户提供从改制方案设计到相关利益主体谈判，从融资安排到政策审批的全过程服务，具体包括股份制改造、管理层收购、员工持股、股权结构多元化等。

4. 债务重组

（1）以资产清偿债务，即债务人转让其资产给债权人以清偿债务的债务重组方式。债务人通常用于偿债的资产主要有现金、存货、金融资产、固定资产、无形资产等。以现金清偿债务，通常是指以低于债务的账面价值的现金清偿债务，如果以等量的现金偿还所欠债务，则不属于债务重组。

（2）债务转为资本，即债务人将债务转为资本，同时债权人将债权转为股权的债务重组方式。但债务人根据转换协议，将应付可转换公司债券转为资本的，则属于正常情况下的债务资本，不能作为债务重组处理。

（3）修改其他债务条件。如减少债务本金、降低利率、免去应付未付的利息等。

【案例分析6-1】

兴业银行发力并购融资业务：从资金提供者到资源整合者的升级蝶变

商投联动成为商业银行转型的重要方向。先行者如兴业银行，早在2018年初就提出了“商行+投行”战略，强调客户为本、商行为体、投行为用，通过商行投行协同联动，为客户提供优质综合金融服务，获取更大的综合收益，实现轻资本、高效率、高质量发展。

1. 分享资本市场红利

一方面，随着资本市场改革的推进以及注册制的实施，多层次资本市场建设

日趋完善，市场活力进一步被激发。另一方面，中概股于2020年掀起回归潮，A股资本市场提供了便捷的融资平台和顺畅的回归道路。其中酝酿着巨大的市场机遇，通过并购融资分享资本市场成长红利是银行业构建新环境下优势业务领域的必然选择。

以兴业银行参与的安踏集团收购芬兰体育用品公司亚玛芬为例。2019年3月，安踏集团完成对始祖鸟母公司芬兰体育用品公司亚玛芬的收购，一举成为世界第三大体育品牌公司。在其海外并购项目安排的22亿欧元香港银团贷款中，兴业银行以2.91亿欧元的份额居21家参团行之首，在这次国际并购中发挥了举足轻重的作用。此后，兴业银行发挥“商行+投行”优势，于2020年8月成为安踏体育2020年度3年期10亿元熊猫债主承销商之一，不仅给兴业银行带来了贷款利息收入、中间业务收入等综合收益，与安踏体育的客户关系也更加紧密，夯实了客户基础。

2. 投资银行逻辑下明晰的战略定位

投资银行与商业银行有着不一样的业务逻辑。基于雄厚的客群基础，2020年兴业银行立足实体经济需求持续优化重点行业策略，确定高端制造、医疗健康、信息技术、油气能源、通信服务、新消费、城市更新、物流仓储及互联网数据中心（IDC）和科技龙头企业等九大重点并购融资客群，积极发掘并拓展优质中概股回归带来的私有化、分拆上市、上市公司控制权转让和国有产业混改与城投转型等各类并购重组业务机会。

3. 从单纯资金提供者到全面资源整合者

并购融资业务多面临差异化、复杂化的客户需求，包括境内外贷款、债务下沉、红筹搭建及拆分、股权融资、员工持股计划、私人银行等。并购融资业务切入后，通过深挖客户需求，提供综合金融服务方案，一方面可以带动商业银行业务，另一方面可以形成与客户的深入绑定，增加客户黏性。在清晰的战略指向下，一系列产品创新与体制机制建设正在兴业银行内部展开或酝酿。从满足客户资金需求向提供客户全生命周期服务转化，兴业银行正在以并购融资业务作为突破口，构建超出传统银行的、更宽频的资本市场服务能力，更好更优地服务客户，实现从单纯资金提供者到全面资源整合者的升级蝶变。

资料来源：沈安蓓．兴业银行发力并购融资业务：从资金提供者到资源整合者的升级蝶变［N］．第一财经，2021－03－25.

七、政府与机构财务顾问

1. 政府财务顾问，即为各级政府及其所属部门的招商引资、投资环境改善、投融资及税收政策设计等各种经济活动提供顾问服务，协助地方政府对国有经济实施战略性调整、升级产业结构、建立现代企业制度与科学的公司治理结构。

2. 机构财务顾问，即为学校、医院等事业单位和证券、保险等金融机构分析收入与支出结构，优化融资渠道，降低融资成本，设计资产保值与增值方案。

八、绿色投行业务

绿色投行业务是指金融机构以绿色金融服务为核心，以投行业务思维和工具为载体提供的创新金融服务。银行参与的绿色投行业务主要有绿色债券发行承销、碳交易相关业务、绿色顾问咨询等。

（一）绿色债券发行承销

与传统债券相比较，绿色债券的主要区别是募集资金必须用于绿色产业项目。“绿色”等评价标准参照中国人民银行、国家发展改革委、证监会发布的《绿色债券支持项目目录（2021 年版）》和国家发展改革委印发的《绿色债券发行指引》。

商业银行投行可以参与的绿色债券业务有非金融企业绿色债务融资工具、绿色金融债——金融机构法人依法发行募集资金用于支持绿色产业并按约定还本付息的有价证券——的发行、承销。绿色债券的发行人享有两大优势：一是享受“绿色通道”，审批速度快；二是对发行绿色债券的企业，相关部门在资产负债率和筹集资金用途方面放宽，例如可使用不超过 50% 的募集资金用于偿还银行贷款和补充营运资金。

近年来，绿色债券发行受到银行青睐，增长势头迅猛。Wind 数据显示，商业银行 2022 年发行绿色债券的规模达 2 679 亿元，而 2021 年的发行规模仅为 695 亿元，增长近 3 倍。其中，国有大型银行及股份制银行占据主体地位。中国银行是发行规模最大的商业银行，其发行的“22 中国银行绿色金融债 02”和“22 中国银行绿色金融债 01”，发行规模均为 300 亿元。

（二）碳交易相关业务

商业银行发展碳金融有利于提升商业银行业务创新，获取更多中间业务收入。但对我国商业银行来说，参与的碳交易业务大部分还停留在抵质押贷款、配额交易等传统对公业务上。

1. 碳排放权抵押融资业务介绍。碳排放权抵押融资是将核证自愿减排量（CCER）或碳排放配额作为抵押物以实现融资，抵押融资所获款项既可用于碳交易市场的购买，也可以投入企业自身的节能减排改造中。该融资产品的创新是以碳排放权作为抵押标的助力控排企业融资，助力绿色企业和绿色金融发展。

2. 碳排放权抵押融资业务特点

（1）控排企业可以短期透支信用“买碳”。除了配额抵押融资，企业在流动资金不足的情况下可通过碳交易法人透支获得额外资金购买配额，类似于银行给企业一个授信额度，企业像使用信用卡一样，透支一定的资金来购买碳配额或用于碳交易。获得银行授信的控排企业，在银行约定的账户、额度和期限内以透支的形式取得短期融资，用于购买碳配额。

（2）抵押碳排放权融资违约可处置。控排企业发生抵押融资违约时，广州碳排放

权交易中心将工具银行提交的违约处置申请向国家发展改革委报告后，按照国家发展改革委处理意见，将控排企业抵押的配额划转至银行指定的违约处置机构。处置机构通过广州碳排放权交易中心交易系统对碳资产进行处置，将处置后所得资金归还银行。

总体来说，我国商业银行的投行部门对于碳交易的业务介入并不深入，与碳交易相关的股权、债券投资业务还待发展。如渣打银行、花旗银行等国际银行都相继开发出了自己的碳金融衍生品，包括碳期货期权、掉期、碳汇率等，既在一定程度上转移了风险，又增加了银行的收入。

（三）绿色顾问咨询业务

绿色顾问咨询业务是指绿色投行业务相关的顾问咨询服务。商业银行作为企业绿色金融顾问，支持客户建立及推动可持续发展的商业模式，协助企业推出绿色金融框架。在符合“绿色贷款原则”和“绿色债券原则”等国际标准前提下，协助企业筛选绿色项目及为资金应用制定清晰指引，从而构建绿色金融框架，同时协调第三方机构为框架进行认证，在获得认证后，更便利企业日后为合适绿色项目安排绿色融资。如农业银行是国内最早提供“清洁发展机制（CDM）顾问”业务的银行，协助企业完成申请 CDM 项目的国内审批、联合国注册及 CDM 交易。

【本章小结】

1. 商业银行发展投资银行业务的目的在于满足企业不断多元化的金融需求及维护与企业的重要关系，实现业务的战略转型，分散金融风险和充分利用资源优势。

2. 目前，我国商业银行开展的投资银行业务主要有证券承销业务、资产证券化业务、银团贷款业务、银团资产转让与交易业务、直接投资及股权私募业务、投融资顾问、企业上市发债财务顾问、重组并购财务顾问、政府与机构财务顾问、绿色投行业务等。

3. 绿色投行业务作为以传统投行业务为载体的一种金融创新模式，在债券、碳交易、绿色顾问咨询等新模式下发挥着重要的作用。

【重要概念】

投资银行　证券承销　资产证券化　财务顾问　绿色债券　绿色投行业务

【思考练习】

1. 投资银行的业务种类有哪些？
2. 我国商业银行开展投资银行业务的主要目的表现在哪些方面？
3. 商业银行证券投资的风险类型及其防范方式有哪些？
4. 资产证券化的特点和产品类型有哪些？
5. 绿色投行业务包括哪些方面？

第七章

资本金管理

【本章学习目标】

了解商业银行资本的概念、构成并理解资本在商业银行经营管理中的功能与作用；掌握《巴塞尔协议》的相关内容；掌握提高商业银行资本充足率的方法；了解我国商业银行为满足资本充足率所做的努力。

第一节　资本金管理概述

资本监管是银行审慎监管的核心，其意义在于通过对资本充足率的约束，营造公平的竞争环境，降低单个银行风险水平和破产概率，提高整个银行体系的安全性。资本监管的本质是对风险进行监管，从监管当局角度看，资本监管实质上是以资本为定量和定性衡量手段对银行风险管理能力和水平进行的监管；从银行的角度看，应以全面提高自身风险管理能力为最终目标。

一、商业银行资本的内涵

资本通常是指金融机构的所有者投入的资金总和。商业银行资本是银行从事经营活动必须注入的资金。银行面临的未来风险越大，资产增长越快，则银行所需的资本量就越多。

一般工商企业的资本是根据会计学的定义理解的，即资本等于资产总额减去负债总额后的余额，即所有者权益。因此，资本和资产呈正相关关系，资本和负债呈负相关关系。

与一般工商企业相比，商业银行资本的内涵更为广泛。商业银行资本不仅包括所有者权益部分，还包括一定比例的债务资本，即商业银行资本具有双重资本的属性——资本属性和债务属性（如长期次级债务、用于补充资本金的永续债等）。为此，商业银行常常把所有者权益称为一级资本或核心资本，而把具有债务性质的资本称为

二级资本或附属资本。双重资本属性为商业银行资本管理提供了余地。它能让银行在保证股东权益的条件下，通过调节资本结构，降低资金成本，发挥财务杠杆效应，提高商业银行的内在价值。

二、商业银行资本的功能

（一）营业功能

资本的营业功能是指商业银行设立之初，必须要拥有一定数量的资本金。资本金是商业银行开展业务、生存和发展的基本前提。

各国银行监管当局都规定了商业银行设立所必备的最低资本金限额，商业银行只有达到或超过这一限额才能获准开业。同时，随着业务的发展，商业银行还应不断补充资本，以达到监管当局规定的最低资本充足率。如《中华人民共和国商业银行法（修正）》第十三条规定："设立全国性商业银行的注册资本最低限额为十亿元人民币。设立城市商业银行的注册资本最低限额为一亿元人民币，设立农村商业银行的注册资本最低限额为五千万元人民币。注册资本应当是实缴资本。"第三十九条规定："资本充足率不得低于百分之八。"

此外，银行拓展新的业务、开发新的计划都需要大量的资本，用于承担相应的风险。新资本的注入使银行能够在更多的地区开展业务，通过建立新的分支机构、开办新的业务来满足扩大了的市场和客户需求。此外，银行开发新的业务、实施新的计划是存在一定市场风险的，一旦项目失败，发生的损失也必须由资本进行弥补。

（二）保护功能

资本的保护功能是指商业银行资本在一定程度上可以使客户资金免受损失，从而在一定程度上保护银行的安全。保护功能具体体现在两方面：一方面，当银行发生非预期性损失时，资本可以用来弥补亏损；另一方面，保护存款人利益，维护公众信心。

商业银行的业务会受到经济周期、政治、利率、汇率等因素的影响，具有很大的不确定性，主要体现在未来收入的波动性和多变性方面。银行可以根据自身情况合理配置分红和储备，让权益资本成为不可预见损失的吸收器，消化吸收不可预见的风险。现实生活中，银行总是在遭受着风险的威胁，持有一定的权益资本就显得非常重要。当负债的增长不能应付外部债务的兑付需要时，权益资本就成为银行安全的最后一道防线，是仅次于利润和储备的第三道防线。

充足的资本是商业银行声誉赖以树立的基本物质条件，商业银行大都以足够数量的资本和充足的资本率来维持公众对银行的信心，吸引客户将资金存入银行，以利于银行业务的开展和扩大。公众的信心是关系银行生死存亡的头等大事。普通公众并不具备专业的财务知识，因此选择银行时考虑更多的是银行规模是否足够大、信誉是否良好。鉴于资本是银行规模最直接的反映，商业银行总是力图拥有较多的资本，以吸引更多的客户，维持在公众心目中的形象。否则当经济不景气或发生意外事件时，挤兑行为会给银行带来灭顶之灾。

（三）管理功能

资本的管理功能是指监管机构通过一系列资本指标对商业银行加强监督管理，以及商业银行自身加强资本管理，以满足监管机构规定的最低资本要求。

商业银行资本的管理功能表现为商业银行通过调整自身的经营行为和资产负债结构来满足金融监管机构规定的资本指标要求。以资本充足率为例，随着商业银行经营环境的变化，银行的资本充足率不会一成不变，呈现为波动的曲线。现实中，为使银行资本充足率满足监管部门的要求，商业银行必须适时调整自身的经营行为和资产负债结构，如增加资本金、降低风险资产比例等，使资本充足率符合监管的最低标准。

通过降低风险资产比例的操作，资本管理功能的执行起到限制银行资产无限膨胀的作用。因此，商业银行资本管理可以促使银行通过注重资产质量并改善经营管理的方法提高盈利，而非单纯依靠资产数量的扩张来获取利润。

三、资本充足性的内涵

银行资本充足性是指银行资本数量和资本结构必须达到并超过监管部门所要求的能够保障正常营业且足以维持充分信誉的最低限度。因此，银行资本充足性有数量和结构两个层面的内容。

（一）资本数量的充足性

资本数量的充足性受银行经营规模和金融部门管理规定等因素影响。一般而言，金融监管当局规定的开业许可额是最低限额，管理当局从维持银行的安全和银行体系的稳定出发来要求资本数量。此外，商业银行的经营规模越大，其所需要的资本数量越大。资本数量越大，财务杠杆系数越小，盈利性越小。现实中，稳健经营的商业银行为增强公众的信心，将自愿增加资本；而风险偏好型的商业银行则为提高杠杆率，持有较少资本。尽管金融监管当局、商业银行经营者对资本数量的大小持有的观点不一，但是，商业银行都必须维持金融管理当局规定的最低资本限额要求。资本充足是商业银行健康、稳健经营的重要标志。

商业银行资本数量的充足性同时包含资本适度的含义，保持过多的资本是没有必要的。首先，高资本量会带来高资本成本，由此降低银行的盈利性；其次，高资本量将导致商业银行机会成本增加，可能失去较多的投资机会，降低盈利性。因此，对于商业银行而言，并非资本数量越多越好，商业银行需要保持资本数量的适度性。

（二）资本结构的合理性

资本结构的合理性是指普通股、优先股、留存盈余、债务资本等应在资本总额中占有合理的比例。就静态而言，资本结构是指商业银行各种不同类型的资本占资本总额的比例或债务资本与股权资本的比例关系。根据《巴塞尔协议Ⅲ》的要求，商业银行在资本充足率不低于8%的前提下，核心一级资本充足率要达到4.5%，一级资本充足率要达到6%。就动态而言，商业银行为满足自身的成长需要，或为了降低融资成本，或为了增强融资灵活性等，会按一定的融资顺序增加资本或调整其资本构成。因此，商业银行的资本结构不是一成不变的，而是灵活的。合理的资本结构既可以降低商业银行的经营成本与经营风险，又可以使银行具备筹资灵活性和财务稳健性。

商业银行的资本结构还受其经营状况的影响。规模不同的商业银行其资本结构应该是有所区别的。小银行为吸引投资者及增强其灵活性，应力主以普通股充当资本；大银行则可以相对扩大资本性债券的占比，以降低资本的使用成本。贷款需求和存款供给是否充足会大大影响银行资本结构。当贷款需求不足而存款供给相对充裕时，银行增资的方式应以增加附属资本为主；反之，应采取增加银行核心资本的方式。

四、最佳资本需求量原理

莫迪利安尼和米勒（1958）[①] 的 MM 定理指出，在没有破产风险、没有企业和个人税收、资本市场有效运作的前提假设下，企业的价值与采取的融资方式无关。银行作为一种企业，自然也适用于 MM 定理，也可以通过对税收待遇和破产成本的分析来确定银行的最佳资本需求量。不过，银行又是一种以货币为经营对象的特殊类型企业，因此在对其财务结构进行具体分析时又有特别之处。银行与非金融企业的最大区别就是其资金来源中有很大一部分是存款等外部负债，资本占总资产的比率要远低于一般企业，因此其负债的成本（主要是利息支出）能够完全享受免税待遇。这显然是有利于银行所有者的。

对银行最佳资本需求量的分析主要是考虑资本和其他资金来源（存款等负债）的综合成本。如果资本规模过高，则财务杠杆比率会下降，相同资产经营状况下所有者的投资回报会下降，也会增加筹集资金时产生的费用。如果资本规模过低，一则是会增加对存款等其他资金来源的需求，使资金来源的综合成本上升，降低银行的边际收益；二则是使银行防范非预期经营损失的能力下降，增加银行破产倒闭的风险。图 7－1反映了银行资本需求量与资金综合成本之间的关系。

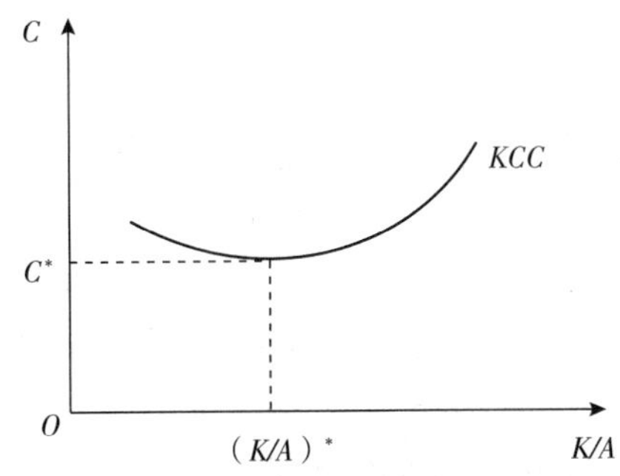

图 7－1　银行资本需求量与资金综合成本之间的关系

① 莫迪利安尼，米勒．资本结构、公司财务与资本［J］．美国经济评论，1958（6）．

图7－1中，纵轴表示综合资金成本，包括银行为筹集资金所要花费的各种开支和费用等，如发行股票和债务资本的红利与利息支出以及管理费用，还有筹集其他来源资金（如存款）时的利息支出等成本，也包括资本量变动带来的其他成本，比如资本量过低使存款等其他来源资金的边际成本上升，而资本量过高导致潜在股权回报率降低带来的机会成本的上升。概言之，纵轴代表了所有与银行资金来源有关的成本。横轴表示资本与总资产的比例，即银行的资本需求量。两轴之间实际上是代表了综合资金成本与最佳资本需求量两个变量之间的一个函数关系。

图7－1中资金成本曲线为KCC，呈U形变化，这是因为资本规模过低时，随着资本量的增加，其他资金来源的单位成本降低起主导作用，资本筹集单位成本也会因为规模经济下降；当资本规模过高时，随着资本量的增加，股权回报率降低带来的机会成本上升起主导作用，资本筹集费用也会上升。因此，当资本资产比率从低到高变化时，由各种因素决定的综合资金成本会有一个先下降后上升的过程。U形曲线的最低点，是银行的最佳资本需求量 $(K/A)^*$，此时的综合资金成本最低 (C^*)。

第二节 《巴塞尔协议Ⅰ》

银行监管的目标是在追求银行体系稳健的基础上实现银行业的公平竞争，这就要求巴塞尔委员会在进行资本监管的过程中，实现对各类风险的充分评估和资本的充分计提，并全面考虑不同国家银行业务体系的差别，制定具有风险敏感性、监管简单化和全球可比性的一致性规则。

一、《巴塞尔协议Ⅰ》的产生背景

1988年7月设立在瑞士巴塞尔的国际清算银行所属的“银行业务条例及监管委员会”，经过同美国、英国、法国、德国、意大利、日本、荷兰、比利时、瑞典、瑞士的“十国集团”和卢森堡、加拿大等12国中央银行行长的商讨，正式通过了《关于统一国际银行资本衡量和资本标准的协议》（简称《巴塞尔协议Ⅰ》）。《巴塞尔协议Ⅰ》制定之初旨在解决国际银行在跨国经营中各国监管政策不一致而导致的不平等竞争或监管漏洞，统一了国际商业银行的资本构成，制定了银行资本充足比例的国际监管条例。由此，国际银行间监管的统一标准诞生。

《巴塞尔协议Ⅰ》要求各会员国对本国商业银行实施最低资本充足率的监管，并且通过了统一的资本衡量标准、银行资产的风险尺度和具体实施办法，即以资本充足率或资本适宜度来衡量一家银行资本与资本负债规模是否相适应。资本充足率标准作为防止银行过度扩张的防御性措施，对于保护存款人利益及国际间银行业的公平竞争具有重要的意义，被奉为国际银行业的神圣公约。《巴塞尔协议Ⅰ》开始只在巴塞尔协议成员国执行，但很快就得到世界各国的认同，被各国银行作为资本管理的重要参考。

《巴塞尔协议Ⅰ》资本监管的主要目标体现在两个方面：一是在界定银行资本和风

险加权资产的基础上，规定了资本充足率的计算方法，以保障国际银行体系健康而稳定地运行；二是通过制定统一的标准，消除国际金融市场上各国银行之间的不平等竞争。

二、《巴塞尔协议 I》的内容

《巴塞尔协议 I》主要由四部分构成：资本构成、风险资产权数的规定、资本充足标准化比率、过渡期和实施安排。

（一）资本构成

《巴塞尔协议 I》将银行资本划分为两大类：一类是核心资本，又称一级资本；另一类是附属资本，又称二级资本。

1. 核心资本（一级资本）。核心资本是银行资本中最重要的组成部分，应占银行全部资本的 50% 以上，这部分资本的价值相对比较稳定。各国银行在公开发表的财务报表中完全披露核心资本，作为计算资本充足率的基础。核心资本对银行的盈利水平和竞争力影响极大。核心资本主要由两部分组成。

（1）实收资本。实收资本是指已发行并完全缴足的普通股和永久性非累积优先股，这是永久的股权权益。

（2）公开储备。公开储备是指以公开的形式保留的税后留存收益或其他盈余，并反映在资产负债表上的储备，包括普通股发行溢价、留存利润、普通准备金或法定准备金的增值等。

2. 附属资本（二级资本）

（1）未公开储备。未公开储备又叫隐蔽储备，根据各成员国不同的法律和会计制度以不同的方式组成。该项目是指尚未公开但已反映在损益表上，并为银行的监管部门所接受的储备。因其缺乏透明度，许多国家未视其为资本的合法成分，所以它不是核心资本的成分。只有在监管机构接受的情况下，它才有资格包括在附属资本之内。

（2）重估储备。重估储备来源于两个渠道：一是国家允许商业银行不时对其固定资产进行重估，一般是计入资产负债表上的银行自身房产物业，称为房产业重估储备；二是指来自有隐蔽价值的资本的名义增值，它是由商业银行持有的有价证券价值上升造成的，称为证券重估储备。在潜在的重估中，对历史成本的账面价值与市值的差额要打 55% 的折扣，以反映此类资本的潜在风险。

（3）普通准备金。普通准备金是指为防备未来可能出现的一切损失而设立的，在损失一旦出现时可随时用之弥补的资本。因为它可用来弥补未来不确定的任何损失，符合资本的基本特征，故包括在附属资本中。但附属资本不包括那些为已确认的损失或为某项资产价值的明显下降而设立的准备金。

（4）混合资本工具。混合资本工具是指既具有一定股本性质又有一定债务性质的资本工具，包括可转换为普通股的债券、累积性的优先股等。

（5）次级长期债务资本。次级长期债务资本包括普通的、无担保的、原始年限

5 年以上的次级债券资本工具以及不可赎回的优先股。其特点为：一是次级，即债务清偿时不能享有优先清偿权；二是长期，即有严格的期限规定。《巴塞尔协议Ⅰ》规定，次级长期债务资本比例不能超过核心资本的 50%。

此外，为使资本的计算更加精确，《巴塞尔协议Ⅰ》还对资本中有些模糊成分的应允扣除作出了规定。第一，从核心资本中扣除商誉。商誉是一种无形资产，它通常能增加银行的价值，但它又是一种虚拟资本，价值大小比较模糊。第二，从资本中扣除对从事银行业务和金融活动的附属机构的投资。这一规定的目的是尽量避免银行体系相互交叉控股，导致同一资本来源在一个集团中重复计算的“双重杠杆效应”，从而使银行资本更加空虚并加大银行体系的风险。

（二）风险资产权数的规定

风险资产权数分为表内和表外两部分。为统一标准，《巴塞尔协议Ⅰ》将表内资产分为五类，其风险权数分别为 0、10%、20%、50% 和 100%（见表 7－1）。风险权数的大小代表资产风险的大小，风险越小的资产其风险权数越小。

表 7－1　《巴塞尔协议Ⅰ》对表内资产风险权数的规定

类别		项目	风险权重（%）
固定权数	Ⅰ	现金； 以一国货币定值并以此货币对中央政府和中央银行融通资金的债权； 对经济合作与发展组织（OECD）国家的中央政府和中央银行的其他债权； 用现金或用 OECD 国家中央政府债券作担保，或 OECD 国家中央政府提供担保的债权	0
	Ⅱ	对多边发展银行（国际复兴开发银行、泛美开发银行、亚洲开发银行、非洲开发银行和欧洲投资银行）的债权以及由这类银行提供担保或以这类银行发行的债券作为抵押品的债权； 对 OECD 国家内的注册银行的债权以及由 OECD 国家内注册银行提供担保的贷款； 对 OECD 组织内的外国公共部门实体的贷款； 对 OECD 以外国家注册的银行余期在一年期内的债权和由 OECD 以外国家法人银行提供担保的所余期限在一年之内的贷款； 对非本国的 OECD 国家的公共部门机构（不包括中央政府）的债权以及由这些机构提供担保的贷款； 托收中的现金款项	20
	Ⅲ	完全以居住用途的房产作抵押的贷款	50
	Ⅳ	对私人机构的债权； 对 OECD 以外的国家法人银行余期在一年以上的债权； 对 OECD 以外的国家的中央政府的债权（以本国货币定值并以此通货融通的除外）； 对公共部门所属的商业公司的债权； 办公楼、厂房、设备和其他固定资产； 不动产和其他投资（包括没有综合到资产负债表内的、对其他公司的投资）； 由其他银行发行的资本工具（从资本中扣除的除外）； 所有其他的资产	100

续表

类别		项目	风险权重（%）
非固定权数	Ⅰ	对国内政府公共部门机构（不含中央政府）的债权和由这样的机构提供担保的贷款	0、10、20、50
	Ⅱ	对国内政府的债权；	0 或其他
		所有证券或即将到期的期限在一年以下的证券；	10
		期限在一年以上的证券	20
	Ⅲ	十国集团拥有股东权益的多边发展银行的债权	20 或其他

由于银行表外业务风险的衡量比较困难，《巴塞尔协议Ⅰ》建议采用“信用转换系数”把表外业务额转换成表内业务额，然后根据表内同等交易对象的性质进行风险加权的转换。《巴塞尔协议Ⅰ》将银行表外业务分成五个类别，并规定了不同类别的信用转换系数（见表7－2）。

表7－2　　《巴塞尔协议Ⅰ》对表外资产信用转换系数的规定

类别	项目	信用转换系数（%）
Ⅰ	直接信贷的工具，如一般负债保证（包括为贷款和证券提供财务保证的备用信用证）和承兑（包括具有承兑性质的背书）； 销售和回购协议以及有追索权的资产销售； 远期资产购买、超远期存款、部分交付款项的股票和代表一定损失的证券	100
Ⅱ	某些与交易相关的或有项目（如履约担保书、投标保证书、认股权证和为某些特别交易而开出的备用信用证）； 票据发行融通和循环包销便利； 其他初始期限为一年期以上的承诺（如正式的备用便利和信贷额度）	50
Ⅲ	短期的有自行清偿能力的、与贸易相关的或有项目（如有限索偿权的、以装运货物作抵押的跟单信用证）	20
Ⅳ	类似初始期限为一年以内的，或者可以在任何时候无条件取消的承诺	0

在处理金融衍生产品交易时，巴塞尔委员会认为交易对方不履行合同，商业银行面临的不是交易合同全部面值的信用风险，而仅仅是重新安排和调度这些现金流的重置成本，因此一般建议利用现实风险暴露法和初始风险暴露法对其进行特殊处理，具体选择哪种方法处理由各国监管当局视具体情况而定。两种方法的计算公式如下。

现实风险暴露法：

表外业务表内信用等额 = 衍生工具名义本金 × 换算系数 + 现实正的重置成本

初始风险暴露法：

表外业务表内信用等额 = 衍生工具名义本金 × 换算系数

（三）资本充足标准化比率

《巴塞尔协议Ⅰ》规定了衡量国际银行业资本充足率的指标，即资本与加权风险资产的比率要达到8%，其中核心资本充足率至少为4%。《巴塞尔协议Ⅰ》要求在1992年底前各成员国的国际银行都应达到这一标准。

$$资本充足率 = \frac{核心资本 + 附属资本}{风险资产} \times 100\%$$

$$= \frac{核心资本 + 附属资本}{\sum(资产 \times 风险权数)} \times 100\% \geqslant 8\%$$

$$核心资本充足率 = \frac{核心资本}{风险资产} \times 100\% = \frac{核心资本}{\sum(资产 \times 风险权数)} \times 100\% \geqslant 4\%$$

（四）过渡期和实施安排

《巴塞尔协议Ⅰ》设置了分三个阶段实施的过渡期。

1. 初期阶段。从协议生效到1990年底为初级阶段，鼓励各国努力增加资本金，为达到目标比率做准备。

2. 中期阶段。1991年初到1992年底为中期阶段，要求各国银行的最低资本充足率达到7.25%，其中核心资本充足率至少为3.625%。

3. 结束阶段。1992年底至1997年9月过渡期基本结束，各国银行的资本充足率都应达到8%，其中核心资本充足率至少为4%。

三、《巴塞尔协议Ⅰ》的影响

《巴塞尔协议Ⅰ》在确定监管资本范围的基础上，将表外项目纳入资本监管框架。这不仅强化了商业银行对表外业务风险的认识，也提高了相应的风险管理水平。同时，统一的全球银行业最低资本充足率的监管要求有利于商业银行提高风险信息披露的透明度，并增强商业银行经营的自律意识。

但是《巴塞尔协议Ⅰ》在分母加权风险资产的计算中，是以防范信用风险为主的银行规范，没有考虑市场风险等其他风险类型，过于简单的信用风险权数区分扭曲了银行的真实风险。显然，该协议不能真实反映银行的风险承担能力。

此外，《巴塞尔协议Ⅰ》的资本监管对商业银行的经营行为产生较大的影响。首先，为满足资本充足率的监管要求，商业银行对企业贷款和住宅贷款的管理更为严格；其次，为规避资本管制，商业银行产生了资产证券化（见本书第六章）的金融创新，以降低分母中的风险资产，提高资本充足率。此现象从另一侧面反映了《巴塞尔协议Ⅰ》对金融市场的创新不敏感，未能对金融市场日新月异的创新所面临的风险进行有效的监管。

第三节　《巴塞尔协议Ⅱ》

一、《巴塞尔协议Ⅱ》的产生背景

随着世界经济一体化、金融国际化浪潮的涌动，金融领域的竞争尤其是跨国银行间的竞争日趋激烈，银行规避管制的水平和能力也大为提高。1988年制定的《巴塞尔

协议Ⅰ》难以解决银行实践中出现的诸多新情况、新问题。如，该协议仅涉及银行信用风险的管理，对日益增多的操作风险及经济周期波动等引发的市场风险没有涉及；对银行信息披露及金融当局的监管要求等关系风险管理质量的重要方面也没有进行规范；等等。

为应对这些挑战，巴塞尔委员会在继承《巴塞尔协议Ⅰ》以资本充足率为核心的监管思路基础上，对资本协议进行了长时期、大面积的修改与补充。1996 年，巴塞尔委员会对资本协议做了补充，将市场风险纳入资本监管范畴，推出《资本协议关于市场风险的补充规定》。1997 年 9 月，巴塞尔委员会推出《有效银行监管的核心原则》。1999 年 6 月，巴塞尔委员会提出了《新巴塞尔资本协议》即《巴塞尔协议Ⅱ》草案第一稿。2001 年 1 月在广泛征求意见的基础上巴塞尔委员会又推出了草案第二稿。2003 年 4 月底巴塞尔委员会公布了第三稿，新协议于 2006 年底在“二十国集团”开始实施。

与《巴塞尔协议Ⅰ》相比，《巴塞尔协议Ⅱ》的内容更加广泛、更加复杂，它摒弃了以往“一刀切”式的资本监管方式，提出了计算资本充足率的几种不同方法，供各国选择。除最低资本充足率 8% 的数量规定以外，《巴塞尔协议Ⅱ》提出了监管部门监督检查和信息披露两方面的要求，从而构成了《巴塞尔协议Ⅱ》的“三大支柱”。

二、《巴塞尔协议Ⅱ》的内容

2001 年，《巴塞尔协议Ⅱ》在继续使用统一的资本定义和资本对风险加权资产的最低比率的基础上，提出了商业银行经营的“三大支柱”，即最低资本要求、外部监管和市场约束。同时《巴塞尔协议Ⅱ》对银行风险加权资产的计算也做了较大的改动。

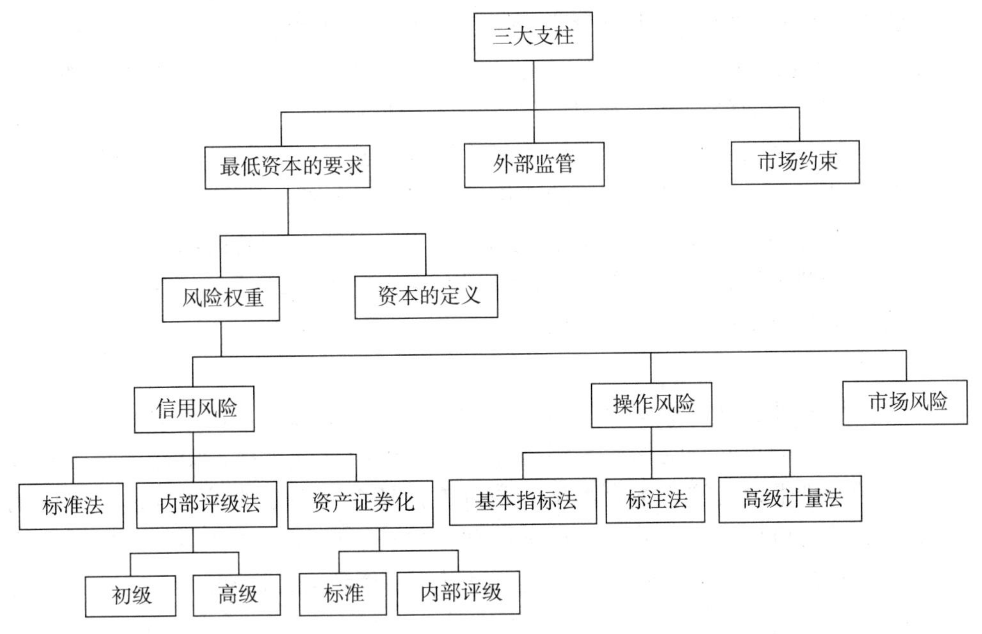

图 7-2　《巴塞尔协议Ⅱ》结构

（一）最低资本要求

1. 将市场风险和操作风险纳入最低资本要求。为实现全面风险管理的目标，《巴塞尔协议Ⅱ》将风险管理的范围从信用风险覆盖到市场风险和操作风险，力图使银行的资本与银行面临的风险紧密联系在一起。

市场风险是指商业银行在市场交易中由于市场价格的波动，如利率、汇率变化而遭受损失的可能性。操作风险是指由不完善或有问题的内部程序、员工和信息科技系统以及外部事件所造成的商业银行损失的可能性。

确定最低资本比率的分母项是由三部分组成的：信用风险加权资产与市场风险和操作风险所需资本的各12.5倍之和。最低资本要求是《巴塞尔协议Ⅱ》的重点，新的资本充足率的计算公式为：

$$\text{资本比率}=\frac{\text{核心资本}+\text{附属资本}}{\text{信用风险加权资产}+12.5\times(\text{市场风险资本}+\text{操作风险资本})}\times 100\% \geq 8\%$$

$$\text{核心资本比率}=\frac{\text{核心资本}}{\text{信用风险加权资产}+12.5\times(\text{市场风险资本}+\text{操作风险资本})}\times 100\% \geq 4\%$$

2. 更具敏感性的信用风险衡量方法。由于《巴塞尔协议Ⅰ》用相同的模型和方法来评估风险并以此确定资本要求的做法有失公允，没有考虑到银行风险具有各自的特征，因此，《巴塞尔协议Ⅱ》对银行资本充足性监管更具敏感性。《巴塞尔协议Ⅱ》资本监管在信用风险的处理方法上取得重大突破：一方面调整了计算风险加权资产的标准方法；另一方面提出了信用风险内部评级（IRB）初级法和高级法，用于确定风险资产权重和配置资本。在《巴塞尔协议Ⅱ》内部评级法的监管框架下，风险权重以违约概率、违约损失率、违约敞口的连续函数来表示，相比标准法中不同评级与一定风险权重相对应的特点，银行资本对于风险的反应变得更为敏感。

3. 更为灵活的银行资本监管规则。《巴塞尔协议Ⅱ》资本监管框架更强调各国监管当局结合各国银行业的实际风险对各国银行进行灵活的监管，让各国监管机构承担更大的责任。如各国监管当局可以根据各国的具体情况，自主确定不低于8%水平的最低资本充足率要求，并根据经济环境的变化适时对银行风险评估和资本要求进行调整。此外，在各国监管中，许多风险衡量水平和指标也需要由各国金融监管当局根据实际情况确定。这些规则使新资本监管框架确立银行资本标准具有了动态化的意义，更有利于及时反映银行风险的实际变动情况。

（二）外部监管

第二支柱即外部监管，强调为了保证单个银行的资本充足，监管当局应发挥重要的作用。外部监管的目的是确保各家银行建立起有效的内部程序，借此评估银行在认真分析风险的基础上设定的资本充足率，并对银行是否妥善处理了不同风险之间的关系进行监督。监管机构对银行的评估可采取现场检查、场外评估和与管理层讨论沟通等方式。为了提高监管评估的效率，要提高银行透明度和会计标准。

（三）市场约束

市场约束为第三支柱，要求银行更广泛地披露其财务状况或提高财务信息的披露

程度，以便使承担过多风险的银行受到更大的市场约束，市场约束会迫使高风险银行降低其风险敞口。通过提高银行风险披露及风险控制的质量，加强其他市场参与者了解银行风险状况的能力。如果投资者、客户甚至其他银行可以获得有关银行风险管理的信息，那么他们可以更好地进行有关银行的业务与投资，从而使管理者有更强的积极性加强风险管理。

三、《巴塞尔协议Ⅱ》的影响

《巴塞尔协议Ⅱ》弥补了《巴塞尔协议Ⅰ》中只考虑信用风险的不足，将市场风险和操作风险也纳入风险资产的计量。《巴塞尔协议Ⅱ》的三大支柱提出了全面风险管理的思想：一方面采用标准法、内部评级初级法和高级法来提高对信用风险的计量；另一方面明确提出将操作风险等纳入基本监管的范畴，作为银行资本比率分母的一部分，并为此也提供了基本指标法、标注法和高级计量法三种方法来衡量操作风险。这些新的方法，使得对银行风险资产的评估更有意义。因此可以看出，《巴塞尔协议Ⅱ》强调的是对分母风险资产的计量除了信用风险加权资产外加入的市场风险和操作风险。这在一定程度上完善了银行对风险资产的评估，提供了相对完整的银行内部全面风险管理体系，提高了资本监管的整体水平。本质上，《巴塞尔协议Ⅱ》对于商业银行资本监管的要求更高。此外，更灵活、更具体的监管方法使得发展中国家银行业的风险管理水平得以迅速赶上发达国家成为一种可能，也提供了具体监管的指导方法。

第四节　《巴塞尔协议Ⅲ》

一、《巴塞尔协议Ⅲ》的产生背景

2007 年爆发的美国次贷危机，演变为 2008 年国际金融危机。各国监管当局和巴塞尔委员会开始反思现行的监管体系。系统性风险的防范进入监管部门的视角。巴塞尔委员会重新审视银行抵御金融风险的资本要求。2010 年 9 月 12 日，在巴塞尔委员会的会议上，27 个成员国的中央银行代表就加强银行业监管达成一致并出台改革方案，该方案被称为《巴塞尔协议Ⅲ》。

《巴塞尔协议Ⅲ》资本监管的改革方案包括提升监管资本的数量和质量，扩大风险覆盖范围，以及将杠杆率作为风险敏感的资本框架的补充措施，以应对模型风险和度量错误。最后巴塞尔委员会将一系列宏观审慎工具引入资本框架，以缓解顺周期性、解决金融机构的相互关联性以及系统性风险。

二、《巴塞尔协议Ⅲ》的内容

（一）实现多层次资本监管框架

1. 提升一级资本的最低资本要求：将普通股资本比率最低要求从 2% 提升至

4.5%，最低一级资本充足率从之前的4%提升至6%。同时《巴塞尔协议Ⅲ》要求对一级资本充足率建立更为严格的标准，提高一级资本的损失吸收能力。

2. 资本留存缓冲。为了确保银行持有缓冲资金用于“吸收”金融危机和经济危机时期的损失，《巴塞尔协议Ⅲ》要求银行建立2.5%的资本留存缓冲。加入资本留存缓冲后的资本充足率由之前的8%提升至10.5%。一旦银行的资本留存缓冲比率达不到该要求，监管机构将限制银行回购股份和发放红利等。

3. 反周期资本缓冲。设定0~0.25%的逆周期缓冲资本，用于在经济上升阶段，信贷出现超额增长时增加资本缓冲。这一新的缓冲比例为普通股或其他能完全“吸收”损失的资本的0~2.5%，各国根据具体情况执行。规定反周期资本缓冲是基于宏观审慎目标的考量，要求银行在信贷过快增长时未雨绸缪，仅在“信贷增速过快并导致系统范围内风险积累”的情况下才会生效。一旦反周期缓冲生效，将作为留存资本缓冲的延伸。

4. 全球系统重要性银行（G－SIBs）附加资本缓冲。为了降低银行“大而不能倒”（Too big to fail）带来的道德风险，《巴塞尔协议Ⅲ》对系统重要性银行提出1%~3.5%的附加资本要求。这类银行应具有更高的风险抵御能力，持有更多的资本缓冲。

同时，巴塞尔委员会与金融稳定委员会（2009年G20会议期间成立）研究并出台针对具体“系统重要性”银行的综合评价方案。2020年末，我国也正式发布《系统重要性银行评估办法》，确定了我国系统重要性银行的认定标准，从规模、关联度、可替代性、复杂性四个维度进行综合评价，与国际惯例保持一致，意味着我国在建设现代金融监管体系的道路上前进了一大步。2021年10月15日，中国人民银行、中国银保监会公开发布了我国首批19家系统重要性银行名单。第一档：平安银行、中国光大银行、华夏银行、广发银行、宁波银行、上海银行、江苏银行、北京银行；第二档：浦发银行、中信银行、中国民生银行、中国邮政储蓄银行；第三档：交通银行、招商银行、兴业银行；第四档：中国工商银行、中国银行、中国建设银行、中国农业银行；第五档：空缺。2023年，南京银行首次跻身于我国系统重要性银行名单，归于第一档。系统重要性银行名单的公布，标志着我国系统重要性银行的监管正式落地，进一步完善了我国宏观审慎管理的政策体系。

《巴塞尔协议Ⅲ》多层次资本监管措施的主要目标包括：抑制最低资本要求的过度周期性波动；推动实施更具有前瞻性的拨备；推动单个银行和银行体系建立储备资本；在宏观审慎层面避免银行过度的信贷扩张。其中关于拨备建议的目的是提高银行体系应对预期损失的能力，而资本措施重点关注非预期损失。建立逆周期的资本约束，推动银行在经济上行期储备超额资本用于经济下行期吸收损失，能够降低经济和金融冲击，促进银行体系稳定。

（二）引入杠杆率补充风险资本要求

在基于风险的资本要求之外，《巴塞尔协议Ⅲ》提出了不基于风险的杠杆率要求作为资本充足率的重要补充。即杠杆率不考虑任何风险加权因子，用核心资本除以平均

总资产或报告期末的总资产（包括表内表外的全部资产）。在 2013 年 1 月 1 日到 2017 年 1 月 1 日的过渡期内，杠杆率下限为 3%。即

$$杠杆率 = \frac{核心资本}{平均总资产} \geqslant 3\%$$

巴塞尔委员会引入杠杆率监管标准旨在实现两个目标：一是采用简单、透明、基于总量的风险指标作为对风险敏感的资本充足率的补充，以防止模型和计量错误导致的风险；二是以杠杆率作为承担潜在过度风险的指标，为银行体系杠杆率确定底线，缓释去杠杆化带来的风险以及对金融体系和实体经济的负面影响。杠杆率监管和资本充足率监管有效结合，才能真正成为银行风险防范的有效防线。

（三）扩大风险资产覆盖范围

金融危机中市场参与者过于依赖外部评级，缺乏对产品本身风险必要的尽职调查。针对此问题，巴塞尔委员会针对降低《巴塞尔协议Ⅱ》框架中对外部评级依赖的一系列措施进行了评估，明确了运用外部信用评级确定监管资本要求而引发的负面动机，并提出一系列建议进行改进。其中包括提高“资产证券化风险暴露”的资本要求、增加压力状态下的风险价值、提高交易业务的资本要求、提高场外衍生品交易和证券融资业务的交易对手信用风险的资本要求等。

（四）加强流动性管理

巴塞尔委员会降低银行体系等流动性风险，引入流动性监管指标，包括流动性覆盖率（Liquidity Coverage Ratio，LCR）和净稳定资金比率（Net Stable Funding Ratio，NSFR）。此举措为金融监管史上首次针对银行流动性提出的监管要求。同时，巴塞尔委员会提出了其他的辅助监测工具，包括合同期限错配、融资集中度、可用的无变现障碍资产和与市场有关的监测工具等。

$$流动性覆盖率 = \frac{优质流动性资产储备}{未来30日现金流出量} \geqslant 100\%$$

$$净稳定资金比率 = \frac{可用的稳定资金}{业务所需的稳定资金} \geqslant 100\%$$

三、《巴塞尔协议Ⅲ》的影响

1. 核心一级资本的提出将缓解资本虚高现状。虽然发行普通股是全球银行业补充资本的基本途径，但在西方发达金融市场中，商业银行补充资本金的渠道很多。国外成熟的资本市场中，出于成本控制的目的，创新型的资本工具和资本补充方式被广泛运用：如利用优先股补充一级资本，将导致核心一级资本充足率难以达到新标准的水平。优先股的发行在经济下行期对普通股股东有较大负面作用：银行必须从微薄的利润中优先支付优先股的股息，直接后果是普通股股东的权益受限，资本质量下降。

2. 注重对具有系统重要性的金融机构的监管，强调宏观审慎监管。《巴塞尔协议Ⅲ》监管的重点是系统性风险。2007 年的美国次贷危机表明，当金融机构的规模越来越大，负外部性越来越强时，其对系统性风险的贡献度也越来越大。“大而不能倒”问题及其所

带来的道德风险逐渐显现。《巴塞尔协议Ⅲ》针对系统性风险不仅提出了全球系统重要性银行的评估方法和附加的资本要求，还提出了逆周期的资本缓冲，处处体现了针对系统性风险的监管思想，构建了银行业处置系统性风险的制度框架和评估要求。

3. 调整了商业银行未来的发展方向。资本水平的高低直接影响银行未来的发展模式。虽然《巴塞尔协议Ⅲ》中引入了杠杆率监管指标，但无论是资本充足率还是杠杆率，其分子考察的都是资本的大小，因此，可以说资本水平的高低将决定现有监管框架下银行的发展模式。对于资本较为充裕的银行，加快信贷扩张、进行兼并收购、抢占市场将是主要策略；而对于资本不足的银行，未来业务的发展将受到多重限制，尽早满足资本要求将成为其经营的主要目标。然而，无论资本充足与否，资本的优化配置、资本集约化经营、转向低资本消耗的经营模式、提高资本回报率都将是未来银行业发展的方向。

【知识链接7－1】

《巴塞尔协议Ⅲ》的副作用

巴塞尔协议是针对国际活跃银行所提出的，虽然其在近期的实施中范围逐渐扩大，但是其政策制定的出发点还是围绕着国际活跃银行展开的，在发展中国家缺乏适应性。《巴塞尔协议Ⅱ》和《巴塞尔协议Ⅲ》都是针对美国次贷危机引发的国际金融危机展开的，其关注的主要对象也是欧美金融体系在危机中暴露出的不足和缺陷，因此将《巴塞尔协议Ⅲ》的监管标准照搬到发展中国家显然是一种“西方生病，东方吃药”的做法，并不利于发展中国家金融体系的繁荣和健康发展。

1. 需要不同角度的考量。在发展中国家过早加强衍生品场外交易市场的监管，可能会阻碍经济金融的繁荣。金融衍生产品交易，特别是场外金融衍生产品交易，在危机中显现出了较高的风险隐患。巴塞尔委员会要求对金融衍生产品的场外交易市场实施更为严厉的监管措施。然而，大部分发展中国家的金融衍生品市场还处于刚刚起步阶段，对刚刚萌芽的市场实施过于严苛的监管，可能会阻碍衍生产品的发展，从而不利于衍生产品在金融市场中发挥其应有的润滑剂和资产定价等作用。

对金融体系较为完善、金融衍生品市场相对成熟的发达国家来说，加强金融衍生品场外交易市场的监管措施就有一定的意义，但对一些尚未开展金融衍生产品场外交易的发展中国家市场来说，过早地对其进行监管，反而不利于本国金融体系的完善。即使那些衍生品场外交易市场已经成型的发展中国家，对于衍生品的监管也应该视其发展状况和程度而定，当其没有发展成为系统重要性金融工具时，对其如何监管也需要不同视角的考量。

2. 不适用于发展中国家。判断经济周期的前瞻性指标可能缺乏国际一致性。在《巴塞尔协议Ⅲ》逆周期资本监管指标的选择中，巴塞尔委员会建议使用信贷/GDP这个指标对当前经济周期进行前瞻性的判断。然而该指标对大部分发展中国家并不适用。

对发展中国家来说，经济增长速度相对较快，经济增长的波动性也较大，且在经

济运行中常运用计划等强制性手段进行信贷调控，简单运用信贷/GDP这一个指标很难准确衡量发展中国家在当前经济发展速度和波动条件下的信贷深度。因此，发展中国家在实施《巴塞尔协议Ⅲ》逆周期的相关要求时，可能更多地选择违约概率等其他表征经济金融周期的指标以完善逆周期基本监管框架。

流动性覆盖率（LCR）和净稳定资金比率（NSFR）是《巴塞尔协议Ⅲ》新提出的两大流动性监管指标。针对危机前流动性风险监管的缺失，这两大指标对商业银行的流动性管理提出了新的约束。然而其中某些细节定义对于发展中国家并不适用，从而导致发展中国家对LCR和NSFR相关监管体系的构建并不十分热衷。

一方面，优质流动性资产的缺失可能在客观上导致发展中国家银行的流动性无法满足监管要求。《巴塞尔协议Ⅲ》中对优质流动性资产进行了较为详细的描述。一般来说，政府债券是最好的优质流动性资产。但是某些发展中国家的国债发行量较低，为满足新标准的要求，商业银行可能不得不大幅持有本身就较为稀缺的国债。而企业债券只有达到AA-的评级，才能被称为优质流动性资产。对大部分发展中国家来说，国家的主权评级等级的企业债券也十分稀缺。这样，金融市场中优质流动性资产的流通量非常稀少，从而使发展中国家很难达到《巴塞尔协议Ⅲ》中关于流动性监管指标的最低要求。为此，不少发展中国家不得不大量引入发达国家发行的政府债券，然而这将导致较为显著的汇率风险，最终使流动性监管形式化和机械化，难以真正达到监管的目的。

另一方面，《巴塞尔协议Ⅲ》对金融资产的流动性，特别是优质流动性资产和稳定资金的划分并不适用于发展中国家。例如在沙特阿拉伯、南非等国家，国有机构股票、大额资金等都被视为稳定性最高且质量最好的资金来源，但是这些金融资产在《巴塞尔协议Ⅲ》中却并不被视为优质、高稳定的流动性资产。同时为满足LCR和NSFR最低要求，商业银行不得不发放更多的短期小额贷款，放弃长期大额贷款，从而可能对实体经济的长期、稳定发展形成较为显著的挑战，造成资金的结构性短缺。

资料来源：巴曙松．新巴塞尔协议的副作用［J］．资本市场，2012（11）．

第五节 商业银行资本金的筹集

一、银行资本筹集的策略

（一）分子对策

分子对策是针对巴塞尔协议中资本充足率监管标准的计算公式，从分子着手，尽量提高商业银行的资本总量，以满足资本监管要求。资本补充的方式包括内源资本筹集和外源资本筹集两个渠道。

1. 内源资本筹集。商业银行资本的内源资本筹集一般采取增加各种准备金和收益留存的方法。在银行增加利润留存而不影响其股价的前提下，内源资本筹集的方式是银行充足资本金的第一选择。

（1）增加各种准备金。由于各国金融监管当局对商业银行准备金的提取往往有上限的规定，有的国家还规定准备金仅能打折后计入资本总额，同时提取过多的准备金会影响商业银行的利润总额，因而，获取留存盈余是商业银行内部筹集资本的主要手段。

（2）利润留存。商业银行的税后利润在支付优先股股息后，便在留存盈余和普通股之间进行分配。这样，留存盈余与股东股息就有一种相互制约、互相影响的关系。在税后利润一定的情况下，保留多少的盈余实际上是商业银行分红政策的选择问题。

银行资本内部筹集的优点体现在两个方面：一是不必依靠公开市场筹集资金，可免去发行成本，经营成本得以有效控制；二是不会削弱股东控制权，避免了股东所有权的稀释和所持有股票收益的稀释。

但是，银行资本内源资本策略有其天然的局限性。银行内源资本策略最大的局限首先来自银行所能获取的净利润规模。当银行的盈利水平提高时，可以提留的未分配利润就会相应增加，从而满足更高的资本充足率要求；反之则难以满足资本充足率要求。其次，筹集资本的数量在很大程度上受到监管当局对银行适度资本金规模的限制。当资本比率要求降低时，可以用较少的未分配利润支持更多的资产增长；相反，当资本比率要求提高时，同样的未分配利润规模只能支持较小的资产增长。最后，银行资本补充受到银行股利分配政策的影响。银行的股利政策是投资者实现投资收益的重要依据和评价银行价值的重要潜在指标之一，所以，银行股利政策对银行市场价值将产生重要影响。一般而言，股利水平应在相对稳定的基础上随着银行净收益的增加而逐步提升。但若商业银行罔顾股东利益，一味追求以内源融资的方式补充资本金，则会导致股东“用脚投票”，直接后果是银行市场价值下降，资本充足率计算公式中的分子规模缩水。因此，银行股利政策的基本内容是制定股利和银行净利润间的合理比例，即股利支付率。

2. 外源资本筹集。如果内源资本创造不能满足银行增加资本的需要，就需借助权益资本或债务资本等外源资本的补充。外源资本筹集的渠道包括发行普通股、发行优先股、发行次级票据或债券、发行混合资本工具等方式。其中，发行普通股来增加银行资本是金融管理当局最推崇的最理想的外源资本渠道，因为这种方式增强或补充了银行资本的核心部分。然而，商业银行却更愿意选择增加附属资本的方式来提高其资本总量。

在外源资本策略中，银行需要在权益资本和债务资本间仔细权衡。债务资本的优点在于利息支出可以获得税收减免，且不会像权益资本那样稀释每股收益或削弱股东对公司的控制。但债务资本融资有三个缺点：一是存在利息支出；二是债务资本并非永久性筹资渠道，必须到期偿还；三是只有部分债务可用来满足银行的监管资本要求。权益资本的优势在于：一是可全部用来满足基于风险的资本要求；二是权益资本为永久性资金来源；三是股息并非固定支出。权益资本的缺点在于较高的发行成本、股权稀释和潜在的每股收益降低的危险。

（二）分母对策

分母对策在于优化政策结构，尽量降低风险权数高的资产在总资产中所占的比重，同时加强表外业务管理，尽可能选择转换系数较小及相应风险权数小的表外资产。因此，分母对策的重点是减少资产规模，降低商业银行的风险资产额，从而提高资本与风险资产的比重。

1. 压缩银行的资产规模。银行资产规模越大，对资本的需求越强。一些资本不足的银行则可以通过销售一部分高风险或有问题或市价较高的金融资产，以减小银行资产规模，从而相应提高资本充足率。

就资产管理的目标而言，压缩银行资产规模，适度控制银行资产存量是银行流动性、安全性的要求。与普通工商企业不同，银行资产构成有着其自身的特点：一是现金存量较高；二是金融债权比例极高；三是房产等被固化的资本相对较少。因此，压缩银行资产规模应在银行资产管理的要求下进行。

贷款是银行持有的变现能力较差的资产，同时也是风险较大的资产，因此，压缩银行资产规模的主要操作方式就是贷款出售——通过出售风险权数较大的资产来减少风险资产总额，达到提高资本充足率的目的。

2. 调整资产结构。资产结构调整后，银行可以在总资本额和总资产额不变的情况下，提高资本充足率。资产结构调整空间较大的部分是证券投资和贷款资产。商业银行调整资产结构的具体做法包括资产证券化、债转股等。

证券投资在银行资产管理中的地位较突出，它除了满足银行流动性和盈利性需求外，还为贷款规模的调整提供了余地。在严格监管的情况下，银行证券投资的对象多为信用等级较高的金融债券，还包括货币市场、资本市场的投资工具。不同的投资组合有利于商业银行降低投资风险、调节风险资产的权数和降低风险资产总额，达到流动性和盈利性的平衡。

分子对策和分母对策的目的在于减少银行的经营风险和财务风险，提高银行资产的安全性和流动性。银行可以分别采取分子对策或分母对策，也可以同时采用两种对策来满足资本充足性要求。然而，由于盈利性和安全性、流动性之间存在矛盾，故无论是分子对策还是分母对策，在使用时都应该注意适度；否则，仅仅单纯追求满足资本充足率，通过各种金融创新规避监管，只会对金融体系的稳健经营起到反作用。

二、巴塞尔协议在我国的实践

（一）我国银行筹集资本的途径

1. 国家注资。我国商业银行的改革离不开国家财政的支持。每当商业银行的改革到了关键的时候，作为最大债权人的国家和地方政府，总会给予资金的支持，以改善银行资本结构和增加资本金数量。这是我国商业银行补充资本金的特殊方式。

2003 年，我国政府通过中央汇金投资有限责任公司（简称中央汇金公司）向中国银行、中国建设银行注资450亿美元。2004年，中央汇金公司向交通银行注资30亿元人民币。2005年，中央汇金公司和财政部共同向中国工商银行注资300亿美元（各占50%）。

2. 改制上市，发行普通股。实行股份制改革、创造条件上市、发行普通股是我国商业银行快速改善资本金状况的实践。发行股票是股份制商业银行筹集资本金最基本的形式。通过这种方式筹集资本金，不仅可以在短期内筹集到数量可观的资本金，快速改善资本充足率偏低的状况，而且可以在股份制改造过程中健全公司治理结构、进行财务重组、强化资本约束机制。

3. 引进战略投资者。从我国银行业发展状况看，外资金融机构参股我国商业银行呈方兴未艾之势。适时引进合格境外机构投资者（QFII），利用外资银行参股，不仅可以提高我国商业银行的资本充足率，还可以通过合作获取外资银行宝贵的管理经验。

4. 发行可转换债券。可转换债券可计入商业银行的附属资本，但计入附属资本必须符合以下条件：一是债券持有人对银行的索偿权位于存款人及其他普通债权人之后，并不以银行的资产为抵押或质押；二是债券不可由持有者主动回售，未经监管机构事先同意，发行人不准赎回。商业银行可转债发行的主体均是上市银行，其评级较高，一般在AA+以上。然而，以城商行与农商行为主体的中小银行资本补充压力较大，可以运用的资本补充渠道较少，主要靠地方政府持股。2020年，国务院常务会议允许地方政府依法依规通过认购可转换债券等方式，探索合理补充中小银行资本金的新途径。截至2023年6月，已有超过330家中小银行获得支持。地方政府依法认购可转换债券的方式，成为补充中小银行资本金的新渠道。

5. 发行次级债券。次级债券是指商业银行发行的，本金和利息的清偿顺序列于商业银行其他负债之后、先于商业银行股权资本的债券。我国商业银行通过发行次级债券可调整资本金结构单一的状况，增加筹集资本金的渠道，且次级债券的发行与新股发行（或增发新股）、发行可转换债券不一样，非股份制银行也可运用这种方式来筹集资本。次级债券发行后可进行流通转让，这又可增加商业银行的流动性。按照我国的有关规定，商业银行发行次级债券还需要进行信息披露，其透明度增强，社会监督能力增强，这又迫使商业银行提高经营管理水平，防范经营风险。

6. 发行永续债。永续债是指可延期或无固定偿还期限且附带赎回权的债券，又称无期债券。但是永续债并非真的永久，发行人会根据一定的条款在发行一段时间后强制赎回。永续债作为银行补充其他一级资本的常用工具，在国际上已有比较丰富的实践。对于我国商业银行来说，永续债是一个新型的补充资本渠道。我国银行业发展速度较快，部分银行面临资本约束，加上监管标准的趋严和提高，这些因素都对商业银行动态补充资本提出了更高要求。推出永续债有利于优化银行资本结构，增强商业银行抵御风险的能力和信贷投放能力，同时也有利于丰富我国债券市场品种结构，满足长期投资人资产配置需求。为支持永续债，监管机构扩大了保险机构投资范围，允许其投资永续债等资本工具。

【案例分析7-1】

我国永续债的发行

1. 永续债在我国发行的必要性

截至2020年9月末，36家上市银行的资本充足率较上年末普遍出现下滑，少数银行的部分资本充足率指标已接近监管红线。一级资本充足率方面，有27家银行出现了下降，其中降幅较大的无锡银行下降了1.33个百分点至8.87%，已接近监管红线。核心一级资本充足率的下滑则更为普遍，36家上市银行中仅4家出现增长，其中郑州银行核心一级资本充足率较上年末增长0.01个百分点至7.99%，但仍然接近监管红线。另外32家银行均有不同程度的下降。

故此，2020年以来，几乎每个月都有银行获批发行永续债。对银行而言，发行永续债的作用在于补充其他一级资本。对上市银行来说，永续债可以增加其他一级资本，改变其他一级资本较少、二级资本较多等问题，进一步优化资本结构；对非上市银行来说，永续债能够拓宽资本补充来源，增加一级资本补充工具。永续债可缓解非上市中小银行的资本压力，有助于其回归本源、专注主业。

2. 中小银行成为永续债发行主力

永续债成为中小银行补充一级资本的主要渠道。截至2020年6月，共有18家中小银行获批发行永续债，13家银行已完成发行。发行永续债的中小银行以城商行为主。中小银行永续债发行额度较为分化，从20亿元到200亿元不等。发行量最大的为江苏银行，发行额度为200亿元；其次为徽商银行和杭州银行，发行额度均为100亿元；而湖州银行和东莞银行发行额度最少，均为20亿元。永续债发行热的背后，是中小银行对资本补充的渴望。

中小银行永续债对投资人而言风险将更高。由于中小银行服务的对象主要是中小微企业，很多小型银行在发行永续债的时候明确披露支持小微企业，在疫情冲击下也要关注银行不良资产上升等风险。同时，中国社会科学院金融法与金融监管研究基地特约研究员王刚认为，中小银行永续债发行面临一系列难题：“其一，投资准入限制严，投资主体类别较少。当前银行永续债的投资主体主要为其他银行的自营资金和银行理财资金，非银行投资主体中保险资金投资限制较严，社保基金、合格企业和高净值个人投资者是否可以投资尚不明确。这既造成风险集中于银行体系，也因资金供给有限使得中小银行永续债发行成本偏高。其二，因永续债固有的无固定期限、偿付顺序较普通金融债靠后、取消派息不构成违约且包括减记条款等特点，加之品牌认可度不高、信用评级较低，中小银行永续债发行成本较高。其三，银行永续债期限较长、估值难度高、投资主体范围有限会导致流动性不足。”

3. 永续债投资者范围有待扩展

银行永续债以银行机构互持为主，随着政策的调整，包括险资在内的其他机构投资银行永续债的标准将放宽，对银行永续债的发行也将起到促进和完善作用。

2020 年 5 月 20 日，银保监会发布《关于保险资金投资银行资本补充债券有关事项的通知》，放宽了保险资金投资的资本补充债券发行人条件。通过允许保险资金投资永续债，分散商业银行内部的系统性风险。从保险资金运用安全性角度考虑，对银行永续债投资设置一定的资本充足率、信用评级等级等门槛是合理的，但过严的规模限制既使绝大多数中小银行永续债无法获得保险资金投资，也严重限制了保险资金投资长久期、高票息资产的机会。

此外，随着银行永续债投资范围的拓展以及发行银行数量的增加，从投资者角度而言也要做好风险匹配工作。从投资者角度看，永续债市场将延续分化态势，即“低风险低收益”品种和“高风险高收益”品种并存。投资者也需要更加谨慎，重点应当关注银行的资产质量、资本和股东状况，资本状况尤其关注核心资本的厚度以及增资扩股、定增、IPO 等方面的进展，在充分保护的前提下介入会更安全，保护程度也更高。

资料来源：根据网络新闻资料整理。

7. 发行地方政府债券。我国有 4 000 多家中小银行，在银行体系中占比为 99%。相较于大型银行，中小银行在资金来源、资本补充等方面不占优势。尽管部分中小银行通过发行永续债、可转债等方式补充资本，但中小银行可以使用的一级资本工具仍然有限。为增强金融服务中小微企业的能力，2020 年 7 月召开的国务院常务会议允许地方政府发行专项债合理支持中小银行补充资本金，探索合理补充中小银行资本金的新途径。此举为中小银行资本补充方式的重要创新。

8. 不良资产剥离。我国四大国有商业银行在成立之初，由于过多承担政策性业务和管理不到位，不良资产急剧增加。1997 年前后，不良资产高达 30%。为建立社会公众对金融业的信心，启动国有银行改革，解决不良资产等问题，1999 年我国成立了 4 家金融资产管理公司（Asset Management Companies，AMC）——中国华融资产管理公司、中国长城资产管理公司、中国东方资产管理公司、中国信达资产管理公司——专门接收、处置从工行、农行、中行、建行四家国有大型商业银行剥离出来的约 1.4 万亿元人民币不良资产，此举令国有商业银行当年的不良率大幅下降。2004 年，工行、农行、中行、建行四大行剥离近 1 万亿元不良资产。经过财务重组，四大行财务负担大大减轻，资产质量明显提高，资本实力大幅增强。

9. 资产证券化。资产证券化是以特定资产组合或特定现金流为支持，发行可交易证券的一种融资形式。广义的资产证券化包括四种类型：实体资产证券化、信贷资产证券化、证券资产证券化和现金资产证券化。狭义的资产证券化是指信贷资产证券化，即把欠流动性但有未来现金流的信贷资产（如银行的贷款、企业的应收账款等）经过重组形成资产池，并以此为基础发行证券。

2005 年，中国人民银行和中国银监会联合发布《信贷资产证券化试点管理办法》，

随后在中国人民银行和中国银监会主导下，我国基本确立了以信贷资产为融资基础，由信托公司组建信托型特殊目的载体（SPV），在银行间债券市场发行资产支持证券并进行流通的证券化框架。我国资产证券化经过多年的发展，已经积累了大量的经验。中国银行业贷款结构已经发生显著变化，存短贷长的矛盾凸显，客户集中度和行业集中度维持在较高水平，这一方面需要新增贷款调结构，更重要的是存量贷款的调结构。而开展资产证券化不仅有利于我国商业银行达到监管要求，也有利于防范和分散银行风险。

（二）我国银行业的资本监管

我国金融监管当局一直致力于推动巴塞尔协议在中国的实施。2004 年 2 月银监会出台《商业银行资本充足率管理办法》，以《巴塞尔协议Ⅰ》为基础框架，全面在国内引入资本充足率监管指标，规定商业银行资本充足率不得低于8%，核心资本充足率不得低于4%。《商业银行资本充足率管理办法》可以看作《巴塞尔协议Ⅰ》在我国本土化探索的开端，标志着我国银行业监管向国际监管水平看齐迈出了重要一步。

从 2007 年起，中国银监会陆续出台了《中国银行业实施新资本协议指导意见》《商业银行银行账户信用风险暴露分类指引》《商业银行信用风险内部评级体系监管指引》《商业银行专业贷款监管资本计量指引》和《商业银行操作风险监管资本计量指引》等多项指导商业银行实施《巴塞尔协议Ⅱ》的指引文件，覆盖三大支柱的内容。具体来说，在资本计量方面，商业银行对信用风险采用内部评级法，对市场风险采用内部模型法，对操作风险采用符合我国商业银行实际的资本计算方法。这些要求实质上都在鼓励我国商业银行积极改进风险管理，力争采取风险敏感性更高的资本计量方法。从本质上看，这些指引是《巴塞尔协议Ⅱ》在我国银行业实践的产物。尽管相对于《巴塞尔协议Ⅱ》而言，这些指引还有待完善，但实施以来，绝大多数银行的资本充足率都有了明显改善，普遍达到8%的最低资本充足率水平。

2012 年 6 月，银监会正式发布《商业银行资本管理办法（试行）》（以下简称试行稿）；2023 年 2 月，中国银保监会发布《商业银行资本管理办法（征求意见稿）》（以下简称资本新规），将于 2024 年 1 月 1 日正式实施。资本新规积极配合《巴塞尔协议Ⅲ》的各项新指标，从四个方面提高银行资本监管要求。

1. 提出更为严格的资本充足率指标。强调了核心一级资本的概念，同时明确我国商业银行需要达到5%的核心一级资本充足率、6%的一级资本充足率、8%的总资本充足率和杠杆率4%的要求。而《巴塞尔协议Ⅲ》要求的核心资本充足率仅为4.5%，杠杆率为3%。由此可见我国商业银行的资本充足率要求更为严格。

2. 构建差异化的资本监管体系。资本新规依据银行表内外资产余额和境外债权债务余额将不同的商业银行划分为三档，实施差异化资本监管。第一档银行是指表内外资产余额达5 000 亿元人民币以上或境外债权债务余额300 亿元人民币以上的银行；第二档银行是指表内外资产余额达100 亿元人民币以上且未超过5 000 亿元或境外债权债务余额大于0 元且表内外资产余额小于100 亿元人民币的银行；第三档银行是指境外债权债务余额为0元且表内外资产余额小于100亿元人民币的银行。三个档次的商业银行分别匹配不同的资本监管方案。差异化的资本监管在不降低资本要求，保持银行业整体稳健的前提下，有利于中小银行发挥其功能，减轻银行合规成本。

3. 风险计量方案的修改。信用风险方面，商业银行可以采用权重法或内部评级法计量信用风险加权资产，同时，资本新规对信用风险的权重法做了更细化的分类，对地方债、银行普通债、银行次级债、非银行金融债和较优质主体发行的信用债风险权重皆有调整。市场风险方面，资本新规限制内部模型的使用，且完善内部模型，降低内部模型的套利空间。操作风险方面，资本新规在充分吸收《巴塞尔协议Ⅲ》内容的基础上，同时考虑我国商业银行的多样性，实施差异化计量方法，针对第二档、第三档商业银行保留原试行稿适用的原指标法，对第一档银行则采用新的操作风险资本计量标准法；对于原先可用于计算操作风险的高级计量法未再作专门说明。

4. 第二支柱和第三支柱方面内容的完善。针对第二支柱——监督检查方面，资本新规的主旨仍然是要求银行建立一套内部的流程和标准自评持有的资本水平是否能够覆盖其面临的主要风险；但在主要风险识别与评估、压力测试、资本规划等具体领域，都提出了更高的监管要求和标准。如将压力测试单设立为一节，新增了对资本充足程度较低的商业银行主体的最低利润留存比例要求，对不满足储备资本要求的商业银行，依据其核心一级资本充足率所处区间，设定不同的最低利润留存比例要求。针对第三支柱——信息披露要求方面，资本新规对不同档次的商业银行披露要求有所不同，要求披露的内容更为详细。

【知识链接7－2】

国外资本补充工具

按照类型来划分，国外的资本补充工具主要有三种：超长期的债券工具（信托优先证券）、转股型资本工具（应急可转债）和减记型其他一级资本债。

1. 超长期债券工具：信托优先证券

信托优先证券（Trust Preferred Securitise）是金融机构先成立一个信托，然后再向该信托发行债券。这种债券的特点是：第一，通常期限都较长（30年或以上）。第二，允许发行人提早赎回，按照固定或浮动利率付息，到期按票面价值支付。第三，允许延期支付利息，最长可允许长达5年延期利息支付。第四，支付给信托的利息可以抵税，有税收优惠。信托优先证券更多是在危急时刻，由政府或者具有公共性质的金融机构购买，帮助银行渡过危机的工具，一旦危机过去，银行还继续发行，那信托优先证券就演变成了银行扩张规模的工具。

为了避免银行借助资本工具扩张规模，2010年，美国参众两院提出银行资本新规定，规定规模较小的银行将信托优先证券计入资本，但是资产超过150亿美元的银行要逐步在5年内退出。那些大型金融机构不再能通过发行信托优先证券来增加一级资本，银行不得不通过改善资产负债表，控制负债的形式来改善资本充足率。

2. 转股型资本工具：应急可转债

应急可转债（CoCo Bond）顾名思义就是为“应急”而生的，是在国际金融危机以后，在《巴塞尔协议Ⅲ》框架下开始盛行的一种资本补充工具，在约定情况下或者资本充足率低到一定程度以后，银行可以无责地不支付债券利息而将债券强制转化为普通股或者进行债券本金减计。即先补充其他一级资本或者二级资本，达到触发条件的时候（一般是核心一级资本充足率不达标或者到达一定期限）转换为核心一级资本。具体的应急可转债的品种又可以分为很多，根据国家的行情和需要不同推出不少新品种。

触发点或者损失吸收机制的设置也不同，有单一触发点和多重触发点，当有多重触发点的时候，触发任意一点，损失吸收机制都会被自动启动。

美国的有形利息增强普通股：2009 年花旗银行曾发行，这个工具可以直接补充二级资本，在到期日可转换为普通股，补充核心资本。这个有形利息增强普通股是一个“证券包”，包括一个预付的股票购买合同和分期偿还的次级债，在到期日以前银行需要按期偿还次级债部分的固定利率，在到期日预付的股票合同将自动转换为银行的普通股。如果花旗银行选择提前执行购买合同，投资者有权要求花旗银行赎回债券。

荷兰式应急可转债：2010 年荷兰银行发行过，当核心一级资本充足率在规定时间内低于7%的时候，该证券面值的75%自动转换为普通股，其余25%按照现金返还给投资者。

澳大利亚可转换优先股（Convertible Preference Shares）：2009 年澳大利亚新西兰银行曾发行，这种工具直接补充其他一级资本，规定在到期日如果达到一定条件将自动转换为普通股。除下述情况外，澳大利亚新西兰银行的可转换优先股并不赋予其股东在例行会议上的投票权：（1）任何减少银行的股本方案，除了决议同意赎回银行可转换优先股；（2）任意一项影响银行可转换优先股权利的提案；（3）对批准的回购协议条款的任何决议，除了决议同意赎回银行可转换优先股；（4）清盘银行的提案；（5）对银行全部财产、业务和企业处置方案的提议；（6）未支付股息的任何情况。

劳埃德银行的增强型资本票据（Enhanced Capital Notes）：也称或有资本工具，由劳埃德集团非经营性子公司发行，但劳埃德集团提供无条件不可撤销担保。该票据直接补充银行其他一级资本，达到触发条件（核心一级资本充足率低于5%）的时候，则转换为普通股，补充核心一级资本；如果没有达到触发条件，则在发行的10 年间按照固定利率派息，10 年后银行可以执行看涨期权选择是否赎回，10 年后的每一个利息支付日都可以执行该期权，支付利息是美元 Libor 利率加边际浮动利率。

塞浦路斯银行可转换一级资本债：期限为永久且5 年内不可赎回，5 年内票面利率欧元债为6.5%，美元债为6%；5 年以后利率调整，欧元债是 Euribor + 300 基点，美元债是 Libor + 300 基点。利息不积累且银行可以自主或者按照中央银行要求停发利息。触发条件是核心一级资本充足率或者普通股核心资本充足率小于5%的时候，强制转股。

3. 减记型其他一级资本债（AT1 Bond）

剔除先补充的其他一级资本和在特定条件下强制转股的其他一级资本债，那些本质上是应急可转债，还有一种其他一级资本债是采取减记的方式来吸收资本，这种债券一般可以分红，没有到期日，由发行银行决定是否赎回债券或在一定期限后偿还本金。

荷兰银行发行过一种可减记一级资本工具，是带减记条款的永续债，发行时补充其他一级资本，固定利率是8.5%，每半年支付一次利息，5.5 年后银行可选择是否赎回，如果不赎回，5.5 年以后每5 年利率重置为美国国债基准利率+749 个基点。当达到触发条件（股权资本比率低于8%或者发行人及荷兰中央银行认为股权资本比率将于近期低于8%）的时候进行永久减记，减记数额是股权资本缺口的一定比例。

因为不是转股债券，所以不要求银行上市，这种减记型其他一级资本债的发行门槛更低，非上市银行也可发行。

综上来看，国外的资本补充工具更多是一种应急性的资本工具。设置资本充足率的意义是控制银行规模扩张，如果有一种工具可以作为债务发行，同时可以像普通债务一样流通，那它就和普通债一样，成为银行扩充规模的工具，这和资本充足率指标设立的本意背道而驰了。

但是如果在行情变差，银行盈利出现一定问题的时候，资产规模缩减导致盈利进一步受影响，为了资本充足率达标，银行进一步缩减资产规模，银行就进入“衰退陷阱”。为了突破“衰退陷阱”，资本补充工具又成为救银行于水火的必要手段。

所以资本工具，无论是其他一级资本债还是二级资本债，都不是日常流通的普通债券，在金融市场行情不好，银行资本充足率承压的时候，可以事从权宜，创新资本工具来帮助银行走出困境。

资料来源：李奇霖．银行资本金的“衰退陷阱”．联讯麒麟堂．

【本章小结】

1. 商业银行的资本主要由两部分组成，即核心资本（一级资本）和附属资本（二级资本）。其中，核心资本包括实收资本、资本公积、盈余公积、未分配利润、少数股权。附属资本包括重估准备、一般准备、优先股、可转换债券、长期次级债务。故商业银行的资本具有资本和债务的双重属性。

2. 商业银行的资本具有营业功能、保护功能和管理功能。

3. 银行资本充足性是指银行资本数量和资本结构必须达到并超过监管部门所要求的能够保障正常营业且足以维持充分信誉的最低限度。因此，银行资本充足性有数量和结构两个层面的内容。

4. 《巴塞尔协议Ⅰ》的内容主要由四部分构成：资本构成、风险资产权数的规定、资本充足标准化比率、过渡期和实施安排。

5. 《巴塞尔协议Ⅱ》提出了商业银行经营的“三大支柱”，即最低资本规定、外部监管和市场约束。同时，《巴塞尔协议Ⅱ》对银行风险加权资产的计算也做了较大的改动。

6.《巴塞尔协议Ⅲ》对一级资本充足率、资本留存缓冲、周期资本缓冲、杠杆水平要求、系统重要性银行等进行了新的规定。

7. 商业银行资本筹集的方式包括分子对策和分母对策两种。其中，又分子对策分为内源融资和外源融资。

【重要概念】

银行资本　核心资本　附属资本　资本充足性　分子对策　分母对策

【思考练习】

1. 简述商业银行资本的概念和构成。
2. 分别简述《巴塞尔协议Ⅰ》、《巴塞尔协议Ⅱ》和《巴塞尔协议Ⅲ》的内容及其影响。
3. 简述提高资本充足率的方法。
4. 联系我国商业银行的实际，谈谈提高我国商业银行资本充足率的具体途径。

第八章

资产负债管理

【本章学习目标】

了解资产负债管理的基本理论及在商业银行的运用；掌握资产负债管理的一般方法；了解我国实行资产负债比例管理的基本思想和政策意图；掌握主要核心指标的计算及控制标准，最终达到对商业银行资产负债管理的全面认识和了解。

第一节 资产负债管理理论

北美精算协会将资产负债管理定义为：资产负债管理是管理企业的一种活动，用来协调企业对资产与负债所作出的决策；它是在给定的风险承受能力和约束下，为实现企业财务目标而制定、实施、监督和修正企业资产与负债的有关决策的过程。资产负债管理是现代商业银行管理的核心内容。资产负债管理并不等同于商业银行资产和负债的管理，它有特定的内涵。商业银行资产负债管理是商业银行一种全方位的管理方法，指商业银行为了达到确定的经营目标，对银行各种业务进行协调管理，包括对资产和负债涉及的流动性结构、利率结构、汇率结构、期限结构、资金成本与资金收益等进行统一规划、指导和控制。资产负债管理的宗旨是为商业银行提供一个可以接受的风险与报酬之间的配置比率。商业银行资产负债管理的主要任务就是对银行在经营中面临的流动性风险、利率风险、汇率风险、操作风险和资本充足性风险等各种主要金融风险进行量化，进而确定一个其可以承受的限度，并在此基础上，最大限度地扩大银行的净利差，增加其经营收入。商业银行资产负债管理理论经历了三个阶段，形成了三种资产负债管理理论，即资产管理理论、负债管理理论、资产负债综合管理理论。

一、资产管理理论

（一）时代背景

在20世纪60年代以前，最早可以追溯到18世纪西方商业银行的发展初期，当时

英国的产业革命刚刚开始，大机器工业尚未出现，资本主义经济中占支配地位的是手工业和较发达的商业，商业银行是金融机构的最主要代表，金融市场处于非常低的水平，仅局限于票据的贴现或交易，中央银行尚未产生，而且商业银行的主要资金来源为社会存入的活期存款，实体经济对资金的需求主要是解决商业周期性的流动资金问题。在此时期产生的真实票据理论（最早由约翰·罗于1705年提出）认为："只要银行通过贴现有真实商品交易背景的短期商业汇票来发放贷款，那么货币的供应量就会与实际产出在现有价格上相匹配。换句话说，如果贷款的发放是在实际商品交易的基础上进行，则不可能出现导致通胀的过多发行。"① 按此理论，货币的发行与商品生产相适应，贷款的发放都依据真实的贸易背景，无投机或骗贷现象发生。第一次世界大战之后，西方发达国家金融市场有了一定的发展，政府通过在金融市场发行债券融通资金。政府债券成为商业银行的一种重要投资产品。

第二次世界大战以后，美国经济从战时状态转入恢复和发展期，西方许多国家面临战后的重建，机器大工业得到迅速发展，工业企业对长期资金的需求旺盛，并且在凯恩斯的政府干预经济理论的影响下，政府扩大公共项目开支，进行大型基础建设项目，鼓励消费信用的发展，以扩大有效需求从而刺激经济的发展。商业银行在发放中长期贷款中获得了较稳定的收入，而且中长期贷款因经济发展有较好的本息回收前景。商业银行本身也希望通过发放中长期贷款以获取高的利息收入。因此，商业银行需要改变之前的资产结构。

（二）资产管理理论的基本思想

资产管理理论包含三种基本理论，即商业性贷款理论、资产可转换理论和预期收入理论。它们的基本思想如下。

1. 商业性贷款理论。该理论认为，商业银行在分配资金时应着重考虑保持高度的流动性，因为银行的主要资金来源是流动性很高的活期存款，所以银行只宜发放商业流动资金贷款，不宜发放不动产抵押贷款和消费贷款。当时的银行经营者认为，由于存款的来源、规模和结构不为商业银行所控制，对商业银行来说是外生的和不可控的，且活期存款随时将被支取，商业银行随时面临流动性风险的爆发。因此，商业银行为了防范流动性风险，避免出现支付困难及挤兑，只能发放短期流动资金贷款，以满足工商企业短期资金周转的需求。而且，为了进一步降低流动性风险，银行通常要求借款人提供真实贸易背景的商业票据作为贷款质押。因为银行认为商业票据具有自偿性，即使借款企业不能归还借款，银行也可以将票据出售以收回贷款资金。所以该理论也被称为自偿性贷款理论或真实票据理论。

商业性贷款理论诞生于商业银行管理水平低下、中央银行还未产生、没有最后贷款人角色的背景之下，因此，流动性风险是当时商业银行经营者面临的主要风险。该理论的缺陷是显而易见的：它忽视了活期存款具有相对稳定性的一面，导致银行资金

① 张兰．真实票据理论、自由银行理论和货币契约思想的比较研究［J］．新疆财经，2012（2）．

配置过多集中在盈利性较低的短期流动性资金贷款上，不利于银行发展和分散风险。实际上，银行可以将稳定的资金用于发放中长期贷款，在获取较高利息收入的前提下，也能满足部分工商企业对长期资金的需求。另外，对于票据质押贷款，尽管票据都有真实的贸易背景，具有自偿性的一面，但是贷款的清偿受制于外部的市场状况。在经济萧条时期，票据就难以自动清偿。以票据质押的自偿性贷款的自偿能力是相对的，而不是绝对的。

2. 资产可转换理论。20 世纪 30 年代的经济大危机和第二次世界大战后，随着经济建设的恢复和进一步发展，金融市场有了较大的发展，经历了危机和战争灾害的国家开始通过大量发行政府债券筹集经济发展所需资金，资产可转换理论应运而生。该理论仍然强调商业银行应考虑保持资金的高度流动性，但可放宽资产运用的范围。资产可转换理论认为，商业银行在保持高度流动性的前提下，可持有具有可转换性质的资产。这类资产应具有信誉高、期限短、容易转让的特性，银行在需要流动性时可以随时进行转让以获取所需资金。在该理论的指引下，商业银行的资产组合中，票据贴现和短期国债的比重迅速增加。

资产可转换理论突破了商业性贷款理论对商业银行资产运用的狭窄局限，使银行在注重流动性的同时扩大了资产组合的范围，有利于增强商业银行的盈利能力。但资产转换不是一种不付出转换成本的管理方法。商业银行出售债券获取现金时存在着机会成本，银行失去已售出债券的未来收益，同时还要付出一定的交易成本，这是银行在出售债券时必须付给证券交易商的费用。如果银行在行情下跌时不得不出售债券资产，就会给银行带来较大的资本损失。此外，流动性强的债券资产常常是利润较低的金融资产，若不是为了满足流动性管理的需求，银行可将资金投向盈利性较多的资产。所以，资产转换作为商业银行的资产管理手段之一，要同其他管理手段结合起来并正确决策才能显出成效。

3. 预期收入理论。该理论认为，银行资产的流动性取决于贷款的按期还本付息，这与借款人未来的预期收入和银行对贷款的合理安排密切相关。只要贷款偿还有保障，银行按照贷款期限进行合理组合，使资金回流呈现出可控制的规律性，同样可以保障银行的流动性。因此，商业银行应该注重的是贷款偿还与借款人未来预期收入之间的关系，而不是贷款的期限。当借款人采取分期付款的方式偿还贷款时，银行同样可以根据借款人的收入状况安排贷款的期限结构，以保证银行的流动性。

预期收入理论扩大了商业银行的资产业务范围，在商业性贷款管理和资产转换管理的基础上，商业银行通过对贷款申请人的未来收入进行预期分析，开拓了中长期贷款业务和消费贷款业务，增强了商业银行的盈利能力。

预期收入理论强调银行对借款人未来收入的预测是主观判断的经济参数。随着客观经济条件及经营状况的变化，借款人实际未来收入与银行的主观预测量之间可能会存在偏差，因此完全依赖预测借款人未来的经济收入来安排贷款仍然面临风险。另外，借款人的收入预测与经济周期有密切关系。经济不可能按照预测的趋势运行，如果经

济运行进入衰退期，则银行的借款发生信用风险的概率将极大提高。

三种资产管理理论是在不同历史背景下依次出现的，反映了商业银行经营者资产管理的视角逐步打开，但它们之间不是简单的否定或替代关系，而是相互补充的关系，丰富了资产管理战略的内容。

二、负债管理理论

（一）时代背景

负债管理理论盛行于20世纪60年代。该理论的兴起与当时的经济发展环境和金融环境的变化相适应。

第一，第二次世界大战后经济恢复建设，西方国家迎来一个快速发展时期。实体经济对资金的需求逐年旺盛，为商业银行带来了巨大的市场机会。

第二，金融市场快速发展，非银行金融机构不断涌现，投资渠道不断增加，社会资金逐渐分流，对商业银行的存款造成较大的威胁。在这种情况下，银行不得不调整管理策略，从各种渠道筹集资金。

第三，在激烈的市场竞争中，金融创新为金融机构带来比较优势。因此，在此期间，商业银行不断创新金融工具或金融产品，吸引资金流向商业银行。

第四，存款保险制度的推出和发展促进了商业银行的冒险经营，增强其不断进取的意识。因此，商业银行积极地采取主动发债的形式来筹集资金，扩大经营的规模。

（二）负债管理理论的基本思想

负债管理理论的基本内容是：商业银行资产按照既定的目标增长，主要通过调整资产负债表中负债方的项目，通过在货币市场上的主动负债或“购买”资金来实现银行三性原则的最佳组合。负债管理理论的发展经历了三个阶段，形成了三种负债管理理论。

1. 存款理论。该理论认为，存款是商业银行最主要的资金来源，是其资产业务的基础；银行在吸收存款过程中是被动的，为保证银行经营的安全性和稳定性，银行的资金运用必须以其吸收存款沉淀的余额为限；存款应当支付利息，作为对存款者放弃流动性的报酬，付出的利息即构成银行的成本。这一理论的主要特征是它的稳健性和保守性，强调应按照存款的流动性来组织贷款，将安全性原则摆在首位，反对盲目存款和贷款，反对冒险谋取利润。存款理论的缺陷在于它没有认识到银行在扩大存款或其他负债方面的能动性，也没有认识到负债结构、资产结构以及资产负债综合关系的改善对保证银行资产的流动性、提高银行效益性等方面的作用。

2. 购买理论。该理论认为，商业银行对存款不是消极被动，而是可以主动出击，购买外界资金，除一般公众外，同业金融机构、中央银行、国际货币市场及财政机构等，都可以被视为购买对象。商业银行购买资金的基本目的是增强其流动性。商业银行吸收资金的适宜时机是在通货膨胀的情况下。此时，实际利率较低甚至为负数，或实物投资不景气而金融资产投资较为繁荣，通过刺激信贷规模以弥补利差下降对银行利润的影响。

3. 销售理论。该理论认为，在金融市场和金融创新持续发展条件下，充分利用金融市场，商业银行可以持续创新金融工具或金融产品，并且通过不断改善销售方式来努力推销金融产品，扩大金融规模。商业银行应该以客户的需求为己任，根据客户的资金需求来安排贷款规模和结构，也相应地调整负债的规模和结构，增强商业银行的主动性和灵活性。商业银行经营管理的重心应调整到对负债的管理。

（三）负债管理理论的不足或局限

负债管理理论一改传统流动性管理中严格期限对称的原则和追求盈利性时强调存款制约的原则，不再依赖维持较高水平的现金资产和出售短期证券来满足流动性需求，而是积极主动地在货币市场上购买资金来满足流动性需求和不断适应目标资产规模扩张的需要，便利了银行资金的融通。资产负债管理理论使商业银行的经营方式发生了较大的变化，对商业银行产生了积极的影响，但是其也存在不足或局限。

第一，负债管理理论的应用提高了银行的融资成本，因为主动负债的借款成本通常比存款利率高。

第二，增加了银行的经营风险。由于市场变幻莫测，当银行不能从市场筹集到所需的资金时，便有可能陷入经营困境。

第三，不利于商业银行稳健经营。短期资金来源比重增大，借短放长的问题日趋严重，若银行不注意补充自有资本，则必然增加其风险。

三、资产负债综合管理理论

（一）时代背景

负债管理思想被商业银行普遍接受后，金融创新便不断涌现，各种新型金融工具和交易方式采取显性和隐性的方式提高资金价格，利率限制实际上被冲破。20 世纪 80 年代后期，西方各国先后取消或放松利率管制，银行界甚至整个金融界出现金融自由化浪潮，种类繁多的浮动利率资产和浮动利率负债品种纷纷出现。商业银行在争取到金融市场上主动融资权的同时，也面临新的风险，即利率风险。在利率市场波动的环境下，资产和负债的配置状态极有可能对银行利润和经营状况产生很大影响。银行资金管理开始把目标转向如何通过协调资产和负债的关系保持净利息正差额和控制正的自有资本净值，其管理思想是资产负债联合管理，即资产负债综合管理。

20 世纪 90 年代，由于银行业的兼并、金融产品的扩张、货币市场和资本市场的全球化、金融资产证券化、金融监管方式的变化及监管统一规则的出现等，商业银行资产负债综合管理得以在实践中进一步发展。

（二）资产负债综合管理理论的基本思想

资产负债综合管理理论的基本思想是：在融资计划和决策中，银行主动利用对利率变化敏感的资金，协调和控制资金配置状态，使银行维持一个正的净利息差额和正的资本净值。

资产负债综合管理理论认为，单靠资产管理或单靠负债管理都难以使商业银行实

现安全性、流动性和效益性的均衡。随着利率的变化，银行需要通过资产和负债的共同调整，协调资产和负债项目在期限、利率、风险和流动性方面的匹配，尽可能使资产、负债达到均衡，以实现安全性、流动性和盈利性的完美统一。具体的方法是：在流动性方面，从资产和负债两个方面进行预测，使资产的流动性与负债的流动性相适应，即使资产的期限结构与负债的期限结构相匹配；在风险控制方面，通过有效的资产和负债管理以防范各种风险。

（三）资产负债综合管理理论的局限

资产负债综合管理理论使商业银行的经营方式发生了较大的变化，对商业银行产生了积极的影响，但是其也存在不足或局限。

首先，资产负债综合管理促使竞争更加激烈。金融管制放松，特别是利率管制的放松，加上金融创新技术的进步和新金融工具的不断涌现，使银行业务日益多样化、复杂化。尤其是表外业务的迅速发展，增大了监管机构对银行的监管难度。

其次，商业银行在存款利率自由化的前提下激烈竞争，必然使存贷款利率上升，从而加大了实体经济部门的经济负担。

最后，该理论过度强调利率风险，使信用风险和操作风险的关注度降低，不利于商业银行的全面风险管理。而且，调整资产或者负债结构需要对利率进行预测，如果预测出现较大偏离，则可能使银行面临损失。

第二节　资产负债综合管理在商业银行的运用

一、资产负债管理与利率风险管理

商业银行资产负债管理战略把利率风险管理放在十分突出的位置上，科学地管理资产和负债以实现利率风险的短期效应和长期效应最小化是资产负债综合管理的重要目标之一。但利率风险最小并不是商业银行营运的最佳结果，因为盈利性是商业银行经营的最终目标，商业银行利率风险管理的前提应与银行盈利挂钩。在一定利率风险水平上的利润最大化才是商业银行资产负债管理追求的目标。

在利率波动的环境中，不可预测的利率波动从两个方面给银行带来风险：第一，利率敏感性资产与利率敏感性负债之间的缺口状态，它会使利率在上升或下降时影响银行净利息差额或利润；第二，利率波动引起的固定利率资产和固定利率负债的市值变化，会影响按市场价值计算的银行自有资本净值。

在资产负债综合管理的实践中，融资缺口模型和久期缺口模型是分别针对利率敏感性资产和负债及固定利率资产和负债的实践运用理论模型。

二、融资缺口模型

（一）融资缺口模型的原理

商业银行的利润主要来自利差收入，即利息总收入与利息总支出之间的差额。由于利息收入和支出受到利率变动的影响，利率的变动将影响利差，即净利息收入。因此，在分析利率风险时，我们首先考虑的是利率敏感性资产（Interest Rate Sensitive Assets，IRSA）和利率敏感性负债（Interest Rate Sensitive Liabilities，IRSL），即指在一定时期（考察期）内到期的或需要重新确定利率的资产和负债。

融资缺口模型又被称为“敏感性缺口管理法”，是指商业银行管理者对利率变化的预测，通过调整资产负债结构，扩大或缩小利率敏感性缺口或差额，从而保证银行收益的稳定和增长。

利率敏感性缺口（GAP），简称敏感性缺口，等于一个计划期内商业银行利率敏感性资产与利率敏感性负债之间的货币差额，即：

$$GAP = IRSA - IRSL$$

$GAP>0$ 为正缺口，表示利率敏感性资产超过利率敏感性负债，说明一部分利率敏感性资产的资金来源于固定利率的负债；

$GAP<0$ 为负缺口，表示利率敏感性资产小于利率敏感性负债，说明一部分固定利率资产的资金来源于利率敏感性负债；

$GAP=0$ 为零缺口，表示利率敏感性资产等于利率敏感性负债，说明利率敏感性资产的资金刚好来源于利率敏感性负债。

商业银行通过利用敏感性缺口谋求盈利或套期保值。下面的公式用简单的方式反映银行净利息收入（Net Interest Income）的变化量（ΔR）与敏感性缺口（GAP）和利率变化量（Δi）三者之间的关系：

$$\Delta R = \Delta i \times GAP = \Delta i \times (IRSA - IRSL)$$

利率敏感性缺口模型的管理重点就是根据此公式令银行净利息收入变化量等于或大于零。商业银行在预测利率变化的基础上，通过调整资产或负债项下的科目，利用敏感性缺口来增加银行利润。如表 8 - 1 所示，当银行预测利率上升，则可尽量保持正缺口或维持零缺口；若银行预测利率下降，则应尽量保持负缺口或维持零缺口。

表 8 - 1　　利率敏感性缺口、利率变动和净利息收入之间的关系

利率敏感性缺口	利率变动	净利息收入变动
正缺口	上升	上升
正缺口	下降	下降
负缺口	上升	下降
负缺口	下降	上升
零缺口	上升	没有变动
零缺口	下降	没有变动

（二）融资缺口模型的应用

一是防御性策略。通过实现利率敏感性资产与利率敏感性负债之间的平衡，令利率敏感性缺口为零，保证银行获取稳定的净利息收入，使商业银行免于受利率波动的影响，谋求资金的安全性。

二是进取性策略。在对未来利率变化进行准确预测的前提下，调整利率敏感性资产与利率敏感性负债之间的组合，利用利率变动和缺口谋取利润，努力使净利息收入变动（ΔR）最大化：当预测利率上升时，扩大正缺口；当预测利率下降时，扩大负缺口。

商业银行何时采取防御性策略，何时采取进取性策略，要视市场的利率走势和银行的整体资产、负债状况而定。在某一时刻，若需提高资金的效益性，则应采取进取性策略；若需提高资金的安全性，则应采取防御性策略。

事实上，银行在实践中即使实施零缺口，也不一定能完全消除利率风险。因为存在贷款利率的变动滞后于货币市场借款利率的变动等情况。此外，无论采用哪种策略，商业银行都必须考虑资金的流动性需求，并提供必要的流动性支持的具体手段。出售长期证券、发行长期大额定期存单、置换同业拆入资金、资产证券化等都是提供流动性支持的具体手段。融资缺口模型的应用涉及资产、负债的协调重组，“三性”的平衡是合理调节的基本原则。

（三）融资缺口模型的不足

一是关于确定利率敏感性资产和负债的观察时间，在银行实际经营中十分重要。可是，现实操作中却难以定夺。二是针对银行进取性策略，银行难以正确预测未来利率的变化趋势及变化的幅度。三是即使处于发达的金融市场，商业银行灵活调整资产或负债的规模及结构也是非常困难的。

三、久期缺口模型

与融资性缺口相对应的是久期缺口模型，用于管理以固定利率计价的资产和负债。久期缺口模型的应用原理是指商业银行在对利率进行有效预测的基础上，通过调整总资产和总负债的持久期之间的差额来增大商业银行净价值的管理方法。

（一）久期的相关概念

久期（Duration）的概念最早是麦考利（Frederick Robertson Macaulay）于1938年提出的。麦考利久期是使用加权平均数的形式计算债券的平均偿还时间，或者债券的投资者收回投资所持续的时间。在模型中，久期是指任何一项资产或负债的平均有效期限或偿还期限。其公式表示为

$$D = \frac{\sum_{t=1}^{n} \frac{tP_t}{(1+i)^t}}{\sum_{t=1}^{n} \frac{P_t}{(1+i)^t}}$$

其中，D 表示久期；P_t为在时间 t 的利息收入（或利息支出）和本金偿还的预期现金流；t 为某笔现金流量发生时刻距起初的时间；i 为利息率或收益率；n 为现金流量次数。

金融工具的期限和持久期是两个不同的概念。期限是指金融工具的生命期限，从其产生开始直至到期为止；持久期则需要考虑全部现金流量特征，即加权的现金流量

现值与未加权的现值之比。在持有期间不支付利息的金融工具，其久期等于到期期限或偿还期限。而对那些分期付息的金融工具而言，其久期总是短于偿还期限。这是由于同等数量的现金流量，早兑付比晚兑付的现值高。所以，久期反映了现金流量的时间价值。

从商业银行长期利率风险管理的角度看，久期是一个非常重要的概念，因为银行某一资产或负债的市场价值的变化率近似等于该资产或负债的久期与对应的利率变化量的乘积，即

$$\frac{\Delta PV}{PV} = -D\frac{\Delta i}{1+i}$$

其中，PV 为现值。其他字母含义与上文相同。此公式的证明过程如下。

银行某一资产（负债）的现值即该资产（负债）产生的未来现金流量的贴现值，可表示为

$$PV = \sum_{t=1}^{n}\frac{P_t}{(1+i)^t}$$

对上式中 i 求导可得该资产（负债）对利率变化的敏感程度，即

$$\frac{\mathrm{d}PV}{\mathrm{d}i} = -\sum_{t=1}^{n}\frac{tP_t}{(1+i)^{t+1}}$$

由上述公式联立可推出：

$$(1+i)\frac{\mathrm{d}PV}{\mathrm{d}i} = -DPV$$

故有

$$\frac{\mathrm{d}PV}{PV} = -D\frac{di}{1+i}$$

取其差分形式：

$$\frac{\Delta PV}{PV} = -D\frac{\Delta i}{1+i}$$

即得证。

当 i 值很小时，上式可表述为

$$\frac{\Delta PV}{PV} = -D\Delta i$$

其中，$\Delta PV/PV$ 为资产或负债市场价值的变化率；Δi 为对应的资产或负债利率的变化量。由公式中可得出如下结论：

（1）商业银行资产和负债的市场价值变动与其利率变动反向相关。

（2）商业银行资产和负债的市场价值的利率弹性与久期呈同向运动：久期越长，资产或负债受到利率变动的影响幅度越大，即利率风险越大；反之，则相反。

（二）久期缺口模型的原理

久期缺口模型是指商业银行通过对综合资产负债的久期缺口进行调整，以控制和降低在利率波动的情况下总体资产负债期限错配或利率结构错配给商业银行带来的风

险，以实现银行盈利性目标的方法。在利率市场化的前提下，利率的变化不仅对实行浮动利率的资产和负债产生影响，而且对固定利率的资产和负债也会有影响，导致商业银行的市场价值或净资产增加或减少。在当今商业银行普遍存在的资产与负债期限错配的情况下，如借短贷长，对外支付所需要的现金流出多于资产收回或变现的现金流入，银行需要从市场借入新的资金，形成新的负债：在利率上升时，成本相应增加，综合利差降下降；在利率下降时，银行面临再投资收益下降的风险。因此，商业银行需要从资产和负债两方面考量总的风险暴露情况。该模型提供的就是解决此类问题的思路和方法。

久期缺口模型可以表示为

$$D_{gap} = D_A - \frac{L}{A}D_L$$

其中，D_{gap} 表示久期缺口；D_A 表示总资产的平均久期；D_L 表示总负债的平均久期；A 表示总资产额；L 表示总负债额；资产负债率 $L/A < 1$ 。

总资产平均久期或总负债平均久期是指各项资产或负债久期的加权平均数，可以分别用公式表示为

$$D_A = \sum_{i=1}^{n} W_i^A D_{A_i} \qquad \text{或} \qquad D_L = \sum_{j=1}^{m} W_j^L D_{L_j}$$

其中，W_i^A 表示某项资产的权重，$W_i^A = A_i/A, i = 1,2,\cdots,n$ 。相应地，W_j^L 表示某项负债的权重，$W_j^L = L_j/L,\ j = 1,2,\cdots,m$ 。

商业银行的净资产或净价值用 NW 表示，则有

$$NW = A - L$$

当利率发生变动时，银行的资产及负债的价值也会受到影响并发生变化，所以银行的净资产也会随之发生变化。净资产的变化量等于资产的改变量与负债的改变量之差，即

$$\Delta NW = \Delta A - \Delta L$$

根据久期的计算原理，因为

$$\frac{\Delta A}{A} = -D_A \times \frac{\Delta i}{1+i}$$

$$\frac{\Delta L}{L} = -D_L \times \frac{\Delta i}{1+i}$$

$$\Delta A = -D_A \times \frac{\Delta i}{1+i} \times A$$

$$\Delta L = -D_L \times \frac{\Delta i}{1+i} \times L$$

所以，

$$\begin{aligned}\Delta NW &= \Delta A - \Delta L \\ &= -D_A \times \frac{\Delta i}{1+i} \times A - \left(-D_L \times \frac{\Delta i}{1+i} \times L\right)\end{aligned}$$

$$\frac{\Delta NW}{A} = -\left(D_A - \frac{L}{A}D_L\right)\frac{\Delta i}{1+i}$$

则：

$$D_{gap} = D_A - \frac{L}{A}D_L = -\frac{\Delta NW}{A}\bigg/\frac{\Delta i}{1+i}$$

其中，$\Delta NW / A$ 表示银行净价值变动相对于资产的比率。

上述公式标明，商业银行净资产（净价值）的变动与市场利率的变动之间存在显著的负向相关性，且其大小取决于总资产和总负债的久期以及总资产与总负债的比率。久期缺口和利率变动对商业银行价值的影响如表 8－2 所示。

表 8－2　久期缺口和利率变动对商业银行净价值的影响

久期缺口	利率变动	资产价值变动	变动幅度比较	负债价值变动	银行净利息变动
正缺口	上升	减少	>	减少	下降
正缺口	下降	增加	>	增加	上升
负缺口	上升	减少	<	减少	上升
负缺口	下降	增加	<	增加	下降
零缺口	上升	减少	=	减少	没有变动
零缺口	下降	增加	=	增加	没有变动

当久期缺口为正时，资产的平均久期大于负债的平均久期与资产负债率之积。如果利率下调，资产和负债的价值都会增加，但资产价值增加的幅度比负债增加幅度大，银行的市场价值将增加；如果利率上升，资产和负债的价值都会下降，而由于资产价值下降的幅度比负债大，导致银行的市场价值将下降。

（三）久期缺口模型的应用

一是防御性策略。商业银行通过将久期缺口保持为零的状态而使净价值的变动免于受利率波动的影响，从而有效地控制利率风险对商业银行经营的影响。

二是进取性策略。银行根据对未来利率走势的预测，保持与风险承受能力相适应的久期缺口，以获得利率变动带来的收益。比如预期市场利率将走高，则将久期缺口调整为负缺口，使未来资产价值的下降幅度小于负债价值的下降幅度，从而使银行净资产收入增加；同样，当预测市场利率将下调，则将久期缺口调整为正缺口。

久期缺口综合衡量了资产和负债结构的利率风险。久期缺口的绝对值越小，银行面临的风险越小。现实运用中，银行只需要考虑总资产和总负债的平衡，而不用设法平衡每一笔资产和负债，这使久期缺口模型的实践相对容易一些。更重要的是，久期缺口考虑了每笔现金流量的时间价值，而融资性缺口不能反映流量的时间价值。因此，久期缺口模型在本质上是对利率风险进行动态分析的方法。

（四）久期缺口模型应用中存在的问题

一是商业银行难以准确计算久期。计算久期需要许多主观假设，如提前提款的概率、提前偿还的概率、呆账的概率和既定现金流量能按时流入或流出的概率等。此外，模型运用对数据的要求较高，如银行需要了解每一账户的利率和可能的变动方向。

二是商业银行难以对利率变动做准确预测。银行在计算久期时需要估算未来每一笔现金流量的现值。问题的关键是银行怎样预测未来不同时期每一种利率的水平。事实上，如果银行能真正准确预测未来利率的变动，则利率风险在现实中将不会存在。

三是模型应用的现实成本巨大。因为久期是随利率变动的时限概念，当利率改变时，银行需要时间来重新制定资产负债表和计算久期；当利率不变时，随时间推移，久期也需要重新计算，这些都是不可忽略的成本。对于一些商业银行而言，久期缺口模型的现实运用所需的成本可能远远超过其收益。

【案例分析 8 –1】

融资缺口模型在商业银行的应用

以某农村商业银行为例，探讨敏感性缺口模型在商业银行的运用。

表 8 –3　　某农村商业银行融资性缺口模型情况分析　　单位：万元

资产项目	2020 年末余额	负债项目	2020 年末余额
1. 现金及存放中央银行存款	1 588 077	1. 同业及其他金融机构存放	14 844
2. 存放同业	175 334	2. 卖出回购金融资产	70 929
3. 拆出资金	2 671	3. 吸收存款	7 408 334
4. 交易性金融资产	32 764	4. 应付职工薪酬	10 001
5. 买入返售金融资产	252 676	5. 应交税费	38 960
6. 应收利息	39 131	6. 应付利息	87 469
7. 发放贷款及垫资	4 725 361	7. 代理业务负债	43 199
8. 可供出售金融资产	229 103	8. 其他负债	30 147
9. 持有至到期投资	1 011 594		
10. 应收账款类投资	564 026		
11. 投资性房地产	5 382		
12. 抵债资产	131 267		
13. 长期股权投资	12 233		
14. 固定资产	91 946		
15. 其他	83 058		
资产总计	8 381 162	负债总计	7 703 883

1. 利率敏感性资产的确认。在贷款中，不良贷款为 55 319 万元，其中次级贷款为 49 894 万元，可疑贷款为 5 425 万元，损失贷款为 0 元。对于不良贷款，由于计息方式和实际生息能力的变化已经失去了对利率的敏感性，因此我们认为不良贷款不属于利率敏感性资产，则计入敏感性贷款资产的为 4 670 042 万元；其他资产主要为待摊费用和待处理财产损益，也不属于利率敏感性资产；长期股权投资和固定资产不属于利率敏感性资产。扣除不属于利率敏感性资产后，该农村商业银行利率敏感性资产为 8 138 606 万元。

2. 利率敏感性负债的确认。在负债中，吸收存款项有定期存款。其中一年期以上的定期存款不属于利率敏感性负债；一年期以上定期对公存款为108 412万元，一年期以上定期储蓄存款为819 089万元；应付职工薪酬和应交税款不受利率影响，不属于利率敏感性负债；其他负债主要为所得税和其他应付款，因其不受利率变动影响，我们认为不属于利率敏感性负债。扣除不属于利率敏感性负债后，该农村商业银行利率敏感性负债为6 697 274万元。

3. 敏感性缺口分析。根据以上敏感性资产与负债的确认，则有

$$GAP = 8\ 138\ 606 - 6\ 697\ 274 = 1\ 441\ 332(\text{万元})$$

利率敏感性缺口为正，该农村商业银行属于资产敏感性银行。主要是该行长期投资和固定资产占比较小，仅为1.1%，而该行一年期以上定期存款在负债总额中占比较大，达到12.04%。因为根据合同约定，一年期以上定期存款在存款期内不受利率变动的影响，因而不属于利率敏感性负债。因此，该行承受较大的利率风险。

假定现在同时调整存贷款利率，市场利率将上升，资产的平均收益率和负债的平均成本都上升或都下降，则利率变动对净收入变动影响的计算公式如下：

净收入的变动＝利率敏感性资产×资产收益率变动－利率敏感性负债×负债成本变动

若资产收益率和负债成本同时上升1%，该行的净收入变化为

$$(8\ 138\ 606-6\ 697\ 274)\times 1\%=14\ 413.32\ (\text{万元})$$

若资产收益率和负债成本同时下降1%，该行的净收入变化为

$$(8\ 138\ 606-6\ 697\ 274)\times(-1\%)=-14\ 413.32\ (\text{万元})$$

当市场利率上升时，该行将获得超额的收入；而当市场利率下降时，该行收入将面临减值。因此，当该行能够预测市场利率上升时，可以保持现有的资产负债结构；当预测市场利率下降时，就应当对资产负债结构进行调整。由于一年期以上定期存款是被动的资金来源，难以调整，该行较好的调整措施应该是减少贷款和现金及中央银行的存款，扩大长期股权的投资，以减少利率敏感性资产，也可以增大对长期固定收益类金融产品的投资。因为，当利率下降时，长期固定收益类产品的价值将提高。

资料来源：根据本书第一版整理。

【案例分析8－2】

久期缺口模型的应用

假定某商业银行没有违约、预收账款和提前支取等，即资产与负债都依据合约执行；现金的久期为0；资产与负债每个项目的到期收益率均为5%；贷款利率按照中央银行公布的基准利率，无上下浮动，每月计一次利息；存款利率也按照中央银行公布的基准利率；国债的票面利率为5.5%，且每年计息一次。该商业银行的资产负债和久期计算（简化）如下。

1. 资产久期计算

表 8-4　　某商业银行资产久期情况

资产项目	价值（亿元）	利率（%）	有效年利率（%）	久期
现金	2 000	0	0	0
3 年期贷款	3 000	6.15	6.34	2.93
10 年期按揭贷款	2 000	6.55	6.77	8.80
5 年期国债投资	3 000	5.50	5.50	4.61
总资产	10 000			

资产久期：

$$D_A = \frac{0 + 2.93 \times 3\,000 + 8.80 \times 2\,000 + 4.61 \times 3\,000}{10\,000} = 4.022$$

2. 负债久期计算

表 8-5　　某商业银行负债久期情况

负债项目	价值（亿元）	利率（%）	久期
1 年期定期存款	3 500	3.25	0.98
3 年期定期存款	3 000	4.25	2.94
5 年期定期存款	2 000	4.75	4.94
负债总计	8 500		

负债的久期：

$$D_L = \frac{0.98 \times 3\,500 + 2.94 \times 3\,000 + 4.94 \times 2\,000}{8\,500} = 2.604$$

3. 久期缺口的计算及分析

$$D_{gap} = D_A - \frac{L}{A} D_L = 4.022 - 2.604 \times \frac{8\,500}{10\,000} = 1.809$$

计算结果表明，该行的久期缺口大于0，将承担利率风险，即当利率上升时，该行的净市场价值下降；当利率下降时，该行的净市场价值将上升。如果商业银行难以对未来利率的走势作出准确的预测，为了规避利率风险，可以调整资产或者负债的结构，使久期缺口为0。假设调整负债的结构为：减少 X 亿元 1 年期存款，发行 X 亿元 1 年期存款，发行 X 亿元 10 年期零息债券（零息债券的久期等于其到期期限）。

由

$$D_{gap} = D_A - \frac{L}{A} D_L = 4.022 - D_L \times \frac{8\,500}{10\,000} = 0$$

得

$$D_L = 4.732 = \frac{0.98 \times (3\,500 - X) + 2.94 \times 3\,000 + 4.94 \times 2\,000 + 10X}{8\,500}$$

求得，$X = 2\,005.76$（亿元）

即发行 2 005.76 亿元的 10 年期零息，减少 1 年期定期存款至 1 494.24 亿元。从理论上来说，也可以调整资产的结构，如减少期限较长的按揭贷款、增加 3 年期贷款，但在实际中，因为贷款合约尚未到期，短期内难以对结构进行调整。

资料来源：根据本书第一版整理。

第三节　金融衍生工具在资产负债管理中的运用

融资缺口模型和久期缺口模型都可以用于衡量商业银行的利率风险——缺口越大，银行承担的利率风险越大。因此，商业银行必须非常准确地预测利率变动的方向，才能确保收益。但现实中，由于利率走势难以准确预测，同时，由于商业银行不是投机的金融机构，因此，银行在利用缺口模型进行资产负债管理时会更倾向于采用防御性策略。即商业银行通过将资产和负债的缺口调整为零，就可以在很大程度上减少利率变动的不确定性带来的风险。但实际操作中，要一直维持零缺口是不可能的。即使商业银行可以做到，其付出的成本和代价也是巨大的。

从 20 世纪 70 年代起，由于西方各国逐渐放松金融管制，市场利率出现频繁的大幅度波动，利率风险成为商业银行经营过程中面临的主要风险之一，金融衍生工具因此成为商业银行防范利率风险的实用管理工具。常用的防范利率风险的工具主要有利率期货、利率期权和利率互换。商业银行在应用衍生工具防范风险的同时，其自身也会产生风险，并对银行的管理形成挑战。此外，商业银行并不仅仅将此类金融工具用于降低其利率风险，还将这些风险管理工具卖给需要进行风险控制的客户，并收取相应的费用收入。

一、利率期货

（一）多头套期保值

当市场利率下降时，银行会担心届时贷款利率会下降，进而减少银行的利息收入。由于金融期货的价格走向与利率变动的方向相反，因此，银行可以在期货市场上先购买金融期货合约，通过从期货市场上获取的利润来弥补现货市场中因利息收入减少而发生的损失，从而稳定收入。这种在期货市场上先买进期货合约来消除利率下降的风险的交易被称为多头套期保值（Long Hedge）。

假设某银行在未来的 2 个月将收回一笔 1 000 万美元的贷款，银行准备将这笔钱投资于 3 个月期限的欧洲美元存款。市场利率为 8.80%。银行管理层担心未来市场利率

下降会减少银行的利息收入。为此，银行决定先买入欧洲美元期货进行套期保值，然后在2个月后收回贷款时再卖出期货合约进行对冲。这样，一旦市场利率真正下降，期货市场上获得的收益就能补偿现货市场上的损失（见表8－6）。

表8－6　多头套期保值的交易

日期	现货市场	期货市场
5月20日	银行预计2个月内将有一笔1 000万美元的贷款收回，并准备用于投资3个月期限的欧洲美元定期存款。当前的市场利率为8.80%。 使用当前利率计算投资利息收入为 $1\,000 \times 8.80\% \times \frac{3}{12} = 22$（万美元）	银行买入10张2个月到期的3个月欧洲美元期货合约（面值为100万美元），利率为9.10%。10份合约的总价值为909万美元
7月20日	银行投资1 000万美元购买3个月到期的欧洲美元定期存款，利率为8.55%。 投资利息收入为 $1\,000 \times 8.55\% \times \frac{3}{12} = 21.375$（万美元）	银行卖出10张2个月到期的3个月欧洲美元期货合约（面值为100万美元），利率为8.82%。10份合约的总价值为911.8万美元
盈亏计算	在利率下降的情况下，银行可能损失的利息收入为 21.375－22＝－0.625（万美元）	在期货合约价格上涨的情况下，银行持有期货获得的收入为 911.8－909＝2.8（万美元）
盈亏分析	现货市场机会成本与期货市场收益之和为 －0.625＋2.8＝2.175（万美元） 银行的实际有效收入＝现货市场收益＋期货市场收益 ＝21.375＋2.8＝24.175（万美元）	

（二）空头套期保值

当市场利率上升时，银行会担心吸收的存款或借入的短期资金成本上升，进而减少银行的利息收入。同时，银行持有或打算出售的债券或其他固定利率贷款的价值会因利率上升而下跌。由于金融期货的价格走向与利率变动的方向相反，因此，银行可以在期货市场上先出售金融期货合约，通过从期货市场上获取的利润来弥补现货市场中因利息收入减少而发生的损失，从而稳定收入。这种在期货市场上先售出期货合约来消除利率上升的风险的交易被称为空头套期保值（Short Hedge）。

假设某银行按协议在3个月后要提供一笔1 000万美元的贷款，该银行打算将其一笔10年期的国债出售以筹措这笔贷款。银行管理层担心未来市场利率上升，国债的价格会下降，从而使得筹措这笔1 000万美元贷款的成本增加。为此，银行决定先在期货市场上卖出等额的国债期货，从而锁定未来的筹款成本。假设每张国债期货合约的面值为10万美元。交易过程如表8－7所示。

表 8－7　　　　空头套期保值的交易

日期	现货市场	期货市场
5 月 20 日	银行预计将在 3 个月后卖出 1 000 万美元的 10 年期的国债。 10 年期国债的面值为 100 万美元，则 1 000 万美元需要卖出 10 张国债，年收益率为 8%。 当前现货市场的筹资利息成本为 $1\,000 \times 8\% \times \frac{3}{12} = 20$（万美元）	银行卖出 10 张国债期货合约（面值为 100 万美元），合约价格为 99.25 美元，10 份合约的总价值为 992.5 万美元
8 月 20 日	银行卖出 1 000 万美元的 10 年期国债。 10 年期国债的市价为 100 万美元，年收益率为 8.42%。则 10 张国债在市场利率提高后，现货市场的筹资利息成本为 $1\,000 \times 8.42\% \times \frac{3}{12} = 21.05$（万美元）	银行买进 10 张国债期货合约（面值为 100 万美元），合约价格为 95.25 美元，10 份合约的总价值为 952.5 万美元
盈亏计算	在利率上升的情况下，银行可能的筹资成本变化为： 20－21.05＝－1.05（万美元）	在期货合约价格下跌的情况下，银行从所持有的期货中获利： 992.5－952.5＝40（万美元）
盈亏分析	现货市场机会成本与期货市场收益之和为 －1.05＋40＝38.95（万美元） 银行的实际有效成本＝现货市场利息支出－期货市场收益 ＝21.05－40＝－18.95（万美元）	

上述例子均忽略了期货交易的手续费成本，并做了一些简化处理。但通过例证可以看出，银行期货交易的套期保值确实减少了利率波动的风险。在套期保值的过程中，银行首先要准确预测利率的走势——上升还是下降。其次，银行要选择合适的期货合约。一般而言，为减少利率波动的风险，期货合约中的金融工具应类似于要保值的资产或负债，例如用国债期货来保值国债现货。如果没有相同的金融工具，至少应选择和要保值的资产或负债的利率变动一致或接近的期货。再次，根据未来现货交易的数额和时间，确定期货合约的数量，因为期货交易中每张合约的数额都是定额的。最后，在整个保值过程中，银行要随时注意市场利率的变化和自己的风险头寸。当期货和现货市场的利率波动方向相反且不利时，银行将在现货市场和期货市场交易中均受损，银行不但难以达到保值的目的，还要承受更大的风险损失。

二、利率期权

（一）利率期权的类型

利率期权（Interest－Rate Option）是商业银行另一种套期保值的金融工具，是以各种利率相关产品或利率期货合约为标的物的期权合约，期权持有者买入期权后就有权在期权到期日（或之前）以某一预定的执行价格从期权卖方手中买入（或卖出）一定数量的金融工具。利率期权的优点在于，如果期权所有人认为该项期权交易对其不利，可以选择不履行期权合约。

利率期权主要分为实际证券期权（如国债期权、政府票据期权等）、债券期货期权（如国库券期权、欧洲美元期货期权等）和利率协定（如利率上限等）。从期权的交易方式看，期权有两个基本的类型：看涨期权（Call Option）和看跌期权（Put Option）。看涨期权赋予期权持有人有权在某一时刻以敲定价格（Strike Price）购买某一基础金融工具，但也有权不购买；看跌期权赋予期权持有人有权在某一时刻以敲定价格卖出某一基础金融工具，但也有权不卖出。但这一权利的履行是要付费的，期权的购买者必须向售出者支付一定的费用，这种费用叫期权费。按交易的时间，期权还可以分为美式期权和欧式期权。美式期权的买方可以在期权期限内的任何时间要求行使权利；欧式期权的买方必须等到期权到期日当天才能要求卖方履行承诺。可见，美式期权的买方相对于欧式期权的买方具有更多的灵活性。

（二）利率期权套期保值的原理

由于固定收益证券的价格和利率负相关，投资者可以根据对市场利率走势的预测购买利率期权对资产进行套期保值。同时，投资者可以在买入期权后根据市场走势选择是否执行期权、何时执行期权等。当利率上升，证券价格下跌时，持有看跌期权的投资者就有利可图，他可以选择执行期权或卖出看跌期权从中获利；相反，看涨期权的持有者会选择放弃执行期权。当利率下降，证券价格上涨时，情况刚好相反，看涨期权的持有者可以按照执行价格购入相关金融资产，或卖掉看涨期权获利；看跌期权的持有者则会选择放弃执行期权。利率波动对看涨期权和看跌期权的影响如表 8 – 8 所示。

表 8 – 8　　利率波动下看涨期权或看跌期权执行损益

利率波动方向		上升	下降
标的资产市场价格		下降	上升
看涨期权	买方	受损	获利
	卖方	获利	受损
看跌期权	买方	获利	受损
	卖方	受损	获利

在期权交易中，期权合约的买卖双方面临的风险是不对称的。期权的卖方面临的风险比期权的买方要大得多。因为期权交易买方的最大损失就仅限于支付给卖方的期权费；而对卖方而言，如利率向不利于卖方的方向变动，卖方的损失是无限的。所以，商业银行一般都被禁止作为期权交易的卖方参与期权交易。例如，美国的商业银行不仅被禁止作为期权交易的卖方签订期权合约，银行还被要求买入的期权必须与银行业务面临的具体风险相联系，即银行只能利用期权交易进行套期保值业务。

当银行处于融资缺口模型的正缺口状态时，如担心利率下降造成银行净利润减少，可购入看涨期权。当利率下降时，金融资产的价格随之上涨，银行行使期权获利，以抵补现货市场的损失；当对利率预测不准确时，银行可以选择不行权，其损失仅为期权费，其收益如图 8 – 1（a）所示。当银行处于融资缺口模型的负缺口状态时，担心

利率上升导致银行净利息收入下降，可购入看跌期权。这样，当利率上升时，金融资产价格随之下降，银行行使期权获利，现货市场损失得以抵补；如果银行对利率走势判断失误，利率不变或下降，其最大的损失为期权费，其损益如图 8－1（b）所示。

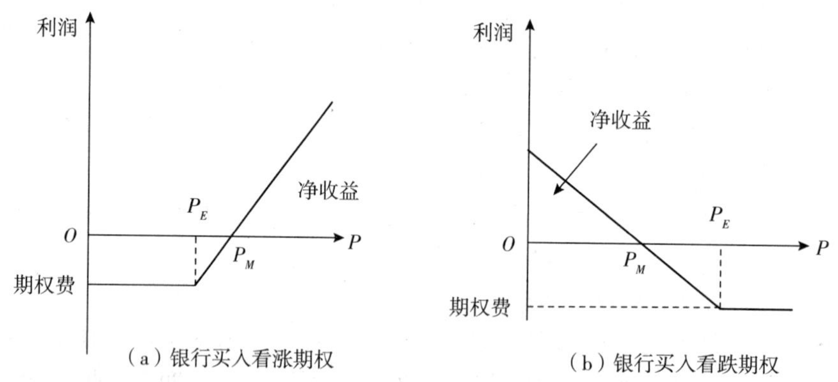

注：P 为金融资产价格，P_E 为期权的执行价格，P_M 是收益为零的价格。

图 8－1　利率期权、金融资产价格和净收益的关系

如图 8－1（a）所示，银行买入了看涨期权，但如果金融资产的价格不超过期权的执行价格 P_E，该银行显然不会履行期权合约，银行仅仅损失期权费。如果市场价格高于执行价格 P_E，银行购买期权付出的费用至少可以部分被补偿。当市场利率下降较多，债券的价格高于 P_M 时，银行的净收益便大于零。这样，购买看涨期权的作用就类似于购买期货，可以用来减少或消除利率下降带来的风险。同样的道理，分析银行购买看跌期权的收益情况。从图 8－1（b）可以看出，银行只有在市场利率上涨后，金融资产的价格下跌到执行价格 P_E 之下时，才会执行期权。当市场利率上涨幅度较大，金融资产价格低于 P_M 时，银行的净收益也才会大于零。因此，买入看跌期权为银行减少了利率上升的风险。

三、利率互换

（一）利率互换的操作原理

利率互换（Interest Rate Swaps）也称利率掉期，是指交易双方同意在未来的一定期限内根据同种货币，以同样的名义本金交换现金流，其中一方的现金流量根据浮动利率计算，另一方的现金流量根据固定利率计算。利率互换中，交易双方的本金不交易，以名义本金为基础计算各自的利息支付或利息收入，然后互相交换利息支付的义务或利息收取的权利。现实中，利率互换是全球场外金融衍生工具交易中占比最高的一类交易。

由于利率互换中交换的本金是名义本金，又是场外交易的利率商品，因此，利率互换能相当灵活地调整银行资产和负债中的浮动利率资产（负债）与固定利率资产（负债）的构成，从而达到调整缺口大小的目的。利率互换具体的交易策略包括固定利率资

产与浮动利率资产之间的互换、固定利率负债与浮动利率负债之间的互换（见表8－9）。

表8－9　　利率互换在资产负债管理的交易策略

资产负债结构调整的方向	利率互换的策略
增加利率敏感性资产	固定利率资产与浮动利率资产互换
减少利率敏感性资产	浮动利率资产与固定利率资产互换
增加利率敏感性负债	固定利率负债与浮动利率负债互换
减少利率敏感性负债	浮动利率负债与固定利率负债互换

在合同的有效期内，利率互换会产生一系列有规律的现金流，双方将会约定每隔3个月或半年交换一次利息支付。合同期限可长可短，从3个月到30年不等，所以互换可以将利率在长期内锁定。国内银行被允许开展的人民币利率互换业务仅限于固定利率与浮动利率的互换，浮动利率指数以上海银行间同业拆放利率（Shibor）为标准。但外币的利率互换业务中，可以使用的浮动利率指数较多，包括伦敦同业拆借利率（Libor）、美国国库券利率、商业票据利率等。

（二）利率互换的应用

A银行有一笔以浮动利率计价的贷款，贷款本金为1 000万元人民币，期限为3年，利率为3个月期的Shibor加上200个基点。此贷款导致该银行利率敏感性缺口为正。资产负债期限结构等不匹配可能导致银行净利息收入的风险：当利率下降时，浮动利率计价的贷款产生的现金流入将减少，因此，银行承受着一定的利率风险。银行经分析判断未来利率下降的可能性较大，因此决定做一笔互换交易以稳定银行的净利息收入。

B银行是利率互换市场的做市商，为客户提供各种各样的利率互换服务。假定A银行与B银行签订利率互换协议，期限为3年，名义本金为1 000万元，在互换期限内，A银行按3个月的Shibor加50个基点向B银行支付利息，同时按照4.5%的利率向B银行收取固定利息。互换的结果就是A银行将贷款利息中的（Shibor＋0.5%）部分支付给B银行，保留了150个基点的利息收入。因此，在B银行向A银行支付了4.5%的固定利率后，A银行成功地将浮动利率贷款固定为年利率为6%的固定利率贷款，有效对冲了利率风险（见图8－2）。

图8－2　银行利用利率互换调整资产负债的期限结构

A银行利率互换后的主要风险在于银行的客户有可能在贷款合约到期前提前还贷。如果市场利率下跌幅度较大，客户提出还贷，A银行受互换协议的约束，需要承担较大的资金成本。因此，银行在使用利率互换协议对冲利率风险时，对于提前还贷的客户，需要收取相应的罚金。

第四节　我国商业银行资产负债比例管理

我国商业银行对资产和负债的管理最早可以追溯到1985年。这一年，中国人民银行开始对信贷资金管理体制进行改革，实行“实贷实存”的信贷资金管理办法，努力实现总量平衡、结构对称。它是由中国人民银行省、自治区、直辖市分行在中国人民银行总行下达的借款额度内借给专业银行省、自治区、直辖市分行，由其再分配给所属的行处、转入在中国人民银行开立的存款户中支用。该办法一直实行至1993年。1994年，中国人民银行在四家国有商业银行实行“限额下的资产负债比例管理”。1994年2月15日，中国人民银行下发了《关于对商业银行实行资产负债比例管理的通知》，决定自印发之日起，对商业银行的资金使用实行比例管理。通知中规定了商业银行实行资产负债比例管理的暂行监控指标（共9项指标）。1996年12月22日，中国人民银行下达了《关于印发商业银行资产负债比例管理监控、监测指标和考核办法的通知》，对1994年制定的商业银行资产负债比例管理指标进行了修订。新的指标分为监控性指标和监测性指标两大类，共16个指标。监控性指标（10项）指要求各商业银行必须达到的指令性指标；监测性指标（6项）是参考性指标，为监控性指标的必要补充。1995年7月1日，《中华人民共和国商业银行法》颁布后，中国人民银行决定从1998年起取消对国有商业银行的贷款规模控制，严格按照《商业银行法》的规定，全面推行资产负债比例管理。银监会成立后，自2006年1月1日施行了《商业银行风险监管核心指标（试行）》，建立以风险监管为主要特征的商业银行全面资产负债比例管理。

一、商业银行风险监管核心指标

银行业监管部门制定的商业银行风险监管指标从风险水平、风险迁徙和风险抵补三个方面，明确了具体的指标值，即最低标准。

（一）风险水平

1. 流动性风险指标。流动性风险，是指商业银行无法以合理成本及时获得充足资金，用于偿付到期债务、履行其他支付义务和满足正常业务开展的其他资金需求的风险。结合2018年施行的《商业银行流动性风险管理办法》，流动性风险监管指标如表8－10所示。

表8－10　流动性风险监管指标

指标名称	计算公式	控制标准
1. 流动性比例	流动性资产余额/流动性负债余额	≥25%
2. 核心负债比例	核心负债/负债总额	≥60%
3. 流动性缺口率	90天内表内外流动性缺口/90天内到期表内外流动性资产	≥－10%

2. 信用风险监管指标。信用风险监管指标如表 8－11 所示。

表 8－11　信用风险监管指标

一级指标名称和计算公式	指标值	二级指标名称和计算公式	指标值
1. 不良资产率 = 不良资产/资产总额	≤4%	1. 不良贷款率 = 不良贷款/贷款总额	≤5%
2. 单一集团客户授信集中度 = 最大一家集团客户授信总额/资本净额	≤15%	2. 单一客户贷款集中度 = 最大一家客户贷款总额/资本净额	≤10%
3. 全部关联度 = 全部关联授信/资本净额	≤50%		

3. 市场风险监管指标。市场风险监管指标如表 8－12 所示。

表 8－12　市场风险监管指标

指标名称	计算公式	控制标准
1. 累计外汇敞口头寸比例	累计外汇敞口头寸/资本净额	≤20%
2. 利率风险敏感度	利率上升 200 个基点对银行净值的影响/资本净额	尚无具体指标

4. 操作风险指标。操作风险指标衡量内部程序不完善、操作人员差错或舞弊以及外部事件造成的风险，表示为操作风险损失率，即操作造成的损失与前三期净利息收入加上非利息收入平均值之比。2007 年银监会为加强商业银行操作风险的管理，制定了《商业银行操作风险管理指引》，规范操作风险管理的细则。随着时间的推移，操作风险管理相关国际规则进行了修改和完善；2007 年版的监管规定难以满足风险管理的现实需要，国内银行保险机构在操作风险管理方面也暴露了一些不足，有必要对原有监管规定进行全面修订。为提升银行保险机构的操作风险管理水平，国家金融监督管理总局于 2023 年 7 月起草了《银行保险机构操作风险管理办法（征求意见稿）》，进一步规范操作风险管理。

（二）风险迁徙类指标

风险迁徙类指标衡量商业银行风险变化的程度，表示为资产质量从前期到本期变化的比率，属于动态指标。风险迁徙类指标包括正常贷款迁徙率和不良贷款迁徙率（见表 8－13）。

表 8－13　风险迁徙类监管指标

指标名称	计算公式	控制标准
1. 正常贷款迁徙率	正常贷款中变为不良贷款的金额/正常贷款	尚无具体指标
①正常类贷款迁徙率	正常类贷款中变为后四类贷款的金额/正常类贷款	尚无具体指标
②关注类贷款迁徙率	关注类贷款中变为不良贷款的金额/关注类贷款	尚无具体指标
2. 不良贷款迁徙率		
①次级类贷款迁徙率	次级类贷款中变为可疑类贷款和损失类贷款的金额/次级类贷款	尚无具体指标
②可疑类贷款迁徙率	可疑类贷款中变为损失类贷款的金额/可疑类贷款	尚无具体指标

（三）风险抵补类指标

风险抵补类指标衡量商业银行抵补风险损失的能力，包括盈利能力、准备金充足程度和资本充足程度三个方面。

表 8－14　　风险抵补类监管指标

指标名称	计算公式	控制标准	
盈利能力	成本收入比	营业费用加折旧/营业收入	≤45%
	资产利润率	税后净利润/平均资产总额	≥0.6%
	资本利润率	税后净利润/平均净资产	≥11%
准备金充足程度	资产损失准备充足率	信用风险资产实际计提准备/应提准备	≥100%
	贷款损失准备充足率①	贷款实际计提准备/应提准备	≥100%
资本充足程度	核心资本充足率	核心资本/风险加权资产	≥4%
	资本充足率	核心资本加附属资本/风险加权资产	≥8%

①资产损失准备充足率为一级指标。

2008 年国际金融危机后，《巴塞尔协议Ⅲ》的草案于 2010 年提出，且在短短一年时间内就获得了最终通过，且于此后的 2010 年 11 月在韩国首尔举行的 G20 峰会上获得正式批准实施。中国银监会依照《巴塞尔协议Ⅲ》的精神，对风险监管的核心指标进行调整：国内现行的资本充足率监管要求为大型银行 11.5%、中小银行 10%；商业银行核心一级资本充足率、一级资本充足率和资本充足率的最低要求分别调整为 5%、6% 和 8%；贷款拨备率不低于 2.5%；拨备覆盖率不低于 150%。资本充足率的过渡期为 2012 年初开始实施，2016 年底达标。

二、资产负债比例管理的特征

第一，体现以风险管理为主线的资产负债管理。银监会公布的资产负债六类监管指标全部为风险管理指标，突出表现在要求商业银行的资产负债管理不是以盈利为核心，而应该是以风险管理为核心，传导的是商业银行在对风险进行有效管理的基础上追求利润及社会价值最大化的可持续经营理念。

第二，适应全面风险管理的需要。随着经济及金融的全球化发展、金融自由化程度的不断提高、持续的金融创新和计算机及网络技术的进步等，商业银行的经营环境比之前任何时候都要复杂，面临的风险是全方位的风险。因此，核心监管指标在设计上覆盖了我国银行业最为重要的信用风险、市场风险、操作风险和流动性风险四种风险，以达到全面风险监管的目的。

第三，为商业银行建立全面风险管理体系确立主线。通常，较完善的全面风险管理体系包括风险控制意识和文化、网络状的风险控制组织结构、风险预警子系统、风险度量子系统、风险管理操作等。全面风险管理体系每一部分的核心就是监管核心指标，即围绕监管核心指标来设计或构建。最终的结果评价也以监管核心指标作为标准。因此，商业银行可以在监管核心指标的基础上设计和构建适合自身发展的全面风险管理体系。

三、我国选择资产负债比例管理法的原因

我国商业银行现在普遍采用资产负债比例管理法对资产负债实施管理。该方法最

大的不足在于监管核心指标缺乏弹性和难以对商业银行的风险整体状况作出综合评价，不利于商业银行从战略上对资产负债实施决策管理。与西方发达国家商业银行普遍采用资产负债综合管理相比，我国尚存在一定的差距。运用资产负债综合管理法需要具备内外部的条件。外部环境条件包括商业银行以盈利为目标，利率完全市场化且具有较高的敏感性，金融市场发达且能为商业银行资产负债的多样化及高流动性创造条件等。内部环境条件包括以下三方面。

1. 较完善的数据系统。该系统包括但不限于：（1）总账系统；（2）资金管理系统（包括中央银行、同业、资金拆借、交易性金融资产、买入返售和卖出回购等）；（3）信贷管理系统；（4）投资管理系统；（5）国际（外汇）业务管理系统；（6）报表管理系统；（7）内部评级法（高级 IRB 法）管理系统；（8）内部资本充足评估程序（ICAAP）管理系统；（9）流动性风险管理系统；（10）操作性风险管理系统；（11）信用风险管理系统；（12）集中（大额）风险管理系统；（13）声誉风险管理系统；（14）客户投诉管理系统；（15）法律风险管理系统；（16）市场风险管理系统；（17）内部交易风险管理系统；（18）战略投资风险管理系统等。

2. 资产负债综合管理系统。该系统要素包括但不限于：（1）资产负债计划执行系统；（2）资本管理系统；（3）风险计量系统；（4）资金转移定价系统；（5）压力测试系统；（6）数据补漏系统；（7）报表系统；（8）数据接口模块。

3. 系统执行保障条件。保障条件主要包括组织构架、执行制度和监督机制等。

【案例分析 8－3】

中国式“钱荒”

所谓“钱荒”是指流通中货币不足而引发的货币危机。中国式“钱荒”通常是从银行系统先引发的。在我国商业银行内部，每年的半年末、年末都会出现资金紧张。如果仅仅是银行系统内部资金紧张引致“钱荒”现象，不足以称为“中国式钱荒”。中国式钱荒的特征表现为：一方面银行内部资金紧张，资本市场、中心企业缺钱；另一方面是货币供应量充裕，国有大企业出手阔绰，民间借贷繁荣。在我国商业银行经营历史上，2013 年和 2016 年的钱荒最为引人瞩目。本案例拟通过分析 2013 年钱荒的特征对商业银行资产负债管理的期限错配和资金错配进行分析。

2013 年 5 月末，Shibor 还不到 3%。然而，当时间跨入 6 月，Shibor 不断飙升，最高时隔夜回购利率为 30%。消息一出，当即引爆媒体，人们对银行业资金紧张的讨论急剧升温。市场的紧张情绪开始蔓延，股市和金市暴跌，人们对中国经济前景充满担忧。

钱荒由多种复杂因素导致，然而最根本的原因是“两个错配”：银行资金的期限错配和资金错配。这两个错配最终导致银行同业市场的流动性紧张，使资金流向房地产和融资平台。

银行的期限错配造成银行资金来源和去向的期限不匹配。理财产品和短期存款是商业银行获得短期资金的渠道，而后便采用同业存款的模式存入其他银行。这些银行再利用信托计划或者长期贷款的手段从中获取利润。当到期需要兑付短期存款和理财产品时，同业市场可以被用作资金融通渠道。几乎所有的商业银行都通过同业市场来融通资金，这就会带来银行同业市场流动性紧张的问题，进而出现交易违约和高价出钱的状况，尤其当银行因为误判，没有做好到期资金的安排时。

银行的资金错配导致大部分的资金并没有进入实体经济中发挥作用，而是在金融机构之间“空转”。银行的贷款对于那些急需资金投入的中小企业来说，门槛和成本都较高，但是对于一些国有企业和大型企业来说，获得贷款是件容易的事，然而却并非用于生产经营的实体中，而是通过信托市场的杠杆化投入高回报高收益的房地产市场和各类融资平台。

在我国经济高速增长的背景下，“长贷短存”现象在银行的经营结构中逐渐加剧。而经济高速增长似乎可以掩盖“长贷短存”的弊端，让流动性风险难以暴露。但银行资产负债上的错配，容易对银行的流动性造成严重冲击，一旦经济下行，银行短期的资金来源就有可能受阻，出现短缺或断裂，而长期资产难以有效补充流动性，银行就有可能因为流动性不足、资金链条断裂而陷入破产的危机中。

因此，商业银行应该积极地把控流动性风险。各银行在保持业务收入多元化的同时抛弃流动性永久宽松的幻想，转变经营理念，提高自身的流动性管理能力。正确估计流动性风险，保持日常流动性能处于合理水平，确保各项存款增长兼顾流动性与盈利性的多种经营目标。审慎要求、安排资产负债结构和期限结构，有效防止各种错配导致的风险，加强利率管理，调整资产配置，逐步把准贷款利率。

资料来源：邵原.“钱荒”的成因、背景及应对之策［J］.现代经济探讨，2016（4）.

【本章小结】

1. 资产负债管理指的是商业银行在给定的风险承受能力和约束条件下，为了实现既定的经营目标而对其各种资产和负债涉及的流动性结构、利率结构、汇率结构、期限结构、资金成本与资金收益等进行统一规划、指导和控制的过程。

2. 资产管理理论包含三种基本理论：商业性贷款理论、资产可转换理论和预期收入理论。资产管理理论为商业银行的发展作出了积极贡献，但是也存在不足。

3. 负债管理理论包含三种基本理论：存款理论、购买理论和销售理论。负债管理理论在当今商业银行的经营管理中仍然发挥有效的指导作用，但是单纯的负债管理理论将商业银行经营管理的重点放在负债管理上，存在不足或局限。

4. 资产负债综合管理理论认为，单靠资产管理或单靠负债管理都难以使商业银行实现安全性、流动性和效益性的均衡。随着利率的变化，银行需要通过资产和负债的

共同调整，协调资产和负债项目在期限、利率、风险与流动性方面的匹配，尽可能使资产、负债达到均衡，以实现安全性、流动性和效益性的完美统一。资产负债综合管理理论使商业银行的经营方式发生了较大的变化，对商业银行产生积极的影响，但是其也存在不足或局限。

5. 在资产负债综合管理的实践中，融资缺口模型和久期缺口模型是分别针对利率敏感性资产和负债及固定利率资产和负债的实践运用理论模型。

6. 商业银行在资产负债管理的实践中常用的防范利率风险的工具主要有利率期货、利率期权和利率互换。此外，商业银行并不仅仅将此类金融工具用于降低其利率风险，还将这些风险管理工具卖给需要进行风险控制的客户，并获得相应的费用收入。

7.《商业银行风险监管核心指标（试行）》建立了以风险监管为主要特征的商业银行全面资产负债比例管理。其中，商业银行风险监管指标从风险水平、风险迁徙和风险抵补三个方面，明确了具体的指标值，即最低标准。

【重要概念】

商业性贷款理论　资产可转换理论　预期收入理论　存款理论　购买理论　销售理论　资产负债综合管理理论

【思考练习】

1. 什么是资产负债管理?
2. 资产管理理论的基本思想是什么? 存在哪些不足?
3. 负债管理理论的基本思想是什么? 存在哪些不足?
4. 资产负债综合管理理论的基本思想给你的启示是什么?
5. 结合我国商业银行的“钱荒”现象，分析资产负债管理理论的指导价值。
6. 融资缺口模型和久期缺口模型分别适用于什么背景下的利率风险管理?

第九章

风险管理

【本章学习目标】

了解商业银行风险管理的含义和内容，掌握银行在业务运营过程中可能面临的风险因素，如何识别风险，以及评估风险程度，认识理解商业银行流动性管理的现状、制度及重要性，熟悉风险管理的基本策略。

第一节　商业银行风险管理概述

一、风险管理的定义及特征

（一）商业银行风险管理的定义

商业银行风险是指在商业银行经营过程中，由于不确定性因素的影响，银行实际收益偏离预期收益，从而导致损失的可能性。例如，客户是否有贷款违约行为？利率是否会变动？净息差是否因此而下降？商业银行产生风险的原因有内部因素和外部因素。内部因素包括内部控制、委托代理问题、经营绩效问题等；外部因素包括宏观经济状况、竞争态势、国家法律法规等的变化。因此，银行有必要对以上可能导致资产和收益发生损失的各种不确定性因素展开必要的预测与管理。

商业银行风险管理是指商业银行通过风险识别、风险估计、风险防范和风险处理等工作流程，预防、规避、分散或转移经营过程中的风险，从而降低或避免损失，确保经营资金及经营安全的行为。商业银行风险管理既是过程行为，包括风险识别、风险估计、风险防范和风险处理等工作流程；又是管理行为，为了获得高收益而承担高风险，银行需要对风险进行积极的管理才能转化为现实的收益。因此，管理风险的能力是银行生存和发展的基础与关键。

（二）商业银行风险的特征

1. 风险的多样性。银行的风险呈现出多样性，覆盖商业银行由外部环境到业务流

程的各个方面，具体有信用风险、市场风险、操作风险、流动性风险、政治风险、声誉风险、法律风险、合规风险和战略风险等。商业银行风险的多样性是因为金融需求、金融产品和金融创新的速度不断加快，程度不断加深，范围不断扩大。在原有的传统风险种类的基础上，由于金融基础设施更新速度的不断加快、互联网的深度普及和科技金融的不断深入，不仅出现风险的环节越来越多，而且风险形式也不断变化。如传统的信用风险不仅存在于传统的表内业务中，而且随着表外业务的扩大，信用风险还表现在贷款承诺、衍生品业务交易等创新业务之中。

2. 风险的周期性。由于银行风险的影响因素既包括内部因素也包括外部因素，而外部因素的发生具有明显的周期性，受宏观经济因素的影响，无论是国际经济形势还是国内的经济发展都呈现出周期性，而经济形势的周期性又将影响国家的货币政策、商业银行的监管政策和法律法规等。因此，受宏观环境周期性的影响，银行的风险也呈现出周期性的特征。在经济衰退期，受宽松的货币政策影响，银行将扩大信贷规模，降低贷款利率，银行净息差缩小，但随着经济的不断好转，风险因素却不断累积和增大；在经济繁荣期，受紧缩货币政策的影响，银行信贷规模缩小，贷款利率上升，信贷门槛提高，银行的风险不断积聚；而随着经济的衰退，商业银行之前被隐藏的风险和矛盾可能爆发，导致风险的上升。

3. 风险的扩散性。商业银行的风险具有外部性，即商业银行由于其存贷款业务的特殊性，在整个金融市场中具有特殊的影响，承担着维护系统性风险的责任。而且随着金融创新的迅速发展以及金融对经济各部门的深入渗透，金融机构之间的联系越来越紧密，除了金融机构之间的同业业务外，金融机构之间也持有相似的金融产品。一旦发生局部的金融风险，商业银行体系将出现“多米诺骨牌”效应，演化为系统性风险。

4. 风险的匿藏性。在经济形势稳定的环境下，受政府隐性担保的影响，银行风险可能并不会浮现在表面上。因为，只要银行一直有稳定的存款来源和信用保障，很多风险因素就会被掩藏在循环往复的借贷流程之中。另外，银行面临的风险，可能通过金融垄断和政府干预甚至国家保护等形式而掩盖。

5. 风险的部分可控。微观意义上某一商业银行的风险是可以控制的，银行可以通过增加资本金、调整风险资产的比例以及提高不良资产覆盖率等方式来增强抵御风险的能力，并可以通过及时的转移和补偿等方式将风险控制在一定的范围内。但是在宏观经济发展的过程中，随着国际间的金融联系越来越紧密，金融创新不断发展，商业银行在自身承担风险的同时，也难以避免可能的风险外溢。因此，商业银行面临的风险具有部分可控的特点。

（三）商业银行风险的类型

商业银行风险的分类标准众多，通常以其所开展的各种业务面临的风险为分类的标准。按照此标准，商业银行风险主要分为信用风险、市场风险、流动性风险、操作风险、投资风险、国家政策及法律风险。

1. 信用风险。信用风险即授信对象不愿或无力履行贷款合同而构成违约，导致商业银行遭受本金和利息损失的风险。信用风险是商业银行风险管理的重点。

引发商业银行信用风险的原因很多，主要观点集中在信息不对称、宏观经济因素以及竞争加剧的压力等方面。信息不对称主要表现为借款方处于信息优势，而银行作为贷款方处于信息劣势，进而出现逆向选择和道德风险问题。宏观经济因素主要包括金融周期、金融创新、金融自由化等带来的影响。由于贷款受经济景气程度的影响，经济景气的时候，人们预期收入增加，企业利润率增加，贷款把未来的收入转化为现在的购买力或生产力。收入的增加可以改善企业和个人的资金状况，降低违约概率，减少外部融资的风险溢价。经济不景气的时候则相反，消费和投资需求下降，对融资的需求也下降。而反过来，信用的顺周期性也将影响宏观经济，如明斯基的“金融不稳定理论”认为，资本主义市场经济内生金融不稳定，金融危机难以避免。金融创新集中体现在依托互联网的科技金融活动的快速增长，其优势在于运用新技术降低交易成本，提高金融服务的便利性，而日益自由化的金融体系带来的金融体系效率的提高也是造成风险增加的主要原因之一。

2. 市场风险。市场风险主要是指市场价格波动而导致的表内表外资产受到损失的风险。而引起市场价格波动的原因是多样的，主要包括市场利率、汇率、股票以及债券市场行情等四个方面价格的波动，因此市场风险主要组成部分包括了利率风险、汇率风险、股票价格风险和商品价格风险等，以下主要介绍利率风险和汇率风险。

（1）利率风险，是指市场利率向不利于商业银行的方向变动所带来的风险。引起市场利率变动的因素很多，即产生利率风险的原因也很多。

①宏观经济环境。由于经济发展通常呈现周期性特点，当经济发展处于复苏或扩张阶段时，投资的机会增多，市场对资金的需求增大，利率上升；反之，当经济发展处于收缩或萧条阶段时，投资意愿减少，市场对资金的需求量减小，市场利率一般下降。

②中央银行的政策。一般来说，中央银行采取宽松的货币政策会增加市场货币供应量，随着货币供应量的增加，利率自然会下降；反之，中央银行实行紧缩的货币政策会减少市场货币供应量，随着货币供应量的减少，利率自然会上升。

③价格水平。市场利率为实际利率与通货膨胀率之和。当价格水平上升时，为了抑制价格的持续上涨，中央银行通过提高市场利率来减少货币的供给，否则实际利率可能为负值。另外，由于价格上升，货币购买力下降，民众的存款意愿将下降而工商企业因价格上涨的有利因素增加对贷款的需求，贷款需求大于贷款供给所导致的存贷不平衡必然导致利率上升。

（2）汇率风险，是指商业银行在为国际经济交易提供金融服务和投资交易而运用和持有外汇的经济活动当中，以外币计价的资产（或债权）与负债（或债务），由于汇率的波动而引起其价值损失的可能性。外汇风险是由于汇率变动而产生的，产生的原因主要有四个。

①国际收支状况。一国的国际收支水平将对汇率产生实质影响。一般情况下，如果一国持续国际收支顺差，本币将面临升值压力；相反，如果持续国际收支逆差，则本币将贬值。

②利率水平之差。在货币自由兑换的前提下，国家之间利率水平的差异必然带来资金的流动，资金会从低利率水平的国家或地区流向高利率水平的国家和地区。资金的流动使不同国家之间的货币供给与需求发生变化，进而引起汇率变化。一般来说，高利率国家的货币将升值，低利率国家的货币将贬值。

③通货膨胀水平之差。通货膨胀的发生使货币的购买力下降。当两国的通货膨胀水平差异较大时，通常将使两国货币之间的比值即汇率发生变化。通货膨胀水平高的国家的货币将贬值，通货膨胀水平低的国家的货币将升值。

④国际政治因素。一国及国际间的政治局势的变化，都会对外汇市场产生影响。政治局势的变化一般包括政治冲突、军事冲突、选举和政权更迭等，这些政治因素对汇率的影响有时很大，但影响时限一般都很短。

3. 流动性风险。商业银行的流动性风险，指的是无法在不增加成本的条件下及时满足客户的流动性需求，进而使银行遭受经济损失的可能性。商业银行的流动性风险和其他金融机构的流动性风险在本质上是一致的，但商业银行流动性管理的重点在于银行是否能够在短期内把持有的资产迅速变现用于满足支付和取款需求的能力。

流动性风险形成的原因众多且复杂，牵涉范围很广，受到干扰的因素较多，具体表现在以下三个方面。

第一，筹资困难。从这一角度看，流动性指的是以合理的代价筹集资金的能力。流动性的代价会因市场上短暂的流动性短缺而上升，而市场流动性对所有市场参与者的资金成本均产生影响。筹集资金的难易程度还取决于银行的内部特征，即在一定时期内的资金需求及其稳定性、债务发行的安排、自身财务状况、偿付能力、市场对该银行看法、信用评级等。在这些内部因素中，有的与银行信用等级有关，有的则与其筹资政策有关。若市场对其信用情况的看法恶化，筹资活动将会更为昂贵。若银行的筹资力度突然加大，或次数突然增多，或出现意想不到的变化，那么市场看法就可能转变为负面。因此，银行筹资的能力实际上是市场流动性和银行流动性两方面因素共同作用的结果。

第二，短期资产价值不足以应付短期负债的支付或未预料到的资金外流。从这个角度看，流动性是在困难条件下帮助争取时间和缓和危机冲击的“安全垫”。

第三，流动性极度不足。流动性的极度不足会导致银行破产。但这种极端情况往往是其他风险导致的结果。例如，某大客户的违约给银行造成的重大损失可能会引发流动性问题和人们对该银行前途的疑虑，这足以触发大规模的资金抽离，或导致其他金融机构和企业为预防该银行可能出现违约而对其信用额度实行封冻。两种情况均可引发银行严重的流动性危机，甚至导致其破产。

4. 操作风险。巴塞尔委员会对操作风险的正式定义是：内部程序、人员和系统的不完备或失效，或外部事件造成损失的风险。广义上，商业银行的操作风险包括除信用风险和市场风险以外的其他风险；狭义上，操作风险多指内部业务人员工作失误而产生的经济损失。关于操作风险产生的原因，主要有两个方面：一是银行内部管理的不完善；二是缺乏风险管理方面的人才。比如银行内部的内控不清晰、责任不明确和操作风险管理的权限不平衡都是造成操作风险无法根除的原因。而银行员工的风险意识薄弱、对员工的培训机制不够完善也是很重要的影响因素。因此，银行在日常的经营流程中重视操作风险的管控，是不可或缺的。

5. 投资风险。投资风险是指商业银行因受未来不确定性的影响而使其投资的本金和预期收益发生损失的可能性。我国虽然不允许商业银行投资股票及与股票相关联的基金、金融衍生产品等高风险产品，但是我国的商业银行在银行间债券市场及货币市场有大量的投资，特别是农村商业银行和农村信用社相对投资额较大。尽管商业银行为经营货币的专门机构，而投资总会伴随着风险，投资的不同阶段有不同的风险，投资风险也会随着投资活动的进展而变化，投资不同阶段的风险性质、风险后果也不一样，并且投资风险一般具有可预测性差、可补偿性差、风险存在期长、造成的损失和影响大、不同项目的风险差异大、多种风险因素同时并存和相互交叉组合作用等。商业银行的投资同样具有这些特点。

6. 国家政策及法律风险。政策风险是指国家宏观经济政策（如货币政策、财政政策、行业政策、地区发展政策等）发生变化，导致市场价格波动而产生风险。在我国，商业银行的经营受国家政策的影响较大，因为国家针对经济发展过程中的不同经济状况采取相应的调控政策，以促进经济平稳健康发展。

法律风险是指商业银行未正确理解和适用法律，导致业务行为的风险敞口不局限于业务行为本身，从而导致其他风险发生的可能性。商业银行的法律风险可以分为两类：一是内部法律风险，是指电子化操作过程、跨境交易等带来的法律风险；二是外部法律风险，是指司法环境和监管政策的不断变化带来的风险。此外，从金融市场的角度看，法律法规跟不上银行业务的发展速度，也会导致法律风险的发生。银行发生法律风险的一个重要诱因是银行在利益面前忽视了法律的监管，从而触犯相关法律法规，进而带来相应的经济损失。

（四）商业银行风险管理的流程

商业银行风险管理流程主要包括风险识别、风险计量、风险监测和风险控制四个部分。商业银行分设风险管理部门负责风险识别、测量和跟踪，而不同层级的风险管理委员会主要承担风险控制和风险决策的任务。

1. 风险识别。风险识别是指商业银行通过分析内外部环境，并从中找出可能导致商业银行经营收益发生损失的不确定性事件和因素。

商业银行的风险识别主要包括识别可能出现的风险种类，以此辨别可能诱发风险的因素。由于商业银行某个风险事件的发生往往由多种复杂的因素综合作用而成，因此，识别出何种因素占主体，以及何种因素共同作用通常需要复杂而精确的梳理分析，难以用一种方法来进行测量，需要采用多种方法进行调查分析。风险的识别方法主要包括财务报表分析法、风险树搜寻法、专家意见法、情景分析法等。

（1）财务报表分析法，是指根据商业银行的资产负债表、损益表、现金流量表、财产目录等财务资料，对商业银行财务状况进行分析并发现可能的风险点。

（2）风险树搜寻法，是指通过图解的形式，对商业银行的风险进行逐层的分解，采用类似“顺藤摸瓜”的方式，最终找到银行承受的风险的具体形态。

（3）专家意见法，是指银行工作人员将相关资料发给专家后，由专家各自独立地提出自己的意见，然后汇集整理专家意见再进行调查，通过不断地反复，最终形成比较一致的结果。

（4）情景分析法，是指通过有关的数据、曲线、图表等对商业银行未来的发展进行预测，并以此识别潜在的风险因素和后果。

2. 风险计量。风险计量是指在风险识别的基础上，对各种风险因素的可能性和大小等进行定量测量和分析。在风险管理的四个流程中，风险计量是最具技术性也是最重要的一环。如何对风险进行计量，是衡量现代商业银行经营管理水平的重要标志。针对不同的风险，需要建构不同的计量模型，《巴塞尔协议Ⅱ》鼓励商业银行不断发展更为准确和复杂的风险计量技术。但商业银行的风险计量中，只有市场风险的计量模型相对比较成熟，其余风险种类的计量模型都在探索阶段。

3. 风险监测。风险监测是指银行对各种不同类别的风险状况进行实时跟踪，以随时掌握其变化和发展情况。风险跟踪主要包括两个部分：一是对各种可量化的关键风险指标和不可量化的其他风险因素进行分析和监测，及时发现并识别可能存在的风险；二是报告商业银行所有风险的定性和定量分析结果。

在实施风险管理的过程中，需要银行内部不同的部门分工合作。其中，风险管理委员会审批涉及风险管理的事项，听取审阅相关的风险管理报告，并向董事会进行汇报等；而审计委员会则需要审批相关的设计报告，并就审计的相关情况向董事会进行汇报；董事会作为风险管理的最终负责人，需要确保银行有足够的资源开展相关工作，听取审阅相关的风险管理报告，负责监督高级管理层的履职情况；监事会则需要对专业委员会、高级管理层和董事会在风险管理中的履职情况进行监督评价。因此，建立完善的银行风险治理架构、全面的交互式的风险管理监测和报告系统，对于提高商业银行的风险管理效率和水平具有重要作用。

4. 风险控制。风险控制，需要采用各种方法对风险进行适当的管控，使其保持在银行和监管法规可以接受的指标范围以内。根据不同的风险种类，有不同的风险控制方法，比如对于信用风险，可以在组合风险识别之后，采用组合限额管理和准备金计提等方式进行风险管控，以及采用再平衡和组合套保（资本优化）等方式进行积极的组合管理模式。对于市场风险，则需要建立巴塞尔委员会要求的市场风险管理框架，包括组织架构、政策与流程、风险量化和监控框架、报告机制、数据和 IT 系统等，并对交易对手敞口和抵质押品制订管理政策及流程。对于操作风险，需要不同的部门进行紧密合作，并明确相互的职责分工。

总体而言，风险控制的方法具体可以归纳为以下几种。

抑制风险：银行经营者考虑到风险发生的可能性，主动放弃和拒绝实施某项可能导致风险损失的方案，包括终止某项贷款计划、改变资金借贷的方式或用途等。

分散风险：商业银行通过调整资产结构或资本结构等手段来分散所承受的风险。从不相关或负相关的角度出发，商业银行可通过金融工具组合多元化、资产负债期限多样化、融资地区分布分散化等手段进行风险分散。

风险转嫁：商业银行在风险损失发生后，将风险损失通过一定的途径，有意识地转嫁给与其利益相关的经济主体承担，包括贷款出售、资产证券化、利用衍生金融工具等具体方式。

风险自留：商业银行自行承担风险损失发生后的财务处理方式，即呆账冲销。

二、商业银行风险管理的原则

（一）全面风险管理原则

全面风险管理体系对整个银行的所有业务、所有的风险，以及可能涉及的所有政策、流程，都制定了统一的标准和控制方法、指标限额和报告要求。由于所有银行的业务都具有相关性，因此，在风险管理过程中不允许存在任何的缺漏。因此，商业银行的风险管理，需要实现全局化、统一化和标准化，进而才能对系统化的对风险进行有效的管控。

（二）流程化管理原则

流程化管理，就是对可能出现某种风险的所有业务的所有环节进行分析，以发现可能出现的风险敞口，制定一系列的指标、流程管控和方法等。例如，对于信用风险，可能涉及违约风险、损失风险、风险敞口、交易对手、抵押品等，因此，在贷款审批、信用评级、抵押品管理、资产质量分类、信用监控和抵押品组合管理等流程方面都需要进行管理，从而全面管控风险可能出现的环节。

（三）风险控制与风险转移相结合的原则

由于银行是通过风险来获得收益的金融机构，因此，在风险控制的过程中也需要关注风险的转移，从而有效平衡收益和风险的关系，实现收益的最大化。如采用保证、抵押、质押等手段，一方面促进业务的开展，另一方面也保证了业务的质量。

（四）长期与短期利益平衡原则

由于商业银行尤其是上市银行面临越来越激烈的竞争压力，业绩压力使银行更容易关注短期的规模和利润增长。面对未来金融市场环境可能发生的变化，商业银行需要考虑如何应对可能出现的挑战并保持长期高速增长。因此，商业银行需要对未来可能面对的局面提前做好准备。长期来看，银行要向风险要效益，向内部管理争取更高的效率和质量。实行全面风险管理体系等措施在短期内是很难看到明显效益的，但全面推进和普及全面风险管理体系可以为未来的转型和持续发展奠定坚实的基础。

三、全面风险管理理论

（一）全面风险管理的定义和理念

全面风险管理，即银行类金融机构需要注重风险之间的关联性，采用定性和定量相结合的方法，识别、计量、评估、监测、报告、控制或缓释所承担的各类风险，审慎评估各类风险之间的相互影响，并在全行层面推行稳健的风险文化，形成与银行自身相适应的风险管理理念、价值准则，并建立培训、传达和监督机制，推行全行人员理解和执行的风险管理措施。

为了提升银行业金融机构全面风险管理水平，2016 年发布的《银行业金融机构全面风险管理指引》，要求银行业金融机构实行全面风险管理需遵循以下原则。

1. 匹配性原则。匹配性原则是指建立全面风险管理体系需要与当时的风险状况与各银行的系统重要性相匹配相适应，根据环境变化予以灵活调整。这一条原则实际上与风险本身的概念相符，即尊重风险本身具有的不确定性的特点，对风险的管理应该因时因地因行而变，没有统一的不变的规则指标，这是全面风险管理的首要内涵。

2. 全覆盖原则。因为银行业金融机构的风险具有多样性、不可回避性、传染性和匿藏性等特点，加上银行风险本身存在的风险外溢性，银行业风险管理需要遵守全覆盖的原则。这个原则表明银行业金融机构的风险管理应该能管尽管，覆盖各项业务支线，本外币、表内外、境内外业务；覆盖银行所有的分支机构、附属机构，部门、岗位和工作人员；覆盖所有风险种类和不同风险之间的所有可能的影响，并将风险管理贯彻到决策、执行和监督等所有管理环节中。

3. 独立性原则。独立性原则是指银行业金融机构应当建立独立的全面风险管理组织架构，赋予风险管理条线足够的授权、人力资源及其他资源配置，建立科学合理的报告渠道，并于业务条线之间形成相互制衡的运行机制。这条原则主要是针对风险管理实施过程中应该遵循的管理法则。对于风险的预测、管控应及时有效，而风险管理的及时有效离不开科学客观的计量和监测，独立性原则要求在风险管理的实施过程中应该保持独立性、有效性和客观性，赋予风险管理各条线的管理人员足够的权限，不受其他因素的影响。

4. 有效性原则。有效性原则，是指银行业金融机构应当将全面风险管理的结果应用于经营管理，根据风险状况、市场和宏观经济情况评估资本和流动性，有效抵御所承担的总体风险和各类风险。这一原则强调了全面风险管理的所有措施必须落到实处，在日常经营管理的过程中必须得以有效地贯彻，切实提高风险管理相关措施的执行力，与实践紧密结合，提高风险管理的实操性和可行性。

（二）全面风险管理的系统框架

由于金融机构是一个特殊的经营实体，通过承担风险进而获得收益，因此，商业银行的风险管理就显得尤其特殊和关键。把握全面风险管理的系统框架，不仅是识别风险的种类和范围，更重要的是把握风险之间的关系以及重要性。商业银行的风险体系，总体而言，包括财务风险管理和非财务风险管理，而财务风险又包括信用风险、资产负债管理风险和市场风险，非财务风险包括操作风险和其他风险。具体构成框架如图 9－1所示。

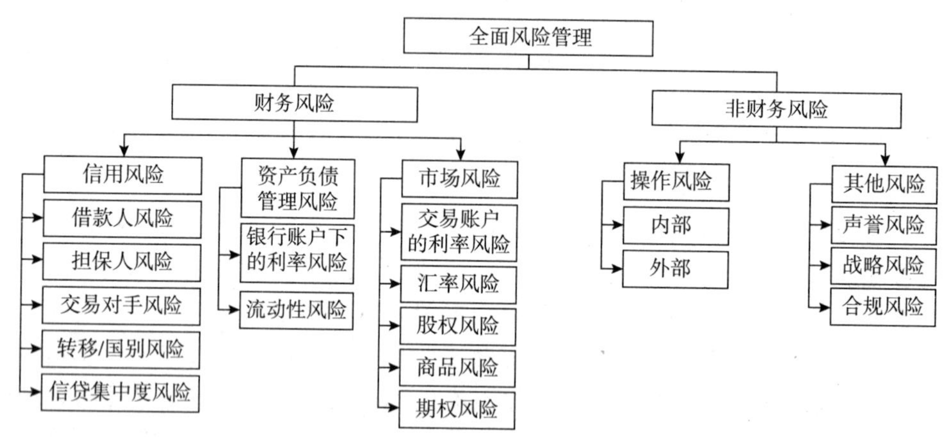

图 9－1　商业银行风险体系的基本架构

从商业银行的风险架构中可以发现，商业银行的风险涉及银行的各项业务流程，而针对不同的业务，都需要根据不同的风险特征注重其系统性、层次性和流程性。一方面，对于信用风险管理，通过对信贷业务、信贷审批以及信贷审计的垂直化管理，建立多道风险防线，并通过建立垂直的风险管理组织架构以及风险管理报告制度进行有效的体系化管控。另一方面，对于操作风险，一要仔细区分鉴别高危低频的事件和低危高频的事件；二要关注与主要业务部门流程相关的风险、对业务目标实现产生重要影响的风险以及对战略目标的实现和持续运营产生重大影响的风险。

对于影响最为广泛的市场风险，则需要以银行的风控部门为中心，在有效化解内部风险的基础上，识别风险可能的传导方向。一方面，将市场风险从分行与业务部门剥离，以便业务部门集中精力进行业务拓展和开发；另一方面，将风险敞口统一到资本与货币市场进行对冲，有效降低风险管理成本。

四、商业银行风险管理工具

商业银行需要不断地寻求更有效、更全面、审慎和成本更低的方法来应对风险，需要不断地持续创造出新的风险管理工具来应对金融市场和商业银行出现的新的风险与挑战。了解并运用新的风险管理工具，是商业银行实施全面风险管理，并从中获得收益的关键环节。

（一）贷款及其他资产的证券化

进入 21 世纪以后，商业银行为了转移风险，发明了大量的贷款证券化及其他资产支持类金融工具。资产支持证券化已经成为全球金融市场中规模增长最快的资产，尤其是住房抵押证券，成为众多不同的金融机构踊跃交易的资产，并形成了数万亿美元

规模的交易市场。商业银行通过证券化这种利用证券市场建立贷款资产组合的方式，可以让资产得到更有效的配置，使资金来源更加多元化，也降低了商业银行资金筹集的成本，有效地转移了流动性风险，分散信用风险。

资产支持证券化（Asset - Backed Security，ABS）是管理利率风险、流动性风险、信用风险的有效工具，选择具有相似特征的贷款进行打包发售，同时将这些贷款项目从资产负债表中注销，通过发售证券使之成为补充流动性的资金来源，能够帮助商业银行转移风险。同时，资产证券化可以减少商业利息支出，需要缴纳的税费也会相应减少，为商业银行提供了获利的机会。此外，银行也可以从一揽子贷款的平均收益与发行证券的票面利率之间赚取差价，获得收益。

但2008年的国际金融危机说明，不加监管的资产证券化会导致严重的系统性风险。因此，监管部门需要对商业银行的资产证券化市场加强风险监管，比如考虑限制利用特殊的金融实体开展交易，以及对中间的产品嵌套行为进行穿透式监管等。

（二）出售贷款筹集资金

贷款出售（Loan Sales）指的是在大量不同规模的金融机构中销售筛选出来的贷款或贷款预期现金流的合约。在我国贷款出售被称为贷款转让，是根据银行间的市场需求开发的一项新的交易品种，是指转让方将向借款人已经发放的贷款形成的债权转让给另一方金融机构的交易行为。贷款出售的主要对象为国内外商业银行、保险公司、养老基金、非金融机构、共同基金以及证券公司等，在我国主要为大型商业银行。

贷款出售的主要动机在于转嫁风险，同时也可以防范利率风险。当市场利率上升时，可以通过贷款出售剥离低利率的资产，从而有更多的贷款额度去获取高利率的资产。出售贷款可以不断地调整商业银行的资产结构，增强贷款商业银行的流动性管理。此外，贷款出售能够减缓资产负债表上的资产增长速度，通过不断调整资产结构维持风险和收益的平衡，消除信用风险和利率风险。最后，贷款出售还有利于商业银行贷款组合的多样化，进而帮助借款人降低融资成本。

贷款出售最常见的类型有两种：一种是参与放贷（Participation Loan），另一种是转让（Assignment）。参与放贷是指贷款人的利息有一部分转移给了另一家贷款机构，主要发生在客户有超额借款需求，但是放贷的商业银行却面临放贷限额的情况。而转让是指买方通过被转让的贷款所有权获得对借款人的直接债权。一般情况下，贷款转让需要征得借款人的同意。

2010年9月，工商银行和农业银行等21家金融机构共同签署了《贷款转让交易主协议》，银行间市场贷款转让交易系统开始在同业拆借中心上线交易，标志着我国统一的贷款转让市场开始正式运行。

（三）可降低违约风险的备用信用证

备用信用证（Standby Letter of Credit，SLC）是一种备受银行和保险机构欢迎的金融担保产品，通常与商业票据的发行相联系，开证行对受益人承担以下担保：一是偿还债务人的借款；二是支付债务人承担的负债；三是当债务人不履约时承担付款的义务。备用信用证与一般的信用证不同，它并不需要银行进行实际的融资，而仅是在申请人无力还款时为其承担还款义务。

备用信用证迅速发展，主要原因有四个方面：一是直接融资的迅速发展，使借款人可通过出售证券向投资人筹资，但是投资人却承担借款人的违约风险，备用信用证降低了投资人的风险，也是银行信用和商业信用的一种合作方式；二是可以缓解金融创新发展和经济波动频率提高带来的风险；三是银行可以从备用信用证的开立中获得收入，却不需要动用表内资金；四是办理备用信用证的资金成本低。

备用信用证业务对于开证行而言，一方面拓宽了银行的收入来源，带来较高的盈利，降低了信用风险；另一方面也有利于维护与银行业务关系稳定而且信用记录良好的客户，减少银行因信用评估而耗费的支出，降低银行的业务成本。但是，银行业需要防范备用信用证可能存在的利率风险和流动性风险，当借款人没有事先通知银行，银行却被迫履行信用证付款业务时，可能会被迫以高于市场价的利率借入大量资金，造成流动性风险和利率风险。因此，银行也需要根据开证客户和市场不断变化的情况进行跟踪，必要时进行重新谈判；在不同的地区和行业拓展业务，分散可能局部爆发的风险。此外，银行也需要与不同的金融机构合作，共同承担可能存在的业务风险等。

（四）信用衍生工具

信用衍生工具包括信用互换、信用期权、信用违约互换、债务抵押债券等，它们是一种场外交易协定，帮助贷款方将信用风险和其他风险分别定价，能够有效降低商业银行的信用风险，在贷款、债券或其他债务工具发生违约时提供相应的保护措施。银行通常使用信用衍生工具来保护自己的债务组合，同时通过做市将这些信用衍生工具卖给大客户以赚取手续费。

尽管信用衍生工具可以降低商业银行的贷款和投资风险，但是信用衍生工具本身也是存在风险因素的。一方面，信用互换或者信用期权的合约方可能存在无法履约的风险，此时需要新的合约方来对冲风险；另一方面，由于法律环境的问题，法院在判定风险合约的相关条款是否合法时，如果判定不合法，银行就会失去相应的风险保护。此外，国际金融危机后各国的金融监管条规对商业银行运用衍生工具套利的行为越来越谨慎严格，信用衍生工具合约受到全球经济疲软以及各国政府政策变化的影响，增加了衍生工具发展的不确定性，缩小了商业银行运用信用衍生工具在风险管理上进行运作的空间。

第二节　商业银行主要风险识别与控制方法

由于商业银行的特殊性，为了加强商业银行资本监管，维护银行体系的稳健运行，保护存款人利益，根据《商业银行资本管理办法（试行）》，商业银行应当达到资本充足率监管要求。而在资本充足率的计算公式中，商业银行风险加权资产包括了信用风险加权资产、市场风险加权资产和操作风险加权资产。不同的风险加权资产应该如何识别和计量，是本节内容的重点。

一、信用风险的识别和评估

信用风险（Credit Risk）是指借款人因种种原因，不愿或无力履行借款合同条件而构成违约，不能按时偿还或不能偿还所借本金及相应的利息，致使商业银行遭受损失的可能性，因此又称为违约风险（Default Risk）。对于商业银行而言，所有者权益占比很小，因此，银行的流动性对不良资产的比率极为敏感。而随着现代金融创新的发展和风险管理技术的应用，信用风险的表现更为多样化，只要是债务人不能履行金融产品或契约本身规定的义务或者信用质量发生了变化，影响到了金融资产的价值，就属于信用风险。

（一）信用风险的识别

1. 宏观信用风险识别。无论是在国家层面还是地区层面，经济发展都呈现出典型的周期性。理论界通常将一个经济周期分成萧条阶段、复苏阶段、繁荣阶段和衰退阶段。不同的行业按受周期性的影响不同，可以分为顺周期行业、逆周期行业和非周期行业。顺周期行业是指与经济发展周期成正相关的行业，包括地产、建材、钢铁、高端消费、旅游、金融业等。逆周期行业是指与经济周期发展负相关的行业，包括修理业、旧货行业等。非周期行业是指与经济周期发展不相关的行业，即无论经济走势如何，人们对这些产品或服务的需求没有太大变化的行业，如医药、食品、农产品、零售业等。

当然，当经济不好的时候，所有的行业都会受到影响，所谓“覆巢之下，安有完卵”。因此，商业银行通过对经济周期的分析，可以判定违约大面积发生的时间或时段，依此识别宏观信用风险。

2. 行业信用风险的识别。一个行业的存在通常经历四个时期，即初创期、成长期、成熟期、衰退期。在初创期，企业发展具有较大的不确定性，“成活率”较低。给初创期提供贷款的银行将面临非常高的信用风险。在成长期，企业经营的成功率较高，“成活率”也较高。给成长期的企业提供贷款的商业银行面临较低的信用风险。在成熟期，企业的生产经营稳定，企业可持续发展的潜力较大。给成熟期的企业提供贷款的商业银行面临最低的信用风险。在衰退期，企业的生产经营不稳定，且逐步萎缩，企业将逐步被淘汰。给衰退期的企业提供贷款的商业银行将面临最大的信用风险。

另外，不同的行业由于竞争状况、受经济周期影响程度、开放程度、产业链发展和替代发展等的差异，企业生存和可持续发展的前景存在较大差异，进而违约率或信用风险状况也不同。如在我国，企业的生产经营受国家行业政策的影响较大。国家调整行业政策也将使企业的违约率上升，商业银行的信用风险增大。

3. 区域信用风险的识别。由于我国地区经济发展不平衡的问题比较突出，不同区域的经济发展水平并不一致，而且国家对不同区域的鼓励政策也不一样。因此，商业银行按照国家区域发展水平或者发展规划来分配信贷资金，可以相对控制区域信用风险。但是在信贷资金配给的过程中，银行也需要注意该区域的发展规划是否与国家发展规划相一致，区域发展规划可能会出现盲目冒进，或者地方保护主义等情况。商业银行需要对不同区域的风险等级和预警指数等进行调查和计量，有针对性、差别性地分配信贷资金，防止出现因区域信贷分配不合理导致的信用风险。

4. 借款人——客户信用风险识别。除以上叙述的宏观、区域和行业发展因素以外，银行还需从客户自身与信用风险相关的维度出发对客户的信用风险进行识别。

（1）单一法人客户信用风险识别。从客户自身的基本信息、财务状况、非财务状况和借款担保四个方面来对客户的信用风险进行识别。运用的识别方法就是比较法，即与自己比较、与同行业其他法人比较。通过比较，从差距或往不良方向发展变化中识别信用风险。

- 基本信息方面，可以了解客户所处的行业、生产经营规模、产品质量、技术水平、在行业中的地位或排名等。
- 财务状况方面

①分析该法人的财务报表风险。主要查看其财务审计报告是否为“无保留意见的审计报告”“带说明段的无保留意见的审计报告”，而不是“保留意见审计报告”或“否定意见审计报告”等；分析其经营管理、资产管理和负债管理状况。

②通过计算财务指标进行分析。计算分析盈利能力指标，如净资产利润率；计算分析效率指标，如存货周转率；计算分析杠杆指标，如资产负债比率；计算分析流动性指标，如流动比率等。

③计算和分析其现金流状况，包括经营活动的现金流、投资活动的现金流、融资活动的现金流。企业是否拥有稳定的现金流是信用风险高低的一个重要标志，即现金流稳定，信用风险低；现金流不稳定，则信用风险高。

- 非财务状况方面，主要了解和分析：客户的管理层风险，包括管理者的人品、诚信度、授信动机、经营能力及道德水准；生产与经营风险，包括经营风险、产品风险、原料供应风险、生产风险以及销售风险；宏观经济、社会及自然环境，包括经济环境、法律环境、技术进步、环保意识增强、人口老龄化、自然灾害等。
- 担保方面，核实担保的方式，即保证、抵押、质押、留置与定金。在商业银行的实务中，担保、抵押和质押占绝对多数。因此，在识别风险时，重要的是关注这些担保方式的法律有效性。如保证，需要了解和分析：①保证人的资格；②保证人的财务实力；③保证人的保证意愿；④保证人履约的经济动机及其与借款人之间的关系；⑤保证的法律责任等。如抵（质）押，需要了解和分析：①可以作为抵押品的财产的范围及种类；②抵押合同应包括内容；③抵押物的所有权转移；④抵押物登记；⑤抵押权的实现等。

（2）集团法人客户信用风险识别。参照单一法人客户信用风险的分析方法，对集团法人客户的基本信息、经营状况、财务状况、非财务因素以及担保等整体状况进行逐项分析，以识别其潜在的信用风险。除此之外，银行还需要重点对集团内部的关联

交易状况进行分析，特别要关注非正常的关联交易，因为非正常的关联交易中可能出现如利益的输送、优质资产转移、债务的逃废等使信用风险爆发的事项。

（3）个人客户信用风险识别。不同的个人贷款具有不同的信用风险状况，因此，银行对个人客户的风险进行识别时，首先将借款进行分类，再多渠道调查、识别个人客户潜在的信用风险，包括对资信情况、资产和负债情况、贷款用途及还款来源、担保方式的调查等。

（二）信用风险的评级

《巴塞尔协议Ⅱ》在计算信用风险所要求的资本时，建议了两种方法：一种是外部评级法（External Rating Approach），另一种是内部评级法（Internal Rating - Based Approach），其中内部评级法又分为高级内部评级法（Advanced IRB Approach）和初级内部评级法（Foundation IRB Approach）。外部评级法常利用标准普尔和穆迪公司确定信用风险权重，看重的是一项资产的风险权重，而内部评级法更看重的是一项资产的核心风险。

1. 外部评级。外部评级是指由第三方评估机构，如资信评估公司针对银行的债务人、债务人发行的证券、其他金融债务的信用程度进行的信用评级活动。外部评级是相对于银行内部评级而言的，是由第三方外部机构进行的评级。

外部评级机构在进行信用评级时，以《巴塞尔协议Ⅱ》为基础，进而决定不同类别风险的权重。与银行内部评级更注重自身的特色和差异性相比，外部评级的依据和标准具有通用性。一般而言，外部评级机构需符合《巴塞尔协议Ⅱ》中的六条标准：客观性（Objectivity）、独立性（Independence）、国际通用性和透明度（International Access & Transparency）、披露（Disclosure）、资源（Resource）和可信度（Credibility）。是否能够达到这六条标准由各国的金融监管机构把握认定。

由于外部评级机构以第三方机构的身份介入信用评级业务，因此评级过程相对而言比较客观公正；外部评级机构也拥有专业的技术人员，对行业风险有专门的研究，而且拥有更多的渠道搜集企业相关信息，尤其是负面信息，从而得出更加客观全面的评级结果。因此，外部评级具有独立性、专业性和信息来源广泛性的优势。但外部评级也有可能存在代理问题，比如商业银行对外部评级机构的结果是否认可和采用，是否有较强的合作意愿等。在内部评级和外部评级之间，银行如何做参考和取舍也取决于自身的决策。

2. 内部评级。内部评级法是指银行使用自己的信用评估系统，对信贷客户进行评级以及对银行的风险资产进行监测的信用管理活动，目的是量化客户的信用风险水平，运用一定的方法对借款人如期还本付息能力和意愿进行综合评价，并用简单的评级符号表示信用风险的相对大小。

银行主要针对四类核心风险要素进行评估，分别为违约风险、头寸风险、清偿风险以及持有期限。

违约风险，主要是指客户没有履行约定对银行造成的损失。违约风险一般用客户未来一年违约的可能性，即违约概率（Probability of Default，PD）度量。

头寸风险，主要是指暴露在信用风险下头寸大小的不确定性。未来的现金流的头寸风险小，相反，如信用衍生工具等，头寸风险大。关于头寸风险，主要关注违约一旦发生，银行预期的信贷余额有多少的问题。头寸风险一般用违约风险暴露（Exposureat Default，EAD）来衡量，也叫风险敞口。

清偿风险，是指当客户违约时，银行有可能从客户或第三方追回的赔偿，这主要取决于抵押、担保等状况。如果清偿率（Recovery Rate）不足以弥补银行的风险暴露，就会造成特定违约损失（Loss Given Default，LGD）。对银行来说，主要是识别和计量预期信贷余额中损失的比率。

持有期限，即某一风险暴露距离到期日的剩余时间（Maturity，M），以年为单位，是现金流剩余期限的加权平均数，权重是现金流的数量，加权对象是现金流的时间。持有期限的计算公式为

$$M = \frac{\sum_t t \times CF_t}{\sum_t CF_t}$$

其中，CF_t 代表合约上借款人在 t 时间段需要支付的现金流（本金、利息和费用）。

在以上四类核心风险计算的基础上，预期损失（Expected Loss）的计算公式为

预期损失(EL) = 违约概率(PD) × 违约损失率(LGD) × 违约风险暴露(EAD)

根据《巴塞尔协议Ⅱ》，高级内部评级法和初级内部评级法的主要区别在于银行是否有能力自行准确估计债项损失的各项参数和持有期，指标上体现为违约损失率和违约风险暴露。如果是初级内部评级法，这两个指标由监管当局给出，而高级内部评级法中由银行自行估计。

二、市场风险的识别与评估

市场风险是指因市场价格（包括利率、汇率、股票价格和商品价格）的变动导致银行损失的可能性。市场风险分为广义和狭义两种，广义的市场风险包括银行账户和交易账户的市场风险两类，狭义的市场风险仅仅指交易账户的市场风险。具体地，市场风险分为交易账户下的利率风险和资本风险、全行的汇率风险和商品风险。

表 9－1　商业银行市场风险类型和管理职责

	风险类型	说明	管理职责
市场风险	交易性市场风险	由金融工具（如股票、债券、衍生品等）的市场价值波动引起的风险	交易业务部门负责在限额内进行业务操作，在操作层面管理风险
			独立的风险部门负责交易性市场风险管理
	结构性市场风险	利率变化引起的银行资产和负债价值的变化，如重定价风险、收益率曲线风险、基点风险等	承担司库职能的部门在操作层面管理结构性市场风险，将结构性缺口和相关风险指标控制在限额以内
		包含银行账户利率风险	独立的部门/团队负责结构性市场风险的衡量和监控

（一）市场风险的识别

由于全球金融市场基本上处于以市场风险为导向的经济环境中，银行资产、负债的市场价值一直处于波动之中。《商业银行市场风险资本计量内部模型法监管指引》中要求的市场风险资本计量范围包括商业银行交易账户的利率风险、股价风险、汇率风险和商品风险四大类别市场风险。

1. 利率风险（Interest Rate Risk）。利率风险是指市场利率的变动对商业银行经营利润的影响。例如，当利率上升时，如果借款的利息支出增长快于贷款与投资证券的收入，利润就会下降。衡量利率风险的指标主要有两个。

（1）利率敏感性资产/利率敏感性负债：在到期日相同的情况下，当一定期限内利率敏感性资产超过利率敏感性负债时，利率下降会导致金融机构发生损失；相反，当利率敏感性负债超过利率敏感性资产时，利率上升会导致金融机构发生损失。

（2）未保险存款/总存款（对存款机构来说）：未保险存款通常是指超过保险限额的政府与公司存款，它们对利率变化十分敏感，当竞争者提供的收益率稍高一点时，它们就会被提走。

由于市场利率复杂多变，银行和其他竞争者开发出几种防范利率变动、保障收益率的新方法，包括利率掉期与期货合同。

2. 股价风险（Stock Risk）。如果银行持有大量的不良贷款或者市场波动导致证券组合价值下降，资本就会严重缩水，进而导致用来吸收损失的股权资本就可能被耗尽。如果投资者和储户由于恐慌而竞相提现，则监管机构只能被迫宣告银行倒闭。

金融机构的破产会使得股东血本无归，而且，对商业银行来说，未投保的储户也面临大部分资金损失的风险。股价风险大致可以由以下指标来衡量。

（1）负债项目的市场收益率与相同期限的无风险利率的市场收益率之间的利率差额：利差增大表明投资者预期购买商业银行的证券后会面临更大的损失风险。

（2）股价/每股年收益率：当投资者认识到其投资的商业银行资本不足时，该比率通常会下降。

（3）股本资本/总资产：如果股权筹资相对于资产开始减少，股东与债权人的风险就会增大。

（4）购入资金/总负债：购入资金包括未保险存款、银行在货币市场借入的为期一年的贷款。

（5）股本/风险资产：反映了银行用自有资本补偿有可能遭受损失的资产的能力。

3. 汇率风险（Exchange Rate Risk）。商业银行汇率风险是指汇率波动的时间差、地区差以及币种和期限结构不匹配等因素造成的风险。

因汇率波动带来的风险主要分为交易风险、折算风险和经济风险三种类型。交易风险是指银行在对客户的外汇买卖业务中或在以外币进行贷款、投资以及随之进行的外汇兑换活动中，因汇率变动可能遭受损失。折算风险是指汇率变动引起商业银行资产负债表某些外汇项目金额变动的风险。因为进行会计处理时，需要将外币折算为本国货币计算，而不同时期使用的汇率不一样，所以可能出现会计核算的损益。经济风险是指汇率非预期变动引起商业银行未来现金流量变化的可能性，它将直接影响商业银行整体价值的变动。汇率变动可能引起利率、价格、进出口、市场总需求等经济情况的变化，这些将直接或间接地对商业银行的资产负债规模、结构、结售汇、国际结算业务量等产生影响。

交易风险的衡量采用交易限额法（Limit on Net and Gross Position），主要是利用缺口限额法衡量银行外汇缺口头寸的大小。交易限额是指总交易头寸或净交易头寸的限额。

折算风险的衡量方法主要有现行汇率法、流动与非流动项目法、货币与非货币项目法和时态法。

经济风险的测量方法包括收益和成本敏感性分析法，即按照损益表的不同项目对现金流量进行分类，并根据汇率预测情况对损益表的各项目进行主观的预测，考虑各种可能的汇率，修正损益表项目的预测值。

4. 商品风险（Commodity Risk）。商品风险是指与商品有关的契约价值的波动引起的风险。商品包含农产品、金融及能源商品等，其中能源商品的价值波动最大，原因是能源商品存量较少，容易受到供需波动的影响。由于我国金融监管的问题，商业银行使用的金融衍生工具规模不大，商品风险不是商业银行面临的主要风险。

【知识链接 9－1】

商业银行市场风险之四大风险来源

1. 重定价风险

重定价风险（Repricing Risk），即期限错配风险，是最主要和最常见的利率风险形式，主要是指银行资产、负债和表外业务到期期限（就固定利率而言）或重新定价期限（就浮动利率而言）存在差异所产生的风险。资产负债两端定价的不对称性使银行的收益或内在经济价值随着利率的变动而变化。例如，如果银行以短期存款作为长期固定利率贷款的融资来源，当利率上升时，贷款的利息收入是固定的，但存款的利息支出却会随着利率的上升而增加，从而使银行的未来收益减少和经济价值降低。

2. 收益率曲线风险

收益率曲线风险（Yield Curve Risk），即收益率曲线的非平行移动对银行的收益或内在经济价值产生不利影响，从而形成收益率曲线风险，也称为利率期限结构变化风险。例如，若以 5 年期政府债券的空头头寸为 10 年期政府债券的多头头寸进行保值，当收益率曲线变陡的时候，虽然上述安排已经对收益率曲线的平行移动进行了保值，但该 10 年期债券多头头寸的经济价值还是会下降。

3. 基准风险

基准风险（Basis Risk）是另一种重要的利率风险来源。在利息收入和利息支出所

依据的基准利率变动不一致的情况下，虽然资产、负债和表外业务的重新定价特征相似，但因其现金流和收益的利差发生了变化，也会对银行的收益或内在经济价值产生不利影响。

例如，一家银行用1年期的存款为来源发放1年期的贷款，虽然由于利率敏感性负债与利率敏感性资产的重新定价期限完全相同而不存在重新定价风险，但因为其基准利率的变化可能不完全相关，变化不同步，仍然会使该银行面临因基准利率的利差发生变化而带来的基准风险。

4. 期权性风险

期权性风险（Optionality）来源于银行资产、负债和表外业务中隐含的期权。期权可以是单独的金融工具，如场内（交易所）交易期权和场外期权合同，也可以隐含于其他的标准化金融工具之中，如债券或存款的提前兑付、贷款的提前偿还等选择性条款。

一般而言，期权和期权性条款都是在对买方有利而对卖方不利时执行。因此，此类期权性工具因具有不对称的支付特征而会给卖方带来风险。比如，若利率变动对存款人或借款人有利，存款人就可能选择重新安排存款，借款人可能选择重新安排贷款，从而对银行产生不利影响。

资料来源：节选自任涛．中国金融体系指标大全．博瞻智库，2021.

（二）市场风险的评估方法

1. 缺口分析（Gap Analysis）。缺口分析是衡量利率变动对银行当期收益影响的一种方法。具体而言，就是将银行的所有生息资产和付息负债按照重新定价的期限划分到不同的时间段（如1个月以下，1~3个月，3个月至1年，1~5年，5年以上等），在每个时间段内，将利率敏感性资产减去利率敏感性负债，再加上表外业务头寸，就得到该时间段内重新定价的“缺口”。以该缺口乘以假定的利率变动，即得出这一利率变动对净利息收入变动的大致影响。

当某一时段内的负债大于资产（包括表外业务头寸）时，就产生了负缺口，即负债敏感性缺口，此时市场利率上升会导致银行的净利息收入下降。相反，当某一时段内的资产（包括表外业务头寸）大于负债时，就产生了正缺口，即资产敏感性缺口，此时市场利率下降会导致银行的净利息收入下降。

缺口分析中的假定利率变动可以通过多种方式来确定，如历史经验、银行管理层的判断和模拟潜在的未来利率变动等。

2. 久期分析（Duration Analysis）。久期分析也称为持续期分析或期限弹性分析，是衡量利率变动对银行经济价值影响的一种方法。具体而言，就是对各时段的缺口赋予相应的敏感性权重，得到加权缺口，然后对所有时段的加权缺口进行汇总，以此估算某一给定的小幅（通常小于1%）利率变动可能会对银行经济价值产生的影响（用经济价值变动的百分比表示）。各个时段的敏感性权重通常是由假定的利率变动乘以该时段头寸的假定平均久期来确定。

当然，银行可以对以上的标准久期分析法进一步改进，如可以不采用对每一时段头寸使用平均久期的做法，而是通过计算每项资产、负债和表外头寸的精确久期来计量市场利率变化产生的影响，从而消除加总头寸/现金流量时可能产生的误差。另外，银行还可以采用久期分析法，即对不同的时段运用不同的权重，根据在特定的利率变化情况下，假想金融工具市场价值的实际百分比变化，来设计各时段的风险权重，从而更好地反映市场利率的显著变动所导致的价格的非线性变化。

3. 外汇敞口分析（Foreign Currency Exposure Analysis）。外汇敞口分析是衡量汇率变动对银行当期收益影响的一种方法。外汇敞口主要来源于银行表内外业务中的货币错配。当在某一时段内，银行某一币种的多头头寸与空头头寸不一致时，产生的差额就形成了外汇敞口。在存在外汇敞口的情况下，汇率变动可能会给银行的当期收益或经济价值带来损失，从而形成汇率风险。在进行敞口分析时，银行应当分析单一币种的外汇敞口，以及各币种敞口折算成报告货币并加总轧差后形成的外汇总敞口。对单一币种的外汇敞口，银行应当分析即期外汇敞口、远期外汇敞口和即期、远期加总轧差后的外汇敞口。银行还应当对交易业务和非交易业务形成的外汇敞口加以区分。对因存在外汇敞口而产生的汇率风险，银行通常采用套期保值和限额管理等方式进行控制。外汇敞口限额包括对单一币种的外汇敞口限额和外汇总敞口限额。外汇敞口分析是银行业较早采用的汇率风险计量方法，具有计算简便、清晰易懂的优点。但是，外汇敞口分析也存在一定的局限性，主要是忽略了各币种汇率变动的相关性，难以揭示各币种汇率变动的相关性带来的汇率风险。

4. 敏感性分析（Sensitivity Analysis）。敏感性分析是指在保持其他条件不变的前提下，研究单个市场风险要素（利率、汇率、股票价格和商品价格）的变化可能会对金融工具或资产组合的收益或经济价值产生的影响。巴塞尔委员会在 2004 年发布的《利率风险管理与监管原则》中，要求银行评估标准利率冲击（如利率上升或下降 200 个基点）对银行经济价值的影响，也是一种利率敏感性分析方法，目的是使监管当局能够根据标准利率冲击的评估结果，评价银行的内部计量系统是否能充分反映其实际利率风险水平及其资本充足程度，并对不同机构承担的利率风险进行比较。

敏感性分析计算简单且便于理解，在市场风险分析中得到了广泛应用。但是敏感性分析也存在一定的局限性，主要表现在对于较复杂的金融工具或资产组合，无法计量其收益或经济价值相对市场风险要素的非线性变化。因此，在使用敏感性分析时要注意其适用范围，并在必要时辅以其他的市场风险分析方法。

5. 情景分析（Scenario Analysis）。与敏感性分析对单一因素进行分析不同，情景分析是一种多因素分析方法，结合设定的各种可能情景的发生概率，研究多种因素同时作用时可能产生的影响。在情景分析过程中要注意考虑各种头寸的相关关系和相互作用。情景分析中所用的情景通常包括基准情景、最好的情景和最坏的情景。情景既可以人为设定（如直接使用历史上发生过的情景），也可以从对市场风险要素历史数据变动的统计分析中得到，或通过运行描述在特定情况下市场风险要素变动的随机过程得到。如银行可以分析利率、汇率同时发生变化时可能会对其市场风险水平产生的影响，也可以分析在发生历史上出现过的政治、经济事件或金融危机以及一些假设事件时，其市场风险状况可能发生的变化。

6. 风险价值（Value at Risk，VaR）。风险价值是指在一定的持有期和给定的置信水平下，利率、汇率等市场风险要素发生变化时可能对某项资金头寸、资产组合或机构造成的潜在最大损失。例如，在持有期为 1 天、置信水平为 99% 的情况下，若所计算的风险价值为 1 万美元，则表明该银行的资产组合在 1 天中的损失有 99% 的可能性不会超过 1 万美元。风险价值通常是由银行的市场风险内部定量管理模型来估算。

常用的风险价值模型主要有三种：方差—协方差法（Variance - Covariance Method）、历史模拟法（Historical Simulation Method）和蒙特卡洛法（Monte Carlo Simulation Method）。

7. 事后检验（Back Testing）。事后检验是指将市场风险计量方法或模型的估算结果与实际发生的损益进行比较，以检验计量方法或模型的准确性、可靠性，并据此对计量方法或模型进行调整和改进的一种方法。若估算结果与实际结果近似，则表明该风险计量方法或模型的准确性和可靠性较高；若两者差距较大，则表明该风险计量方法或模型的准确性和可靠性较低，或者是事后检验的假设前提存在问题；介于这两种情况之间的检验结果，则暗示该风险计量方法或模型存在问题，但结论不确定。事后检验作为检验市场风险计量方法或模型的一种手段还处在发展过程中。不同银行采用的事后检验方法以及对事后检验结果的解释标准均有所不同。

8. 压力测试（Stress Testing）。银行不仅应采用各种市场风险计量方法对银行在一般市场情况下承受的市场风险进行分析，还应当通过压力测试来估算突发的小概率事件等极端不利情况可能对其造成的潜在损失，如在利率、汇率、股票价格等市场风险要素发生剧烈变动、国内生产总值大幅下降、发生意外的政治和经济事件或者几种情形同时发生的情况下，银行可能遭受的损失。压力测试的目的是评估银行在极端不利情况下的亏损承受能力，主要采用敏感性分析法和情景分析法进行模拟与估计。

在运用敏感性分析法进行压力测试时，需要回答的问题如：汇率冲击对银行净外汇头寸的影响，利率冲击对银行经济价值或收益产生的影响，等等。在运用情景分析法进行压力测试时，应当选择可能对市场风险产生最大影响的情景，包括历史上发生过重大损失的情景（如 1997 年的亚洲金融危机）和假设情景。假设情景又包括模型假设和参数不再适用的情形、市场价格发生剧烈变动的情形、市场流动性严重不足的情形，以及外部环境发生重大变化可能导致重大损失或风险难以控制的情景。这些情景或者由监管当局规定，或者由商业银行根据自己的资产组合特点来设计。在设计压力情景时，既要考虑市场风险要素变动等微观因素，又要考虑一国经济结构和宏观经济政策变化等宏观层面因素。

9. 银行账户与交易账户（Banking Book and Trading Book）。商业银行应当制定关于账户划分的内部政策和程序，内容应包括：对交易业务的界定，应列入交易账户的金融工具，对交易和非交易岗位及其职责的严格划分，金融工具或投资组合的交易策略，交易头寸的管理政策和程序，监控交易头寸与交易策略是否一致的程序等。同时，银行应保留完整的交易和账户划分记录，以便进行查询，并接受内部、外部审计和监管当局的监督检查。同时，商业银行应当根据银行账户和交易账户的性质与特点，采取相应的市场风险识别、计量、监测和控制方法。

另外，划分银行账户和交易账户，也是准确计算市场风险监管资本的基础。若账户划分不当，会影响市场风险资本要求的准确程度；若银行在两个账户之间随意调节头寸，则会给其根据需要调整所计算的资本充足率提供监管套利机会。实行市场风险监管资本要求的国家和地区的银行监管当局都制定了银行账户、交易账户划分的基本原则，并要求商业银行据此制定内部的政策和程序，详细规定账户划分标准和程序。监管当局则定期对银行的账户划分情况进行检查，检查重点是其内部账户划分的政策、程序是否符合监管当局的要求，是否遵守了内部的账户划分政策和程序，是否为减少监管资本要求而人为地在两个账户之间调节头寸等。

10. 限额（Limits）管理。商业银行实施市场风险管理，应当确保将承担的市场风险控制在可以承受的合理范围内，使市场风险水平与其风险管理能力和资本实力相匹配，限额管理正是对市场风险进行控制的一项重要手段。银行应当根据所采用的市场风险计量方法设定市场风险限额。市场风险限额可以分配到不同的地区、业务单元和交易员，还可以按资产组合、金融工具和风险类别进行分解。银行负责市场风险管理的部门应当监测对市场风险限额的遵守情况，并及时将超限额情况报告给管理层。常用的市场风险限额包括交易限额、风险限额和止损限额等。

交易限额（Limits on Net and Gross Positions）是指对总交易头寸或净交易头寸设定的限额。总头寸限额对特定交易工具的多头头寸或空头头寸给予限制，净头寸限额对多头头寸和空头头寸相抵后的净额加以限制。在实践中，银行通常将这两种交易限额结合使用。

风险限额（Risk Limits）是指对按照一定的计量方法计量的市场风险参数设定的限额，如对内部模型计量的风险价值设定的限额（Value - at - Risk Limits）和对期权性头寸设定的期权性头寸限额（Limits on Options Positions）等。期权性头寸限额是指对反映期权价值的敏感性参数设定的限额，通常包括衡量期权价值对基准资产价格变动率的 Delta 设定的限额、衡量 Delta 对基准资产价格变动率的 Gamma 设定的限额、衡量期权价值对市场预期的基准资产价格波动性的敏感度的 Vega 设定的限额、衡量期权对临近到期日时价值变化的 Theta 设定的限额以及衡量期权价值对短期利率变动率的 Rho 设定的限额。

止损限额（Stop - Loss Limits）即允许的最大损失额。通常，当某项头寸的累计损失达到或接近止损限额时，就必须对该头寸进行对冲交易或将其变现。典型的止

损限额具有追溯力，即止损限额适用于1日、1周或1个月内等一段时间内的累计损失。

三、操作风险的识别和评估

操作风险大体上可以分成两种：一种是广义操作风险，除信用风险和市场风险之外的其他所有风险统称为操作风险；另一种是狭义操作风险，认为只有与业务运营相关的风险才是操作风险。2023年7月国家金融监督管理总局发布了《银行保险机构操作风险管理办法（征求意见稿）》，把操作风险定义为："本办法所称操作风险，是指由于内部程序、员工、信息科技系统存在问题以及外部事件造成损失的风险。本定义所指操作风险包括法律风险，但不包括战略风险和声誉风险。"

（一）操作风险的识别

对商业银行操作风险的界定中，操作风险蕴含在商业银行的各种业务领域和各个业务环节。对于操作风险的识别，通常采取三种方法。

1. 内部分析法。该方法主要是以召开内部会议的形式完成，主要邀请内部员工参会讨论，有时也邀请客户、外部专家（审计人员）等银行的利益相关者参会讨论，充分使用参会的内部员工和外部专家提供的信息，利用银行管理层、员工、专家的专业知识和操作经验识别操作风险。通过这种方法，识别各种业务和各个业务环节存在的操作风险。

2. 关键指标法。商业银行通过计算和分析不同时期的指标来识别操作风险：（1）每亿元资产损失率；（2）每万人案件发生率；（3）百万元案件发生率；（4）超过一定期限尚未确认的交易数量；（5）失败交易数量占总交易数量的比重；（6）员工流失率；（7）客户投诉率；（8）错误与遗漏的比率以及损失影响；（9）员工满意度；（10）员工经验水平变化情况等。

3. 业务流程分析法。商业银行通过绘制业务流程图，从业务流程出发，分析各种业务及其流程中各环节可能存在的导致操作风险的因素，识别出各环节的操作风险事件。

表9-2　　对操作风险可能产生的事件类型规定

定义的事件类型	包括范围
内部欺诈	盗窃和欺诈； 未经授权的活动（如违规交易）
外部欺诈	盗窃和欺诈（包括客户/供应商/第三方等）； 系统安全（如黑客入侵、网上银行诈骗）
客户、产品及业务操作	适当性、披露及信托责任（如销售时未告知客户重要信息、违反信托责任）； 不正当的业务/市场操作（如违规、操纵市场、违反投资指令）； 产品瑕疵（模型误差或者产品结构的缺陷）

续表

定义的事件类型	包括范围
执行、交割及流程管理	交易认定、执行及维护； 客户管理（客户接收、记录及管理）； 交易对手方的不良表现和失误； 外部销售商和供应商的失误或者外包失败； 业务重组的失误（如兼并、出售、投资等的失误）
业务中断和系统失败	硬件/软件故障（如系统瘫痪）； 新的 IT 项目失误/中断； 业务中断（如经营场所故障导致无法营业）
就业政策和工作场所安全性	劳资关系（如不公平解聘、薪酬争议）； 安全性环境（如事故）； 其他各种歧视（如种族歧视）
实体资产损坏	自然灾害或恐怖活动

（二）操作风险评估

巴塞尔委员会提出操作风险的评估方法包括基本指标法、标准法和高级计量法。

1. 基本指标法。该方法的思路是，银行持有的操作风险资本等于前 3 年内平均正收入的 15%，即用单一指标（总收入 Gross Income）乘以固定比例 α。这种方法比较简单，不适用于国际活跃银行。

$$K_{BIA} = \frac{\left[\sum_{i=1}^{n} GI_i \times \alpha\right]}{n}$$

其中，K_{BIA} = 基本指标法计算出的操作风险资本；GI = 前 3 年中各年为正的总收入；n = 前 3 年中总收入为正数的年数；$\alpha = 15\%$，由巴塞尔委员会设定。

2. 标准法。标准法是在对银行业务进行细致的划分后，以各业务单元为研究对象，分别度量操作风险及其资本要求。注意：标准法按各产品线分别计算总收入，然后进行汇总。计算的资本要求是为了计算商业银行资本充足率，并衡量资本充足率是否符合相关法规的要求或巴塞尔协议精神。

按照《巴塞尔协议Ⅲ》，银行的业务分为 8 个产品线：公司金融（Corporate Finance）、交易和销售（Trading & Sales）、零售银行业务（Retail Banking）、商业银行业务（Commercial Banking）、支付和清算（Payment & Settlement）、代理服务（Agency Services）、资产管理（Asset Management）、零售经纪（Retail Brokerage）。

用银行各产品线的总收入乘以该产品线适用的系数（用 β 值表示）。β 代表银行业在特定产品线的操作风险损失经验值与该产品线总收入之间的关系。

3. 高级计量法。高级计量法是以银行的非预期损失为研究对象，试图对损失发生的历史数据进行模拟，以建立损失的频率分布和损失强度分布函数，进而以数理模型的方式，对操作风险进行更精确的度量，然后，依此计算操作风险的最低资本要求

（见图9－2）。计算所得资本要求是为了计算商业银行资本充足率，并衡量银行的资本充足率是否符合相关法规的要求或巴塞尔协议精神。使用高级计量法应获得监管当局的批准。

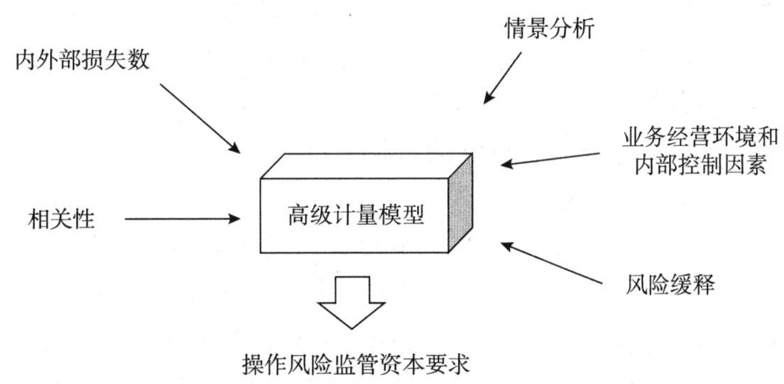

图9－2　高级计量模型的结构示意

第三节　商业银行流动性管理

一、商业银行流动性管理概述

流动性是商业银行的经营原则之一，也是最核心的部分，是指银行能够随时满足客户提取存款、借入贷款及对外支付的需要。而流动性管理，就是商业银行为了保证流动性而进行的有计划、有组织的协调和控制的过程。由于满足客户提取存款、借入贷款及对外支付都需要现金支持，而现金本身的管理和储存是会产生成本的，因此，银行流动性管理的实质，是保证在成本适当的情况下获得所需现金的能力。

流动性问题是全球商业银行重点关注的问题之一。由于各种资产嵌套、期限错配导致的金融风险层出不穷，尤其是在金融危机之后的经济下行时期，实体经济结构调整和增速下行导致金融市场风险上升，资产和负债的流动性管理显得更为重要和紧迫，这不仅是商业银行自身风险管理的问题，也是宏观经济风险控制的基础和重点关注问题之一。

（一）流动性管理的必要性

商业银行的流动性管理，主要是对银行流动性最强的资产具有强制性需求，主要表现为以下几个方面的必要性。

（1）及时满足存款提取需求。商业银行必须满足客户随时提取存款的本金和利息的需要，以免出现挤兑风险，导致商业银行破产，甚至引发社会上不良的连锁反应。

（2）提高贷款发放资金充足程度。贷款是商业银行的核心业务，也是商业银行最重要的利润来源，因此，商业银行必须保证客户能够获得正常的合理的贷款需求，以免丧失优质客户，降低了市场竞争力。

（3）把握投资需求，提高盈利。为了充分利用市场投资机会、分散风险、提高收益，商业银行需要保证有足够的资金盈余。

（4）确保还款需求，防止破产。一家银行在金融市场发行的债券到期时，需要有充分的资金保证还款付息的义务，这部分资金需求构成了对流动性的强制要求。

（5）保证营业支出和股利支付。商业银行在日常经营过程中，会发生许多支出，而这些经营性支出都需要现金支付。另外，上市的商业银行还需要应付支付股利等问题，以免出现信誉危机，并导致灾难性的后果。

（二）流动性管理的影响因素

商业银行流动性管理的影响因素有货币政策、财政政策、外汇占款对冲制度、存款结构、贷款质量、金融市场运行、或有负债水平、资产与负债期限错配等。

1. 货币政策。货币政策是影响商业银行流动性最重要的因素。而货币政策的调整较难预测，至少是不能准确地预测，这就增大了商业银行流动性管理的难度。商业银行通常只能根据货币政策的改变来灵活调整自己的流动性管理策略。

（1）法定存款准备金率。当存款准备金率上调，商业银行的超额准备金率就下降，流动性随之降低；相反，商业银行的超额准备金率就上升，流动性随之增强。众所周知，超额准备金是商业银行即时可用的资金，显现了商业银行的即时支付能力。当存款准备金率上调，超额准备金将下降，即商业银行通常通过降低超额准备金或调减流动性来实现。因此，当法定存款准备金率不断上调时，对存贷比较低的商业银行将是严峻的挑战。因为，当商业银行的存贷比低时，在法定存款准备金率上调的情况下，其流动性就越紧张，相应的流动性管理的压力就越大。相反，存贷比高的商业银行具有较强的应对存款准备金率调整的能力。

（2）中央银行票据发行与赎回。因为中央银行持有的国债额度有限，因此中央银行运用公开市场业务时，更多的是采取发行中央银行票据或赎回中央银行票据来影响基础货币，进而影响市场的货币供应量。通常，发行票据的利率比一年期的存款利率略高，但比同期贷款利率要低很多。但是，商业银行为了配合中央银行对市场的调控，需要买进中央银行票据，必然减少信贷投放，也必然降低流动性。相反，当中央银行赎回票据，将增加商业银行的流动性。同时，需要注意的是，中央银行发行的票据期限结构的调整或变化，都有可能会使商业银行流动性发生较大的改变。

（3）再贴现利率。再贴现利率的变化将对货币市场、资本市场、贴现市场、存款市场、贷款及再贷款市场等市场的资金供给与需求产生重要影响。这些市场的资金供给与需求变动，都将极大地影响商业银行的流动性。

通常，从紧的货币政策将使商业银行的流动性趋紧，相反，宽松的货币政策将使商业银行的流动性充裕。

2. 财政政策。政府通过财政预算、政府支出、国债发行及税率工具影响市场的总需求，进而通过货币供给增加或减少对商业银行的流动性产生影响。一般情况下，宽

松的财政政策将使商业银行的流动性提高或充裕，从紧的财政政策将使商业银行的流动性降低或从紧。

3. 外汇占款对冲制度。因为外汇不能在国内自由流动，当外汇流入时，中央银行为了对冲外汇占款，向市场释放人民币，从而增加商业银行的流动性。持续的外汇增加，持续的人民币投放，对于商业银行的流动性增强起到积极的作用。

4. 存款结构的稳定性。商业银行有活期存款、3 个月、6 个月、1 年、3 年和 5 年定期存款。定期存款具有较好的稳定性，而活期存款的稳定性较差。如果一家商业银行的存款结构保持较好的稳定性，则其流动性就较充裕；相反，流动性就紧张。特别是当一家商业银行活期存款占比较大的前提下，流动性就将面临较大的挑战。

5. 贷款等资产的期限结构及质量。贷款、投资等资产的期限结构及质量直接决定了商业银行能否顺利按期收回资金，进而影响其流动性状况。通常，由存款期限结构决定的商业银行的资产期限结构是“倒梯形”的资产结构，即短期资产占比大于中期资产占比，中期资产占比大于长期资产占比。如果商业银行长期资产占比较大，如长期贷款占比较大，其流动性就紧，因为长期存款占比较小。不言而喻，贷款等资产的质量对商业银行的流动性存在较大影响。不良贷款占比较高的商业银行，流动性通常都趋紧。而贷款等资产质量高的商业银行则为保持充裕的流动性奠定了坚实的基础。

6. 金融市场运行状况

（1）货币市场。货币市场是短期金融产品交易的市场，包括拆借市场、短期证券市场和贴现市场。商业银行可以在货币市场进行短期投资，也可以借助货币市场融通资金，以解决流动性不足的问题。成熟、发达的货币市场为商业银行应对流动性不足奠定了良好基础。现实中，随着货币市场的发展，完全依赖通过控制资产结构以满足流动性需求的银行数量在逐渐减少。

（2）资本市场。股票、债券与贷款是两种不同融资方式的主要融资工具。资本市场发展了，更多的企业将通过资本市场融资，减少对商业银行的贷款，短期内将对商业银行的流动性产生负面影响。比如，在股票市场处于牛市时，股票发行增量和股票交易活跃，商业银行的存款流向股票市场，商业银行的流动性趋紧。

7. 或有负债水平。商业银行或有负债业务主要是银行承兑汇票、信用证和保函等银行业务。在现实中，虽然开展此类业务时，商业银行原则上都要求 100% 的保证金，但是绝大多数商业银行都只是收取较小比例的保证金。因此，或有负债水平高的商业银行面临较高的垫款风险，从而使商业银行面临流动性趋紧的风险。因为，对于或有负债业务，商业银行承担第一付款人责任，如果相关企业不能履行其支付义务，商业银行就得垫付，这就增大了商业银行的流动性负担。

8. 资产与负债的期限错配。理论上，商业银行资产的期限结构应该与其负债的期限结构相匹配。但是，现实中，两者通常是不匹配的，出现期限错配。而且一般是资产的平均久期要长于负债的平均久期，这必然就产生了流动性问题。期限错配差距越大的商业银行，其流动性就越趋于紧张；相反，其面临流动性问题的概率就越小。

当然，可能还有其他的一些因素也将影响商业银行的流动性。在此，我们只是对主要的影响因素进行分析。影响商业银行流动性的因素发生变化时，都会对其流动性管理产生影响，商业银行都将调整流动性管理的策略，以应对因素的变化产生的影响。

（三）流动性管理的原则

1. 流动性需求与供给期限结构匹配原则。流动性需求与供给的期限结构匹配是商业银行流动性管理的基本理念。在理论上，如果商业银行负债的久期与对应的金融资产的久期相等，且无提前支取存款或提前还债，也无不良资产，那么商业银行就不存在流动性问题。但是，现实往往与此有较大的出入。商业银行为了追逐更高利润，常常将短期资金长期使用，出现资产与负债的期限错配，使资产的久期远远大于负债的久期，则商业银行必将面临较大的流动性问题。

因此，从稳健经营的角度出发，商业银行的流动性管理应尽可能实现流动性需求与供给的期限结构匹配。

2. 灵活调节原则。以利润最大化为经营目标的商业银行都熟知，商业银行的资金存量过大，资金就闲置，是资源的浪费，违反利润最大化原则；资金存量过小，危及正常经营。为了既能充分利用资金资源，又不危及正常经营，商业银行通常采取灵活调节的方法满足流动性的需求。当出现流动性缺口时，银行管理者可以不依靠收缩资产规模和出售资产，而是通过主动负债的方式来满足流动性需求，即商业银行通过货币市场拆借、证券回购等方式快速融资，满足流动性的需求。运用这种积极的调节手段，关键是看借入资金的成本是否小于运用其所获得的收益。采用灵活调节的原则有利于银行业务的扩张，降低银行经营成本，提高经济效益。但是，主动负债筹集资金受许多因素影响，在市场资金供给紧张时，筹资成本增加，或者难以筹集到足够的资金，因此具有一定的风险性。当然，商业银行也可以通过自身资产转换、出售的方式来满足流动性需求，如商业银行可以收回贷款、将持有的票据转贴现或再贴现。运用该手段进行流动性管理时，由于银行的资金调整、转换不受或少受市场资金供求关系的影响，在不确定的资金需求增加时，可以较快地通过内部资金调整来补足流动性，安全可靠且风险较小。但是，通常银行付出的成本代价较高。一般地，规模较小、资金实力不够雄厚的银行在资金市场上融资难度往往较大，故多采用该手段进行流动性管理。

3. 低成本原则。流动性缺口的满足应以筹资成本最低为原则。流动性缺口的满足，无论是以主动负债方式还是以自身资产转换方式，都必然要付出一定的成本代价，成本最小化是最优方案选择的基础。银行可以在对未来流动性需求以及市场资金供求状况、利率走势预测的基础上，设计多种融资方案。通过对不同方案的对比分析，从中选择一个最佳方案。

二、商业银行流动性管理策略

（一）流动性的需求和供给

对于大多数商业银行来说，最迫切的流动性需求来源于存款需求和贷款需求，而流动性供给主要来源于客户的存款。此外，还有客户偿还的贷款以及出售投资组合中的资产，以及货币市场借款或者中间业务来源的收入。

这些不同来源的流动性需求和供给决定了银行在任何时候可能的净流动性头寸（Net Liquidity Position）。银行的净流动性头寸计算公式为

商业银行的净流动性头寸（L_t）＝存款（流入）＋非存款服务收入＋还款本息＋资产出售＋从货币市场借款－存款提取（流出）－已接受的贷款要求－偿还借款－其他经营费用－向股东支付的股利

当流动性需求超过供给时，净流动性头寸为负，这时，银行必须决定何时何处筹集必需的流动性补充；反之，如果流动性供给超过了需求，净流动性头寸为正，则商业银行必须为流动性支付管理费用，管理层考虑的重点是如何更合理地安排这部分的流动性盈余，尽量减少管理成本，获得更多的盈利。

因此，对于商业银行而言，流动性管理问题主要集中在如何合理安排供求的问题上。在任一时刻，金融机构都需要面对流动性不足或者流动性过剩的问题，为保证盈利性和安全性，流动性的权衡取舍问题是金融机构永恒的主题。

（二）商业银行流动性监管指标与监测指标

评估商业银行是否出现流动性不足的情况，监管当局根据经验和行业要求设置了相应的监管指标和监测指标。监管指标是监管当局对商业银行风险监管的基准，是评价、监测和预警的参照体系。监测指标则是不设定具体的监管指标达标值，而是根据不同时期、异动情况和同业对比提出相应的监管意见。作为《巴塞尔协议Ⅲ》的重要组成部分，巴塞尔委员会于2014年推出了新版的净稳定资金比例国际标准。随着国际国内经济金融形势的变化，银行业务经营出现新的特点，为促进我国银行业流动性风险管理，维护银行体系的安全稳健运行，我国监管机构于2018年5月25日发布的《商业银行流动性风险管理办法》中提到，商业银行应将流动性风险监测指标全部纳入内部流动性风险管理框架，及时监测指标变化，并定期向银行业监督管理机构报告。商业银行的管理信息系统应当能够及时计算流动性风险监管和监测指标，并在必要时加大监测频率。监测指标出现波动较大、快速或持续单向变化时，商业银行应当分析原因及其反映出的风险变化情况，并及时向银行业监督管理机构报告。主要的监管指标如下。

1. 流动性覆盖率（Liquidity Coverage Ratio，LCR）：适用于资产规模在2 000亿元以上的银行，监管标准为100%。该指标旨在确保商业银行具有充足的合格优质流动性资产，能够在规定的流动性压力情景下，通过变现这些资产满足未来至少30天的流动性需求。

$$流动性覆盖率 = \frac{合格优质流动性资产}{未来30天现金净流出量} \geqslant 100\%$$

2. 净稳定资金比率（Net Stable Funding Ratio，NSFR）：适用于资产规模在2 000亿元以上的银行，监管标准为100%。该指标旨在确保商业银行具有充足的稳定资金来源，以满足各类资产和表外风险敞口对稳定资金的需求。

$$净稳定资金比率 = \frac{可用的稳定资金}{所需的稳定资金} \geqslant 100\%$$

3. 流动性比率：适用于全部银行，本外币的监管标准均为不低于25%。流动性资产包括现金、黄金、超额准备金存款、1个月内到期的同业往来款轧差后资产净额、1个月内到期的债券投资、在国内外二级市场可随时变现的债券投资、其他1个月内到期的可变现资产（剔除不良资产）。流动性负债包括活期存款（不含财政性）、1个月内到期的定期存款（不含政策性存款）、1个月内到期的同业往来负债净额、1个月内到期的已发行债券、1个月内到期的应付利息及各种应付款、1个月内到期的中央银行借款、其他1个月内到期的负债。流动性资产与流动性负债之比。

$$流动性比率 = \frac{流动性资产余额}{流动性负债余额} \geqslant 25\%$$

4. 流动性匹配率：适用于全部银行，监管标准为100%（自2020年1月1日起，流动性匹配率按照监管指标执行，在2020年前暂作为监测指标）。该指标衡量商业银行主要资产与负债的期限配置结构，旨在引导商业银行合理配置长期稳定负债、高流动性或短期资产，避免过度依赖短期资金支持长期业务发展，提高流动性风险抵御能力。

$$流动性匹配率 = \frac{加权资金来源}{加权资金运用} \geqslant 100\%$$

此指标参考了LCR和NSFR的权重概念，根据资产负债的不同期限（3个月、3～12个月、1年及以上）设置了不同的权限，避免银行过度拆短放长，提高流动性风险抵御能力。从项目来看，鼓励银行回归本源，加大信贷资金投放力度。同时，限制银行同业交易期限错配，尤其是各类资管产品投资，无论剩余期限如何，折算率统一设定为100%，会导致过度依赖同业投资来实现利润的银行的此项指标难以达标。

5. 优质流动性资产充足率：适用于资产规模在2 000亿元以下的银行，监管标准为100%。该指标旨在确保商业银行保持充足的、无变现障碍的优质流动性资产，在压力情况下，银行可通过变现这些资产来满足未来30天内的流动性需求。优质流动性资产是指能够通过出售或抵（质）押方式，在无损失或极小损失的情况下在金融市场快速变现的各类资产。优质流动性资产为无变现障碍资产，由一级资产和二级资产构成。一级资产包括现金、超额准备金、国债、中央银行票据和政策性金融债。一级资产无论剩余期限长短，均按照当前市场价值计入优质流动性资产。二级资产包括信用评级在AA级以上的信用债和地方政府债。二级资产无论剩余期限长短，均在当前市场价值基础上按85%的折扣系数计入优质流动性资产。计入优质流动性资产的二级资产不可超过优质流动性资产的40%。

$$优质流动性资产充足率 = \frac{优质流动性资产}{短期现金净流出} \geq 100\%$$

三、商业银行压力测试与流动性管理

压力测试及应急方案虽然包含在商业银行的流动性管理体系中，但是属于流动性风险管理的范畴，在此仅做简要叙述。

(一) 流动性压力测试的内容

1. 表内外产品流动性分析

(1) 资产的流动性分析。对资产的流动性主要是从两个方面进行分析，即资产变现的难易程度和是否能按照计划满足贷款增长的需要。为此，需要考虑和分析如下问题：①各类资产的流动性如何？②需要持有多少现金和可交易的金融证券资产？③压力情景下，出售短期资产和收回贷款的情况如何？④压力情景下，减缓资产按计划增长的能力是否与实际经营状况相适应？⑤压力情景下，是否能有效管理表外开放性承诺？

(2) 负债及融资的流动性分析。主要从两方面进行分析，即是否过于依赖某一融资渠道和融资质量是否已经下降。为此，需要考虑和分析如下问题：①在正常运营过程中，需要保有多高的备用融资额度？②融资渠道是否具有足够的灵活性和分散性？③是否有足够强的融资能力和权益资本增大能力？④表外流动性来源如何？⑤压力情景下，各种融资渠道可获得性是否受限或者失灵？

(3) 平衡流动性分析。主要从两方面进行分析，即资产与负债是否存在期限错配和其他结构性差异。为此，需要考虑和分析如下问题：①短期资金的流入与流出是否平衡？②净流动性头寸是盈余或是不足？

2. 正常情况下对流动性进行预测，计算流动性比例，对资金来源和资金运用进行分析。

3. 构建压力情景

(1) 单一银行危机情景。考虑的因素包括开放式承诺增加、额外保证金或担保要求增加、信用等级下调和存款流失非常严重等。

(2) 市场危机情景。考虑的因素包括同业拆借市场或批发融资市场出现严重资金短缺、信用价差扩大、流动性资产价值严重贬值、中央银行货币政策的变化等。

(二) 应急方案

在商业银行的流动性管理中，除了制订日常的流动性计划外，还应制订应对流动性突发事件的应急方案。解决流动性问题通常是在时间许可的情况下制订最佳方案，在被迫的情况下能够通过付出一定的成本予以解决，应急方案才是最终防线。良好的流动性应急方案应满足以下条件。

（1）有基于业务特点的有效评估和测试可能的流动性压力情景（见表9-3）。

（2）具有良好的管理和报告体系，包括：能基于流动性预警信号开展行动；维护良好的流动性备付和合理的流动性折扣；及时避免或缓解潜在危机等。

（3）制订清晰的管理行动计划和程序，包括：清晰定义危机管理小组成员和职能职责；明确可选流动性来源，事先进入；根据危机触发水平制订相应行动计划。

（4）制订沟通计划，避免无效信息的破坏，包括内外部相关人员的有效沟通，防止局面进一步恶化和扩散。

（5）应急方案应得到最高管理层的审批和执行支持。

（6）应急方案已经经过演练和测试。

表9-3　　商业银行压力测试应用情景示例

类型	情景描述	影响内容	压力程度	情景示例
单个机构	流动性资产变现能力大幅下降	资产	轻度	到期贷款续贷率为50%/到期贷款违约率增加4%
			中度	到期贷款续贷率为50%/到期贷款违约率增加7%
			重度	到期贷款续贷率为50%/到期贷款违约率增加10%
	批发和零售存款大量流失	资产/负债	轻度	存款流失率为1.5%/未到期同业存款、拆入规模下降（提支率）10%/到期存款续存率为50%
			中度	存款流失率为3%/未到期同业存款、拆入规模下降（提支率）30%/到期存款续存率为50%
			重度	存款流失率为6%/未到期同业存款、拆入规模下降（提支率）50%/到期存款续存率为50%
	批发和零售融资的可获得性下降	资产	轻度	净融入资金比率下降（达不到各项存款的4%）
			中度	净融入资金比例下降（达不到各项存款的2%）
			重度	无法融入资金
	融资期限缩短和融资成本提高	负债	轻度/中度/重度	
	表外业务、复杂产品和交易对流动性造成损耗	资产	轻度	买入返售等金融资产交易违约率为0.5%/买入返售信托产品收（受）权违约率为1%/地方政府债、非金融企业债、理财产品、信托产品及收益权投资亏损1%
			中度	买入返售等金融资产交易违约率为1%/买入返售信托产品收（受）权违约率为3%/地方政府债、非金融企业债、理财产品、信托产品及收益权投资亏损3%
			重度	买入返售等金融资产交易违约率为1.5%/买入返售信托产品收（受）权违约率为5%/地方政府债、非金融企业债、理财产品、信托产品及收益权投资亏损5%

续表

类型	情景描述	影响内容	压力程度	情景示例
单个机构	交易对手要求追加抵（质）押品或减少融资金额	资产/负债	轻度/中度/重度	
	主要交易对手违约或破产	资产	轻度/中度/重度	
	信用评级下调或声誉风险上升	负债	轻度/中度/重度	
	母公司或集团内其他机构出现流动性危机	资产	轻度/中度/重度	
整个市场	市场流动性状况出现重大不利变化	资产	轻度/中度/重度	
	跨境或跨机构流动性转移受到限制	资产	轻度/中度/重度	
	中央银行融资渠道发生重大变化	资产	轻度/中度/重度	
	银行支付清算系统突然中断运行	资产	轻度/中度/重度	

第四节 商业银行的风险偏好管理体系

一、商业银行风险偏好管理框架

风险偏好是商业银行在追求价值过程中愿意接受的风险种类和水平，风险偏好从风险承担的视角反映商业银行的战略取向并影响银行的经营管理活动。不同的商业银行根据自身实际需要，采用不同的方式制定风险偏好，如采取限额方式、波动率方式、概率方式等。

2008 年国际金融危机之后，高级银行监管集团（SSG）、巴塞尔委员会（BCBS）以及国际金融稳定委员会（FSB）发布了《有效风险偏好框架的原则》，指出设定明确的风险偏好是金融机构亟须改进的领域，明确了风险偏好的框架，同时强调了董事会和高级管理层参与风险偏好制定和执行的重要性。各国金融监管机构也随后加强了对商业银行风险偏好的监管和指导，我国监管机构先后发布了《商业银行资本管理办法（试行）》和《银行业金融机构全面风险管理指引》，其中，将风险偏好与风险限额作为全面风险管理的核心要素之一，要求银行业金融机构制定书面的风险偏好，做到定性指标和定量指标并重。

商业银行构建科学的风险偏好体系，实施风险偏好和限额管理，完善风险偏好与限额管理的纠偏与调整机制，设定合理的风险偏好阈值，可以促使商业银行充分认识自身风险承受能力与风险管理水平，实现有限资源的优化配置，对发展战略与资本规划有着重要意义。

（一）银行风险偏好管理的特点

一是具有统一性，能够有助于建立银行金融机构之间和内部的风险偏好沟通流程，促进风险偏好与金融机构风险文化的融合。

二是以风险偏好声明为工具，作为董事会、管理层和内部审计有效、可靠讨论管理建议与进行决策的依据，能够评价风险承担的行为是否合适，并防止过度风险承担行为。

三是制定过程需要“自上而下”的董事会领导和“自下而上”的各级管理层介入，融入整个金融机构，并被所有人理解。

四是具有灵活性，能够适应不断变化的业务状况和市场环境，在维持全集团风险偏好水平不变的情况下，调整部分条线或实体的风险承受能力。

五是全面性。风险偏好框架要涵盖在金融机构风险管理范围内，但非其直接控制的活动、业务和系统，包括子公司和外包第三方服务提供商等。

（二）风险偏好管理流程

1. 偏好制定。商业银行制定风险偏好时，应首先由风险管理部门草拟年度风险偏好声明，其次由各类风险归口主管部门对职责范围内的风险偏好的指标和阈值提出设定建议，并进行会签。在此过程中，业务执行部门应配合各类风险归口主管部门的工作，及时提供各自业务涉及的风险信息和数据。最后，风险管理部门将经各部门确认的年度风险偏好声明草案提交至高级管理层审议，并经董事会审批后生效。

2. 监控和报告。商业银行基于风险偏好设立限额预警值，在达到预警值时，应考虑是否采取相应措施来防止超限额情况的出现。银行的风险偏好监控和报告管理流程主要分为三个步骤：一是各限额相关业务部门应配合各类风险归口主管部门的职数需求；二是各类风险归口主管部门应对权限内的限额指标进行日常的计算和监控，并定期将数据监测情况填入风险偏好及限额监控管理报表，向风险管理部门报送；三是风险管理部门应对所有风险偏好及限额指标进行定期汇总和监控，牵头编制风险偏好及限额管理报告，并提交董事会和高级管理层审核。

3. 超限管理。风险偏好指标值超过阈值时，商业银行的风险管理部门应牵头制定超限补救方案报告和实施情况报告。商业银行的风险偏好超限管理流程如下：一是各类风险归口管理部门和授信管理部门发现超过预警值或偏好设定值的指标时，应及时

报告至风险管理部门；二是全面风险管理部门应牵头组织相关风险归口主管部门和业务部门制定超限补救方案、补救方案报告，并报送至高级管理层和董事会进行审核；三是风险管理部门应组织风险主管部门对超限偏好指标进行持续的监测，确保偏好指标值回落至目标风险水平区间，并负责向高级管理层报告风险偏好指标超限补救方案实施情况；四是董事会和高级管理层应对风险偏好指标超限补救方案实施情况进行审核。

4. 偏好变更。风险偏好的管理并不是静态的过程，而是伴随着银行战略目标、资本规划目标和监管要求等动态变化管理的过程。因此，风险偏好需要有合理的变更流程来适应变化。商业银行在变更风险偏好时，应当借鉴情景分析法，从以下四个方面考虑可能发生风险偏好变更的情况。

（1）商业银行年度战略目标年中发生变化。银行年度战略目标综合反映了股东、管理层、员工等主要利益相关方的期望。虽然银行战略很小概率会在年中变动，但由于外部环境等因素临时改变会对银行战略产生重要影响，而偏好与战略密切相关，因此，风险偏好在银行战略临时调整时也应被重新评估，以反映实现新目标所需承担的风险和增加的资本需求。

（2）业务发展方向年中发生变化。受外部经济、同业竞争变化的影响和自身业务发展需求的变化，银行在风险偏好执行的过程中，可能会出现新增或退出某项业务的情况。当该业务可能恰好对现有风险偏好中的某些指标值产生重大影响时，银行应该考虑发起偏好变更流程，以适应业务的变化。

（3）监管要求发生重大变化。监管部门作为银行的重要利益相关方，其政策要求的改变对银行风险偏好的影响巨大。因此，银行风险偏好应反映监管最新政策要求，当某类型监管指标或者监管关注值在本期偏好执行的过程中发生重大变化时，受影响的风险偏好指标也应当被重新评估。银行可根据监管要求，在年中发起偏好变更流程，及时调整指标（包括指标数量、指标类型、指标评分、指标目标值等），以适应监管最新要求。

（4）设定值确实无法达到。在风险偏好指标执行的过程中，如果存在某指标多次或长期超限，相关管理部门和指标执行部门集体讨论后一致认为超限补救措施无法实施，并通过集体分析发现，指标设定时确实没有考虑某些特殊情景，银行可以考虑提起风险偏好变更流程。

风险偏好的变更流程应是严谨的、经过充分确认和审批的，其变更流程一般包括：风险管理部门发起风险偏好变更流程，编制相应的风险偏好变更审批报告，详述变更理由，并递交高级管理层和董事会；董事会和高级管理层对风险偏好变更审批报告进行审批，作出是否变更的意见。

二、商业银行风险偏好方案的设置

商业银行在风险偏好方案的设置过程中，应充分考虑宏观经济形势、行业和自身业务发展、利益相关者期望等因素。

1. 宏观经济趋势。宏观经济环境会直接影响银行的风险状况，而基于宏观经济趋势制定的国家宏观经济政策，对银行的经营活动也将产生直接或间接的约束。因此，商业银行在制定风险偏好时，应立足其所处的宏观经济环境，确保自身风险偏好与国家宏观经济政策保持一致。

2. 行业发展情况。行业发展情况包括竞争环境、同业的业务发展策略等。这些因素的变化，可能对银行愿意承受的风险水平和种类产生影响，因而对银行风险偏好策略的制定具有重要参考意义。商业银行应密切关注行业面临的监管环境和市场环境的变化，积极了解国内外商业银行的业务发展策略和经营活动。

3. 业务发展战略。业务发展战略是银行基于宏观经济和行业发展状况而制定的一段目标时期（如3～5年）内的业务发展规划及目标。作为战略管理的一部分，商业银行的风险偏好应准确反映与其战略目标一致的风险承受水平。也就是说，如果商业银行制定了较为稳健的发展战略，则各类偏好指标应设定较严格的阈值；反之，如果商业银行的发展战略较为激进，则对应着较为宽泛的风险偏好阈值。

4. 利益相关者的期望。风险偏好应在满足包括监管机构、股东、债权人和银行员工等在内的各利益相关者要求的基础上，实现不同利益相关方利益诉求的平衡。表9－4列出了商业银行主要利益相关者的期望。

表9－4　　商业银行主要利益相关者及期望

利益相关者	期望
监管机构	较为关注银行的偿付能力、金融系统的稳定程度、对债权人的保障、资本充足情况以及杠杆和流动性；地方监管机构通常还期望辖内银行能支持地方经济的发展，服务民生
股东	期望银行在持续性经营的基础上，实现股东收益水平最大化，因此，更关注银行的股价、盈利能力、股利；权衡风险和收益，要求“合理的风险水平”以及同等风险水平下收益最大化
债权人	主要关注银行的偿债能力，期望银行在压力情景下依然能够保持偿债能力；关心银行偿付能力、资金安全程度、流动性
员工	关心自身的切身利益，包括薪酬、福利水平、职业发展等；与员工利益相关的银行的业绩、品牌、声誉等

三、商业银行风险偏好陈述

风险偏好陈述是目标期内银行各项业务发展和风险管理的纲领性文件，是银行整体经营战略的重要组成部分。风险偏好陈述通常涵盖利益相关方的要求和期望、经营目标、风险类型、总体风险水平、定性陈述和定量指标等，商业银行风险偏好陈述框架如图9－3所示。

有效的风险偏好陈述，应是定性与定量有机结合的体系。在风险偏好中，定性陈述与定量指标间的关系可以解释为银行通过定性陈述确定其对于风险（包括整体风险和各单项风险类别）的态度，并基于此确定量化指标。同时，量化指标及其阈值的确

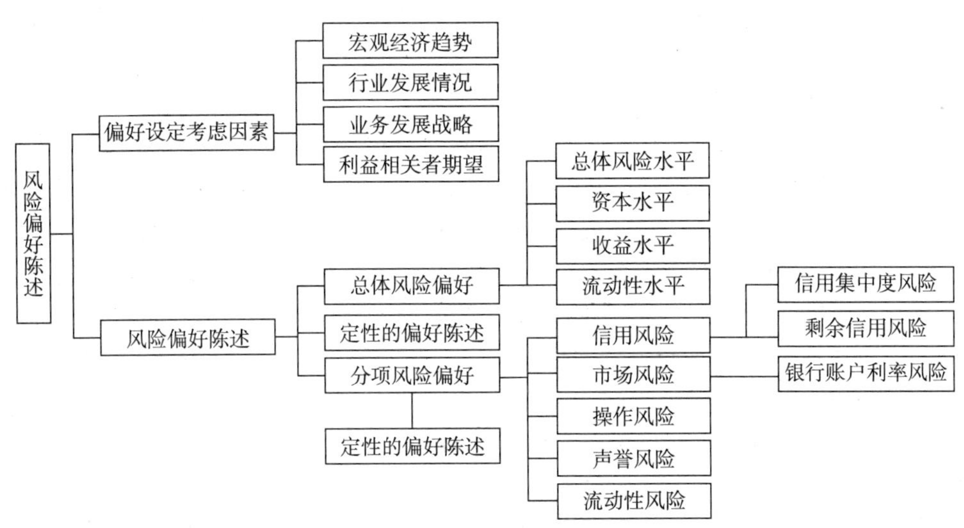

图 9－3 风险偏好陈述框架

定，也是定性陈述中确定的风险态度的具体体现形式。因此，风险偏好陈述中的每一个模块中，均应做到定性和定量相结合。

（一）总体风险偏好陈述

1. 定性陈述。结合同业实践，银行总体偏好的定性陈述包括：总体风险态度（如审慎/稳健/适度稳健/积极）、对风险和收益的权衡、业务经营中的风险底线（如持续经营/监管合规等）和风险管控的原则或目标（如维护银行声誉和市场形象与保持长期可持续发展等）。

2. 定量指标。商业银行总体风险偏好体现在四个维度的定量指标中。

（1）总体风险水平。一方面，银行可参考国内外权威评级机构的评级标准，制定与其目标风险水平一致的目标评级水平。虽然各机构使用的评级标准不完全一致，但基本均包含对违约概率、违约损失率、评级主体流动性状况等的综合评估，这些是衡量银行总体风险水平的重要指标。另一方面，还可将对重大风险事件的零容忍态度作为衡量总体风险水平方面的指标。重大风险事件包括重大违规案件、监管严重处罚、重大声誉风险事件等。

（2）资本水平。反映银行资本水平的指标是判断银行是否具有清偿能力和抵御各类风险的能力的最重要的指标，也是监管机构高度关注的指标。银行可参考监管指标（如资本充足率、核心一级资本充足率和杠杆率等）设定自身资本水平维度的风险偏好定量指标。

（3）收益水平。收益类指标反映银行的盈利能力，与股东利益密切相关。银行在设置风险偏好指标时，应选择财务意义上衡量收益水平的指标，而非经济意义上综合反映风险和收益的指标。

（4）流动性水平。反映银行流动性水平的指标可以体现银行各时点的流动性、资产负债总量和期限结构安排的合理性，通常直接采用监管指标流动性比例作为银行的定量指标。

（二）分项风险偏好陈述

1. 定性陈述。同业银行通常会在主要风险类别层面进行风险偏好的定性陈述，表达其对不同类别风险的态度。例如，对集中度风险的定性偏好陈述可以是“通过优化组合管理、分散资产配置、扩充资金来源降低集中度风险，提升资产回报率”。

2. 定量指标。分项风险层面的定量指标是银行对不同类别风险偏好的进一步细化。如果银行对集中度风险的定性偏好是“通过优化组合管理、分散资产配置、扩充资金来源降低集中度风险，提升资产回报率”，则可设“单一客户贷款集中度”“单一集团授信集中度”等定量指标反映此偏好；如果银行的定性风险偏好还包括“控制单一行业风险暴露”，则在定量指标中应包括“单一行业贷款集中度”。

第五节　商业银行风险管理策略分析

一、我国商业银行风险管理现状

（一）风险管理法规及制度体系建设

2003年中国银行业监督管理委员会成立，承接了中国人民银行对银行业机构的监管工作职责。银监会自成立以来，相继出台了一系列商业银行风险监管的相关法律法规及规范性文件，为商业银行开展风险管理和内部控制提供了法律依据。商业银行根据相关的法律法规制定自身的风险管理和内部控制相应的规章制度，构成了商业银行风险管理和内部控制的法律法规与制度体系。特别是2018—2020年，中国银保监会等相关部门连续出台风险管理措施：2018年，中国银保监会先后发布《商业银行大额风险暴露管理办法》《商业银行流动性风险管理办法》；2019年，中国银保监会先后印发《关于商业银行资本工具创新的指导意见（修订）》《商业银行理财子公司净资本管理办法（试行）》；2019年，国家外汇管理局印发《银行外汇业务合规与审慎经营评估办法》；2020年，中国银保监会对外公开《商业银行互联网贷款管理暂行办法（征求意见稿）》。

（二）管理构架

上市银行和非上市银行的风险管理构架有较大的区别。上市银行的风险管理构架比较完善，而城市商业银行和农村商业银行的风险管理构架设置相对落后。以某国有控股上市商业银行为例，介绍其管理构架。

1. 董事会下设风险管理委员会和审计委员会。风险管理委员会的主要职责包括：负责审核风险管理政策和内部控制制度，并对其实施情况及效果进行监督和评价；监督和评价风险管理部门的设置、组织方式、工作程序和效果，并对分管风险管理的高级管理人员的相关工作进行评价；形成“首席风险官—风险总监—风险主管—风险经

理”的垂直风险报告路径。审计委员会的主要职责包括：监督及评估外部审计机构工作；监督及支持内部审计工作；审阅银行的财务报告并对其发表意见；监督及评估与财务报告相关的内部控制的有效性；协调外部审计机构与管理层、内部审计机构及相关部门的沟通等。

2. 监事会下设监督委员会。其主要职责是在监事会授权下执行监督审计职能。

3. 高级管理层设风险管理委员会，由信用风险管理委员会、市场风险管理委员会和操作风险管理委员会组成。

高级管理层还设有高于风险管理具体管理部门的内部审计局。具体风险管理部门包括风险管理部、信贷与投资管理部、小企业金融业务部、信用审批部、授信业务部、内控合规部、资产负债管理部和法律事务部。

4. 一级分行除设有内部审计分局外，一级分行和二级分行都对应总行设立相应的风险管理部门。

（三）主要风险管理措施

1. 信用风险管理措施。主要包括：信贷政策制定；授信前尽职调查；客户信用评级（或测分）；担保评估；贷款审查和审批；授信后管理；不良贷款管理；追究损失类信贷资产责任人的责任等。

2. 流动性风险管理。在我国商业银行经营实践中，一家商业银行整体的流动性状况通常是由资产负债管理委员会管理，该机构负责按监管要求和审慎原则管理全行流动性，制定相关的流动性管理政策，对现金流量进行日常监测。这些政策包括：采取稳健策略，确保在任何时点都有充足的流动性资金用于满足对外支付的需要；以建立合理的资产负债结构为前提，保持分散而稳定的资金来源，同时持有一定比例的信用等级高、变现能力强的流动性资产组合作为储备；对全行的流动性资金进行集中管理、统一运用。

3. 操作风险管理。虽然监管部门有相应规定，各商业银行也制定有制度，但是各商业银行的操作风险管理水平差异较大，上市银行管理措施和效果较好。操作风险管理的主要措施有：（1）规范操作风险损失数据的统计标准，推进操作风险损失数据库的建立；（2）开展不相容岗位梳理；（3）加强基层机构关键环节操作风险管理；（4）不断修订、完善内部控制制度；（5）加强员工培训和实施严格的问责制以保障政策和程序的遵循性；（6）加强部门、不同岗位之间的业务操作制约平衡机制和关键岗位人员集中委派与轮换制度；（7）建立系统的授权管理和业务操作制度；（8）对重要的数据处理系统进行数据备份以降低因信息技术系统故障引起的操作风险等。

二、商业银行风险管理问题

风险管理是一个持续和需要不断完善的过程。我国商业银行从公开发行股票上市后，管理水平在不断提升，包括风险管理。它们的示范作用在商业银行不断的竞争中对非上市商业银行特别是城市商业银行和农村商业银行的风险管理水平提升起到潜移默化的作用。但是，现阶段我国商业银行风险管理仍然存在一系列问题，主要表现在以下几个方面。

1. 风险管理认识需要提高，意识需要增强。商业银行的一些员工在风险和收益方面，更重视收益，将业务发展与风险管理在一定程度上对立，认为风险管理是阻碍业务发展的，或认为只要业务发展了，风险自然得到控制。这可能与当代商业银行的绩效考核有关。

2. 在风险管理上，重视信用风险和流动性风险的程度高，重视其他风险的程度低。特别是在实际的工作中，操作风险没有引起足够的重视。

3. 在风险管理方法上，重视风险的定性分析和风险的转移，如贷款强调担保，对风险的定量分析欠缺。这可能是由于长期以来，我国商业银行在风险管理方面比较重视定性分析和专家的经验，如信用风险管理中，重视贷款投向的政策性、合法性、贷款运行的安全性等，这些分析方法在强化风险管理中是不可缺少的。

4. 一些银行的风险管理体系还不健全，差距较大，风险管理受外界因素干扰较多，独立性原则体现不够。

5. 在信息技术上方面，信息系统建设严重滞后，风险管理所需要的大量业务信息缺失，银行无法建立相应的资产组合管理模型，无法准确掌握风险敞口，难以为风险防控提供科学的决策依据。

6. 风险管理人才缺乏。现代风险管理技术性含量较高，目前我国商业银行风险管理人员无论在数量上还是质量上都与西方商业银行存在差距，这也成为未来商业银行提高风险管理能力的重要制约因素。

7. 缺乏系统的风险管理策略规划。商业银行习惯于就具体的业务制定风险管理制度，确定风险管理的重点，而较少从策略方面考虑如何有效实现风险的管理。

三、风险管理策略选择

（一）强化全面风险管理体系策略

商业银行风险管理最重要的工作是做好全面风险管理体系的基础性工作，这是其开展风险管理各项工作及提升风险管理水平的基础。从风险管理策略方面考虑，商业银行需要做好如下几方面工作。

1. 在组织架构方面，按照巴塞尔委员会精神和监管机构相关要求，建设及完善银行风险管理组织架构，特别是城市商业银行和农村商业银行，明确各委员会和各风险管理相关部门的工作职责与岗位职责，完善授权体系。

2. 在制度体系建设方面，商业银行依据相关法律法规和银行自身的实际制定及完善风险管理制度体系。这是一项持续的工作。银行需要根据法律法规及其他经营环境的变化适时对制度体系进行修订。而且对于可能不利于风险管理，甚至易于引发风险事项的业务制度，需要进行修改。如一些银行制定的绩效考核办法脱离实际，容易诱发员工违反法规或制度，引发金融风险。

3. 在员工培训及人才培养方面，强化员工的风险管理相关培训，重点是制度的培训，增强员工的全面风险管理意识，扭转员工重业务轻风险的倾向。在人才培养上，重点通过内部培养的方式培养风险管理专业人才。

4. 在信息系统建设方面，积极投入风险管理信息系统的建设，特别是领导层需要站在长远可持续发展的高度看待该系统的建设，扭转当今商业银行只注重绩效忽视基础建设的局面。风险管理信息系统建设是一项基础建设，它能为商业银行的健康发展奠定坚实的基础。

（二）信贷资产业务风险管理策略

商业银行信贷资产业务具体包括贷款、票据贴现、保理和福费廷等。风险管理可选择的策略有风险分散、风险转移、风险规避和风险补偿策略。通过增加中小企业和个人贷款来实现风险分散，积极响应国家的产业发展指导政策，减少或降低甚至避免对国家限制性行业的贷款，即采取风险规避来降低风险；继续保持商业银行所习惯的担保贷款，实现风险转移；在利率市场化的前提下，对授信客户实行有效评级，按照风险—收益原则定价，以实现风险补偿。

（三）投资资产业务风险管理策略

受法律法规的约束，商业银行的投资业务仅局限于国债、金融债券和货币市场的投资。风险管理可选择的策略有风险分散、风险对冲策略。分散投资是证券投资的基本理论，银行可以采取分散化投资策略以降低投资风险，采取债券的久期免疫策略“对冲”债券投资中的利率风险。

（四）负债业务风险管理策略

商业银行负债业务主要面临的是流动性风险和利率风险（在市场利率完全市场化下），而且我国商业银行在实际运营中流动性风险引发了利率风险。防范负债业务风险主要采取风险分散策略，即存款客户的多元化及分散化、资产配置的分散化等。由于我国商业银行受限于借助衍生商品市场实现风险的对冲，因此现阶段还不能采取风险对冲的策略实现风险管理。

（五）中间业务风险管理策略

我国商业银行中间业务主要面临操作风险和流动性风险。操作风险管理主要是通过完善全面风险管理体系来防范。对于创新的中间业务（主要为金融理财业务），操作风险应采取风险规避的管理策略。中间业务的流动性风险主要来自金融理财业务，中间业务中的承兑业务也面临信用风险，其风险管理策略类同于信贷风险管理策略。

（六）同业机构业务风险管理策略

进入21世纪后，受金融需求的多元化和商业银行经营综合化发展的影响，商业银行大力发展同业机构业务，包括银银合作、银信合作、银证合作、银保合作和金融市场业务，这些同业机构业务中前四项主要面临的是操作风险，而金融市场业务主要包括各种金融债券的承销和人民币利率互换衍生产品等业务，除面临操作风险外，还面临市场风险。该市场风险的管理可以采取风险规避、风险对冲和风险补偿策略。风险规避主要是扎实做好债券承销的尽职调查工作，选择与优秀金融企业合作，放弃高风险金融债券的承销。风险补偿主要是提高承销佣金的比例来降低承销的市场风险。风险对冲主要是防范互换业务中的利率风险，采取有效的对冲手段来降低利率风险。

【案例分析9-1】

包商银行风险暴露

2019年5月24日，银保监会发布公告称，鉴于包商银行出现严重信用风险，为保护存款人和其他客户合法权益，对包商银行实行接管。此次接管是20年以来监管再度出手整治问题银行。在金融供给侧结构性改革的大背景下，包商银行事件有其特殊性，同时也反映了部分中小银行共同存在的问题。

明天集团股权问题是包商银行被接管的主要原因。根据监管披露的信息，明天集团持有包商银行89%的股权，而包商银行大量资金被大股东违规占用，形成逾期，导致包商银行出现严重的信用风险。包商银行未公开披露2017年和2018年年报，从已知信息来看，自2017年起，包商银行资本充足率已低于监管要求。资本充足率要求作为银行业监管红线，指标意义重大，从包商银行案例来看，持续增加的信用风险和资产质量压力首先侵蚀利润，银行难以进行内源性资本补充，而包商银行为非上市城商行且主要股东均为明天集团关联公司，一旦股东集中出现问题，则外源性资本补充难度同时加大。低于监管红线的资本充足率将从各方面显著影响经营。

第一，盈利能力方面，包商银行盈利能力持续恶化。其营业收入、利息净收入和净利润同比增速明显下降，分别由2014年末的25.5%、25.3%和22.1%持续下降至2017年第三季度末的0.5%、-6.3%和-13.9%。

第二，资产质量方面，不良率持续攀升。截至2017年第一季度末，包商银行不良贷款率持续攀升至1.7%，较2014年末上行0.33个百分点，关注类贷款占比亦快速上升至3.87%，较2015年末上升1.44%，另外，不良贷款偏离度（逾期90天以上贷款/不良贷款）达192.21%，处于较高水平，显示大量逾期贷款没有确认为不良贷款，资产质量认定不严格，隐含较大的信用风险。

第三，包商银行同业业务和金融市场业务迅速发展，对同业资金的依赖程度高，同业负债占比偏高，业务调整压力大。截至2017年第二季度末，未包括同业存单的同业负债占比达32.24%，其中，同业及其他金融机构存放款项占比为29.9%，较2016年末大幅上升12.1%。而存款占比则由2014年末的58.4%持续下滑至2017年第二季度的42.8%。

第四，资本充足水平方面，包商银行的资本补充压力巨大。截至2017年第三季度末，其资本充足率为9.5%，已无法满足10.5%的监管要求；核心一级资本充足率为7.4%，也低于7.5%的监管要求。

包商银行事件之所以引起市场的强烈关注，主要源于近年以来在金融严监管趋势下，部分中小银行过去的经营及发展模式蕴藏的风险逐步暴露，市场对其发展前景产生担忧。包商银行问题暴露具有其特殊性，但同时也反映了部分中小银行公司治理欠缺、同业存单套利、信用风险上升、流动性风险高等特点。

资料来源：任泽平，方思元，杨薛融．包商银行事件：成因、影响及展望．泽平宏观，2019－06－17.

【本章小结】

1. 商业银行的风险，即可感知的与某个特定事件有关的可能导致资产和收益蒙受损失的不确定性。风险管理，一方面指商业银行的风险识别、风险估计、风险防范和风险处理等工作流程；另一方面，银行需要对风险进行积极的管理才能转化为现实的收益。

2. 商业银行风险具有多样性、周期性、扩散性、匿藏性、不可回避性的特征。商业银行风险类型主要有信用风险、市场风险、流动性风险、操作风险、法律风险、破产风险。商业银行风险管理流程主要包括风险识别、风险计量、风险管理和风险控制四个部分。

3. 商业银行主要风险包括信用风险、市场风险和操作风险三种。

4. 流动性是商业银行的经营原则之一，也是最核心的部分，是指银行能够随时满足客户提取存款、借入贷款及对外支付的需要。

【重要概念】

风险的扩散性　风险的周期性　风险的匿藏性　风险的不可回避性
全面风险管理原则　流动性风险　资产支持证券化　备用信用证
内部评级　外部评级　利率风险　资本风险　缺口分析　敏感性分析

【思考练习】

1. 什么是风险的匿藏性？举例说明。
2. 如何识别信用风险？有哪些可参考的识别方法。
3. 什么是全面风险管理原则？如何有效实施全面风险管理？
4. 什么是流动性管理？有哪些因素可能影响一个银行的流动性？

第十章

绩效管理

【本章学习目标】

了解商业银行绩效管理的含义和内容，理解商业银行财务分析的含义和内容，包括资产负债表、损益表和现金流量表的结构、内容和作用，掌握财务比率法中的各项指标的计算和运用，以及商业银行主要的绩效评价方法。

第一节　商业银行财务管理

一、财务管理的含义

商业银行是经营货币资金的企业，以对资金的筹集、使用和分配为内容的财务活动贯穿于商业银行经营和管理的全过程。财务管理是商业银行根据自身发展的需求和内外部社会经济环境的变化，科学有效地计划、组织、监督资金的来源与运用的一系列管理活动的总称，在商业银行的经营管理中处于核心位置，对提高银行的经营效益、控制银行的经营风险、实现银行管理的宗旨有着重要意义。

银行经营管理的宗旨是在考虑了资金的时间价值和风险价值后，最大化银行的股东价值，实现这一目标的根本途径在于银行资金的安全性、盈利性和流动性的统一。商业银行的财务管理涉及成本—利润的权衡和风险管理的决策，所以加强财务管理，选择最优的财务决策有助于银行实现股东价值的最大化。

二、财务管理的内容

从狭义上理解，可以认为财务管理只包括成本、收入和利润管理。但是根据上面提到的商业银行财务管理的含义，从广义上讲，财务管理涉及商业银行经营管理的方方面面：在对资金来源的规划上包括资本管理和负债管理，在对资金使用的规划上包括资产管理和表外业务管理等。同时，如前所述，商业银行在筹集和运用资金活动中

会遇到各类财务风险，对这类风险进行识别、度量和控制也是商业银行财务管理的重要内容。下面主要对商业银行的财务报表和财务分析、绩效评价管理作一个简明说明。

（一）财务报表和财务分析管理

商业银行进行财务管理，需先了解自身的财务状况。日常的会计账册记录是对银行业务经营和管理活动的最直接和详细的反映，但其包含的内容比较零散，需要对之作进一步的整理、分类和计算，这就形成了商业银行的财务报表。商业银行财务报表是对银行一定时期内财务活动和经营状况的系统总结，主要包括资产负债表、损益表和现金流量表。商业银行财务报表提供的信息是评价银行业务活动和风险状况的重要依据，有助于银行管理者制定科学合理的财务管理战略和计划。

商业银行财务分析的内容包括流动性分析、安全性分析、盈利能力分析。分析的方法主要有比率分析法和杜邦分析法。

（二）绩效评价管理

商业银行的绩效是衡量商业银行经营管理活动状况的重要指标，它不仅是投资者对商业银行考量的主要参考，也是存款人对商业银行是否有信心的重要评判标准。绩效管理是财务管理的重要组成部分，绩效体系敏感地反映着商业银行经营活动的情况。通过绩效管理，商业银行可以实现对业务各个环节的有效控制。

现代商业银行经历了一个从追逐规模的粗放型经营模式向重视平衡风险与利润、重视质量效益的集约型模式的转变过程，逐步树立了银行价值最大化的现代经营理念。因此，通过完善、完备的绩效管理系统，将绩效考核中以利润最大化为核心的盈利能力考核，逐步转变为以价值管理为核心的综合效益考核，即从管理利润提升到管理价值。

三、财务管理的特点

商业银行的财务报表虽然在编制原理和格式上与一般企业相似，但由于经营对象的特殊性，其财务管理又呈现以下几个主要特点。

（一）管理的重点不同

商业银行的自有资产占总资产的比重很小，一般都在10%以下。银行主要依赖借款（存款和在金融市场上借入的资金）开展业务，这意味着银行的财务杠杆较高，其经营风险远远高于其他企业。加之涉及的社会面广、影响力大，所以银行应当更注重流动性、安全性的管理，根据资产的风险水平保证一定数量的自有资本以抵御经营风险，同时需要持有一部分变现能力强的高质量资产以偿还债务和应对临时出现的流动性需求。而一般企业的财务管理多偏重于偿债和盈利能力的分析。

（二）管理的对象不同

商业银行所经营的业务绝大多数是货币资金的收付，是与财务活动紧密相关的，这就决定了不仅财会部门要进行财务管理，其他部门也要参与，其财务管理的对象更加广泛；而一般企业由于经营活动与财会活动联系没那么密切，其财务管理主要集中在财会部门进行。

（三）管理的内容不同

商业银行的资产主要是贷款，负债主要是存款，固定资产所占的比重很少，经营杠杆不高。银行经营的是货币信用业务，收入主要来源于存贷利率差，这就决定了财务管理的内容主要是贷款的质量、利息率、资金成本率、存贷利差率、资本充足率等。由于商业银行的收入和费用对利息的变动十分敏感，银行的管理者需要准确预测利率的变动趋势，调整资产和负债的期限结构以增加收入、控制费用。而一般企业的资产主要由存贷和固定资产构成，收入主要是销售、劳务收入且筹资渠道多元化，其财务管理的内容主要是存贷分析、销售获利率分析及资本结构分析等。

第二节　商业银行财务报表和财务分析

商业银行财务报表是银行财务状况和经营成果的汇总，概括地反映了商业银行资金和财务收支的情况。它不仅为银行自身掌握和控制经营活动及进行正确的决策提供全面、可靠的数据资料，而且为国家宏观调控部门和监管部门提供依据，为股东、债权人、投资者和证券机构提供信息。商业银行的财务会计报告由会计报表、会计报表附注和财务情况说明书组成。商业银行向外提供的会计报表包括资产负债表、损益表、现金流量表、利润分配表、所有者权益变动表、分部报表、信托资产管理会计报表和其他有关附表。

一、财务报表概述

（一）商业银行财务报表的构成

银行的财务报表与非金融企业的财务报表一样，主要围绕资产负债表、损益表和现金流量表三大报表展开。

（二）财务报表分析的意义

商业银行财务分析根据分析的目的不同可分为为满足检查需要的财务考核式分析、为满足诊断需要的财务诊断式分析、为满足决策要求的财务决策式分析。各类分析相互依存、相互联系。商业银行的财务考核分析是财务决策分析、财务诊断分析的深化；财务决策分析是进行财务诊断分析、财务考核分析的前提；而财务诊断分析是整个财务分析的核心内容，它是财务决策分析的继续、财务考核分析的基础。

二、资产负债表

（一）资产负债表的定义

资产负债表是反映商业银行在某一个经营时点（月末、季末、年末）的各项资产、负债及所有者权益达到的水平和形成的结构。通过银行资产负债表，可以了解报告期商业银行实际拥有的资产总量、构成情况、银行资金的来源渠道及结构，从总体上了解该银行的资金实力、清偿能力等情况。通过连续期间的资产负债表，可以了解银行财务状况的变动情况，有助于对其未来发展趋势作出预测。

（二）资产负债表的主要内容和结构

资产负债表是反映商业银行经营状况最重要的财务报表，主要分为月报、季报、半年报和年报，列出了由银行或其他金融机构持有或投入的资产、负债和股东权益。但与一般企业的资产负债表不同，商业银行及其他金融机构的资产负债表有其特殊性。

我国商业银行的资产负债表中资产主要包括四项：库存现金及存放在其他存款机构的存款、在公开市场购买的政府和私人付息证券、向客户提供的贷款和租赁资金、其他资产。负债主要包括同业和其他金融机构存放的款项、向中央银行的借款、从货币市场和资本市场上筹集的借款。所有者权益主要包括股本、其他权益工具、资本公积等银行所有者向银行提供的长期资金。

资产负债表的基本结构是根据“资产 - 负债 = 所有者权益”这一平衡公式而设计的。在资产负债表上，资产按其流动性程度的高低顺序排列，即先流动资产，后固定资产和长期投资等；负债按其偿还期的长短排列，先流动负债，后长期负债；所有者权益则按其永久性递减的顺序排列，即先股本，后资本公积、盈余公积，最后是未分配利润。

在资产负债表中，银行的负债和所有者权益相加表示所有累计资金来源，为银行提供了获取资产所必需的资金储备或资金池，其中负债中的存款是商业银行特有的负债业务。而银行的资产则代表了累计资金运用，为股东带来收入，为存款人带来利息收益，以及为银行的工作人员提供收入来源。银行的资金使用总量必然等于银行的累计资金来源：

银行累计资金运用（资产）= 银行的累计资金来源（负债 + 所有者权益）

但在现实中，银行资产负债表的会计科目类别很多，每个科目都有特别的识别准则。以下我们将对资产负债表的主要指标及其指示的意义进行分析。

表 10 - 1 为中国工商银行 2020—2022 年的资产负债表。

表 10 - 1　　中国工商银行资产负债表（2020—2022 年）　　单位：万元

报告期	2022 - 12 - 31	2021 - 12 - 31	2020 - 12 - 31
资产：			
现金及存放中央银行款项	342 789 200.00	309 843 800.00	353 779 500.00
存放同业和其他金融机构款项	36 562 500.00	34 645 700.00	52 291 300.00
贵金属	27 328 900.00	26 596 200.00	27 770 500.00
拆出资金	67 687 900.00	48 069 300.00	55 898 400.00
金融投资	1 052 729 200.00	925 776 000.00	859 113 900.00
其中：交易性金融资产	71 487 900.00	62 322 300.00	78 448 300.00
债权投资			
以摊余成本计量的金融资产	763 439 500.00	683 093 300.00	626 566 800.00
以公允价值计量且其变动计入其他综合收益的金融资产	217 801 800.00	180 360 400.00	154 098 800.00

续表

报告期	2022-12-31	2021-12-31	2020-12-31
可供出售金融资产			
持有至到期投资			
衍生金融资产	8 720 500.00	7 614 000.00	13 415 500.00
买入返售金融资产	86 406 700.00	66 349 600.00	73 928 800.00
持有待售资产			
应收利息			
应收款项			
合同资产			
发放贷款及垫款	2 259 364 800.00	2 010 920 000.00	1 813 632 800.00
代理业务资产			
长期股权投资	6 587 800.00	6 178 200.00	4 120 600.00
应收款项类投资			
固定资产	27 483 900.00	27 001 700.00	24 906 700.00
在建工程	1 707 200.00	1 818 200.00	3 517 300.00
使用权资产			
无形资产			
商誉			
递延所得税资产	10 160 000.00	7 925 900.00	6 771 300.00
投资性房地产			
其他资产	33 437 100.00	44 399 700.00	45 359 200.00
资产总计	3 960 965 700.00	3 517 138 300.00	3 334 505 800.00
负债:			
同业和其他金融机构存放款项	266 490 100.00	243 168 900.00	231 564 300.00
向中央银行借款	14 578 100.00	3 972 300.00	5 497 400.00
拆入资金	52 066 300.00	48 934 000.00	46 861 600.00
交易性金融负债	6 412 600.00	8 718 000.00	8 793 800.00
衍生金融负债	9 635 000.00	7 133 700.00	14 097 300.00
卖出回购金融资产款	57 477 800.00	36 594 300.00	29 343 400.00
吸收存款	2 987 049 100.00	2 644 177 400.00	2 513 472 600.00
应付职工薪酬	4 941 300.00	4 108 300.00	3 246 000.00
应交税费	10 207 400.00	10 889 700.00	10 538 000.00
应付利息			

续表

报告期	2022-12-31	2021-12-31	2020-12-31
应付款项			
合同负债			
持有待售负债			
代理业务负债			
租赁负债			
应付债券	90 595 300.00	79 137 500.00	79 812 700.00
递延所得税负债	380 000.00	562 400.00	288 100.00
预计负债			
其他负债	72 204 900.00	73 181 800.00	66 471 500.00
负债差额（特殊报表科目）	37 545 200.00	29 034 200.00	33 567 600.00
负债合计	3 609 583 100.00	3 189 612 500.00	3 043 554 300.00
所有者权益（或股东权益）：			
股本	35 640 700.00	35 640 700.00	35 640 700.00
其他权益工具	35 433 100.00	35 433 100.00	22 581 900.00
其中：优先股	13 461 400.00	13 461 400.00	13 915 600.00
永续债	21 971 700.00	21 971 700.00	8 666 300.00
资本公积金	14 817 400.00	14 859 700.00	14 853 400.00
减：库存股			
其它综合收益	-2 048 400.00	-1 834 300.00	-1 042 800.00
盈余公积金	39 248 700.00	35 716 900.00	32 291 100.00
未分配利润	176 753 700.00	162 064 200.00	151 055 800.00
一般风险准备	49 671 900.00	43 895 200.00	33 970 100.00
归属于母公司所有者权益合计	349 517 100.00	325 775 500.00	289 350 200.00
少数股东权益	1 865 500.00	1 750 300.00	1 601 300.00
所有者权益合计	351 382 600.00	327 525 800.00	290 951 500.00
负债和所有者权益总计	3 960 965 700.00	3 517 138 300.00	3 334 505 800.00

资料来源：Wind。

（三）资产负债表主要科目分析

1. 负债与股东权益——资金来源

（1）存款。存款虽然是被动负债，但是是商业银行最主要的资金来源，具体可分为公司存款、个人存款和其他存款。

（2）借款。借款是银行资金来源的另一个重要渠道，特别是在负债管理经营思想流行后，一些大银行更加注重利用借入资金来支持资产业务的扩张，因为银行以借入资金方式筹资速度较快，也无须缴纳存款准备金。

（3）股东权益资本。银行股本是银行账面资产与负债之差。这种权益包括普通股、优先股、资本盈余、未分配利润和一般风险准备。

2. 资产项目——资金运用。从银行的资金来源可以看出，银行的财务杠杆较高，商业银行的自有资本占总资产的比重很小，一般都在10%以下，银行主要通过负债来筹集资金，这意味着资金能否有效利用对商业银行的经营显得尤为重要。

（1）现金资产。现金资产是银行资产中流动性最高的部分，一般包括库存现金/存放同业、联行的款项，主要用于同业间、联行间业务往来的需要。

（2）准备金。每一家银行都要依法将其吸收存款的法定比例缴存中央银行或提留现金准备。此外，银行在第一准备金之外还会保有一部分高流动性资产，能随时变现，以应付临时性的需要，如短期投资、贴现与放款。它们是银行应付提存的第二道防线，也称为第二准备金。

（3）证券投资。这是商业银行主要的盈利资产之一，有时占资产总额的20%以上，可划分为短期投资和长期投资两部分。前者以保有流动性为目的，包括在第二准备金内，后者以取得盈利为目的。

（4）贷款。贷款是商业银行资产中比重最大的一项，也是商业银行收入的主要来源。银行贷款可进一步划分为消费信贷、不动产信贷、工商业信贷等。

（5）固定资产。固定资产主要指银行房产、设备的净值，所占比重一般较低，属于非营利性资产。

三、损益表

（一）损益表的定义

损益表呈现的是商业银行在一段时间内的收入和费用情况。银行资产负债表和损益表之间具有紧密的联系，损益表中的收入大部分来自资产负债表中的资产，而费用则主要来源于负债部分。损益表的逻辑基础是“收入－费用＝利润”，但收入、费用的确认依据的是权责发生制，而不是现金的流入与流出。因此，净利润高并不一定表示企业盈利状况好，净利润也不一定等于企业当年增加的现金，即高利润并不意味着高偿债能力，也不意味着企业有充足的现金。但损益表依然是资本市场最重视的报表，投资者对利润增长的预期成为影响商业银行股票价格的重要因素。

（二）损益表的内容

银行的收入主要是营业收入带来的利息收入，包括从贷款、投资、中间业务等途径获得的净息差和手续费及佣金等；主要费用则是为了获得这些收入而支出的存款利息、非存款借款利息、股东权益成本、向银行工作人员支付的薪酬和福利，以及各种管理费用、税金等。收入和费用的差额即为净利润（见表10－2）。商业银行损益表包含的科目及科目间的关系为

净利润＝营业收入－营业支出＋营业外收入－营业外支出－所得税

表 10－2　　中国工商银行损益表（2020—2022 年）　　单位：万元

报告期	2022－12－31	2021－12－31	2020－12－31
营业收入	91 798 900.00	94 276 200.00	88 266 500.00
利息净收入	69 368 700.00	69 068 000.00	64 676 500.00
利息收入	128 037 600.00	116 221 800.00	109 252 100.00
减：利息支出	58 668 900.00	47 153 800.00	44 575 600.00
手续费及佣金净收入	12 926 500.00	13 302 400.00	13 121 500.00
手续费及佣金收入	14 581 800.00	14 872 700.00	14 666 800.00
减：手续费及佣金支出	1 655 300.00	1 570 300.00	1 545 300.00
投资净收益	4 022 000.00	3 399 900.00	2 996 500.00
其中：对联营企业和合营企业的投资收益	442 700.00	286 900.00	130 400.00
公允价值变动净收益	－1 155 800.00	1 447 300.00	1 279 700.00
汇兑净收益	－375 600.00	357 100.00	4 100.00
其他业务收入	7 013 100.00	6 701 500.00	6 188 200.00
资产处置收益			
营业支出	49 761 100.00	51 919 800.00	49 128 300.00
税金及附加	1 010 000.00	931 800.00	852 400.00
管理费用	22 961 500.00	22 594 500.00	19 684 800.00
资产减值损失	18 241 900.00	20 262 300.00	20 266 800.00
其他资产减值损失			
信用减值损失			
其他业务成本	7 547 700.00	8 131 200.00	8 324 300.00
营业利润	42 037 800.00	42 356 400.00	39 138 200.00
加：营业外收入	335 600.00	229 900.00	195 700.00
减：营业外支出	116 900.00	96 400.00	121 300.00
利润总额	42 256 500.00	42 489 900.00	39 212 600.00
减：所得税	6 152 700.00	7 468 300.00	7 444 100.00
净利润	36 103 800.00	35 021 600.00	31 768 500.00
减：少数股东损益	55 500.00	187 800.00	177 900.00
归属于母公司所有者的净利润	36 048 300.00	34 833 800.00	31 590 600.00
加：其他综合收益	－318 300.00	－817 200.00	－1 583 900.00
综合收益总额	35 785 500.00	34 204 400.00	30 184 600.00
减：归属于少数股东的综合收益总额	114 400.00	195 500.00	131 000.00
归属于母公司普通股东综合收益总额	35 671 100.00	34 008 900.00	30 053 600.00

资料来源：Wind。

（三）损益表的结构和主要科目

1. 营业收入。银行的收入主要来自三大板块，分别为利差业务、中间业务和其他业务。对于银行损益表中的营业收入，可以按照业务类型进行汇总。而利息净收入、手续费及佣金收入和其他业务收入共同组成了营业收入。即：

营业收入 = 利息净收入 + 非利息净收入
= 利息净收入 + 手续费及佣金净收入 + 其他业务收入
= (利息收入 − 利息支出) + (手续费及佣金收入 − 手续费及佣金支出)
+ (投资收益 + 公允价值变动净收益 + 汇兑及汇率产品净收益 + 其他业务收入)

（1）利息净收入。利息收入和利息支出都属于利差业务收入。利息收入包括发放各类贷款的利息收入、与同业及中央银行往来产生的利息收入、投资债券等金融资产产生的利息收入等。但是其他产生股息的收入，归入投资收益中。

（2）中间业务收入。中间业务收入属于手续费及佣金收入，主要来源于中间业务。中间业务是指银行自己不投入资金，只是依托银行本身已有的人才、设备、技术、信誉等优势给银行带来的非利息收入等业务。中间业务包括支付结算业务、银行卡业务、代理业务、担保及承诺业务、交易类业务、基金托管类业务、咨询顾问业务、保险箱业务等。我国的手续费和佣金收入处于发展初期，所以占比相对较低，某些发达国家的商业银行中间业务收入占比可以高达70%以上。资本市场更加偏好中间业务占比较高的银行，因为中间业务的发展展示了银行的综合业务经营能力和创新潜能。

（3）其他业务收入。主要包括投资收益、公允价值变动净收益、汇兑及汇率产品净收益等业务收入。其中，投资收益主要指在回报期内已经实现的债券、股权等交易盈亏，银行投资的各类金融资产产生的期间利息收入，对联营及合营企业股权投资带来的权益利润或分红收益等。

公允价值变动净收益是指商业银行持有的以公允价值计量且其变动计入当期损益的金融资产和金融负债的公允价值（市场交易价格）波动盈亏，以及银行持有的其他采用公允价值计算的投资性房地产、衍生金融工具和套期保值形成的当期盈亏。

汇兑及汇率产品净收益，是指自营外汇业务带来的利差收入、外币资产和负债折算成人民币产生的汇兑损益。

2. 营业支出。营业支出由四项科目构成：营业税金及附加、业务及管理费、资产减值损失、其他业务成本。银行的营业税金及附加，是指银行日常活动应负担的税金及附加，包括营业税、城市维护建设税和教育费附加。业务及管理费，包含职工工资、奖金、福利、退休计划、日常业务费用、资产摊销和折旧。资产减值损失，是指因资产的账面价值高于其可收回金额而造成的损失。减值范围主要是固定资产、无形资产以及除特别规定外的其他资产减值的处理。

3. 营业利润。营业利润即营业收入减去营业支出。利润总额等于营业利润加上营业外收支净额；所得税费用等于当期应缴所得税、递延所得税费用、以前年度的所得税调整之和。

以上对于营业收入、营业支出、营业外收支、所得税及净利润的数据，既可以进行同行横向对比，也可以对历年的变化进行纵向对比，观察各项的构成和变化。

四、现金流量表

（一）现金流量表的含义

现金流量表，又称现金来源与运用表，是反映企业一定会计期间内现金流入和流出情况及其变动原因的报表，以现金和现金等价物为基础编制。其中，现金是指库存现金和随时可以支付的存款，现金等价物是指企业持有的期限短、流动性强、易于转换为已知金额现金、价值变动风险小的投资。

（二）现金流量表的内容

表10－3为中国工商银行2020—2022年的现金流量表，将银行现金流量表的流入和流出划分为三个主要的组成部分，分别为经营活动产生的现金流量、投资活动产生的现金流量以及筹资活动产生的现金流量。

表10－3　　　中国工商银行现金流量表（2020—2022年）　　　单位：万元

报告期	2022－12－31	2021－12－31	2020－12－31
经营活动产生的现金流量：			
客户存款和同业存放款项净增加额	339 374 600.00	138 831 000.00	277 925 700.00
向中央银行借款净增加额	10 584 900.00		5 395 900.00
向其他金融机构拆入资金净增加额			
收取利息和手续费净增加额	119 442 200.00	109 766 700.00	104 947 200.00
收到其他与经营活动有关的现金	16 768 100.00	20 361 300.00	9 694 300.00
拆入/拆出资金净增加额	1 318 100.00	3 224 500.00	1 793 000.00
经营活动现金流入差额（特殊报表科目）	18 736 900.00	63 937 900.00	51 541 700.00
经营活动现金流入差额（合计平衡项目）			
经营活动现金流入小计	512 455 400.00	336 121 400.00	451 297 800.00
客户贷款及垫款净增加额	251 120 400.00	218 461 100.00	207 940 000.00
存放中央银行和同业款项净增加额	14 774 100.00		3 040 300.00
支付给职工以及为职工支付的现金	13 517 100.00	13 074 000.00	12 941 200.00
拆入/拆出资金净减少额	559 500.00	373 400.00	
支付的各项税费	16 578 800.00	14 974 500.00	14 617 300.00
支付其他与经营活动有关的现金	11 129 500.00	11 104 300.00	15 391 100.00
支付手续费的现金	46 862 100.00	36 702 500.00	40 853 300.00
经营活动现金流出差额（特殊报表科目）	17 448 200.00	5 343 400.00	753 000.00
经营活动现金流出小计	371 989 700.00	300 033 200.00	295 536 200.00

续表

报告期	2022－12－31	2021－12－31	2020－12－31
经营活动产生的现金流量净额	140 465 700.00	36 088 200.00	155 761 600.00
投资活动产生的现金流量：			
收回投资收到的现金	319 249 300.00	242 329 800.00	184 574 300.00
取得投资收益收到的现金	32 606 600.00	28 240 700.00	25 096 200.00
处置固定资产、无形资产和其他长期资产收回的现金净额	1 001 800.00	1 300 800.00	853 900.00
收到其他与投资活动有关的现金			
投资活动现金流入差额（特殊报表科目）	281 100.00	20 600.00	62 700.00
投资活动现金流入小计	353 138 800.00	271 891 900.00	210 587 100.00
投资支付的现金	441 556 700.00	334 468 400.00	319 127 300.00
购建固定资产、无形资产和其他长期资产支付的现金	1 371 300.00	2 186 200.00	3 099 500.00
支付其他与投资活动有关的现金			
投资活动现金流出差额（特殊报表科目）	1 272 900.00	2 692 900.00	1 870 000.00
投资活动现金流出小计	444 200 900.00	339 347 500.00	324 096 800.00
投资活动产生的现金流量净额	－91 062 100.00	－67 455 600.00	－113 509 700.00
筹资活动产生的现金流量：			
吸收投资收到的现金			
取得借款收到的现金			
发行债券收到的现金			
筹资活动现金流入差额（特殊报表科目）	95 586 200.00	97 523 400.00	94 747 500.00
筹资活动现金流入小计	95 586 200.00	97 523 400.00	94 747 500.00
偿还债务支付的现金	87 057 300.00	83 662 300.00	85 885 800.00
分配股利、利润或偿付利息支付的现金	14 506 500.00	13 073 100.00	12 764 000.00
支付其他与筹资活动有关的现金	498 500.00	781 300.00	631 000.00
筹资活动现金流出差额（特殊报表科目）	2 800.00	1 162 000.00	161 600.00
筹资活动现金流出小计	102 065 100.00	98 678 700.00	99 442 400.00
筹资活动产生的现金流量净额	－6 478 900.00	－1 155 300.00	－4 694 900.00
汇率变动对现金的影响	6 084 700.00	－2 913 800.00	－3 486 100.00
现金及现金等价物净增加额	49 009 400.00	－35 436 500.00	34 070 900.00
期初现金及现金等价物余额	143 675 700.00	179 112 200.00	145 041 300.00
期末现金及现金等价物余额	192 685 100.00	143 675 700.00	179 112 200.00

（三）现金流量表的主要指标分析

1. 经营活动产生的现金流量。经营活动产生的现金流量是现金流量分析的重点，因为它产生于企业正常的生产经营业务。商业银行的经营活动与损益表中的经营活动类似，主要包括客户存款和同业存放款项净增加额、向中央银行借款净增加额、收取利息和手续费净增加额、拆入和拆出资金净增加额、支付给职工的现金，以及各种税费。从表 10－3 中可以看出，中国工商银行经营活动中存款产生的现金流入以及贷款产生的现金流出是经营活动现金流量的最大组成部分，其次是收取利息和手续费的净增加额和支付手续费的现金。

2. 投资活动产生的现金流量。投资活动是指银行购建固定资产、投资及其处置活动。银行为了扩大经营，需要购买设备、兴建营业厅等，还要对外投资，这就是投资活动现金流动。

3. 筹资活动产生的现金流量。筹资活动是指导致企业资本及债务规模和构成发生变化的活动。商业银行筹资活动产生的现金流是指吸收权益性的资本、发行和偿还债券、借入资金、支付股利等活动产生的现金流入和支出项目。商业银行在筹资活动中产生的最大的现金流是偿还债务支付的现金，其次是股利的分配。

（四）现金流量表的结构分析

首先，分别计算经营活动现金流入、投资活动现金流入和筹资活动现金流入占现金总流入的比重，了解现金的主要来源。一般来说，经营活动现金流入占现金总流入比重大的企业，经营状况较好，财务风险较低，现金流入结构较为合理。

其次，分别计算经营活动现金支出、投资活动现金支出和筹资活动现金支出占现金总流出的比重，它能具体反映企业的现金用于哪些方面。一般来说，经营活动现金支出比重大的企业，其生产经营状况正常，现金支出结构较为合理。

最后，现金流量净额分析。在深入掌握银行现金流的情况下，还应将流入和流出结构进行历史比较或同业比较，这样可以得到更有意义的结论。现金流量净额为现金流入量减去现金流出量的差额。一般而言，商业银行的现金流量表中，经营活动、投资活动和筹资活动产生的总现金流量净额必然为正值。区别于商业银行，一个健康企业拥有的现金流量表应该是经营活动、筹资活动产生的现金流量净额为正值，投资活动产生的现金流量净额为负值。

第三节 商业银行绩效评价管理

绩效评价管理的发展始于16世纪以后，而真正意义上的银行绩效评价起源于19世纪初的西方经济发达国家。与非银行金融企业不同，商业银行作为具有广泛社会影响的金融机构体系的主体，在金融发展不断深化，金融创新和金融危机相伴相生的新市场环境中，金融机构之间的竞争愈演愈烈，不仅要求商业银行与竞争对手相比有强大的竞争优势，满足股东、雇员、储户及其他债权人的利益诉求，还要顺应政策导向，在防控系统风险、维持社会稳定和经济的平稳发展，甚至在经济的结构性改革等方面都发挥引领性作用，使政府监管部门满意。因此，商业银行的财务报表将会接受更严格的审查，甚至有学者认为银行就是“指标动物”，绩效指标要经得起各类机构和投资者、监管者的评估与审查。

商业银行的绩效评估管理着重探讨如何衡量银行财务报表反映出的数量及质量指标，以及银行应如何根据财务报表的数据来调整自己的管理措施，为银行积极地提高自身的综合能力，更有效地计划和发展业务奠定基础。

一、商业银行绩效评价管理的含义

商业银行绩效评价管理，首先需要银行运用数理统计和运筹学方法，采用特定的指标体系，依照统一的评价标准，按照一定的程序，通过定量与定性对比分析，对银行在一定经营期间的经营效益和经营者业绩作出客观、公正和准确的综合评判，然后再根据指标反映出的银行的盈利性、流动性、安全性等问题进行调整和控制。

银行规模、成本控制、存款结构、工作效率、杠杆率、服务费用收入，以及各类资产、负债的快速增加是一个银行长期保持高盈利和竞争优势的重要影响因素。因此，通过各类相关指标的对比分析，明确商业银行存在的优势和劣势，并根据差距和不足拟订相关的改进方案，在防控风险的前提下获得更强的竞争优势，是商业银行绩效管理的目标和意义所在。

二、商业银行绩效评价管理的作用

1. 商业银行绩效管理的实施有助于商业银行准确评估自身的经营业绩。通过对各种评价指标的测算，可以反映考核期内商业银行经营管理的状况。工作人员根据考核结果，对历史数据、计划目标、同业水平等进行综合分析，从而客观、公正、全面地反映商业银行的经营管理水平。

2. 绩效评价管理可以使商业银行及时发现和防范风险。商业银行绩效评价体系中的一些财务指标和非财务指标，比如资产收益率、不良贷款率、客户满意程度等，可以起到早期预警的作用，促使管理者和投资者及早发现银行存在的各种问题，并采取必要的措施防范和降低风险。

3. 商业银行绩效评价的目的是引导商业银行的经营行为，调动员工的积极性，提高经济效益。通过对银行经营业绩的科学评价，确定该银行的最佳及最差行为，作为银行所有者对管理层的业绩考核标准。科学的绩效评价可以激励管理者提高努力程度，找到奋斗目标，实现价值最大化的经营目标。同时，银行利用绩效评价结果来确定银行职工的薪酬，可以使激励约束机制充分发挥作用。

4. 商业银行的绩效评价反映了国家对商业银行发展方向的指引和把控。不同的绩效指标对于从微观审慎的角度把握商业银行的经营风险，进而指导商业银行乃至金融市场健康平稳的发展具有重要意义。

三、商业银行绩效评价制度

由于商业银行本身的特殊地位，商业银行的绩效指标一直是各国以及各机构关注

的重点，除商业银行自己制定的绩效指标之外，第三方机构乃至国家层面对商业银行的绩效管理都有相关的制度安排。我国国家层面的商业银行绩效评价是运用适当的评价方法和评价标准，结合国家的宏观形势和政策导向，对商业银行发展质量、经营效益等情况进行的综合评价。评价主要基于商业银行提供的绩效评价数据，以独立审计机构按中国审计准则审计后的财务会计报告为基础，绩效评价结果是商业银行整体运行综合评价的客观反映，作为商业银行改善经营管理和对负责人综合考核评价的重要依据，是确定商业银行负责人薪酬和商业银行工资总额的主要依据。

2021 年 1 月 4 日，我国财政部发布了最新的《商业银行绩效评价办法》，之前财政部发布的绩效管理办法都是针对金融企业，这是财政体系第一份专门针对商业银行的绩效评价文件。往年的金融企业绩效管理办法，主要是从盈利能力状况、经济增长状况、资产质量状况和偿付能力状况四个维度进行绩效评价，但该绩效评价制度对相关评价指标体系作了较大的改变，财政部根据商业银行功能特点，将商业银行绩效评价指标调整为服务国家发展目标和实体经济、发展质量、风险防控、经营效益四类，每类权重均为25%（见表 10－4）。

表 10－4　　商业银行绩效指标评价体系的变动情况

类型	2016 年版商业银行绩效评价			2021 年版商业银行绩效评价		
指标权重	评价内容	指标	权重（%）	考核方面	指标	权重（%）
	资产质量状况（25%）	不良贷款率	10	服务国家发展目标和实体经济（25%）	服务生态文明战略情况	6
		拨备覆盖率	5		服务战略性新兴产业情况	6
		流动性比例	5		普惠型小微企业贷款“两增”完成情况	7
		杠杆率	5		普惠型小微企业贷款“两控”完成情况	6
	经营增长状况（20%）	（国有）资本保值增值率	10	发展质量（25%）	经济增加值	7
		经济利润率	5		人工成本利润率	6
		利润增长率	5		人均净利润	6
					人均上缴利税	6
	盈利能力状况（25%）	资本利润率	10	风险防控（25%）	不良贷款率	5
		资产利润率	5		不良贷款增速（还原核销耗用拨备）	5
		成本收入比	10		拨备覆盖水平	5
					流动性比例	5
					资本充足率	5
	偿付能力状况（30%）	一级资本充足率	10	经营效益（25%）	（国有）资本保值增值率	10
		核心一级资本充足率	10		净资产收益率	8
		资本充足率	10		分红上缴比例	7

续表

类型	2016 年版商业银行绩效评价	2021 年版商业银行绩效评价
加分事项	涉农贷款	贯彻落实党中央、国务院关于服务实体经济，防控金融风险，深化金融改革相关政策和部署方面，如服务脱贫攻坚和乡村振兴战略，积极有力、精准到位、措施得当
	中小企业贷款	
降级或扣分	重大事项扣分	发生风险事件降级
		违规受罚扣分
	信息质量扣分	出现信息质量问题扣分或降级
		无序设立子公司扣分
		落实国家政策不力扣分

第一，新增“服务国家发展目标和实体经济”这一评价维度。该维度主要涉及绿色信贷占比、战略性新兴产业贷款占比、普惠小微“两增两控”等四个大类指标和六个小类指标，政策导向性比较明显。其中，普惠小微“两增两控”主要包括普惠小微企业贷款增速、有贷款余额客户数、普惠小微贷款不良率和综合融资成本等四个指标。这些指标已经在现有监管体系中有具体体现，但该维度中绿色信贷占比、战略性新兴产业贷款占比两个指标表明了我国绿色金融的发展方向，是今后银行重点考核的新增部分。

第二，对商业银行的绩效评价更加突出强调对于发展质量维度的人均类指标（如人工成本利润率、人均净利润、人均上缴利税）的考核，淡化了利润增速、经济利润率等指标，剔除了资产收益率（ROA）和成本收入比等三类指标，尽量减小规模效应对银行绩效评价的影响。

第三，绩效评价涉及的各类指标更加强调行业对标、综合对标（行业对标和历史对标）和监管对标三种，即某家商业银行的各评价指标应做到不低于同业平均水平、自身历史水平以及监管要求的水平。

第四，新增并突出分红上缴比例（分红金额/归属于母公司的净利润）、不良贷款增速（还原核销耗用拨备）、拨备覆盖水平（实际计提/应计提）等指标。其中，

不良贷款增速 =（当年新增不良贷款 + 核销耗用的减值准备）/ 上年末不良贷款余额

因此，新的绩效评价办法更加强调资产质量的真实性。

第五，突出了经济增加值（EVA）的作用，即商业银行创造的利润扣除资本成本后的剩余利润，这里的资本成本通过股东权益和 ROE 计息而得到。

第四节　商业银行绩效测量与评估

商业银行的绩效考核是一个极为复杂的体系，制定既有平衡性又有重心倾向的绩效测量和评估体系对于商业银行响应国家宏观政策、服务实体经济、服务微观经

济、引导商业银行高质量发展、提高运行效率、保证可持续的健康发展具有重要意义。

一、商业银行绩效测量评估

（一）商业银行主要绩效指标

根据商业银行的三大报表，可以对商业银行的经营管理能力、资金营运能力、风险管理能力等作出全面的评估。国际权威杂志《银行家》每年发布的“全球银行1 000”强，通过商业银行的资本实力、经营规模、盈利能力、经营效率和经营稳健性等指标对商业银行的总体实力进行评估，被视为世界银行业最具权威性的竞争力评估结果。借鉴《银行家》的分析框架，以及巴塞尔委员会、中国人民银行和中国银保监会（现为国家金融监督管理总局）的相关监管思路和监管指标（风险管理指标见风险管理章节的内容），下面我们从商业银行资本、流动性、盈利性三个维度进行介绍。

1. 商业银行资本维度。参照银监会2012年7月发布的《商业银行资本管理办法（试行）》，可以对商业银行的资本项目进行指标分析，从而了解商业银行经营稳健性。商业银行总资本包括核心一级资本、其他一级资本和二级资本。

（1）商业银行自有资金的相关指标分析

①一级资本：商业银行可以永久使用和支配的自有资金。一级资本包括核心一级资本和其他一级资本两类，且一级资本占全部资本净额的比例须在50%以上。

核心一级资本包括实收资本、资本公积、盈余公积、一般风险准备、未分配利润以及少数股东资本可计入的部分。

其他一级资本包括永续债、优先股等其他一级资本工具以及少数股东资本可计入的部分。

一级资本的扣除项应包括：商誉、其他无形资产（土地使用权除外）、由经营亏损引起的净递延税资产和贷款损失准备缺口；资产证券化销售利得、直接或间接持有本银行的股票；对资产负债表中未按公允价值计量的项目进行套期形成的现金流储备（正值予以扣除，负值予以加回）；商业银行自身信用风险变化导致其负债公允价值变化带来的未实现损益。

②二级资本（亦称附属资本）：二级资本主要包括次级债、二级资本债、混合资本工具、超额贷款损失准备以及少数股东资本可计入部分等。其中权重法和内部评级法计量信用风险加权资产的，其超额贷款损失准备可计入二级资本，但比例分别不得超过信用风险加权资产的1.25%（权重法）和0.60%（内部评级法）。商业银行二级资本工具有确定到期日的，应当在距到期日的最后5年，按100%、80%、80%、60%、40%和20%的比例逐年减计至二级资本。

（2）风险加权资产指标分析。具体包括信用风险加权资产、市场风险加权资产和操作风险加权资产三类。

①信用风险加权资产：可采用权重法或内部评级法进行计量，通常情况下中小银行

由于基础数据样本不够或代表性较差等，主要采取权重法来计提信用风险加权资产。

所谓权重法，即首先从表内资产账面价值中扣除相应的减值准备，然后乘以风险权重。表外项目则以名义金额为基础乘以信用转换系数得到等值的表内资产，再按表内资产的方式进行处理计提。

②市场风险与操作风险加权资产：商业银行可以采用标准法或内部模型法计量市场风险资本要求；可以采用基本指标法、标准法或高级计量法计量操作风险资本要求。

$$\text{市场(操作)风险加权资产} = \text{市场(操作)风险资本要求} \times 12.50$$

（3）资本充足率分析（整体、一级以及核心一级）。资本充足率指标总共有三个，分别为资本充足率、一级资本充足率和核心一级资本充足率。其中资本充足率的计算公式如下：

$$\begin{aligned}\text{资本充足率} &= \frac{\text{资本净额}}{\text{风险加权资产}} \\ &= \frac{\text{资本净额}}{\text{信用风险加权资产} + \text{操作风险资本} \times 12.50 + \text{市场风险资本} \times 12.50}\end{aligned}$$

（4）杠杆率指标分析。杠杆率是指商业银行一级资本净额与调整后的表内外资产余额的比率，其数值越高说明商业银行资本越充足。2015 年 4 月银监会对《商业银行杠杆率管理办法》进行修订，发布了《商业银行杠杆率管理办法（修订）》。

$$\begin{aligned}&\text{调整后的表内外资产余额} \\ &= \text{调整后的表内资产余额(不包括表内衍生产品资产余额和证券融资交易资产余额)} \\ &\quad + \text{衍生产品资产余额} + \text{证券融资交易资产余额} \\ &\quad + \text{调整后的表外项目资产余额} + \text{一级资本扣减项}\end{aligned}$$

根据 2012 年我国发布的《商业银行资本管理办法（试行）》：

①资本充足率，是指商业银行持有的符合此条款的资本与风险加权资产之间的比率。一级资本充足率，是指商业银行持有的符合此条款的一级资本与风险加权资产之间的比率。核心一级资本充足率，是指商业银行持有的符合此条款的核心一级资本与风险加权资产之间的比率。

②核心一级资本充足率、一级资本充足率和资本充足率的最低标准分别为 5%、6% 和 8%。

2. 商业银行流动性维度。商业银行流动性维度包括 5 个监管指标（流动性覆盖率、净稳定资金比率、流动性匹配率、优质流动性资产充足率以及流动性比例）①、9 个监测指标、跨境资金净流出指标和同业业务监管指标。

（1）流动性监测指标

①流动性缺口，是指以合同到期日为基础，按特定方法测算未来各个时间段到期的表内外资产和负债，并将到期资产与到期负债相减获得的差额。

$$\text{未来各个时间段的流动性缺口} = \text{未来各个时间段到期的表内外资产}$$

---

① 流动性监管指标已经在流动性管理的章节作出说明，在此不再赘述。

$$- 未来各个时间段到期的表内外负债$$

②流动性缺口率，是指未来各个时间段的流动性缺口与相应时间段到期的表内外资产的比例。

$$流动性缺口率 = \frac{未来各个时间段的流动性缺口}{相应时间段到期的表内外资产} \times 100\%$$

③核心负债比例，是指中长期较为稳定的负债占总负债的比例。

$$核心负债比例 = \frac{核心负债}{总负债} \times 100\%$$

④同业融入比例，是指商业银行从同业机构交易对手获得的资金占总负债的比例。

$$同业融入比例 = \frac{同业拆放 + 同业存放 + 卖出回购 + 委托方同业代付 + 发行同业存单 - 结算性同业存款}{总负债} \times 100\%$$

⑤前十大客户存款比例，是指前十大存款客户存款合计占各项存款的比例。

$$前十大客户存款比例 = \frac{前十大存款客户存款合计}{各项存款} \times 100\%$$

⑥前十大同业融入比例，是指商业银行从前十大同业机构交易对手获得的资金占总负债的比例。

$$前十大同业融入比例 = \frac{前十大同业机构交易对手的同业拆放 + 同业存放 + 卖出回购 + 委托方同业代付 + 发行同业存单 - 结算性同业存款}{总负债} \times 100\%$$

⑦超额备付金率，是指商业银行的超额备付金与各项存款的比例。

$$超额备付金 = 商业银行在中央银行的超额准备金存款 + 库存现金$$

$$超额备付金率 = \frac{超额备付金}{各项存款} \times 100\%$$

⑧重要币种的流动性覆盖率，是指对某种重要币种单独计算的流动性覆盖率。计算公式同流动性覆盖率。

⑨存贷比，是指商业银行贷款余额与存款余额的比例。虽然我国已经取消了对存贷比的监管指标要求，但是存贷比依然作为一个监测指标执行。

$$存贷比 = \frac{贷款余额}{存款余额} \times 100\%$$

（2）跨境资金净流出比例。针对外商独资银行、中外合资银行集团内的跨境资金净流出比例为外商独资银行、中外合资银行与境外集团内机构交易的资产方净额与资本净额之比。

针对外国银行分行的跨境资金净流出比例为外国银行分行与境外机构交易的资产方净额与营运资金净额之比。

（3）同业业务监管指标。2014 年 4—5 月，《关于规范金融机构同业业务的通知》《关于规范商业银行同业业务治理的通知》先后发布，明确提出以下三个要求：

①同业借款业务最长期限不得超过 3 年，其他同业融资业务最长期限不得超过 1 年，业务到期后不得展期；

②单家商业银行对单一金融机构法人的不含结算性同业存款的同业融出资金，扣除风险权重为零的资产后的净额，不得超过该银行一级资本的 50%；

③单家商业银行同业融入资金余额不得超过该银行负债总额的 1/3，农村信用社省联社、省内二级法人社及村镇银行暂不执行。

2019 年 8 月，银保监会下发重磅监管文件，对不同评级的银行给予不同程度的同业业务约束。

①第一档（评级在 2 级及以上的银行）：同业资产/一级资本净额、同业负债/一级资本净额分别不得高于 500% 和 400%。

②第二档（评级为 3A 与 3B 的银行）：同业资产/一级资本净额、同业负债/一级资本净额分别不得高于 400% 和 300%。

③第三档（评级为 3C 及以下的银行）：同业资产/一级资本净额、同业负债/一级资本净额分别不得高于 300% 和 200%。

3. 商业银行盈利维度

（1）净息差和净利差。净利差（Net Interest Spread，NIS）与净息差（Net Interest Margin，NIM，也称净利息收益率）是衡量商业银行资产负债管理最常用的两个指标，且这两个指标之间本身也存在密切的关系，具体推导过程如下：

$$净息差 = \frac{利息净收入}{生息资产平均余额} = \frac{生息资产利率 - 计息负债利率 \times 计息负债}{生息资产}$$

$$净利差 = 生息资产利率 - 计息负债利率$$

因此，

$$净息差 = \frac{净利差}{生息资产} + 计息负债利率 \times \frac{1 - 计息负债}{生息资产}$$

当计息负债和生息资产相近时，净息差和净利差趋于一致，但因净息差融入了结构性因素、市场因素以及规模因素，其分析价值更高。

（2）资产收益率（ROA）与资本收益率（ROE）。2005 年 12 月 31 日银监会发布的《商业银行风险监管核心指标（试行）》，明确规定成本收入比不得高于 35%、资产利润率不得小于 0.60%、资本利润率不得小于 11%。

$$ROA = \frac{净利润}{资产年平均余额} \times 100\%$$

$$ROE = \frac{净利润}{所有者权益年平均余额} \times 100\%$$

$$加权平均净资产收益率 = \frac{净利润}{(期末净资产 + 期初净资产)/2}$$

$$摊薄净资产收益率 = \frac{2 \times 净利润}{期末净资产}$$

$$成本收入比 = \frac{业务及管理费用}{营业收入}$$

$$信贷成本 = \frac{当期信贷拨备}{当期平均贷款余额(含贴现)}$$

二、商业银行绩效评价方法

根据商业银行绩效评价指标的特性，商业银行可以采用适当的单一或综合评价方法。其中，单一评价方式包括行业对标、历史对标、监管标准对标、定性打分等。行业标准值由相关监管部门统一测算并公布；其他标准值，按照分级管理原则，由各级监管部门分别组织测算和确定。

（一）比率评价法

比率评价法是财务报表分析中的一种基本方法。通过若干个财务比率的比较，达到对银行业绩进行评价的目的。银行绩效指标包括盈利能力、流动性和风险指标，可以清楚地反映财务报表中各科目之间的关系，以此对企业经营情况进行分析评价。另外，也可将一家银行的比率指标与同行业的平均水平进行横向对比，发现本银行的优势与不足，也可与本银行的历史数据进行纵向对比，了解本银行业务发展的变化和趋势。

我国商业银行的指标评价体系包括四个大的方面：

一是服务国家发展目标和实体经济的情况包括服务生态文明战略情况、服务战略性新兴产业情况、普惠型小微企业贷款“两增”完成情况、普惠型小微企业贷款“两控”完成情况 4 个指标。这一方面的比率主要反映商业银行服务国家宏观战略、服务实体经济、服务微观经济情况。

二是发展质量方面，包括经济增加值、人工成本利润率、人均净利润、人均上缴利税 4 个指标，主要反映商业银行高质量发展状况和人均贡献水平。

三是风险防控方面，包括不良贷款率、不良贷款增速、拨备覆盖水平、流动性比例、资本充足率 5 个指标，主要反映商业银行资产管理和风险防控水平。

四是经营效益方面，包括（国有）资本保值增值率、净资产收益率、分红上缴比例 3 个指标，主要反映商业银行资本增值状况和经营效益水平。

以上指标评价体系主要采用的就是比率评价法。监管部门根据各级部门报送的资料，对商业银行数据进行筛选，提出不适合参与测算的商业银行数据，保留符合测算要求的数据，建立样本库，测算行业标准值；或采用历史对标方法的指标标准值，利用样本平均值作为中等值，进行标准的划分等。

（二）杜邦分析法

简单来说，杜邦分析法是通过分析企业的几种重要的财务比率之间的内在联系来综合地分析企业的财务状况。杜邦分析法用于商业银行绩效分析时，更多地关注贷款质量和投资效率。其优点在于可以系统地、有机地、明确地揭示银行的获利能力、资产管理及营运能力。杜邦分析法运用于商业银行绩效分析，其缺点在于：

（1）未能直观地给出商业银行整体财务能力的评价，并且财务指标反映的是过去的经营业绩；

（2）过于重视短期财务结果，忽视了银行长期的价值创造；

（3）未能考虑其他利益相关者的影响。

【知识链接 10－1】

杜邦分析法的应用

一、杜邦分析法的内涵

杜邦分析法是一种最经典的财务指标分析方法，具体来说，它是一种用来评价企业盈利能力和股东权益回报水平，从财务角度评价企业绩效的方法。

资本收益率（ROE）是杜邦分析系统的顶层，也是我们分析的最终目的，它用来反映投入资本的盈利能力。

$$ROE = \text{销售净利率} \times \text{资产周转率} \times \text{权益乘数}$$

其中，$\text{销售净利率} = \frac{\text{净利润}}{\text{销售收入}}$，表明企业的盈利能力；$\text{资产周转率} = \frac{\text{销售收入}}{\text{总资产}}$，表明企业资产运营的能力；$\text{权益乘数} = \frac{\text{总资产}}{\text{净资产（权益）}}$，反映企业的负债程度。

资产负债率越高，权益乘数就越大，风险就越大。即衡量企业的杠杆水平是否存在风险。

杜邦分析法其实就是以 ROE 为核心，自上而下拆分的一个金字塔结构图，即“杜邦分析图”（见图 10－1）。

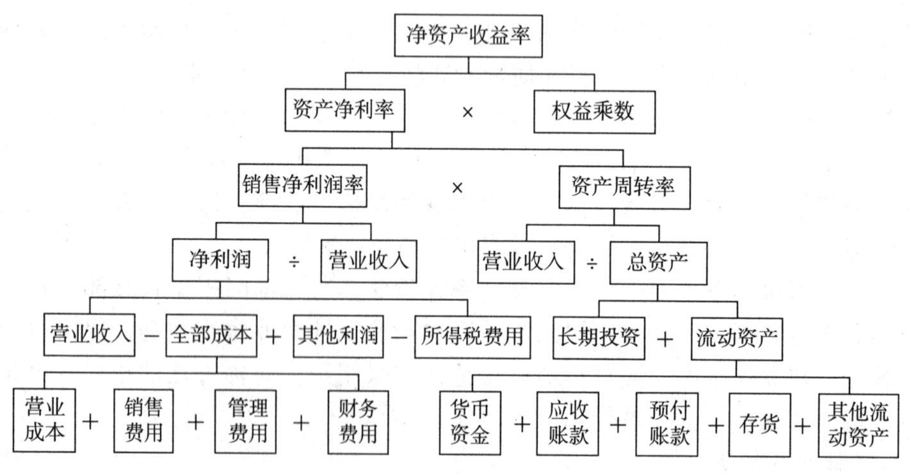

图 10－1　杜邦分析图

二、杜邦分析法的操作步骤

第一步：从 ROE 开始，根据财务三大表（主要是资产负债表和利润表）逐步分解计算各指标；

第二步：将计算出的指标填入杜邦分析图；

第三步：逐步进行前后期对比分析，也可以进一步进行企业间的横向对比分析，分析哪些指标影响了 ROE，找到原因。

三、杜邦分析法应用的注意事项

- 杜邦分析法必须对比分析；
- 研究对象的 3 个乘数指标必须和其他同行业相关指标进行比较。

（三）骆驼评级法

骆驼评级法（CAMEL）的五项考核指标为资本充足率（Capital）、资产质量（Asset）、管理水平（Management）、盈利水平（Earning）和流动性（Liquidity），其英文第一个字母组合在一起，刚好跟骆驼的英文名字相同，由此得名。其主要的操作方式是对上述五项指标进行分析，然后综合起来以对银行的经营及管理水平进行总体评级，其中一级为最高，五级则最低。其内容及评级方式如下。

1. 资本充足率（银行资本/加权风险资产）：该比率越高，表示银行有相对较充裕的资本以抗衡因贷款业务而衍生的风险。根据《巴塞尔协议Ⅲ》，该指标高于 8% 时，可评为一级；若在 8% 水平左右，可评为二级；在 7% ~8% 附近，可评为三级；略低于 6%，评为四级；若低于 5%，则被评为五级。随着经济环境的多变，很多银行的资本充足率都高于 10%，以增强抵御风险的能力。

2. 资产质量：衡量资产质量的指标有不良贷款资产与总资产比率、问题贷款与银行资本比率、授信评级以及各级贷款抵御风险的能力。

3. 管理水平：根据银行各部门的组织架构、业务规章流程、电脑硬件系统的功能及其应用情况、员工教育水平及专业资格、内部监控制度、银行应急能力以及管理人员的领导才能与经验等综合因素考虑。

4. 盈利水平：评估盈利水平的指标有人均盈利水平、资本回报率、资产回报率。

5. 流动性：银行必须具备足够的资金应付正常情况下其存款客户的提款需求，此为商业银行经营的基本要求。以此为基础，备有充足的资金以便可以应付突发的需要，则可以获得较高的评级；反之，则评级较低。

骆驼评级法作为一种绩效测评管理工具，其特点是对银行的盈利性、流动性及安全性作出了较全面的分析；缺点是其仍以财务资料分析为主，缺乏对非财务因素的分析及评价。

（四）经济增加值法

经济增加值（Economic Value Added，EVA）是美国思腾思特咨询公司提出并实施的一套以经济增加值理念为基础的财务管理系统、决策机制及激励报酬制度。它的基本理念可以阐述为：一个企业只有在其资本收益超过为获取该收益所投入资本的全部成本时才能为企业的股东带来价值。简单地说，在数值上 EVA 等于税后经营利润减去所使用的资金成本后的余额。

在 EVA 体系下，管理决策的很多方面都包括在内，如战略企划、制订年度计划、并购或撤资的估价等。可把 EVA 作为全面财务管理体系的基础，这套体系涵盖了所有指导营运和制定战略的政策方针、方法过程，以及衡量指标。

三、商业银行 MPA 考核

（一）MPA 考核的背景和重要性

MPA 考核即宏观审慎评估体系（Macro Prudential Assessment），是自 2016 年起中国人民银行每季度末对银行进行考核的评分体系。商业银行有必要了解监管部门的考核办法和评分标准，并遵照执行。自 2008 年国际金融危机以来，宏观审慎政策成为全球范围内金融监管和宏观调控框架改革的重心。由于银行的信贷市场具有顺周期的特性，引入宏观审慎政策框架对于系统性的金融风险防控具有重要意义。我国是国际上最早探索建立宏观审慎政策框架的国家，由于金融市场规模庞大，微观主体的创新动力很强，在经济增速结构性下滑的情况下，金融业却实现了逆周期扩张。这一方面得益于金融创新进一步深化，金融自由化程度加快；另一方面也源于实体经济资本收益率下降，一些金融机构出于盈利需求进行监管套利，导致影子银行业务膨胀，金融体系自身的复杂性、脆弱性明显增加，原有的金融调控框架和金融监管体系面临挑战。在此背景下，我国逐步形成了以 MPA 为代表的宏观审慎政策，在此基础上构建了货币政策和宏观审慎政策的双支柱调控框架。

1. MPA 是宏观审慎政策框架的重要组成部分。宏观审慎政策采用逆周期、宏观的视角，是对传统宏观调控和微观审慎的有力补充。中国人民银行结合中国国情及国际经验，在构建有中国特色的宏观审慎政策框架方面进行了一系列积极的探索。2009 年中国人民银行开始系统研究宏观审慎政策框架，2011 年引入差别准备金动态调整制度，并在 2015 年将其升级为宏观审慎评估体系（MPA），2016 年又将外汇市场和跨境资本流动纳入了宏观审慎管理范畴，2020 年建立了逆周期资本缓冲机制，2021 年又发布了《银行业金融机构房地产贷款集中度管理制度》，对各种可能出现的影响银行业稳定发展的问题作出了充分的估计和调控。

MPA 从资本和杠杆、资产负债、流动性、定价行为、资产质量、跨境业务风险、信贷政策执行情况七个方面对银行业金融机构进行评估，设计了奖惩适当的激励惩罚机制，引导银行业金融机构加强自我管理和自我约束。宏观审慎管理的关键在于控制杠杆率，避免风险爆发和传染。防范系统性金融风险，一方面通过抑制金融部门资产过快扩张带动实体经济去杠杆，避免爆发金融风险；另一方面通过金融体系内部去杠杆防止货币空转和影子银行膨胀，切断风险传染链条，避免风险在金融机构间蔓延。

2. MPA 主要是控制银行的杠杆率，核心是资本充足率。银行是连接资本和实体经济间的重要纽带，控制资本充足率是控制杠杆率从而防范系统性金融风险的重要抓手。因此，在 MPA 考核中将资本充足率作为核心指标，在《商业银行资本管理办法（试行）》要求的最低资本充足率的基础上，进一步考虑了各银行机构的系统重要性、经营

稳健性以及经济景气程度。不仅满足了《巴塞尔协议Ⅲ》8%的最低要求，还对留存资本缓冲、逆周期资本缓冲、系统重要性银行附加资本提出要求。两者的核心内涵均是银行信贷规模应与银行资本水平、经济发展情况相匹配，目的都是抑制银行信贷规模顺周期过快增长或收缩。

研究充分表明，信贷周期、资产价格周期和金融监管周期的同周期性，促使实体经济和金融体系的杠杆率快速上升，是金融危机发生前风险积累的共同机制。MPA 通过宏观审慎资本充足率所代表的逆周期调节机制，未雨绸缪，通过平稳银行广义信贷增速来控制全社会杠杆率，防范系统性风险。MPA 实施以来，金融去杠杆初见成效，系统性风险防范取得明显进展，促进了金融业回归本源服务实体。

（二）MPA 考核的主要指标设定

MPA 共涵盖 7 个一级指标、14 个二级指标（见表 10－5）。每个一级指标设定满分 100 分，中国人民银行根据一级指标的打分情况，将各银行评定为 A、B、C 三档。对资产负债表的考核主要有 3 个指标：广义信贷、委托贷款增速和同业负债增速，指标分数分别为 60 分、15 分和 25 分。中国人民银行通过对这 3 个指标的控制实现银行放贷与 M_2 增速的相匹配以及控制银行同业负债的比例。此外，中国人民银行根据重要性的不同将银行划分为三个层次：全国性系统重要性机构（N－SIFIs）、区域性系统重要性机构（R－SIFIs）、普通机构（CFIs），并且对应不同的打分标准（见表 10－6）。

表 10－5　MPA 考核主要指标设置情况

序号	一级分类	二级分类	总分	评分标准
1	资本和杠杆情况	资本充足率	80	新广义信贷、$\beta_i=0.4$，则 $C^*=14.45\%$ $[C^*, \infty)$：80 分 $[C^*-4\%, \infty)$：48～80 分 $[0, C^*-4\%)$：0 分
		杠杆率	20	$[4\%, \infty)$：20 分 $[0, 4\%)$：0 分
2	资产和负债情况	广义信贷	60	M_2 目标增速为 12%，12%＋25%＝37% $(0, 37\%)$：60 分；$(37\%, \infty)$：0 分
		委托贷款	15	M_2 目标增速为 12%，12%＋25%＝37% $(0, 37\%)$：60 分；$(37\%, \infty)$：0 分
		同业负债/总负债	25	$(0, 30\%)$：25 分 $(30\%, 33\%]$：15～25 分 $(33\%, \infty)$：0 分
3	流动性	流动性覆盖率	40	2016 年底达到 80%，2017 年底达到 90% 符合当期监管指标：40 分；不符合：0 分
		净稳定资金比例	40	$[100\%, \infty)$：40 分 $[0, 100\%)$：0 分
		准备金	20	遵守准备金制度：20 分；不遵守：0 分

续表

序号	一级分类	二级分类	总分	评分标准
4	定价行为	利率定价	100	符合市场竞争秩序等要求：0～100 分
5	资产质量	不良贷款率	50	不高于同地区、同类型机构：50 分 高于同类 2%，且不高于 5%：30～50 分 高于同类 2% 且或高于 5%：0 分
		拨备覆盖率	50	[150%，∞)：50 分 [100%，150%)：30～50 分 [0，100%)：0 分
6	跨境融资	跨境融资加权余额	100	不超过上限：100 分；超过上限：0 分
7	信贷政策执行情况	信贷执行情况	70	根据信贷政策导向执行情况等综合评估：0～70 分
		中国人民银行资金运用情况	30	基础分 20 分，根据中国人民银行资金运用投向、利率等要求进行增减：0～30 分

表 10－6　　商业银行系统重要性层次划分

机构分类	N－SIFIs	R－SIFIs	CIFIs	豁免机构
测算机构	由全国性自律机制秘书处初步测算，全国性宏观审慎评估委员会（由中国人民银行总行、全国性自律机制秘书处、银行、学界等相关人员组成）进行复核，结果报备中国人民银行总行	由各省级自律机制初步测算，各省级宏观审慎评估委员会（由中国人民银行分支行、省级自律机制、银行等相关人员组成）进行复核，结果报备中国人民银行总行和各分支行		考虑到新设机构缺乏评估所需历史数据，往往初期发展较快，原则上开业 3 年内可暂不纳入 MPA，由其参照宏观审慎评估体系加强自我约束，并辅之以必要指导
具体指代（人民银行未给出，暂且分类如下）	中国银行、农业银行、工商银行、建设银行和交通银行	各省规模最大的城商行，如北京银行	股份制银行及其他	

（三）MPA 考核对商业银行的影响

展望未来，MPA 作为中国人民银行着力打造的金融调控“双支柱”体系的重要一极，仍将根据形势变化动态完善，甚至不排除在某些阶段更加严格，相关的激励约束措施也会更加到位，因此商业银行不能与趋势为敌，不能与调控博弈，不能罔顾经营风险，为了短期利润而盲目错配、拼命加杠杆、追求监管套利。商业银行必须从战略、管理、配置、操作等四个层面深度变革、综合施策，在推进脱虚向实、服务实体经济的过程中实现银行自身的协调、健康、可持续发展。

1. 战略层面。通过打造经营特色来稳资金、控风险。优化客户结构、业务结构、资产负债结构，改善服务质量、提高流程效率、创新金融产品、完善结算网络、变革经营模式，通过提升核心竞争力来提升核心负债占比，避免过于依赖不稳定、高成本的资金来源，为稳住息差、提升收益和管好利率风险、流动性风险奠定业务基础。

2. 管理层面。着力提高风险经营能力，借此实现风险调整后的收益最大化。既不为了片面追求短期盈利而不顾风险、贸然加大对高风险资产的配置，也不一味回避风险，对新业务、新模式畏缩不前。不依赖过度错配、套利、放杠杆来博取短期超额利润，导致隐藏更大的滞后风险。而是应该打造平衡型风险文化，合理设置风险偏好，通过主动提升风险经营能力来获取较为优质、收益较高的资产，实现长期经济利润最大化。

3. 配置层面。推动资产负债管理框架转型，提升价值创造能力。真正处理好发展战略、风险偏好和资产负债配置的关系，真正处理好局部与整体、短期与长期、风险与收益的关系；真正处理好盈利性、安全性、流动性之间的关系，完善以资本为约束的全面、平衡、前瞻、动态、精准的资产负债管理框架，为银行创造更稳定、更客观的配置价值、综合价值、长期价值。

4. 操作层面。准确预判宏观层面、行业层面和本行层面资金来源与资金运用的总量、期限、结构并统筹布局、动态调整，高度重视并切实管好利率风险和流动性风险。例如，银行主动负债占比显著提高，表外资金运作总量快速增长，广义资产负债的再定价期限错配问题更为突出，银行面临更大的再定价风险。而货币政策逐步向间接型、价格型的方向转型，中国人民银行已数次提高市场工具利率而没有调整存贷款基准利率，银行面临更大的基差风险、期权风险和收益率曲线风险。可见，我国商业银行面临的利率风险的程度明显加大、特征显著转变，必须深刻认识、妥善应对。

【案例分析 10－1】

2020 年末我国商业银行 MPA 考核压力测试情况

2020 年在新冠疫情和资管新规及结构性存款压降等因素影响下，银行资产负债波动较大。2020 年底为资管新规原定过渡期截止时间，因此在 8 月中国人民银行发布资管新规过渡期延期至 2021 年底之前，商业银行上半年面临着理财净值化转型以及表内承接表外理财的压力。叠加疫情影响，商业银行整体不良贷款及贷款违约率上升，资产端面临较大压力。负债端自 7 月以来在结构性存款压降、货币政策常态化压力下银行大量发行同业存单，致使存单存量与发行利率持续走高。整体来看 2020 年银行资产负债面临多方压力，其在 MPA 考核部分能否合格？我们将从 MPA 考核视角分析商业银行资产与负债端情况，主要从广义信贷增速及同业负债两方面进行测算。

按照大中小 28 家银行广义信贷增速测算，银行达标率为 100%。其中国有银行及股份制银行离增速上限有较大空间，增速基本保持在 10% ~15%。城市商业银行个体之间增速差别较大，最低增速仅 4.7%，最高达 29.49%。对测算数据分析发现，2020 年上半年信贷增速较 2019 年下半年增长明显，主要为新冠疫情下金融对实体经济支持明显提速，M_2 增速与社会融资规模都显著高于上年同期，同比分别增长 11.1% 及 13.2%。同时测算中新旧两种口径下的增速基本保持一致，银行表外理财增速在监管下回归正常区间。2020 年下半年货币政策回归常态，在银行理财净值化的影响下预计银行广义信贷增速有望较上半年下调。

同业存单量价齐升，同业负债考核压力尚可。我们选取披露 2020 年第三季度报告的 89 家银行为代表样本对各银行同业负债进行测算，总体来看商业银行对同业负债的控制已经达到了不错的效果，仅有 1 家银行同业负债率超过 MPA 监管的红线，5 家处在 15～25 的扣分区间。其中国有银行及农村商业银行同业负债（包括 NCD）水平普遍较低，股份制银行同业负债较高。国有银行同业负债比率最高为 22.8%，其余皆处于 15% 以下，最低值仅为 2.83%。农村商业银行同业负债最高为 13.05%。样本中，9 家股份制银行中同业负债超过 28% 满分线的有 4 家，其中 1 家超过 33% 的红线；49 家城市商业银行中仅有 2 家超过 30% 的满分线。

11 月同业存单净融资额降为负值，发行利率于 12 月迎来降幅。11 月同业存单净融资额于 7 月后首次降为负值，为 -611.8 亿元，同业存单存量开始逐步下调。11 月同业存单加权发行利率为 3.22%，较 10 月上涨 6 个基点，12 月第二周开始发行利率下行，到 12 月 20 日加权利率降为 3.08%。国有商业银行与股份制银行降低同业存单净融资的压力分别来源于同业存单备案额度及 MPA 考核的同业负债率。货币政策宽松与财政投放使银行间流动性放松，同业存单发行利率开启下行区间。预计存单净融资额与发行利率将继续降低，同时 1 个月同业存单保持上行趋势。12 月结构性存款压降压力主要落在国有银行上，股份制银行、城市商业银行继续通过同业存单补充长期资金的需求不断降低。资金面宽松下通过中长期同业存单来补充负债资金的需求下降，短期同业存单发行量与利率预计逐步回升。

资料来源：CITICS 债券研究．年末 MPA 考核压力测试［EB/OL］．（2020-12-23）．https://news.qq.com/20201223/20201223A098OH00.html.

【本章小结】

1. 商业银行财务报表主要围绕资产负债表、损益表和现金流量表等三大报表展开。

2. 绩效评价管理的特点包括对商业银行的日常经营管理、对商业银行的全面风险管理、对商业银行的人事激励管理、对商业银行的业务发展方向。

3. 就资本维度而言，商业银行自有资本主要分为一级资本和二级资本；就风险加权资产维度而言，分为信用风险加权资产、市场风险加权资产和操作风险加权资产；就盈利维度而言，分为两大类，分别是净息差和净利差以及 ROA 与 ROE。

【重要概念】

资产负债表　损益表　现金流量表　公允价值　绩效评价管理　资本维度
杠杆率　净息差　净利差　杜邦分析法　骆驼评级法　MPA 考核

【思考练习】

1. 如何计算净息差和净利差？它们之间有何差别？
2. 如何进行现金流量表的结构分析？
3. 什么是杜邦分析法？试运用杜邦分析法对某商业银行进行绩效评估。
4. MPA 考核主要包括哪些内容？它对于银行经营管理有何重要意义？
5. 阅读一份商业银行的年报，了解商业银行经营的具体情况。

第十一章

战略管理

【本章学习目标】

掌握商业银行经营战略的定义及种类；了解商业银行并购的概念、原因、类型及其产生的效应，以及商业银行分业经营与混业经营的优缺点；掌握金融创新的主要内容和动力；理解创新与监管之间的关系；掌握商业银行的发展新趋势和新业务。

第一节　商业银行经营战略

“战略”一词的希腊语是 strategos，意思是“将军指挥军队的艺术”，原是一个军事术语。20 世纪 60 年代，战略思想开始运用于商业领域，并与达尔文“物竞天择”的生物进化思想共同成为战略管理学科的两大思想源流。企业战略是指企业根据环境的变化、本身的资源和实力选择适合的经营领域与产品，形成自己的核心竞争力，并通过差异化在竞争中取胜。

商业银行战略是商业银行为适应外部经营环境变化，应对市场竞争，确保银行市场价值不断增长和长期可持续发展，而对未来一定时期内经营发展所要达到的目标及为实现这一目标所做的策划与谋略，即“为未来做现在的决策”。商业银行战略管理是商业银行关于自身在未来不确定性环境中为实现既定总体发展目标而进行的一系列决策和活动。

商业银行的战略管理是一个含义广泛的概念，它包括银行经营战略、扩张战略、转型战略和金融科技战略等。

一、商业银行经营战略分析

根据对经营战略的认识，可以将其定义为：经营战略是企业面对激烈变化、严峻挑战的环境，为求得长期生存和不断发展而进行的总体性谋划。从其制定要求看，经营战略就是在对当前所面临的环境进行充分分析后，明确自身的优势和劣势，最终选

择一条适合自身企业的经营发展之路，实现企业的最终目标。现代企业在战略的制定过程中注重战略的创造性和社会性。

商业银行的经营战略是指银行在面对复杂多变的内外部环境变化时，为了生存和今后的长期发展所采取的一系列措施，通过执行相关的战略措施实现自身利益的最大化。具体到商业银行的经营战略，就是银行要合理确定自己在市场中的位置，同时合理考虑同业竞争对象以及不同客户群而实施的不同经营策略。从某种意义上来说，商业银行的经营战略也是商业银行未来经营的方向。

面对全球资本市场的严峻挑战，我国商业银行的经营环境越来越趋于复杂，对其经营运作的要求也不断提高。新时期我国商业银行整体经营环境正在经历重大深刻的变化，在全球经济低迷、资本约束、金融脱媒和利率市场化等背景下，商业银行传统发展模式或难以为继，经营战略转型已成为新的课题。

二、商业银行经营战略类型与经营定位原则

（一）商业银行经营战略类型

综观国际商业银行经营发展的趋势，可以发现商业银行的经营战略有两种类型：一是综合银行战略；二是专业化银行战略。

1. 综合银行战略。综合银行（Universal Bank）是指在一家银行内设立不同部门，经营属于不同金融机构的业务，包括传统的商业银行业务、投资银行业务，乃至保险业务等。经济大萧条之前，商业银行是循着向综合银行的方向在发展，大危机后，许多国家加强了对银行业的管制，缩小了银行的业务范围，实行银行业、证券业、保险业分业经营的制度，并对银行业实行垄断性保护。到了 20 世纪 70 年代，这种分业经营制度的缺陷开始暴露，在金融创新浪潮推动下，商业银行纷纷冲破束缚而采取综合银行战略。实行综合银行战略有许多好处。

第一，综合银行经营范围较为广泛，可满足不同层次客户的不同金融服务需求。许多大银行已成立银行超市，能够让客户在这里享受到所有的金融服务，提高银行在客户心中的地位。

第二，综合银行可以对不同的金融资产进行组合，这样不仅可以分散金融资产的风险，同时又有利于银行分散自身外部环境变化带来的风险。

第三，综合银行可以组合推出多种金融服务产品，避免产品的单一性和服务的流程化。综合银行战略可以有效地增强银行的竞争力。

2. 专业化银行战略。大型商业银行比较愿意选择走综合化的银行之路，因为凭借自身垄断优势实行综合经营战略，有利于扩大自身利润。然而，一些小的商业银行则比较愿意选择走专业化、结合自身特色的经营之路。从我国股份制商业银行的发展就可以看出，专业化经营战略实际上包括两种：一种是专以某一地区为自己的经营领域，即利用某一地域特有的人文和社会文化而创立自身特有的服务。这种经营战略主要以地方为依托，在当地政府的支持下为地方的经济建设提供资金支持及金融服务。另一

种侧重以自身特有的服务来对外提供金融服务。它们集中人力、财力投入该业务领域，同其他金融机构开展强有力的竞争，并成功地确立了自己在该业务领域中的地位，保持稳定的市场份额。

（二）商业银行经营定位原则

银行经营性战略是总揽银行经营性业务全局，确定商业银行未来发展规划的重大决策。因而，商业银行在制定经营战略时必须遵循经营定位的基本原则。

1. 全面效益原则。商业银行必须把效益作为业务开展的首要出发点，这是由商业银行自负盈亏、自担风险、自我发展的要求决定的。同时，商业银行又是国家银行，因此还应该考虑社会效益，不能只考虑经济利益。

2. 长期连续性原则。经营战略是长久性发挥作用的，因此各个时期的战略都应是连续的。商业银行在经营策略上应该灵活，要逐步形成自己的经营服务体系和自己相对稳定的客户群。这样即使遇到市场变化，需要开拓新的业务领域时，也会大体保证原有客户和原有业务，使商业银行在同行业竞争中有以不变应万变的能力。

3. 动态平衡原则。商业银行在经营战略的制定中既要综合平衡，全面安排，统筹兼顾，系统发展，又要重视金融市场的变化，预测分析，使战略密切结合实际，保证经营业务的各个方面协调发展。也就是既要研究经营战略的各种制约要素发展变化的方向和运动趋势，也要研究这些要素发展变化的状态和规律。

三、商业银行经营战略转型

（一）经营战略转型的含义

经营战略转型是指在预期企业的外部环境和内部条件将发生重大变化或已发生重大变化时，企业为求得进一步生存与持续发展的需要，对企业的业务界定和业务运作进行的方向性调整与革新。当企业经营环境发生巨大变化时，企业原有的战略理念、组织结构、人力资源、运行方式以及企业文化等均需要发生根本性的改变，以获取企业的核心竞争优势，保持企业的持续健康发展。

商业银行经营战略转型是指商业银行根据外部监管环境、竞争环境、客户环境、技术环境的变化，在业务结构、产品结构、区域结构、盈利结构等方面进行的重大的调整和变化。转型要达到的效果，不仅是总量的增长，更是在此基础上达到经营绩效和效率的全面提高、经营管理结构的动态优化、业务组合的精准协调、人才的合理匹配。

（二）经营战略转型的特点

战略转型不是战略的局部调整，而是各个战略层次上的方向性改变，所以企业的经营战略转型足以影响企业的生存和发展。因此，其具有以下三个方面的特征。

一是预见性。企业经营战略转型首先是以企业自身发展为基础。它是在分析和预测企业未来发展环境的基础上，对企业的战略目标进行修正与革新，企业的一切资源都是服从和服务于这个战略目标。因此，企业战略转型必须具有前瞻性特征。

二是方向性。企业经营战略转型的根本目的不是企业的短期增长，而是在于企业能长期持续健康发展。增长是一个量的变化，发展是一个质的变化，只有正确地识别前进方向，才能为企业的长久发展提供足够多的时间与空间。

三是创新性。企业的持续发展来自创新，知识创新、技术创新、管理创新、市场创新等已成为企业发展的动力。没有创新，企业就无法在竞争中取得优势，也无法保持企业永续发展的能力。企业经营战略转型要具有创新性，既不能随波逐流，也不能重蹈覆辙。

第二节　商业银行扩张战略

一、商业银行的混业经营趋势

（一）混业经营的内涵

金融业经营模式是指银行业、证券业、保险业和信托业的经营范围及其相互间关系的制度安排。金融业经营模式的形成与发展，受本国经济、历史、政治与文化环境等因素的影响。

分业经营和混业经营是商业银行经营的两种基本模式，各国的商业银行在历史发展过程中多数都使用过这两种模式，它们具有不同的优势和劣势，适用于不同的经济发展状况、金融环境和监管要求。但是无论采用哪种模式，不可否认的是它们都使商业银行发挥了促进宏观经济发展、推动金融市场发展的积极作用。“合久必分，分久必合”这句话用来形容混业经营与分业经营的演进历程再恰当不过。

1. 分业经营。分业经营（又称专业银行体制），是指银行、证券、保险、信托分业经营、分业管理，各行业之间有严格的业务界限。在这种经营模式下，银行业与证券业、保险业等相分离，彼此之间业务不能交叉，管理不能混淆，其目的在于防止信贷资金的不当运用，降低金融业的经营风险。

金融业的分业经营形成于20世纪30年代，以美国1933年颁布的《格拉斯—斯蒂格尔法》为其形成的标志。该法的初衷是避免大萧条时期金融业的过度竞争而带来的金融秩序的动荡，被视为美国金融监管的法律基石之一。在此之后，美国又相继颁布了《证券交易法》《投资公司法》等一系列法律，进一步明确和强化了分业经营的模式。继美国之后，意大利、加拿大、韩国、新加坡和泰国等也先后以法律形式确立了分业经营模式。

2. 混业经营。混业经营（又称全能银行体制），是指同一金融机构可以经营不同性质的业务。具体来讲，银行、证券、保险和信托等金融机构在经营自身传统业务的同时，可以进行业务交叉和多元化经营。比如，商业银行可以经营投资银行业务、保险业务和信托业务等，法律对各种机构的营业范围不做明确限定。混业经营模式的典型代表是德国，其他一些欧洲大陆国家，如瑞士、奥地利等也实行这种经营模式。德国的银行可以提供全面的金融服务，包括存款、贷款、证券投资、参与企业决策和管理、支付交易结算、经营进出口业务及外汇买卖等。

截至2021年6月底，我国银行业总资产超过324万亿元人民币，占金融业总资产比重超过90%，如此不平衡的金融格局使金融混业成为大趋势。从近两年上市商业银行的利润增速成因分析，资产规模因素虽然重要，但其贡献度已经呈现下降趋势；尤其是从股份制商业银行的利润驱动因素看，资产规模已经不再是最重要的因素。在利率市场化、刚性兑付破除之后，银行的大类资产配置必然从熟悉的信贷、非标、利率债、高等级信用债、国债等领域，延伸到不太熟悉的可转债、中等风险信用债、衍生品、普惠金融等领域，甚至为了适配新经济的发展，要延伸到陌生的高收益债、股票、股权投资等领域，寻找新的资产投资方向。为此而生的金融控股公司在我国的出现，表明我国金融业已由“分业经营、分业监管”向“法人分业、综合经营”的模式过渡，混业经营成为发展方向。

（二）分业经营和混业经营的比较

长期以来，分业经营模式与混业经营模式均在所在国的金融业经营和经济发展中发挥着重要作用，在经营风险、效率和安全性方面各有千秋。综合来看，分业经营和混业经营模式的区别主要体现在经营风险、经营效益和金融监管等方面。

1. 经营风险。分业经营模式和混业经营模式的主要争论之一就是二者的经营风险。一方面，商业银行参与高风险的证券业务无疑会加大自身风险，尤其在金融市场剧烈波动时期，这种经营风险更是会迅速积聚；另一方面，经营稳健、资产质量优良的全能银行在抵抗风险能力方面又远远高于专业化银行。

（1）风险控制。分业经营由于严格限制了金融机构的业务范围，在银行、证券、保险等不同行业面临的异质风险之间形成了一道防火墙，能有效避免风险的传递和扩散，保护投资者和存款人的利益，维护金融稳定。

相比而言，混业经营则难以进行风险控制。当面临严峻的经济形势时，投资者由于对前景缺乏信心，开始抛售股票，致使股票价格下跌，全能银行将承受严重损失。全能银行在股票市场面临的损失和风险必然会传递到信贷市场，导致存款人对银行经营出现信任危机，严重时将发生银行挤兑现象，最终出现金融危机。同时，在银行参与证券业务的过程中，全能银行容易凭借其资金、技术、信息、管理经验等方面的优势降低经营的安全边界，从事高风险经营，进一步扩大了全能银行的经营风险。

（2）分散经营风险。在混业经营模式下，金融机构从事不同领域的业务，各种业务的期限、风险、收益存在差异，从资产组合的角度看，当资产陷入低谷和亏损状态时，就有其他机构或业务的收益进行对冲，从整体上保证金融机构的稳健性。在混业经营业务成熟的情况下，商业银行可以对各种业务的期限、风险、收益进行全面评估，进而确定各类行业的经营战略和比例，最大限度地降低整体经营风险，保证整个金融体系的稳定。

相反，分业经营则会因为业务单一而使风险集中。在分业经营模式下，各业务相

对独立，资产选择种类过于单一，不能满足商业银行或其他金融机构通过资产组合来分散风险的要求，各专业性金融机构对外部市场环境的重大变化相当敏感，面临较大的经营风险和竞争压力。随着金融创新的不断深化，大量设计复杂的衍生金融工具进入市场进行交易，这些衍生金融工具具有高杠杆化的特征，风险和收益都被放大，专业化金融机构的风险防范能力进一步受到挑战。

2. 经营效益

（1）规模经济。对分业经营模式而言，专业化金融机构在单一业务领域内可以集中人力、资金与经验，在其行业内占据较高的市场份额，使单一业务的单位成本降低，实现规模报酬递增。

对混业经营模式而言，在投资规模或经营成本既定的情况下，业务量越大，单位成本越低，从而实现规模经济。混业经营的发展势必会扩大金融机构的规模，增强其抵御各种风险的能力，维护金融体系和金融秩序的稳定性。混业经营带来的这种规模效应首先可以提高银行经营的安全性；其次，多元化经营的全能银行将使规模扩大、存款增加、融资渠道拓宽、资本充足率提高，从而信用等级也随之相应提高。全能银行的规模效应能增加银行流动性，同时使经营业务的领域更加广泛，金融产品的种类增加，将有效分散风险。

但是，无论是混业经营还是分业经营，银行规模过大都会使监管者面对“大而不倒”的尴尬，所以监管者在制定金融业相关法律法规时，要充分考虑如何限制银行规模过大，从而避免这一问题的出现。

（2）范围经济。范围经济是指由于一个地区集中了某项产业所需的人力、相关服务业、原材料和半成品供给、销售等供应者，这一地区在继续发展这一产业中拥有比其他地区更大的优势。从范围经济的角度，可以将金融业的混业经营理解为金融组织的生产或经营范围的扩张。这种扩张如果导致平均成本下降，则说明是范围经济，反之则是范围不经济。分业经营要求各金融机构业务专业化，导致范围缩小，其资源和信息不能共享，资金流动性较低，难以形成范围经济。由于混业金融机构的金融资源由不同业务部门或机构共同分享，其总体经营成本一般会低于每一机构单独经营时的经营成本总和，因此一般来说，混业经营模式具有范围经济的优势。

3. 金融监管。分业经营可以提高监管效率。首先，分业经营模式促进了各金融行业的专业化分工，避免了各种业务相互交叉，有利于金融监管的专业化分工，明确监管职能，提高监管效率。我国监管机构从初期的银监会到银保监会，再到当前的国家金融监督管理总局，分业监管逐步转向混业监管。

混业经营将加大金融监管的难度。一般来说，实行金融混业经营必须具有两个基本条件：一是金融机构必须具有较强的内部约束机制和风险防范意识；二是要求金融监管能力较强，有完备的金融监管法律体系和较高的金融监管效率。混业经营形成的超级银行的市场占有率很高，有可能形成业务垄断，甚至会产生逆向选择和道德风险的问题，增加监管难度。

综上所述，从经营风险、规模经济、金融监管等方面比较分析，分业经营与混业经营各有利弊。混业性金融机构在提供多元化和个性化服务、风险分散和成本控制方面具有优势。而分业经营体制之下的专业性金融机构，由于业务的单一和集中而对监管的要求没有那么高，可以提高监管效率；同时，分业经营由于其单一的业务模式在风险控制方面也具有优势。如前所述，一个国家在不同的历史时期采取分业制或混业制，是由其当时的经济发展水平、金融货币制度甚至文化环境等现实条件决定的。历史上，两类经营模式均有成功和失败的案例，选择何种经营模式，取决于一国金融市场的完善程度、金融业经营管理水平及金融监管的效率。

4. 我国分业经营与混业经营现状。1978 年，党的十一届三中全会确立了经济和金融改革的指导思想后，我国金融业出现了机构多元化和业务多样化的局面，银行业的发展进入了改革开放的新阶段。20 世纪 90 年代初，由于规则混乱、内控机制不健全、会计准则不完善等，部分银行信贷资金流向房地产业和股票市场，造成金融秩序的混乱。为整顿金融秩序、防范金融风险，1993 年 11 月，党的十四届三中全会通过《中共中央关于建立社会主义市场经济体制若干问题的决定》，要求“银行业与证券业实行分业管理”。进入 21 世纪后，随着我国经济金融的对外开放程度不断提高，金融业综合经营的要求和动力日益增强，政府及相关部委多次提出“积极稳妥推进金融业综合经营试点”“推进监管协调工作规范化、常态化”等指导意见，我国金融业综合经营取得了积极进展，金融机构跨业投资步伐加快，不同形式的金融控股公司逐步形成，产融结合型集团日益增多，交叉性金融产品加速发展。

当前，我国商业银行组织形式多为金融控股公司模式，分业经营为主。随着银行、证券、保险、基金等金融业务相互交叉融合，混业经营的时代即将到来。

二、商业银行的并购策略

（一）银行并购的发展历程

1. 并购概念。并购（Merger & Acquisition）一词是兼并和并购两个概念的总称。它是指产权独立的法人双方，其中一方以现金、股权或其他支付形式，通过市场购买、交换或其他有偿转让方式，达到控制另一方的股权或资产，实现企业控股权转让的行为。商业银行是金融企业，企业并购的一般概念也完全适用于商业银行。

商业银行并购是指商业银行通过收购债权、控股、直接出资、购买股票等多种手段，取得被并购银行的所有权，而后者失去法人资格或改变法人实体行为或合并成一个新的银行的行为。商业银行并购主要有以下几种类型。

第一，按并购双方在并购完成后的法律地位划分，分为吸收合并和新设合并。吸收合并是指两个或两个以上的银行合并，其中一个银行存续，其他银行终止的情形；新设合并是指两个或两个以上的银行合并而生成一个新的金融产业，合并各方随新企业产生而终止的情形，即两家或两家以上独立的商业银行合并为一家。

第二，按并购双方出资方式划分，分为出资购买资产式并购、出资购买股票式并

购、以股票换取资产式并购、以股票换取股票式并购、混合证券式并购。

即提出合并的商业银行有偿吸收被合并银行的资产与负债，或提出合并的银行续存，被合并银行消失，或被合并的银行成为提出合并银行的分支机构（子公司）。

第三，按是否利用被并购方资产来支付并购资金划分，分为杠杆收购和非杠杆收购。杠杆收购是指通过增加银行的财务杠杆来完成并购。从实质看，杠杆收购就是一家银行主要通过举债来获得另一家银行的产权，而又从后者的现金流量中偿还负债。一般操作是，收购银行先投入资金，成立一家置于完全控制下的空壳公司，而空壳公司以其资本以及未来买下的目标银行的资产及其收益为担保进行举债，即发行证券向公开市场借债，以贷款的资金完成企业并购。非杠杆收购是指不用目标公司自有资金及营运所得来支付或担保支付并购款的收购方式。早期并购风潮中的收购形式多属此类。但非杠杆收购并不意味着收购方不用举债即可负担并购款，实践中，几乎所有的收购都是利用贷款完成的，所不同的是借贷数额的多少而已。并购银行通过股票市场获得控制被并购银行的经营权的股份来实现并购。

2. 银行并购的发展历程。银行并购起源于美国。20 世纪 80 年代，美国、英国和日本等发达资本主义国家相继放松了金融管制，金融自由化进程发生了根本性的变化，银行管制进入了实质性宽松阶段，银行并购数量大幅度增加。

我国银行业并购发展历史不长，开始于20 世纪90 年代，且并购数量少，规模小。我国银行业的并购活动多在政府指导下进行，以行政安排的化解危机性动机为主，通常在同行业、同地区之间开展。我国银行并购并非出于优势互补，多为不得已而为之的接管行为。随着我国对外资进入金融业限制的放宽，自主的逐利性商业动机会占据主要位置。

（二）银行并购的原因和效应

1. 银行并购的原因。在市场经济环境下，银行并购的原始动力是实现股东财富最大化。另外一个动力是通过并购扩大资产规模、增加市场份额、提高竞争力。在多数情况下，银行并购并非仅仅出于某一动机，而是综合平衡考虑多种因素的结果。

（1）追求股东利益最大化是银行并购行为的原始动力。银行作为金融企业，存在和发展的目标是增加其股东的财富，也就是上市银行的市场价值。并购可以帮助银行扩大规模、增加新的金融品种、扩大金融服务领域、获得更多的利润，是商业银行以低成本扩大银行规模、增强银行竞争力的重要手段。所以，对利润的追逐和生存竞争的压力推动着商业银行进行并购活动，以实现股东利益最大化。

（2）追求增值效应。增值效应就是指经过并购整合资源后的银行能够带来社会收益的潜在增量，而且对参与交易的银行来说，可以提高各自的效率。一是管理协同效应。该效应使整个银行产业的效率水平均提高。二是经营协同效应。经营协同效应认为行业中存在着规模经济，公司经营活动若达不到实现规模经济的潜在要求，则可以通过兼并以获得适度规模，达到经营协同。作为依赖公众信心存在的银行业，规模大小对其竞争优势有着决定性的影响，银行规模越大，越能赢得客户的信任。因此，经营协同效应是银行业合并的重要内在原因。

（3）优势互补，实现协同效益联手。具有不同相对优势的银行联手，既扩展了业务机会，又在扩张规模、分散业务的同时分担建立风险控制系统所需的费用，另外，把“鸡蛋放在多个篮子里”降低了总体风险。优势互补主要体现在两个方面：一是区域互补，体现为国际性或地区性的优势资源整合；二是业务优势互补，减少昂贵的新产品的开发费用，迅速抢占市场。

（4）追求转移效应。银行兼并的转移效应主要有三个。一是税收转移。并购双方通过收入的互相抵补可减少税基，平抑现金流的波动性；并购过程中的举债融资（杠杆收购）能减少银行盈利的纳税额；并购导致目标银行股价上升使得并购银行的一部分所得税能够以较低的资本利得税代替。二是政府收入转移。政府为推动金融业发展，调整国内金融业结构，应对经济全球化的挑战，往往会给银行并购政策上的优惠和鼓励措施，以促使政府目标的实现。三是垄断转移。银行并购的重要动机是增加市场份额，提高市场控制力。如果银行新增市场价值的边际收益率提高了，会在某种程度上带来增量效应。

2. 银行并购的效应。银行并购这种行为不仅对交易当事人有影响，对社会经济发展也有重大影响，可分为正效应和负效应两个方面。

（1）银行并购的正效应

一是并购提高了经济资源的配置效率。通过并购，可以调整内部结构，淘汰低效的经营服务项目。在银行的并购中，各种资源向高利润项目流动，实现了资源的优化配置。

二是并购带来了更多的金融产品，不仅提高了银行的收益水平以及现金净流入，而且可以全方位地服务社会。商业银行通过并购，特别是对非银行金融机构的并购，可以组成“金融超市”，为消费者提供全面的金融产品。

三是并购改善了产品的推销和销售。每个银行在其推销和销售方式及渠道上均有特点和优势，并购可综合各银行的优势来改善银行的营销。

四是并购可将银行带入有吸引力的新市场。这种效用在混合并购中体现得更充分。银行涉足不同的市场，可以分散行业风险，同时寻找到新兴的产业，由此找到新的收益增长点。

五是并购改善了经营管理水平。并购可以吸收银行中最优秀的雇员、优秀的管理人员和管理机制。并购带来的丰富的人力资源和管理资源为改善银行的经营管理水平提供了可能。

六是并购降低了银行的经营成本。并购使新银行以较少的员工、较低的资本和资产来提供两家银行合并前所能提供的相同质量和水平的金融服务。这种交易成本的节省是纵向收购最深的动机，这种做法大大减少了银行非利息支出，有助于提高银行未来的收益和现金流入。

七是拯救了低效银行，保持了金融体系和社会稳定。金融业是高风险行业，而且对社会经济生活影响十分广泛。通过银行并购处理银行危机可以用较低的成本避免银

行倒闭，既保护了存款人的利益，又维护了金融体系的稳定，减少了社会动荡。

(2) 银行并购的负效应。首先，银行并购使得银行不断走向垄断，从而降低效率。随着银行并购活动的发展，超级银行不断涌现，这虽然增强了银行自身的竞争力，但这些超级银行在各个方面的优势很可能形成垄断，这就降低了金融市场的竞争性，从而可能降低对消费者的服务水平。

其次，银行并购引起大幅度裁员。并购后银行为了降低成本，会关闭一些分支行并大幅度减少人员，从而导致银行职员失业。

最后，银行并购业务加大了各国银行业监管的难度。银行业的并购虽然会在某种程度上降低银行的经营，但银行规模的增大，并不意味着银行体系的绝对安全；相反，当大银行陷入经营困境时，对它的挽救有更大的难度，对经济生活的影响更加广泛。从法律上看，银行业的并购有效地规避了政府的某些法律限制，但对银行监管提出了更大的难题。特别是银行业的跨国界并购，使银行业监管的国际协调日益重要。

(三) 银行并购存在的问题

并购活动由弱弱合并、以强并弱逐渐转向强强合并，由国内并购转向跨国并购，银行逐步成为并购的主角。我国银行并购存在的主要问题如下。

1. 跨国并购规模小。我国商业银行跨国并购规模较小，海外经营整体实力薄弱。由于我国金融业国际化程度较低，市场金融体制尚未完全建立等，跨国经营的商业银行队伍尚未形成，业务规模与业务范围与世界经济发达国家的跨国银行相比差距甚远，远远小于国际上银行跨国并购的平均规模。我国商业银行跨国并购主体只局限在总行一级，在一级法人的公司治理结构下，省级分行尚无跨国并购的主体资格，影响了我国商业银行的跨国并购。

2. 难以形成并购的优势互补。我国商业银行经营特点差别无几，产品同质化程度高，难以形成并购的优势互补。我国银行并购并非出于优势互补，多为不得已而为之的接管行为。国有大银行的国内分支机构已较为充足，已完成的国内并购主要集中于股份制银行和小银行之间的强弱并购。

【案例分析 11－1】

中国平安收购深圳发展银行

2012 年 4 月 26 日，深圳发展银行（以下简称深发展）吸收并购平安银行相关方案获得监管机构的正式批复，深发展将吸收合并平安银行，在两家银行履行必要的法律程序后将正式合并为一家银行，合并后深发展的名称也将由“深圳发展银行股份有限公司”变更为“平安银行股份有限公司”。中国平安并购深发展作为中国金融史上最大的并购案，是里程碑式的事件，具有重要的意义。

一、深发展背景回顾及并购动机

深发展有着十分辉煌的过去，它是我国第一家发行公众股并公开上市的股份制商业银行，开创了中国金融市场的三个第一，在20世纪末曾一直是中国股市的风向标。但是随着中国经济改革的深入以及竞争环境的改变，深发展的不足逐渐暴露出来，比如说深发展的资产质量低下、不良贷款率较高、资本充足率不足等严重限制了其发展。尤其是没有完善的资本补充机制，深发展一直是股份制商业银行中规模最小的。为了弥补资本金不足的缺陷，深发展引入境外战略投资者美国新桥投资集团（以下简称新桥）。新桥有着先进的国际管理技术，通过对深发展业务管理体系的改革，使其自2004年到2009年净利润不断增长（除了2008年受到国际金融危机影响外），不良贷款率不断下降，资本充足率和拨备覆盖率逐年上升，实现了内涵式的增长。

但深发展始终被资本金不足的阴霾笼罩着。新桥接管期间，由于资本金不足，深发展的增发、配股或发行次级债均受到严格的限制，只能依靠盈利的积累来一点点地充实资本金和覆盖拨备，这限制了其扩张速度，极大地影响了深发展的盈利水平。

而到2009年，新桥持有的深发展股份的5年锁定期就要到期，新桥是一家私募股权性质的公司，主要以获得高额溢价为目的，并且其母公司面临着资金困境，不可能长期持有深发展股份。因此深发展需要引入新的战略投资者。深发展若选择中国平安，一方面能够缓解资金压力问题，获得长久的资本支持，充分提升其资本实力与融资能力；另一方面还可以利用中国平安全国的销售网络、优质的客户资源以及强大的后台系统等优势，实现外延式的增长。

二、中国平安背景回顾及并购动机

中国平安是中国第一家以保险为核心，集保险、银行、证券和信托等金融业务为一体的综合性的金融集团。它始终怀有综合金融的梦想，其目标是实现保险、银行和投资三大主业的均衡发展，打造“一个客户、一个账户、多个产品、一站式服务”的综合金融服务平台。但是，中国平安2009年的年报数据显示，其银行净利润仅占公司净利润的7.4%，而保险业务净利润所占比例近75%，这意味着中国平安银行板块和投资板块比重偏小，有待加强。中国平安一直都有拓展银行板块的愿望，平安银行就是中国平安入主银行业成功的案例，当然中国平安扩张银行板块也曾遭受了很多失败。例如中国平安2006年收购广发银行失败，2008年投资富通银行亏损，亏损额高达200亿元，但是巨额的损失并没有阻止中国平安向银行业扩张的脚步，主要源于以下几方面的原因。

1. 银行业在中国平安的发展空间大。发达国家经验显示，银行业的发展总是伴随着国民经济的发展，两者具有很高的相关性。我国经济长期平稳高速增长，为银行业的发展创造了良好的宏观经济环境。经济的发展和人民收入水平的提高，推动了银行业务的发展。将2009年和2010年中国平安的年度报表进行对比可以发现，2009年银行净利润占比仅为7.4%，而2010年将深发展作为其联营企业后，银行业务净利润增幅为1.67倍，占比约为16%。

2. 平滑投资收益波动的需要。中国平安三大主营业务中，保险和投资对于资本市场的表现要求较高，而银行业则比较稳定。在2008年国际金融危机时，资本市场疲软，保险资金投资收益严重亏损，而证券业务和其他业务的投资收益亦大幅下滑，幅度高达60%以上，唯有银行业表现相对良好，净利润仅下降了6%。加大对银行业的投资，分散经营风险，平滑投资收益，利于中国平安整体业绩的稳健增长。

3. 综合混业经营的需要。随着经济金融全球化，混业经营已经成为国际金融机构发展的主流。面对已混业经营的外资企业的竞争，中国的金融机构需要开发跨市场、跨机构、跨产品的金融业务。2008年发布的《金融业发展和改革"十一五"规划》中也表明混业经营将是中国金融业的发展趋势。另外，中国平安以保险为核心，保险是其主营业务，银保合作能够增加保险产品的销售渠道和销售规模，扩大保险资金收入，但在我国的银保合作中，保险公司一般处于弱势地位，通过收购银行，保险公司可以提高银保业务的利润水平，拥有更多的主动权。并且深发展的营业网点近300家，基本覆盖了华东、华北、西南、华南地区，并且主要集中在一、二线城市，而这些城市也是中国平安保险业务的强势区域，区域交集可以为协同效应提供更大的可能和更高的效率。

所以在2009年新桥持有的深发展股票限售期已经到期，新桥有意退出，深发展又需要引入新的战略投资者时，中国平安并购深发展具有了可行性。

三、并购过程

此次并购主要分为三步：第一步，在得到保监会、银监会、商务部反垄断局的批复后，中国平安受让新桥持有的深发展5.2亿股股份，占深发展总股本的16.76%，同时中国平安向新桥定向增发2.99亿股中国平安H股作为对价。此时通过收购新桥持有的16.76%的深发展股份再加上该交易前中国平安已持有的4.68%的股份，中国平安共持有深发展21.44%的股份。

第二步，2010年6月28日，在证监会的同意下，深发展银行向中国平安旗下的平安寿险定向增发3.80亿股，平安寿险以现金人民币69.31亿元全额认购。至此，对于深发展而言，其资本充足率上升为10.41%，核心资本充足率上升为7.2%，达到了新的监管标准，为深发展今后业务的发展和规模的扩张打下坚实的基础。而对中国平安而言，中国平安持有的深发展股份比例达到29.99%，为今后深发展和中国平安的整合打下了良好的基础。

第三步，中国平安以90.75%的平安银行股份和现金26.92亿元作为对价，认购深发展以非公开方式定向增发的16.39亿股份。中国平安成为深发展的控股股东，共持有深发展52.38%的股份，并且深发展持有平安银行90.75%的股份。之后，深发展向平安银行的小股东提供对价方案，吸收合并平安银行，原平安银行将注销法人资格，深发展将更名为"平安银行股份有限公司"。

四、并购影响

对于深发展来说，资产规模迅速扩大，规模实力进一步增强。2011年年度报表显示，两家银行合并后一般贷款总额和存款总额都有了较快的增长，两行合并后的日均存款增速超过了股份制商业银行的平均水平。同时各项业务健康稳定快速发展，盈利能力稳步提高，生息资产规模稳健增长，非利息收入比例持续提高，收入结构得到改善。不良贷款比率进一步下降，拨备覆盖率大幅上升，资本充足率和核心资本充足率均达到了监管的标准，深发展抵御风险的能力进一步增强，为今后深发展实现外延式的增长奠定了良好的基础。

对于中国平安来说，获得了一个拥有全国性牌照的上市银行，成为我国保险业内第一家实现对全国性银行控股的公司。自深发展并入中国平安后，中国平安资产规模显著上升，银行板块大幅增强，对中国平安利润贡献度显著增加，2011年度银行业务净利润同比增长176.8%，占比近四成。同时交叉销售的广度和深度进一步增强，丰富的产品线不仅增强了客户的忠诚度，而且提升了中国平安品牌的影响力。对于中国平安来说，银行、保险和投资均衡发展有着重大的意义：保险提供了丰富的现金流，但利润相对较少，保险资产的投资收益依赖于资本市场的表现，波动比较大，存在较高的系统风险；而银行业务创造了较高的利润，但需要充足的资本作为支撑，并且可以在保险业务面临风险的时候作为后盾给予缓冲；投资业务是高风险高收益，可以作为对保险银行等基本业务的补充，是提升企业影响力和竞争力的关键。

总之，实现对深发展这样一家具有规模的全国性的上市银行的绝对控股，符合中国平安综合金融的战略目标，有利于推进中国平安三大业务更加均衡发展，银行板块将在中国平安实现综合金融的过程中发挥更重要的作用。

资料来源：张昳丽．平安集团并购深发展案例分析［J］．时代金融，2012（18）．

第三节　商业银行转型战略

一、适应新时期发展的银行转型方向

（一）智慧银行

1．智慧银行的概述。智慧银行是传统银行、网络银行的高级阶段，是银行在当前智能化趋势的背景下，以客户为中心，重新审视银行和客户的实际需求，利用人工智能、大数据等新兴技术实现银行服务方式与业务模式的再造和升级。《银行3.0》（*Bank* 3.0）的作者曾预言：“未来的银行将不再是一个地方，而是一种行为。”在经历了以物理网点、网络银行为主导的两代后，银行将变为随时随地、无处不在的金融（Banking Anywhere，Banking Anytime！）。

智慧银行与传统银行相比，具有两方面的特征。一是智能化的感知和度量。与以往直接地询问或根据历史服务数据做简单分析的方式不同，智慧银行通过一系列的智能化设备，在用户毫无察觉的情况下感知用户需求、情绪、倾向偏好等，从而为进一步的营销和服务提供支持。二是资源和信息的全面互联互通。智能化的感知和度量改变了银行采集信息的方式，将以往无法量化的信息按照某种规则进行量化分析，从而为资源的配置和优化提供决策依据。例如，对银行网点的排队情况、业务类型、业务量的监控分析，可辅助银行完成网点布局的优化；对用户位置、需求信息以及网点实时服务情况的获取，可帮助用户选择最优的网点等。线上与线下的结合、与不同渠道的信息互联使资源的配置更加合理和高效。

2. 智慧银行的发展。当前，智慧银行建设呈现出线上线下相结合、前后台协同的态势。传统线下网点运营的成本压力使银行一方面积极地投入智能化变革，另一方面也大量裁撤网点。大力发展金融科技，探索智能化转型已经成为银行业的共识。以 AI 技术、大数据分析为基础的智能银行网点逐渐走进了人们的视野，为用户提供了线上线下多个场景的增值服务，与此同时，传统物理网点的关停速度悄然加速。波士顿咨询公司的报告《取代还是解放：人工智能对金融业劳动力市场的影响》指出，未来人工智能会替代柜员的核心工作：对于个贷业务而言，数据挖掘技术以及智能化的分析处理模型能够帮助个贷经理以及风险审批人员进行个人贷款资质的收集、评估、审批和管理；在客户环节人工智能可以取代人工服务，应对大众客户的呼入需求。预计在稳健发展的情况下，到 2027 年，银行业将削减 104 万个工作岗位，效率将提升 42%。但是，这并不意味着线下渠道可以完全被取代。银行在智能化变革中，并非仅仅裁减物理网点，而是通过增加新型智慧网点的数量，优化线下实体网点的布局，有效整合线上线下资源，从而为用户提供更好的服务。

智慧银行的建设越来越依赖前后台的协同，充分利用后台的决策分析系统，实现对前台业务和服务流程的优化。如精准营销，依赖于后台大数据的分析与预测，同时又可以根据前台的反馈结果，优化后台预测模型，前后台协同使营销服务更加精准。此外，用户识别、智能风控和智能客服等，在实现其可见的前台功能的背后，也都需要后台系统的配合，尤其在做决策判断的过程中，后台决策分析系统的应用能够在明显提升效率的同时，提高决策的科学性。

我国智慧银行的迅速发展得益于商业银行在金融科技方面的大量投入，持续提升数字化经营能力，提升经营效率。2019 年，工商银行金融科技投入为 164 亿元，建设银行投入为 176 亿元，招商银行在此方面投入 93.6 亿元。目前，智慧银行可以替代原有柜台服务 80% 的业务，大大提高了商业银行的运营效率，提高了客户体验。但金融科技并不完美。大数据风控的高度同质化和高质量数据的缺失，使得各类模型的真实效果有待考察；区块链 + 金融的真正规范化应用可能还需要好多年。最重要的是技术创新对金融机构绩效的改善还不太明显。近两年的金融科技创新，对大多数商业银行而言，还停留在成本支出和资本投入、线下业务向线上转移的阶段，重大的金融创新还没有出现。

（二）无界开放银行

1. 什么是“无界开放银行”。2018 年 7 月 12 日，浦发银行率先推出了业界首个“无界开放银行”（API Bank）。它的面世，意味着银行业依托互联网技术实施开放进程的步伐迈出了重大的一步，也是该行建设一流数字生态银行的一项重大工程。

“无界开放银行”的概念或许略显复杂，即通过 API 架构驱动，将场景金融融入互联网生态，围绕客户需求和体验，形成“即想即用”的跨界服务，塑造全新银行业务模式。

用通俗易懂的语言来描述，就是“把银行从大街上的实体网点，开到了企业和机构的 ERP 系统中来”。从此，银行将突破传统物理网点、手机 App 的局限，开放产品和服务，嵌入各个合作伙伴的平台上。它可以植入企业的门户系统，可以在合作伙伴的 App 中下载，甚至微信小程序都可以调用无界开放银行。如过去我们出国旅行需要经过购买旅游产品、换汇、办签证等多个步骤，线下操作至少要分别去 3 个地方，最快也需要 3 天时间。如今全部转移线上，只要分别在不同的 App 平台进行操作。无界开放银行就能够做到这一点。它提供的“无界、无感”服务，可以把金融服务、旅游服务、签证服务集成放进一个场景里，只需点击一次，即可以“说走就走”。API 就像“连接器”，把金融与各行业连接起来，构成一个开放共享、共建共赢的生态圈。

2. “场景化”消费新模式离不开信用科技。信用科技的创新步伐从未停止。这是时下备受关注的“无界开放银行”又一个正确的打开姿势，也是整个银行业搭建场景化零售经营新体系的积极实践。

开放银行，归根结底是回归到银行业的本质——银行是一种服务，一种无所不在的服务。这意味着，用户在哪里，服务就在哪里；实体经济的痛点在哪里，银行服务创新就在哪里。在多元复杂的金融新场景下，如何风控成为备受关注、迫待解决的问题。

开放银行范式的构建驱动因素之一是信用科技的发展。信用科技助力商业银行直销银行从主要覆盖个人客户向平台化发展，奠定了以 B2B、B2C 为渠道的开放银行范式发展的基石。信用科技通过互联网及人工智能技术在金融机构和用户之间搭建起桥梁，帮助用户获得便捷、智能、多元的科技金融服务，持续以金融科技创新助力普惠金融发展。商业银行金融产品与服务的打造，离不开信用科技。信用科技助力商业银行风险控制能力的提升。一方面整合自身基础金融服务能力，构建基础金融服务组块，将底层金融服务依据不同场景聚合、集成为可被上层商业生态系统调用的模块；另一方面结合银行端的金融交易数据和场景端的客户行为数据搭建新的金融风控模型，提高风控系统的敏感度与准确性。除此之外，银行通过开放式金融云平台在基础金融服务中融入人工智能、区块链、物联网等各类新技术，促使金融服务更强大、更精准。

3. 科技赋能、场景共赢是大势所趋。科技赋能、抱团取暖、场景共赢的合作模式已成为大势所趋。很多银行都已围绕客户衣食住行娱乐需求，构建跨界的金融服务生态，将金融服务融入用户日常生活，提升用户对合作伙伴平台的黏性。这样不但丰富

了银行的“应用场景”，也将助力银行金融生态圈战略跳出传统金融的范畴，深入消费生活更多金融服务领域。

商业银行可充分借助大数据、人工智能等金融科技手段，快速、高效推进各方技术对接和标准化金融服务输出，并且基于大数据技术洞察分析，能够实现精准营销和实时风控，最终提供远程服务可视化和线上渠道整合共享，为用户提供多渠道互通联动、安全一致的服务体验。

相信在不久的将来，银行将伴随着无界开放的 API Bank，更广泛地出现在各类生活场景中，为更多零售客户提供更优质的金融服务。

二、顺应经济发展的银行创新业务

（一）年金业务

1. 年金业务的概念。人口老龄化问题凸显的情况下，我国通过建立“三支柱”养老金融体系解决多层次养老问题。第一支柱为基本养老保险，包括城镇职工基本养老保险和城乡居民基本养老保险，由政府主导；第二支柱即企业年金和职业年金，是与职业关联、由国家政策引导、单位和职工参与、市场运营管理、政府行政监督的补充养老保险；第三支柱包括个人储蓄型养老保险和商业养老保险，是个人利用金融手段增加养老保障供给的有效形式。

年金是多层次养老体系的“第二支柱”，是对基本养老保险的重要补充，是将当期利益与远期利益相结合的一种分配形式。商业银行提供的年金业务包括企业年金和职业年金。企业年金是指企业及其职工在依法参加基本养老保险的基础上，自主建立的补充养老保险制度。职业年金是指机关事业单位及其工作人员在参加机关事业单位基本养老保险的基础上建立的补充养老保险制度。

2. 年金业务的特点。根据我国相关法律规定，建立企业年金计划的企业，其企业年金基金应受托人进行管理，受托人委托其他三个具有管理资格的年金管理机构，分别担任企业年金基金的托管人、账户管理人和投资管理人。由此可见，标准的年金运行机制由两层信托关系组成：一是在单位和职工与受托机构之间形成信托关系，受托人受托管理年金基金；二是年金受托人作为委托人与账户管理人、托管人和投资管理人之间形成信托关系。因此，信托是年金运作机制的核心（见图 11 - 1）。商业银行在年金业务中可以充当年金基金账户管理人、托管人和受托人的角色，提供年金基金受托管理、账户管理、托管和增值服务在内的综合服务。

（1）受托人是业务开展的核心。在年金业务市场化运作中，受托人一方面联系着单位及其职工，另一方面又联系着账户管理人、托管人和投资管理人，发挥着重要的作用，属于年金业务开展的核心人物：受托人承担辅导企业和单位的职责，指导其科学建立适合自身实际的企业年金计划；受托人担负为企业或单位的年金计划选择、监督、更换其他三个企业年金管理人、制定年金战略资产配置策略、监督年金基金运作的责任。

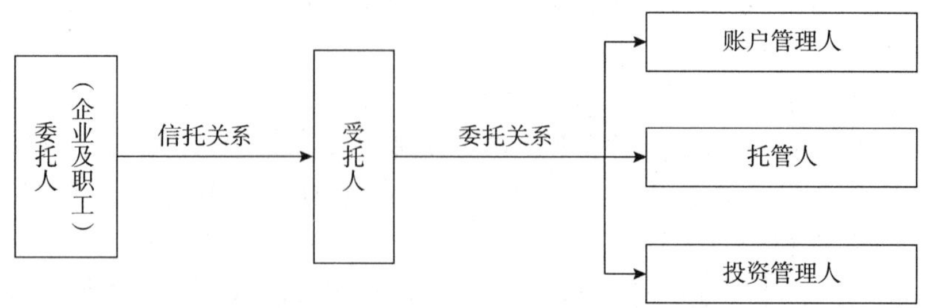

图 11 –1　企业年金市场化运作

（2）不同管理人之间各司其职。年金业务运作中，除受托人外，托管人、账户管理人和投资管理人之间的职责是有差异的。托管人负责开立资金账户和证券账户，保管年金基金财产，向投资管理人分配年金基金财产；负责定期或不定期完成年金基金会计核算和估值，向受益人发放年金待遇等。账户管理人负责建立年金基金的企业或单位、个人的账户；记录缴费以及投资收益；与托管人定期核对缴费数；及时准确计算企业年金待遇，向受益人提供信息查询服务等。投资管理人则承担基金运作以及保值增值的任务，与托管人保持有效信息交互，准确核对年金基金会计核算及估值结果，并及时计提风险准备金等。

（3）互斥监督机制是业务安全的保障。年金资产是单位与职工的养老资金，安全性至关重要。在实施市场化运作的同时，国家对不同的管理人角色作出了严格的规定：一是年金计划中托管人与受托人、托管人和投资管理人不得为同一机构；二是不同年金管理角色之间相互监督，托管人、账户管理人和投资管理人受到受托人的监督，受托人制定年金的资产配置策略，投资人根据资产配置策略进行基金投资运作。同时，托管人还要对投资管理人的投资情况进行监督。

3. 年金业务的风险。风险管控是商业银行年金业务开展的重点。商业银行在开展年金业务中，因不确定性的存在将面临不同的风险。

（1）操作风险。在年金业务的管理中，导致操作风险的原因可能是投资管理人制度上存在缺陷、人员素质上存在不足，或者技术支持没有到位等，具体包括制度风险、人员风险、独立性风险、技术风险等。制度风险，即银行制度存在漏洞或缺乏可操作性等导致的风险。它有可能造成执行任务的员工权限过大、缺少监督等后果，从而给不良后果的产生埋下隐患。人员风险是指在相关制度基本合理的情况下，员工的个人因素导致失误或错误所引发的风险。独立性风险是指在年金投资管理过程中，不能保持不同委托人资产之间、委托人资产与投资管理人管理的其他资产在运作上的独立性，导致出现利益输送的风险。技术风险是指银行内部的信息系统造成，如在受托、账户管理、托管、投资等业务开展中出现信息系统故障、病毒或黑客入侵等使业务无法正常进行导致银行年金业务损失的可能性。

（2）市场风险，是指整体经济波动或某些重大事件对市场整体产生影响，导致投资资产价值下跌的可能性。制定合理的资产配置、分散投资原则及对该原则的切实执

行有利于降低市场风险。

（3）合规性风险，是指个人账户基金投资在投资方向、投资范围及投资比例等方面不符合法律、法规及相关合同约定，导致商业银行经营存在损失的可能性。

（4）投资风险，是指对年金未来收益的不确定性，及造成年金基金损失的可能性。年金运营过程中如何在市场波动的行情下及时发现问题，并且合理规避风险，保证年金基金保值增值，是年金运营的关键所在。年金业务属于长期投资，因此对年金基金的管理和投资决策应充分考虑财产的安全性和收益性，进行规范的、专业的管理。

商业银行在年金业务管理中，同样采用事前防范、事中管理、事后监管的风险管控模式，关注经营过程中的诸多风险环节，建立年金业务开展的风险管理框架和体系。

（二）资产管理业务

1. 资产管理业务的内涵。资产管理业务和财富管理业务统称为理财业务。随着收入的稳步增长，我国居民理财意识提升，对金融资产配置需求进一步增强。资产管理和财富管理业务已经成为商业银行探索轻资本运作的方向，并成为中间业务发展中的竞争发力点。截至2021年末，村镇居民人均可支配收入达47 412元；预计未来3～5年城镇居民人均可支配收入将维持每年6%左右的同比增速，这将给理财业务带来每年0.07万亿～0.23万亿元的增量。①

资产管理业务是指银行、信托、证券、基金、期货、保险资产管理机构、金融资产投资公司等金融机构接受投资者委托，对受托的投资财产进行投资和管理的金融服务。② 资产管理业务是金融机构的表外业务，金融机构开展资产管理业务时不得承诺保本保收益。当出现兑付困难时，金融机构不得以任何形式垫资兑付。资产管理业务本质就是信托业务，具有“受人之托，代为管理，买者担责”的特征。在资产管理业务中，银行出售的是投研能力，获取的是投资管理费或协商的业绩报酬；客户作为投资者是资产管理财产真实的所有人，享有投资收益或承担投资损失的风险。客户承担信用风险、市场风险等，银行承担操作风险、流动性风险。

2. 资产管理业务的类型。银行资产管理业务主要分为三大类：通道业务、理财业务和委托投资业务。

通道业务主要包括银信、银证、银基和银保通道合作业务，主要是银行受到监管指标约束和政策限制，没有相应的存款和资本发放贷款，或不得向受限行业、政府融资平台等直接发放贷款，为此转而通过理财产品的形式“吸储”，之后用理财产品募集的资金认购信托公司、证券公司发行的资产管理类金融产品。此类金融产品的投向正是监管受限的融资对象。

理财业务是资产管理业务的核心。银行的理财产品是银行在对潜在目标客户群分析研究的基础上，针对特定目标客户群开发设计并销售的资金投资和管理计划。在中国人民银行2018年颁布《关于规范金融机构资产管理业务的指导意见》（简称资管新

① 资料来源：中信建投 eResearch 杨荣团队．银行理财市场发展情况全梳理［R］．2022－12.

② 资料来源：中国人民银行．关于规范金融机构资产管理业务的指导意见［A］．2018.

规）前，银行理财业务通常予以客户一个收益稳定，会对客户实现刚性兑付，投资收益和风险都由银行承担的印象。这种操作背离了资产管理的本质。“资管新规”后，商业银行的理财业务逐步回归本源，理财业务稳步发展。

委托投资业务是指委托人在受托行开设同业存款账户，存入同业资金，签订同业存款协议和委托投资协议，另外再签订一份委托行的投资指令，受托行按照委托行的指令，以受托行的名义投资于委托行指定的金融资产，包括直接投资信托计划和定向资管计划等，也可以投资于间接金融资产，如信托收益权、存单收益权、票据资产等。

因此，银行在资产管理业务中扮演三个业务角色：一是资产管理中介，为其他机构提供资产管理产品和服务或作为第三方资产管理机构分销其他机构的资产管理产品，满足自身客户资源配置需要；二是银行作为资产管理客户与资产管理行业基础设施和服务的提供者，为资产管理客户和资产管理行业客户提供资产托管、登记过户、收益收取、基金赎回、基金支付、资产估值等一系列服务；三是资产管理者，为个人与法人客户提供资产管理、投资顾问等服务。

3. 我国银行业资产管理业务的发展。我国银行业资产管理业务的发展历经四个阶段。第一阶段是2007年之前，以公募基金为主导的资产管理市场。商业银行通过控股或参股参与公募基金，成为资产管理市场的重要参与者。第二阶段是2008年到2012年，国际金融危机后，4万亿元投资催生大量表外融资需求。在监管约束下，以信托为代表的通道业务迅速发展，银信合作成为资产管理业务发展的主要模式，对传统信贷业务形成一定的替代。但这种通道业务的风险极易传染到表内资产。因此，监管部门明确要求加强表内外资金的隔离。第三阶段是2013年到2016年，此阶段得益于牌照资源放开，各类金融机构纷纷扩大资产管理业务规模，进行产品创新。行业之间的竞争和合作更加充分，进入“大资管时代”。但同时，非标准化资产产品大量涌现，风险也不断积累。第四阶段是2017年至今，资产管理业因监管加强迎来变革发展的阶段。刚性兑付、多层嵌套、非标泛滥等现象导致金融系统风险不断累积，因此，监管部门于2018年相继颁布了《关于规范金融机构资产管理业务的指导意见》、《商业银行理财业务监督管理办法》和《商业银行理财子公司管理办法》三份监管法规，共同构成了商业银行资产管理监管框架。

在新监管框架下，商业银行的资产管理业务出现新的发展趋势。国有大行提升财富管理业务的战略地位——通过推进净值化转型，借助大行的金融牌照优势，与其属下的理财子公司及其他子公司协同打造综合化一体化的资产管理业务体系。股份制银行则以客户投资偏好、需求、风险承受能力为基础，为客户提供智能化和个性化的财富管理服务为转型目标。

【知识链接11－1】

我国的私人银行业务

私人银行（业务）是指银行为高净值客户提供专业化、个性化、综合化金融服务和全方位非金融服务的经营行为。私人银行业务具有秘密性、专属性和综合性的特征。

私人银行业务凭借高盈利、轻资产的优势，成为商业银行新的利润增长点。招商银行《2021 中国私人财富报告》显示，我国高净值人群数量达 262 万人，位列全球第二；其中，高净值人群可投资资产总规模接近96 万亿元人民币。国内财富管理行业的巨大潜力为私人银行未来发展提供了广阔空间。

我国私人银行业务发展呈现三梯队排列：第一梯队私人银行客户数量超过 10 万人、资产管理规模超过万亿元，具体包括四大国有银行和招商银行；第二梯队私人银行客户数量超过万人、资产管理规模超过千亿元，包括交通银行、邮储银行和绝大部分股份制银行；其余商业银行归属第三梯队，主要为城市商业银行和农村商业银行。

（三）供应链金融

1. 供应链金融的内涵与发展。供应链金融是银行将核心企业和上下游企业联系在一起提供灵活运用的金融产品和服务的一种融资模式，即将供应链的核心企业以及与其相关的上下游企业看作一个整体，以核心企业为依托，为供应链上下游企业提供综合性金融产品和服务。国内的供应链金融实现了从无到有的快速发展，为推动实体经济发展，特别是在缓解中小企业融资难、融资贵、融资乱、融资险方面作出了积极探索。近年来，供应链金融作为一个金融创新业务在我国发展迅速，已成为银行和企业拓展发展空间、增强竞争力的一个重要领域，也为供应链成员中的核心企业与上下游企业提供了新的融资渠道。供应链金融、物流金融和产业金融的差异如表 11 –1 所示。

表 11 –1　　供应链金融与相关概念的释义

概念	释义
供应链金融	商业银行或类金融机构根据产业特点，围绕供应链上的核心企业，基于交易过程，向核心企业或其上下游相关企业提供的综合金融服务
物流金融	供应链金融的组成部分，是指商业银行或类金融机构以对物流和资金流的控制为基础，借助第三方物流公司或核心企业的信用绑定等风险控制技术，为供应链上的客户提供的金融服务
产业金融	产业是具有某种同一属性的企业或组织的集合。产业金融是指商业银行或类金融机构为这一类企业或组织的资金融通提供服务。供应链金融是其中一种形式
产业链金融	产业内部形成了供应链，就叫产业链，等同于供应链金融

我国供应链金融发展大致可分为三个阶段。1.0 时代是线下中心化模式，以银行为主导，基于供应链中的核心企业信用支持，为其上下游企业提供融资服务，在风险管理手段上，主要以核心企业信用评级及融资企业不动产抵押为主。2.0 时代是线上中心化模式，通过网络信息化等技术手段将处于供应链中的上下游企业及各参与方掌握的商流、物流、资金流和信息流在线化，实时掌握供应链中企业经营情况从而控制融资风险。与 1.0 时代相比，2.0 时代主要的进步在于实现了信息互联以及摆脱了依靠单一资产抵质押的风险控制手段。3.0 时代是线上平台化模式，银行、供应链参与者以及平台的构建者以互联网技术深度介入，通过资金流、信息流、物流三维数据风控建模来构建综合化的服务平台，由该平台代替核心企业来给平台上的中小企业提供信用支撑。3.0 时代将供应链

模式由以融资为核心转为以企业交易过程为核心，进而深化了实业与金融的结合，使供应链金融进一步兼具产业的持久性和金融的爆发力。随着物联网、大数据、区块链、人工智能等技术的成熟，未来供应链金融将会在理念、模式、技术三个维度实现更进一步的创新发展，推动供应链金融进入全面智慧化的4.0时代。可见，供应链金融将发生“去中心化”的质变，不再是围绕核心企业及其上下游企业提供金融服务的传统概念，而是“互联网、产业链、金融”三个要素的高度融合。

可见，供应链金融将物流运作、商业运作和金融管理融为一体，它将贸易中的买方、卖方和第三方物流以及金融机构紧密联系在一起，实现了用物流盘活资金，同时用资金拉动供应链物流的作用。

2. 传统的供应链金融模式。供应链金融的三种传统表现形态为应收账款融资、存货融资以及预付款融资。国内实践中，商业银行或供应链企业为供应链金融业务的主要参与者。

（1）应收账款融资。当上游企业对下游提供赊销，导致销售款回收放缓或大量应收账款回收困难，上游企业资金周转不畅，出现阶段性的资金缺口时，上游企业可以通过应收账款进行融资。应收账款融资主要是指上游企业为获取资金，以其与下游企业签订的真实合同产生的应收账款为基础，向供应链企业申请以应收账款为还款来源的融资。应收账款融资在传统贸易融资以及供应链贸易过程中均属于较为普遍的融资方式，通常银行作为主要的金融平台。

（2）存货融资。存货融资主要是指以贸易过程中的货物进行抵质押融资，一般发生在企业存货量较大或库存周转较慢，导致资金周转压力较大的情况下，企业利用现有货物进行资金提前套现。随着参与方的延伸以及服务创新，存货融资表现形式多样，主要有以下三种方式。

静态抵质押，是指企业以自有或第三方合法拥有的存货为抵质押的贷款业务，银行或供应链企业可委托第三方物流公司对客户提供的抵质押货品实行监管，以汇款方式赎回。企业通过静态货物抵质押融资盘活积压存货的资金，以扩大经营规模，货物赎回后可进行滚动操作。

动态抵质押，是指银行或供应链企业可对用于抵质押的商品价值设定最低限额，允许限额以上的商品出库，企业可以货易货。动态抵质押一般适用于库存稳定、货物品类较为一致以及抵质押货物核定较容易的企业。由于可以以货易货，因此抵质押设定对于生产经营活动的影响较小，对盘活存货作用较明显，通常以货易货的操作可以授权第三方物流企业进行。

仓单质押分为标准仓单质押和普通仓单质押，区别在于质押物是否为期货交割仓单。其中，标准仓单质押是指企业以自有或第三人合法拥有的标准仓单为质押的融资业务。标准仓单质押适用于通过期货交易市场进行采购或销售的客户以及通过期货交易市场套期保值、规避经营风险的客户，手续较为简便、成本较低，同时具有较强的流动性，可便于对质押物的处置。普通仓单质押是指客户提供由仓库或第三方物流提

供的非期货交割用仓单作为质押物，并对仓单进行融资出账。普通仓单具有有价证券性质，因此对出具仓单的仓库或第三方物流公司资质要求很高。

在存货融资过程中，通常供应链企业为避免市场价格波动或其他因素导致库存积压，在库存环节单纯就库存商品对中小企业进行库存融资的情况较少，更多的是在采购或者销售阶段。得益于整体供应链条环节紧扣就可对库存进行控制，因此，中小企业更多的通过其他渠道进行库存融资。

（3）预付款融资。在存货融资的基础上，预付款融资得到发展，买方在缴纳一定保证金的前提下，银行或供应链企业代为向卖方议付全额货款，卖方根据购销合同发货，货物到达指定仓库后设定抵质押，作为代垫款的保证。在产品销售较好的情况下，库存周转较快，因此资金多集中于预付款阶段，预付款融资时间覆盖上游排产以及运输时间，有效缓解了流动资金压力，货物到库后可与存货融资形成“无缝对接”。

3. 供应链金融的主要风险及其防范

（1）信用风险，即借款人违约的风险，是指借款不能按期偿还，导致参与供应链金融服务和管理的银行、物流公司、商贸企业出现损失的可能性。

针对供应链金融的信用风险，可以通过供应链内部交易的闭环管理和有效掌控供应链内部企业之间的商务活动信息来防范信用风险：供应链内部的每笔交易，都对应物流和资金流的变化，通过供应链闭环管理手段控制物流和资金流，可以将风险防范渗透到企业经营环节，动态把握风险动态变化的过程；通过有效掌控供应链内部企业之间的商务活动信息，可以弥补单个中小企业信息不全的缺陷，特别是对供应链内部企业之间的信用作出判断。同时，利用大数据筛选和利用法院、第三方征信平台等排查黑名单也是防范信用风险的手段。

（2）操作风险，是指供应链内部操作控制不完善、人为错误、系统失灵，导致参与供应链金融服务和管理的银行、物流公司、商贸企业出现损失的可能性。

与传统融资业务相比，供应链金融的操作复杂，风险增加的概率较大。因此，商业银行需要确认借款人的流动性资产的真实性和充足性，确保银行对借款人的流动性资产所有权的法律保护。对借款人的现金进行闭环管理和控制，是一种防范操作风险的有效方法。此外，通过完整的操作制度、流程和标准，保证第三方物流企业对借款人的存货进行有效的物流管理和监控，是一种防范操作风险的有效方法。

（3）法律风险，是指对借款人的流动资产（包括存货、应收账款、应付账款等）进行控制的过程中，可能导致的法律风险，包括金融机构及其代理人在法律上的无效行为、法律规定的不确定性、法律制度的无效性等。

供应链金融目前依据的主要法律是《民法典》，但是这些法律目前都不能完全覆盖供应链金融操作中面临的问题。现实中，某些地区存在法律和行政权力界限模糊、不同地区的法律法规执行效率差异较大的问题，这些均有可能导致供应链金融进行过程中出现法律风险。因此，在业务开展过程中，各方主体应尽可能地完善相关的法律合同文本，明确各方的权利义务，将法律风险降低到最小。

第四节　商业银行金融科技战略

一、金融科技的引领作用

（一）人工智能

1956 年夏季，“人工智能”（Artificial Intelligence，AI）这一概念被首次提出，标志着人工智能学科的诞生。人工智能逐渐在各领域得到广泛的应用和关注。世界主要国家，包括我国在内已将人工智能列入了国家重点发展的领域。其中，金融领域的 AI 应用已经非常显著。金融与科技的高度融合已经成为发展的主旋律。AI 与金融的融合主要体现在两个方面，一个是对金融的赋能，另一个是在金融领域的风险控制。

1. 人工智能在金融投资领域的应用。人工智能技术在金融投资领域的应用非常广泛，包含投资顾问、金融欺诈监控、交易预测等。人工智能在金融投资领域和服务领域的应用较多。同时，在各大金融企业中，人工智能在服务客户方面也起到了巨大的作用，其应用范围包括对客户的标准化服务、智能化识别客户需求等。另外，人工智能的应用降低了人力成本，提高了工作效率。

2. 人工智能在风控领域的应用。人工智能由于其独特的科技属性，对系统性风险识别和控制的技术较传统风控方式更加先进。世界范围内许多国家都已将人工智能广泛应用于风险控制和金融监管中，希望其发挥应有的作用。人工智能在风控上的应用主要是数据收集和处理、风险控制和预测模型、信用评级和风险定价以及实现金融监管的实时监控。在风控与管理上，人工智能依托高维度的大数据和人工智能技术对风险进行及时有效的识别、预警、防范，包含数据收集、行为建模、用户画像和风险定价四个步骤。

在金融监管方面，人工智能的应用实现了金融监管实时监控、随时暂停。在实际应用中，当某些金融机构的金融活动超过监管部门规定的红线时，人工智能自动连接监管部门的接口便会识别出不符合规定的业务并且在第一时间叫停此项业务，生成相关报告以备使用。当被叫停的金融业务指标回归到正常水平时，系统也可以及时取消锁定，恢复业务办理，这样便实现了实时监控。

3. 人工智能在银行业的应用。国际银行业对人工智能的应用具体集中在四个方面：一是面向资本运营，集中在资产配置、投研顾问、量化交易等方面；二是面向市场分析，集中在趋势预测、压力测试方面；三是面向客户营销，集中于身份识别、信用评估和虚拟助手方面；四是面向风险管理，集中于风险监控、识别异常交易和风险主体方面。

（二）大数据应用

大数据是推动金融科技创新的原动力。在信息爆炸的时代背景下，金融行业也出现了庞大的数据源，而传统的技术已无法处理这些数据。数据采集、传递、处理、挖

掘等方面都在刺激着金融技术的全新变革。大数据技术能够对庞大的数据进行提纯，真正地提高金融效率。与此同时，大数据与金融的融合所带来的一切便利与优势，也促进了其他新技术在金融领域的应用，形成了一个促进金融技术创新的良性循环。

1. 大数据与金融创新。金融创新是将现有的技术革新引入金融领域，形成新的经济能力，而大数据就是金融创新最好的技术支撑。金融创新的形式有很多，而与大数据联系最密切的是金融业务创新，其所涉及的是金融机构的经营领域，重要性不言而喻。金融业务创新主要包括金融工具创新和金融服务创新。

（1）大数据技术能够很好地促进金融机构实现金融产品的创新。其可以在网上抓取与客户相关的有价值的信息链，包括客户的交易动机、行为等数据，分析并挖掘出客户对金融产品收益性、流动性、安全性等方面的需求，进而通过对金融工具面值、收益、风险、流动性、可转换性、复合性等特征进行重新分解与组合，设计出与客户需求相匹配的金融产品。同时，基于大数据技术对整个市场的交易数据进行分析挖掘，银行可以更好地掌握金融产品市场的动向，设计出更合理、满意度更高的产品，从而更好地实现金融工具的创新。

（2）大数据的应用改变了传统的金融服务模式，实现了金融服务创新。银行可以采集用户的相关信息，并进行量化处理、模型构建。其基于大数据多维度的分析结果，根据某些特征将用户进行合理的划分归类，从而针对用户的需求，向其提供精准、有效的金融服务。除此之外，更重要的是大数据实现了金融服务的创新，大大提高了服务效率与水平。在传统金融服务中，小微企业融资难、融资贵的问题一直得不到有效解决。而在全国“小微快贷”的试点中，通过运用大数据技术，对小微企业及企业主进行多维全面的信息采集与分析，即可实现快捷自助的贷款放款。这也打破了小微企业贷款中强调抵押品的传统思维，能够充分利用企业的非财务信息，为小微企业提供高效的金融服务，从而推动普惠金融的发展。

2. 大数据与金融风控

（1）大数据与金融风控的融合，对金融风险管理起到了很好的补充作用。运用大数据技术，可以整理、分析出各信息的内在关系，挖掘出数据信息映射的风险，从而提高风险的甄别能力和控制能力。通过对各类信息进行量化，大数据技术可以实现对各类风险的识别分类，并进行实时监控。而基于用户数据来预测客户的未来行为，可降低信息不对称带来的风险，更好地实现对金融风险的控制管理。信贷管理是大数据在金融风控领域应用中较为成熟的方面。贷款前，银行可以利用大数据技术对信贷用户的各类基础数据进行挖掘分析，描述其还贷能力与意愿，以此作为准入标准。同时，大数据是授信额度的重要依据。运用大数据技术逐步构建起客户的信用评级模型，银行可基于信用评级模型对申请人进行评分，得分更高的申请人能够获得更低的利率和更高的金额。而在贷款中和贷款后的管理中，比起传统的金融风控，大数据的运用可以大大降低成本，高效地追踪和监测每一笔贷款。通过获取贷款者的资金货物流转信息、经营财务风险信息等，在发生实质贷款损失时提前捕捉风险预警信号，及时地采取措施以实现金融风险的有效控制。

（2）优化资产结构也是大数据在金融风控领域应用中较为重要的方面。随着时代的发展，金融创新催生了更多的金融模式，随之带来的是银行不良资产比例的快速上升。优化资产结构时，最重要的是对不良资产的管理与处置。而大数据的运用，为应对不良资产问题，实现金融风险控制，提供了新的思路与途径。银行可以选用逾期金额、逾期时长、逾期次数、额度使用率、学历、职业、年龄和收入等相关变量，构建不良资产催收策略模型，针对不同客户的不同行为特征采取不同的催收手段，以实现精准催收。而且，银行可以利用大数据全面挖掘客户信息，解决客户失联、地址不真实、资产情况无法评估等在催收不良资产过程中遇到的主要问题。除此之外，大数据还可以帮助银行实现精准定价和交易，提高不良资产的处置效率，有效解决不良资产的难题，更好地实现金融风控管理。

（三）数字货币

数字经济已逐渐成为全球经济发展的驱动力，也是拉动我国经济稳定高效发展的重要支点。数字货币在数字经济中则占有举足轻重的地位，也是各国未来金融竞争中必须要占有的“高地”。数字货币有很多形式，譬如脸书发行的天秤币（Libra），但数字货币作为主权货币的一种模式，还是应当以中央银行发行的数字货币作为基准。全球多个国家都在积极推进中央银行数字货币的研究与实验。据国际清算银行统计，世界上有80%的中央银行已经研究数字货币的可行性和未来的发展趋势；有60%的中央银行在进行有关数字货币的试验，尤其是在技术可行性上的试验；15%的中央银行已经开始部署相关的试点工作。

数字人民币（e－CNY）是中国人民银行发行的数字货币，属于法定货币，定位于M_0。我国是最早进行数字货币试点的国家之一。从2014年开始中国人民银行就正式启动对数字人民币的研究。2020年以来，数字人民币发展提速，2021年更是在零售、批发及跨境支付等多领域取得较快进展。2019年底数字人民币相继在深圳、苏州、雄安新区、成都及冬奥场景启动试点测试，到2020年10月又增加了上海、海南、长沙、西安、青岛和大连6个试点测试地区。试点地区的增加，带来的除了使用数字人民币的人群数量增长外，数字人民币的“花法”也在不断翻新。数字人民币红包、满减优惠、扫码支付和离线钱包支付体验等层出不穷，数字人民币的应用场景也逐渐覆盖了生活缴费、餐饮服务、交通出行、购物消费和政务服务等多个领域。

银行具备成熟的网络基础设施，在信贷、支付和IT服务系统方面都具有其他金融机构无法比拟的优势。因此，商业银行在数字货币的设计和运营中扮演着重要的角色。在发行体系上，数字人民币采用“中国人民银行—商业银行”双运营模式：中国人民银行发展第一层数字人民币制作发行，按照100%准备金兑换给第二层的商业银行。商业银行则面向使用者，负责数字人民币的转移和确权，基于用户绑定的银行账户进行兑换。用户可以在数字人民币钱包（母钱包）下开设一个或多个由商业银行运营的子钱包。在运行框架上，数字人民币采用“一币、两库、三中心”框架。“两库”包括

中国人民银行在私有云上存放的“发行库”和商业银行在本地私有云上存放的“银行库”。“三中心”指认证中心、登记中心和大数据分析中心。其中认证中心负责对运营机构和用户身份信息进行管理；登记中心提供分布式账本服务，负责权属登记、流通、清点过程的流水记录；大数据分析中心利用云计算等技术对支付行为和监管调控指标进行分析。在技术路径上，数字人民币采用账户型与代币型相结合模式，实现有限匿名和基本普惠。中国人民银行认证中心存储用户地址和身份的对应关系，登记中心则仅记录交易信息。一方面，由于交易信息不涉及用户实名身份，因此单个商业银行无法追踪完整资金流向，实现交易相对匿名；另一方面，中国人民银行具备对资金链条的追踪能力，可以有效监测可疑资金往来。因此，数字人民币的推广对商业银行数字化转型提出了更高的要求。

二、金融设施的创新建设

（一）网点智能化

自2017年以来，随着以人工智能、大数据、云计算、区块链等为代表的新兴科技的高速发展，传统银行网点受到来自新技术的冲击，各大商业银行通过积极拥抱创新金融科技，向网点智能化进行转型升级，场景化、互动化、智能化的网点是当下商业银行转型的主要业态。

网点智能化不是简单的网点装修升级，也非智能设备点的堆砌，网点智能化追求空间、产品与服务高度融合，利用创新科技塑造新服务、新产品、新的运营和业务模式，帮助银行实现获客、留客、活客，为银行创造营销与服务价值。网点智能化建设整体解决方案正是在银行转型的市场背景下，致力为银行塑造全新服务模式和价值链而量身定制的一套整体解决方案。

1. 整体解决方案，构建深度融合的智慧网点。网点智能化建设方案追求银行网点整体营业空间的高度融合，根据客户行为动线，对营业空间进行合理的功能分区规划，在各不相同的功能分区内，搭配定制化的智能设备及道具设备，为客户提供场景化的创新金融服务体验，使客户进入网点便可享受到高效的业务办理、智能的交易体验和生动趣味的服务感受。

2. 创新技术应用，打造科技金融服务新模式。网点智能化建设方案中关于新技术的应用，将有效改变银行过去粗放式的宣传营销模式，借助人脸识别、大数据及人工智能等技术的应用，在客户体验的过程中，实现银行产品的植入式营销，以全新的服务模式，实现产品的销售，提升客户满意度。人脸精准识别技术，可根据客户在银行的信息提供个性化的广告推送、资产配置策略等服务。大数据技术，将现有网点排队情况及周边网点情况、明星产品、网点特色服务、每日利率等信息进行有效展示，为客户获取信息提供便利。其他人工智能技术，如智能机器人、雷达互动感应、沉浸式体验、互动体验、宣传展示等技术的应用，方便客户全方位了解银行动态和产品。

3. 客户体验至上，智能终端让网点服务更高效。作为网点智能化建设的重要组成部分，合理的智能终端部署将大大提升银行整体品牌形象和服务效率。网点智能化建设方案根据功能分区提供橱窗双面屏、互动营销终端、大型拼接屏、互动桌面、魔镜、机器人、金融体验机等智能终端，将物理渠道、自助渠道、电子渠道等有效协同，全面提升网点的整体服务水平。

4. 线上线下相互赋能，打造一体化金融服务生态。以客户体验为核心的“线上+线下”渠道高度融合，已成为众多银行完善网点功能的主要举措。网点智能化建设方案借助最新的技术和O2O体验终端，实现银行线上商城与线下渠道的有效整合，客户可在网点直接查询了解银行商城及本地化特色产品，并通过扫码轻松购买，实现银行线上线下相互引流，提升银行商城及商品的关注度。近年来有关银行网点存亡一直是业界讨论的热点，众多业内人士认为，银行网点仍有其不可取代之处，未来几年银行网点不可能大规模减少，而是会出现结构性调整。我们认为，轻型化、智能化、特色化将是未来银行网点转型发展的主要趋势。

（二）区块链技术

作为金融科技领域的一项重要技术创新，区块链被视为构建未来互联网业态的核心关键技术，可实现互联网从信息互联到价值互联的升级。事实上，区块链是一个采用共识机制、去中心化、分布式的共享账本或数据库，通过密码学加密技术，保证这一账本或数据库的全网公开、透明的一致性，其分布式组网方式以及加密不可撤回及篡改的特性，保证了加密信息可以用点对点的方式，安全、保密地进行快捷传输和交易。尽管区块链技术尚处于发展的初级阶段，但作为去中心化记账平台的核心技术，区块链被认为在金融、征信、教学、医疗、物联网、经济贸易、智能设备等众多领域都拥有广泛的应用前景。

当前区块链主要应用于商业银行的以下具体业务。

（1）支付结算业务。基于区块链的银行结算业务可以实现去中心化，使用分布式记账的方法，可以大大提升银行结算业务的处理速度，降低交易成本，实现结算流程的优化。这也是区块链技术应用最早、最成熟的领域。

（2）资产数字化。商业银行及客户的各类资产，包括股权、债券、票据、收益凭证、仓单等均可以被整合进区块链中，此外链上数字资产，便于资产所有者直接进行交易而无须经过第三方。银行同时可以通过提供基础设施，扮演托管者角色，确保资产的真实性和合规性。

（3）供应链金融。区块链技术的应用可以完整保存节点数据，形成数据网络，使供应链交易更透明——利用区块链多方签名、不可改动的特点，使债权债务转移达到多方共识，降低资金操作难度；区块链的分布式记账方法可以建立强信任关系，为中小企业提供信用担保，降低融资成本；通过区块链建立的链网络可以不依靠核心企业，实现自由、多元、市场化的发展。

具有敏锐嗅觉的国际商业银行已经积极投身于区块链研究和应用中，通过建立银行业区块链联盟，致力于制定区块链技术开发的行业标准，提升效率，创新管理模式。

【本章小结】

1. 商业银行的经营战略是指银行在面对复杂多变的内外部环境变化时，为了生存和今后的长期发展所采取的一系列措施，通过执行相关的战略措施实现自身利益的最大化。商业银行的经营战略有两种：一是综合银行战略；二是专业化的银行战略。

2. 银行并购是指产权独立的法人双方，其中一方以现金、股权或其他支付形式，通过市场购买、交换或其他有偿方式，控制另一方的股权或资产，实现企业控股权转移的行为。并购的原因主要是追求股东利益最大化、追求增值效应和转移效应。并购既可能产生正效应，也可能产生负效应。

3. 分业经营和混业经营是银行两种主要的经营模式。分业经营和混业经营模式的区别主要体现在经营风险、经营效益和金融监管等方面。根据我国银行业的实际情况和面临的国内、国际形势，实行混业经营是国有商业银行自我发展的客观需要，也是适应金融全球化的必然要求。

4. 商业银行的金融创新，大体上可以分为业务创新和管理创新两个方面。商业银行创新是多种因素相互作用、交替影响的结果。我国自改革开放以来，金融体制改革已取得了显著的成绩，国有商业银行改革已见成效。

【重要概念】

商业银行的经营战略　银行并购　杠杆收购　分业经营　混业经营　年金业务　无界开放银行　网点智能化　供应链金融

【思考练习】

1. 商业银行的经营战略制定应遵循哪些原则？
2. 金融监管与金融创新之间存在矛盾吗？
3. 银行并购的动机有哪些？
4. 试对分业经营和混业经营进行简要比较。
5. 商业银行金融创新的主要内容和动力是什么？
6. 现代商业银行发展的未来趋势是什么？

参考文献

［1］彼得 S. 罗斯，西尔维娅 C. 赫金斯，戴国强．商业银行管理（原书第 9 版・中国版）［M］. 北京：机械工业出版社，2019.

［2］陈红玲．商业银行经营管理［M］. 北京：科学出版社，2006.

［3］陈志刚．银行结算业务处理［M］. 上海：上海财经大学出版社，2009.

［4］戴国强．商业银行经营学（第六版）［M］. 北京：中国金融出版社，2022.

［5］何铁林，张涛．商业银行创新业务［M］. 北京：中国金融出版社，2010.

［6］侯丽艳．经济法概论［M］. 北京：中国政法大学出版社，2012.

［7］《径山报告》课题组．中国金融开放的下半场［M］. 北京：中信出版社，2018.

［8］牛刚．商业银行清算业务［M］. 北京：中国金融出版社，2008.

［9］彭建刚．商业银行管理学（第二版）［M］. 北京：中国金融出版社，2009.

［10］朴明根．银行经营管理学［M］. 北京：清华大学出版社，2007.

［11］孙建林．优秀客户经历授信业务指引［M］. 北京：企业管理出版社，2015.

［12］王梅．商业银行经营与业务［M］. 北京：中国金融出版社，2014.

［13］温红梅，姚凤阁，刘千．商业银行经营管理［M］. 大连：东北财经大学出版社，2011.

［14］俞乔，刑晓林，曲和磊，等．商业银行管理学（第二版）［M］. 上海：上海人民出版社，2007.

［15］张晓明．商业银行经营管理［M］. 北京：北京交通大学出版社，2012.

［16］张晓燕．商业银行管理［M］. 北京：中国金融出版社，2013.

［17］中国人民银行．关于规范金融机构资产管理业务的指导意见［A］. 2018..

［18］中国人民银行支付结算管理办公室．《人民币银行结算账户管理办法》学习实用手册［M］. 北京：新华出版社，2003.

［19］CITICS 债券研究．年末 MPA 考核压力测试［EB/OL］.（2020－12－23）.

［20］巴曙松．新巴塞尔协议的副作用［J］. 资本市场，2012（11）.

［21］白静，安鑫．互联网金融背景下我国商业银行的四种转型模式［J］，时代金融，2016（20）

［22］蔡宗朝．商业银行中间业务与表外业务的对比分析［J］. 财经界・学术版，2010（02）.

［23］刘诚燃．一文读懂商业银行流动性指标［J］. 九成书道，2018（3）.

［24］马里．商业银行发展离岸业务策略分析［J］. 中国金融，2012（15）：49－50.

［25］莫迪利安尼，米勒・本．结构、公司财务与资本［J］. 美国经济评论，1958（6）.

［26］任涛．中国金融体系指标大全［EB/OL］. 博瞻智库，2021.

［27］任泽平，方思元，杨薛融．包商银行事件：成因、影响及展望［EB/OL］. 泽平宏观，2019－06－17.

［28］邵原．“钱荒”的成因、背景及应对之策［J］. 现代经济探讨，2016（4）.

[29] 沈安蓓．兴业银行发力并购融资业务：从资金提供者到资源整合者的升级蝶变 [J]．第一财经，2021－03－25..

[30] 孙晶晶，冯薛．中小银行资管业务发展分析 [J]．西部论丛，2019（33）．

[31] 陶硕．亚洲离岸金融中心成功案例比较与分析 [J]．北方经济，2006（2）：47－49.

[32] 王蕾．浅谈我国中资银行离岸金融业务 [J]．市场周刊·财经论坛，2004（8）：39－40.

[33] 袁敏．资产支持商业票据的理论与实务初探 [J]．证券市场导报，2006（10）．

[34] 詹骏萍，王志强．我国商业银行并购存在的问题与对策 [J]，商场现代化．2010（10）．

[35] 张兰．真实票据理论、自由银行理论和货币契约思想的比较研究 [J]．新疆财经，2012（2）．

[36] 张杨，张利华，张彤．银行业资管业务发展与实体经济融资关系研究 [J]．金融发展研究，2019（6）．

[37] 张昳丽．平安集团并购深发展案例分析 [J]．时代金融，2012（18）．

[38] 赵瑞．俯瞰全球系统重要性银行名单变化 [EB/OL]．（2021－01－21）．

[39] 中信建投 eResearch 杨荣团队．银行理财市场发展情况全梳理 [R]．2022－12.

[40] 周津妤．关于资管新规下结构性存款的发展与问题 [J]．智富时代，2019（10）．

[41]《中华人民共和国中国人民银行法》，2003 年 12 月修订．

[42]《中华人民共和国商业银行法》，2015 年 8 月第二次修订．

[43]《中华人民共和国票据法》，2004 年 8 月修订．

[44]《中华人民共和国民法典》，2020 年 5 月通过．

[45]《中华人民共和国人民币管理条例》，2018 年 3 月第二次修订．

[46]《中华人民共和国外汇管理条例》，2008 年 8 月起施行．

[47] 国务院《存款保险条例》，2015 年 5 月起施行．

[48] 国务院《个人存款账户实名制规定》，2000 年 4 月起施行．

[49] 中国人民银行《金融机构大额交易和可疑交易报告管理办法》，2017 年 7 月起施行．

[50] 中国人民银行《中国现代化支付系统运行管理办法（试行）》，2009 年 5 月起施行．

[51] 中国银保监会《商业银行资本管理办法（征求意见稿）》，2023 年 2 月公布．

[52] 国家金融监督管理总局《银行保险机构操作风险管理办法（征求意见稿）》，2023 年 7 月公布．

[53] 中国人民银行官网，http：//www. pbc. gov. cn/。

[54] 国家金融监督管理总局官网，http：//www. cbirc. gov. cn/。

[55] 全国银行间同业拆借中心官网，http：//www. chinamoney. com. cn/chinese/。

[56] 上海银行间同业拆放利率官网，https：//www. shibor. org/shibor/。

[57] 华夏银行官网，https：//www. hxb. com. cn/。

[58] 招商银行官网，https：//www. cmbchina. com/。

[59] 中国建设银行官网，http：//www. ccb. com/。

[60] 中国银行官网，https：//www. boc. cn/。

[61] Wind 信息网，https：//www. wind. com. cn/。